高等职业技术教育汽车类专业规划教材

汽车故障诊断与维修技术

谢 剑 主编

清华大学出版社
北京

内容简介

本书以汽车故障诊断与维修技术为主线，系统介绍了汽车故障诊断的基础知识、发动机各个系统的常见故障诊断、汽车底盘各个系统的常见故障诊断、发动机电控燃油喷射系统的常见故障诊断、电控自动变速器性能检测与常见故障诊断、汽车 ABS 的检测与诊断，同时对各个系统的日常维护保养、主要元件的检测方法等进行了详细介绍。

本书注重打造学生的职业技能，力求贴近维修企业工作实际，列举车型多以大众、丰田等常见轿车为主，对于故障原因的分析采用故障树进行归纳总结，对故障诊断采用流程图的方式进行逐层推进，可有效锻炼学生的综合分析能力，达到更好的学习效果。

本书可作为高职院校汽车维修与检测技术等专业教材，也可作为社会培训机构、广大维修技术人员作为参考用书。

图书在版编目(CIP)数据

汽车故障诊断与维修技术/谢剑主编. —北京：清华大学出版社，2012.3（2022.9重印）
（高等职业技术教育汽车类专业规划教材）
ISBN 978-7-302-27039-3

Ⅰ. ①汽… Ⅱ. ①谢… Ⅲ. ①汽车－故障诊断－高等职业教育－教材 ②汽车－车辆修理－高等职业教育－教材 Ⅳ. ①U472.4

中国版本图书馆 CIP 数据核字(2011)第 204182 号

责任编辑：贺志洪
封面设计：傅瑞学
责任校对：李　梅
责任印制：丛怀宇

出版发行：清华大学出版社
网　　址：http://www.tup.com.cn，http://www.wqbook.com
地　　址：北京清华大学学研大厦 A 座　　**邮　　编**：100084
社 总 机：010-83470000　　**邮　　购**：010-62786544
投稿与读者服务：010-62776969，c-service@tup.tsinghua.edu.cn
质量反馈：010-62772015，zhiliang@tup.tsinghua.edu.cn
课件下载：http://www.tup.com.cn，010-62795764
印 装 者：北京富博印刷有限公司
经　　销：全国新华书店
开　　本：185mm×260mm　　**印　　张**：16.5　　**字　　数**：400 千字
版　　次：2012 年 3 月第 1 版　　**印　　次**：2022 年 9 月第 9 次印刷
定　　价：49.00元

产品编号：039950-02

前言

FOREWORD

近年来，我国汽车产量与保有量持续高速增长。近几年汽车产销量均在千万辆以上，位居世界第一。汽车行业的飞速发展，使得社会对汽车专业人才的需求持续增加。高职院校汽车维修与检测等相关专业人才的培养，也显得更为迫切。

为了适应新形势的发展需要，为汽车服务企业培养可用之材，本书力求贴近企业实际作业情况，融合作者多年教学与实践经验，力图体现学习与工作的完美结合。本着突出实践技能、理论知识够用的原则，在内容的编排上大胆裁减，突出重点，减少甚至删除一些陈旧落伍的知识，补充完善了很多新颖实用的内容，力求构建具有高职高专特色的精品教材。

"汽车故障诊断与维修技术"是一门理论与实践性都很强的专业综合课程。本书根据高等职业教育的特点，紧密结合汽车维修实际情况，将现代汽车维修人员的日常工作融合到每个章节，力图体现现代汽车维修技术的最新要求。注重理论与实践的结合，注重各项维修操作的规范性，具有较强的实用性和针对性。各种维修操作结合目前常见车型进行讲解，如帕萨特、别克君威、广本雅阁，插入相关车型的图片及诊断数据，使内容更加翔实、直观，对维修更具有指导意义。

本书以汽车故障诊断与维修为主要内容，以广本雅阁、丰田卡罗拉等目前市场常见轿车为研究对象，面向高职院校汽车系各专业，系统介绍了汽车故障诊断与维修的基础知识，发动机、底盘各系统的维护、主要部件的检测与维修及常见故障的诊断方法，并对电喷发动机、自动变速器、ABS等电控系统的故障诊断技术进行了详细讲述。

本书由南京交通职业技术学院谢剑副教授担任主编、文爱民副教授担任主审，参加编写工作的还有上海师范大学信息与机电学院高级实验师黄建民、江苏中佳雷克萨斯汽车销售服务有限公司技术总监冒海滨、南京交通职业技术学院刘静。具体编写分工：谢剑（单元1、8、11、12、15），黄建民（单元2、3、4、7），冒海滨（单元9、13、14），刘静（单元5、6、10、16）。全书由谢剑负责统稿。

本书在编写过程中，得到了江苏省南京市众多维修厂和广大维修技术人员的大力帮助与支持，还得到了南京交通职业技术学院汽车维修职业技能鉴定中心及丰田T-TEP学校的协助，在此表示深深谢意。同时，在编写中也参考了大量的书籍，在此对原作者表示感谢。

由于编者水平有限，书中如有疏漏和不足，恳请各位专家和读者提出宝贵意见，以便再版时更正。

编　者

2011年12月

目 录

CONTENTS

单元1

基础知识

◎ **知识目标**

(1) 能够描述汽车故障的类型和产生的基本原因。

(2) 能够描述汽车故障诊断的基本方法和分析方法。

(3) 能够描述汽车维护、汽车维修的分类及内容。

◎ **技能目标**

(1) 能够按规范熟练使用汽车零件常见检测量具。

(2) 能够按规范使用汽车检测与诊断常见设备。

汽车是一个由许多总成、机构和元件组成的复杂系统，是人类文明技术发展的结晶。在使用过程中，汽车的技术状况会随着行驶里程的增加而下降，最终影响汽车的使用性能甚至运行安全。因此，及时、准确地诊断出汽车故障部位并进行修复排除，就成为汽车售后服务中的一项重要内容。

1.1 汽车故障诊断基础知识

汽车故障是指汽车部分或完全丧失工作能力的现象，它包括汽车不能行驶、功能不正常和个别性能指标超出规定范围等，如发动机发抖、汽车加速性能下降。

1.1.1 汽车故障分类

按照不同的分类方法，汽车故障可分为不同的类型。常见的汽车故障分类方法如下。

1. 按故障发生的性质可分为自然故障和人为故障

自然故障是汽车在使用期内，由于受外部、内部不可抗拒的自然因素的影响而产生的故障，如发动机大修、灯泡损坏等。

人为故障是汽车在制造、使用和维修中，由于使用了不合格的零件或违反了装配的技术要求，或汽车在使用中没有按照规范操作，或在维修中没有遵守工艺要求或维修规范等人为因素所造成的故障。

2. 按故障发生的速度可分为突发性故障和渐进性故障

突发性故障是指零件在损坏前没有可以觉察到的征兆，零件损坏是瞬时出现的。这是由于各种不利因素以及偶然的外界影响共同作用的结果。这种作用已经超出了产品所能承受的限度。如汽车行驶中由于遇到意外的石块撞击等原因而造成前挡风玻璃的损坏；轮胎被地面尖石或铁钉刺破等。故障发生的特点是具有偶然性和突发性，一般不受运转时间影响，无法监控，因而这种故障是难以预测的。但这种故障容易排除，因此通常不影响汽车的使用寿命。

渐进性故障是由于汽车某些零件的初始参数逐渐恶化，其参数值超出允许范围而引起的故障。如由于发动机汽缸与活塞间隙过大而造成的发动机烧机油故障，它是由于随着发动机使用里程数的增加，汽缸壁与活塞逐渐磨损，最后使配合间隙超过了允许范围，导致润滑油窜入燃烧室，而造成烧机油故障。这种故障的特点是故障发生的概率与使用时间有关，它只是在汽车有效寿命的后期才明显地表现出来。渐进性故障的发生标志着产品寿命的终结，对汽车而言则往往是需要进行大修的标志。由于这种故障是逐渐发展的，所以是可以进行预测的。通过诊断和监测仪器进行测试或监控，能预测故障的发生时间。

突发性故障和渐进性故障之间一般是有联系的。应该说所有的故障都是渐进的，因为事物的变化都是由量变到质变的过程。如零件的磨损发展到一定程度，就可能导致突然的损坏，旧轮胎发生故障的概率要比新轮胎大得多。因此，汽车使用的时间越长，发生故障的概率越高，损坏的程度越大。

3. 按故障表现的稳定程度可分为持续性故障和间歇性故障

持续性故障是指在车辆运行中一直存在的故障。持续性故障一旦发生，其出现规律明显，症状表现稳定，直至被排除为止。引起这类故障的故障部位技术状态稳定，一般较易诊断和排除。如由于某缸分缸线老化造成的发动机怠速抖动故障，就属于持续性故障。

间歇性故障是指在车辆运行中间歇存在的故障。间歇性故障具有突发性，时有时无，且无明显规律的特点，其原因是引起这类故障的故障部位的技术状况发生不规则变化，故障原因不稳定。这类故障较多地发生在电路，特别是汽车电控系统中，其主要原因是汽车组件因磨损、过热、振动导致故障部位技术状态处于故障临界状态。如线路接触不良，就可导致间隙性故障。

4. 按故障是否显现可分为可见故障和潜在故障

可见故障是指已经导致汽车功能丧失或性能降低的故障，如汽车大灯灯泡的损坏。

潜在故障是指正在逐渐发展但尚未对功能产生影响的故障，如：汽车传动轴裂纹，当未扩展到极限程度时，为潜在故障。

注意：潜在故障一旦爆发，常常具有突发性质，因此对汽车的安全行驶极其不利。

5. 按故障危害程度可分为致命故障、严重故障、一般故障和轻微故障

根据故障发生后对总成、系统或整机及人身安全性的影响可分为致命故障、严重故障、一般故障和轻微故障。其分类方法见表1-1。

表1-1 汽车故障的分类方法

故障类别	分类原则
致命故障	涉及人身安全,可能导致人身伤亡;引起主要总成报废,造成重大经济损失;不符合制动、排放、噪声等法规要求
严重故障	导致整车性能显著下降;造成主要零部件损坏,且不能用随车工具和易损备件在短时间(约30min)内修复
一般故障	造成停驶,但不会导致主要零部件损坏,并可用随车工具和易损件或价值很低的零件在短时间(约30min)内修复;虽未造成停驶,但已影响正常使用,需调整和修复
轻微故障	不会导致停驶,尚不影响正常使用,也不需更换零件,可用随车工具在短时间(约5min)内轻易排除

1.1.2 汽车故障症状

汽车故障症状即故障现象,它是指故障的具体表现。现代汽车结构复杂,出现的故障多种多样,对其归纳分类,有助于故障成因分析和部位的诊断。

1. 工况异常

工况异常是指汽车的工作状况出现了不正常现象。这是比较常见的故障症状。例如发动机突然熄火后再发动困难,甚至不能启动;发动机在行驶中动力性突然下降,使行驶无力;行驶中,水箱开锅;制动跑偏;转向沉重;转向灯不亮等。这种故障现象明显,容易察觉,但其原因复杂,而且往往是由渐变到突变,涉及较多的系统。如发动机启动困难,故障原因涉及发动机起动系统、发动机电控燃油喷射系统及机械部分。因此,在诊断时应认真分析前因后果,去伪存真,判明故障的存在原因。

2. 声响异常

有些故障往往可引起汽车发动机或底盘部分的不正常响声,这种故障症状明显,一般可及时发现。一些声响异常的故障能酿成机件的大事故,因此要认真对待。经验表明,凡响声沉重,并伴有明显振抖现象多为恶性故障,应立即停机,查明原因。造成异响的原因不同,响声的规律也会有所不同,在判断时,应正确分辨仔细查听。造成异响的原因一般有装配不当、零件变形、配合副间隙过大。

3. 系统过热

过热现象通常表现在发动机、变速器、驱动桥、制动器等总成以及一些电器元件上。在正常情况下,无论汽车工作多长时间,这些系统、机构均应保持在一定的工作范围内,超过这个工作范围,为过热故障。如轿车发动机正常冷却液温度为85~115℃,超过此温度范围为发动机过热。对于变速器、主减速器、制动器、电器元件,这些部位正常的工作温度为50℃左右,若用手触及感到烫手难忍,即表明该处过热。

4. 尾气异常

发动机在工作过程中,正常的燃烧生成物是CO_2和少量水蒸气,应为无明显颜色的烟雾。若燃烧不正常，烟雾的颜色将发生改变，将会排出黑烟、蓝烟、白烟，这都表明发动机工作不正常。排黑烟主要是燃料燃烧不完全，含有大量的炭粒、HC、CO；排蓝烟主要是因为机油进入燃烧室被燃烧掉所致；排白烟是因为燃油中进水。尾气分析已成为发动机故障诊断的重要依据。

5. 消耗异常

汽车油液消耗异常，也是汽车故障的一种表现。燃油消耗增多，一般为发动机工作不良或底盘(传动系、制动系)调整不当所致。润滑油消耗异常，除了渗漏原因外，多为发动机存在故障，同时若伴有排蓝烟，一般为润滑油进入燃烧室被燃烧所致。如果发动机在运行中，机油量有增无减，可能是冷却液或汽油掺入。因此，燃油、润滑油消耗异常是发动机存在故障的一个标志。

6. 气味异常

汽车在运行中，如有制动拖滞、离合器打滑，则会散发出摩擦片的焦臭味；发动机过热、机油或制动液燃烧时，会散发出一种特殊气味；电路断路搭铁导线烧毁也有异味。行车中一经发觉，即应停车查明故障所在。

7. 失控或抖动

汽车或总成工作时，可能会出现操纵困难或失灵、自身振抖，如定位不正确而出现的前轮摆振或跑偏；由于曲轴或传动轴动平衡不好而产生的发动机或传动系统在运转中的振抖。

8. 渗漏现象

燃油、润滑油、冷却液、制动液(或压缩空气)、动力转向油的渗漏现象，也是一种明显的故障。渗漏易造成过热、烧损及转向、制动的失灵故障。

9. 外观异常

将汽车停放在平坦路面上，检查外形状况，如有横向或纵向的倾斜，其原因多为车架、车身、悬挂、轮胎等出现异常，这样会引起方向不稳、行驶跑偏、轮胎早磨等故障。

1.1.3 汽车故障产生原因

汽车故障种类繁多，原因复杂。造成汽车故障的原因是多方面的，有的是因为设计或制造中缺陷所致，有的是由于使用不当、维修不良引起的，但大部分是长期运行正常磨损后产生的。所有这些因素都可以划分为两大方面，即自然因素与人为因素。

1. 自然因素

汽车由成千上万个具有不同功能的零件组成，随着行驶里程的增加，汽车零件失效和由此引起的汽车技术状况变差是不可避免的。如金属件的磨损、断裂、腐蚀、穴蚀和变形等，电子元件的击穿、老化和连接不良等，都会造成汽车故障。

汽车外部使用条件的恶化也是造成汽车故障的自然因素之一。若车辆经常在坎坷崎岖的路面上行驶，悬架、轮胎及其他一些机件长期受到振动、冲击，易超过疲劳强度发生损伤，出现故障；经常在山区行驶，易造成制动器的早期磨损；在严寒低温时，易造成起动机件、汽缸壁、活塞环等使用寿命缩短；在盛夏高温时，运动机件磨损将加剧，轮胎易爆胎、发动机易过热。

2. 人为因素

(1) 设计制造缺陷。汽车在设计和制造上的缺陷,会给机件带来先天性不良,以致使用不久就出现故障。如有的发动机与底盘匹配不当,造成换挡耸车;有的发动机散热性能差,出现发动机经常过热;有的汽缸体内部有铸造气孔,造成发动机使用不久就出现故障。

(2) 使用操作不当。汽车驾驶员的素质对汽车性能变化有较大影响。汽车驾驶员对汽车日常维护、操作技术、故障处理,对新车型、新装置使用注意事项的掌握,直接影响汽车技术状况的变化。

若汽车驾驶员驾驶粗暴,经常紧急制动、急加速,将使制动系和行驶系加速损坏;技术不娴熟,换挡操作不恰当,则将造成打齿,易造成变速器齿轮过早磨损;若在使用中经常超载,各系统、零件长时间超负荷工作,会出现早期损伤,导致故障的发生。

(3) 维修不规范。汽车维护和修理是确保汽车技术状况完好,减少故障发生的重要技术措施。不按时、不按规范对汽车进行维护和修理,故障将不可避免。

正确使用燃油、润滑油,是保证汽车正常行驶,减少故障和延长使用寿命的重要因素。如电喷发动机要求使用无铅汽油,若使用含铅汽油,会导致氧传感器铅中毒,造成发动机动力性下降。润滑油黏度过稀或过稠、性能不好,都会使零件因润滑不良而容易磨损,使用标号不对的机油,易导致拉缸。

维修人员素质差,水平低,检测维修设备不齐全,配件质量差,也会导致汽车故障增多。

1.1.4 汽车故障诊断方法

汽车故障诊断是在汽车不解体(或仅卸下个别小件)条件下,确定汽车技术状况或查明故障部位、原因而进行的检测、分析与判断。

1. 汽车故障诊断基本方法

在汽车故障诊断中,目前有人工经验诊断法、仪器设备诊断法和故障自诊断法三种方法。

(1) 人工经验诊断法。人工经验诊断法是诊断人员凭借一定的理论知识和积累的实践经验,利用简单工具诊断汽车故障的方法。

人工经验诊断法的特点是不需要任何仪表器具或其他条件,在任何场合下都可以进行,特别是对汽车运行过程中出现的随机故障,不失为一种行之有效的诊断方法。然而,它只能对故障进行定性的分析,而对于因诸多因素导致的复杂故障则诊断困难,诊断的准确性与速度取决于诊断技术人员的技术水平。人工经验诊断法经过不断地积累、总结和完善,已朝着人工智能分析、逻辑推理的方向发展。在使用本方法时,一般应先了解汽车的使用和维护情况,搞清故障特征及其伴随现象,然后由简到繁、由表及里地进行推理分析,做出判断。其诊断方法大致分为望问法、观察法、听觉法、嗅觉法、触摸法和试验法六种。

人工经验诊断法比较依赖技术人员的经验,虽然有一定的缺点,但它仍有十分重要的实用价值,即使在目前普遍使用现代仪器设备进行故障诊断的情况下,也不能轻视人工经验诊断法,更不能忽视其实用性。

(2) 仪器设备诊断法。仪器设备诊断法是利用仪器和设备(其中包括常用仪器、仪表和专用设备等）诊断汽车故障的方法。

仪器设备诊断法是在传统的人工经验诊断法的基础上随着社会和科学技术的进步，逐渐发展起来的。与人工经验诊断法相比较，其不同点在于：一是要借助于仪器；二是将检查结果定量化了。

目前常用仪器设备有万用表、点火正时灯、汽缸压力表、真空表、油压表、示波器、尾气分析仪、四轮定位仪等。这些仪器设备给人们提供了可靠的工具，使汽车故障诊断从定性诊断发展为定量诊断。

（3）故障自诊断法。故障自诊断法是利用汽车本身装备的电子控制装置对系统产生的故障进行自行诊断的方法，它一般需要使用汽车厂家提供的专用检测仪。

2. 汽车故障诊断的分析方法

汽车故障形式多样，故障原因纷繁复杂，要进行准确的故障诊断，前提是必须熟悉汽车的构造与原理，熟悉各种检测设备的使用方法；关键是具有清晰科学的诊断思路；核心是具有较强的分析、推理和判断能力，缜密的综合分析、逻辑推理和判断是实现快速、准确、有效故障诊断的核心所在。

故障诊断的分析方法包括故障树分析法和故障诊断流程分析法。

（1）故障树分析法。故障树分析法在汽车故障诊断中主要用于对汽车故障原因进行定性分析，其表现形式是故障树。故障树分析法是汽车故障诊断最常用的分析方法，它是将系统故障形成的原因由总体至部分按树枝状逐级细化的分析方法，其目的是明确故障基本原因，找出所有的可能故障点。

用故障树分析法进行汽车故障诊断，是将汽车最直接表现形式的故障现象作为分析目标，然后寻找直接导致这一故障发生的全部因素，再寻找造成下一级事件的全部直接因素，一直追查到那些基本的、无须再深究的因素为止，其结果是反映汽车故障因果关系的树枝状图形——故障树。故障树的表现形式可以多种多样，只要遵循由总体至部分按树枝状逐级细化的原则即可。

（2）故障诊断流程分析法。汽车故障诊断流程分析法是汽车故障诊断中检测思路、综合分析、逻辑推理和判断方法的表达方式，其表现形式是故障诊断流程图，它是汽车故障排除的操作流程。汽车故障诊断流程图是根据汽车故障现象特征和技术状态之间的逻辑关系，反映汽车故障诊断综合分析、逻辑推理和判断思路，描述汽车故障诊断操作顺序和具体方法，从原始故障现象到具体故障部位和原因的顺序框图。

在用故障树分析法绘制出汽车故障树的基础上，依据汽车故障诊断和维修积累的经验，根据从总体到局部、先易后难、由表及里、分层推进的原则，列出汽车故障诊断操作顺序，阐明具体操作方法，并用流程图的形式表达出来。

本教材将以典型车型常见故障现象为对象，重点通过故障树、故障诊断流程图的形式来阐述故障诊断的思路，锻炼和培养故障诊断的关键与核心能力。

1.2 汽车维修基础知识

随着汽车行驶里程的增加，在多种因素的共同作用下，汽车的零件会逐渐产生不同程度、不同形式的损伤，导致汽车使用性能的劣化。如果不及时、规范地进行维护和修理，则汽车的使用性能与使用寿命将会迅速下降。因而必须建立合理的制度来规范汽车的维修工作，使汽车经常处于完好的技术状况，保证汽车安全、优质、高效运行。

1.2.1　汽车维修制度

汽车维修制度是指为实施汽车维修工作所采取的技术组织措施的规定。汽车维修制度包括汽车维护与汽车修理两部分内容。我国对汽车的维修机制推行“定期检测，强制维护，视情修理”的方针。

汽车维护是定期地对汽车的各部分进行检查、清洁、润滑、紧固、调整或更换某些零件所进行的一些日常工作，目的在于保持车容整洁和消除故障隐患，防止车辆早期损坏。汽车修理是指为恢复汽车各部分规定的技术状况和工作能力所进行活动的总称。修理是汽车有形损耗的补偿，它包括故障诊断、拆卸、鉴定、更换、修复、装配、磨合、试验等作业。

1. 汽车维护

汽车维护作业包括清洁、检查、补给、润滑、紧固、调整等，除主要总成发生故障外，不对汽车进行解体。

汽车维护分为日常维护、一级维护、二级维护。另外，还有季节维护、走合期维护等。

(1) 日常维护。日常维护为日常性作业，由驾驶员负责执行。作业主要内容包括清洁、补给和安全检查，做到坚持三检（出车前、行驶中、收车回场检查）、保持四清（机油滤清器、空气滤清器、机油滤清器和蓄电池清洁）和防止四漏（漏水、漏气、漏油、漏电），以及保持车容整洁。

(2) 一级维护。一级维护由专业维修人员负责执行。作业主要内容除日常维护作业内容外，以润滑紧固为主，并检查有关制动、操纵等安全部件。

(3) 二级维护。二级维护由专业维修人员负责执行。作业主要内容除一级维护作业内容外，以检查调整为主，并拆检轮胎，进行轮胎换位。

汽车二级维护前应进行检测诊断和技术鉴定，根据鉴定结果确定是否需要结合二级维护同时进行附加作业和小修。

汽车维护必须贯彻“预防为主、强制维护”的原则。目前，各大汽车制造商在使用维修手册中，对汽车所有的维护项目按行驶里程或使用时间进行规划，操作中应当优先采用。

2. 汽车修理

汽车在使用过程中，由于零件的磨损、腐蚀、疲劳、变形等原因而逐渐失效，使汽车的动力性、经济性、安全性、技术性能逐渐下降，以致丧失正常的工作能力。汽车修理的作用就是要使失去正常工作能力的汽车重新恢复正常的技术状况。汽车修理的原则是“视情修理”。

汽车修理按作业内容分为车辆大修、总成大修、车辆小修和零件修理。

(1) 车辆大修。车辆大修是指新车或经过大修后的汽车在行驶一定里程（或时间）后，经检测诊断和技术鉴定，用修理或更换任何零部件的方法恢复其完好技术状况，使之完全或接近完全恢复汽车技术性能的恢复性修理。

(2) 总成大修。总成大修是汽车的主要总成经过一定使用里程（或时间）后，用修理或更换总成中任何零部件（包括基础件）的方法，使之恢复其完好技术状况的恢复性修理。

(3) 车辆小修。车辆小修是用修理或更换个别零件的方法，保证或恢复汽车工作能力的运行性修理,目的主要是消除汽车在运行中或维护作业中发生的临时故障或局部隐患。

(4) 零件修理。零件修理是指对因磨损、腐蚀、变形等而不能继续使用的零件,采用各种加工工艺以恢复其使用性能的有关修理作业。

1.2.2 汽车零件检验方法与常用工具

1. 汽车零件检验方法

汽车维修中很重要的一项工作就是按照修理技术标准的要求对零件损伤程度进行检测,以确定零件是继续使用,还是修理或更换。对零件进行检测的方法有许多,可分为检视法、测量法和探伤法三类。

(1) 检视法。检视法是指由检验人员通过感官掌握零件的损伤情况,并根据经验判断零件是否可用。如通过眼睛观察(或借助放大镜、内窥镜)对零件的破损、明显变形、严重磨损和裂纹、材料变质等进行检验;用锤子敲击法对裂纹及铆钉松动进行检验,或用新、旧件进行对比检验等。

(2) 测量法。测量法是指利用量具或测量仪器测出零件的现有尺寸及形位公差值,与技术标准所规定的容许使用值(极限尺寸)进行对比,确定零件能否继续使用。其常用量具有直尺、游标卡尺、千分尺、百分表、塞尺、测齿卡尺及专用样板等。

(3) 探伤法。利用一些仪器、设备对零件的隐伤进行探测,包括磁力探伤、渗透法探伤、超声波探伤、浸油敲击法探伤。

2. 汽车零件检验常用工具

汽车零件常用检测量具有塞尺、游标卡尺、千分尺及百分表等。

(1) 塞尺。塞尺又称为厚薄规或间隙片,它由一组具有不同厚度的标准钢质测片组成,如图 1-1 所示。将塞尺插入缝隙中,可以用来检验相配合表面之间的间隙的大小,若与其他量具配合使用,可以用来检验零件相关表面的形状和位置误差。

图 1-1 塞尺

塞尺厚度有 0.002～0.035mm 和 0.05～1.00mm 等多种,可根据需要进行选用。

测量时,为了提高测量精度,应尽量选用较少的钢片数量,钢片在测量部位中应感觉有虚蹭而无松旷现象。不允许将钢片作剧烈的弯曲,也不允许将它用力插进测量部位。钢片上不能有污垢和金属屑,否则会影响其精确性。

(2) 游标卡尺。游标卡尺是用来测量零件的外廓尺寸、内廓尺寸和深度的一种量具。它主要由尺身和游标组成,如图 1-2 所示。游标卡尺按测量范围的不同可分为 125mm、150mm、200mm、300mm 和 500mm 等几种,按读数精度的不同可分为 0.1mm、0.05mm、0.02mm 三种。

游标卡尺的读数方法如图 1-3 所示。先读出游标“0”刻线左边在尺身上可以读出的整数尺寸(图 1-3 中为 6mm),余下的尺寸再读游标与尺身完全对齐的刻线(图 1-3 所示游标上 5 刻线与尺身 11 刻线处对齐)。当游标卡尺的精度为 0.05mm 时,余下的尺寸为(5×0.05)mm=0.25mm,此时,全部测量值为(6+0.25)mm=6.25mm;当游标卡尺的精度为 0.02mm 时,则余下的尺寸为(5×0.02)mm=0.1mm,此时,全部测量值为(6+0.1)mm=6.1mm。

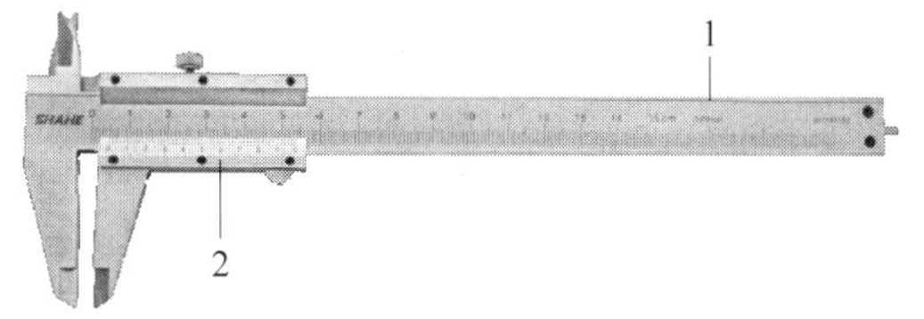

图 1-2 游标卡尺的结构形状

1—尺身;2—游标

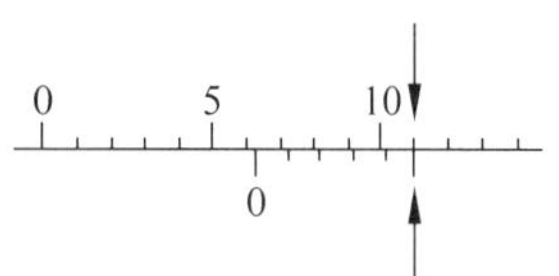

图 1-3 游标卡尺的读数举例

(3) 千分尺。千分尺分为外径千分尺和内径千分尺两种,其测量精度可达 0.01mm。每种千分尺只有 25mm 的量程,按测量范围的不同,千分尺可分为 0~25mm、25~50mm、50~75mm、75~100mm 及 100~125mm 等多种,应根据测量对象的大小来选择合适量程的千分尺。

外径千分尺可用来测量零件的外径、长度及宽度等尺寸,其结构如图 1-4 所示。

测微螺杆的后端制有螺距为 0.5mm 的细牙螺纹,与固定套筒的螺母相啮合。将测微螺杆转动一圈,它将前进或后退 0.5mm。固定套筒上刻有相距为 0.5mm 的等分线和基线,沿微分筒的圆锥面一周刻成 50 等份刻线。微分筒每转过一个刻度(相当于旋转 1/50 周),测微螺杆就前进或后退(0.5×1/50)mm=0.01mm。

测量前,先擦净被测零件的测量面,用标准长度杆检查、校对千分尺(将微分筒 6 的前端面与固定套筒 7 上的"0"刻线对齐,且微分筒上的"0"刻线还应与固定套筒上的基线对准)。测量时,将千分尺放正,转动微分筒 6,待测微螺杆 3 接近工件时,停止转动微分筒,开始转动棘轮 4,直到棘轮发出打滑响声为止,此时即可读数。读数时,先读固定套筒 7 上的数值(单位为 mm),再看微分筒 6 上与固定套筒的基线对准的数值(单位为 mm/100),最后将这两个数值相加,就得到测量数值。如图 1-5 所示为外径千分尺的读数举例。

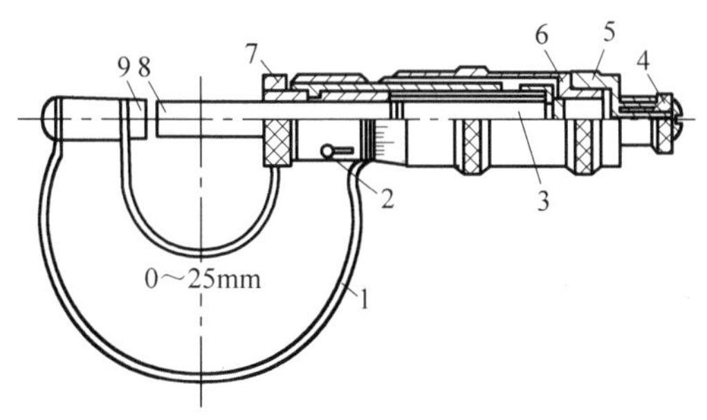

图 1-4 外径千分尺结构图

1—尺架;2—锁紧装置;3—测微螺杆;4—棘轮;5—螺帽;6—微分筒;7—固定套筒;8—量杆;9—量柱

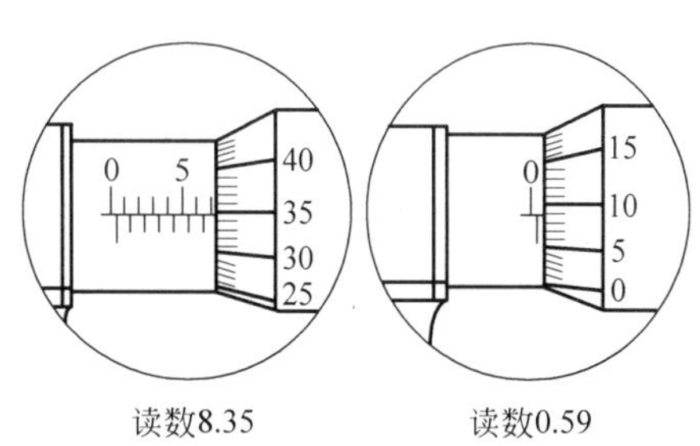

图 1-5 外径千分尺读数举例

(4) 百分表。百分表不能直接测量零件的尺寸,只能测得相对值,常用于零件的形状误差、径向和端面圆跳动、平行度及垂直度等的测量,其分度值为 0.01mm。如图 1-6 所示为百分表的结构,它主要由测杆 1、短指针 4、长指针 5 及表壳 7 等组成。

百分表根据测杆的移动行程可分为0～3mm、0～5mm和0～10mm等类型。短指针每转一格表示1mm，长指针每转一格表示0.01mm。

测量时，先在测量的间距内或表面上使测杆1预压缩1～2mm（短指针转动1～2格）以消除测杆的游隙和预留测量所需要的余量，然后转动活动表盘（刻有100等份小格），使长指针对准该表面上的零刻度线，即可进行测量。

（5）内径百分表。内径百分表由百分表、表架和一套不同长度的可换接杆组成，它是用相对测量法测量孔径的。

内径百分表按测量范围可分为10～18mm、18～35mm、35～50mm和50～160mm四种。汽车修理中，测量汽缸直径的量缸表是测量范围为50～160mm的内径百分表，其结构如图1-7所示。

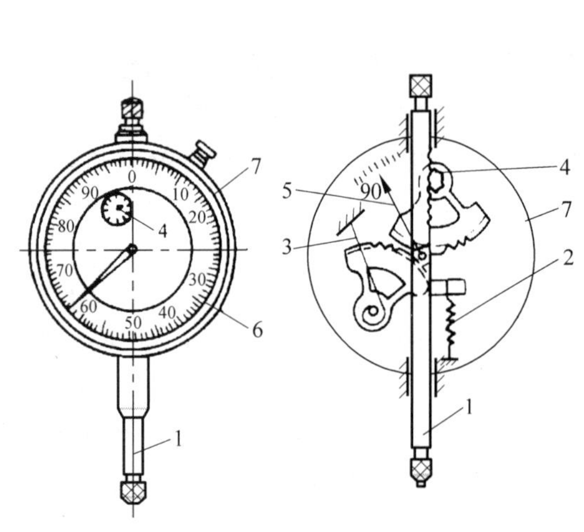

图1-6 百分表的结构

1—测杆；2、3—回位弹簧；4—短指针；5—长指针；6—活动表盘；7—表壳

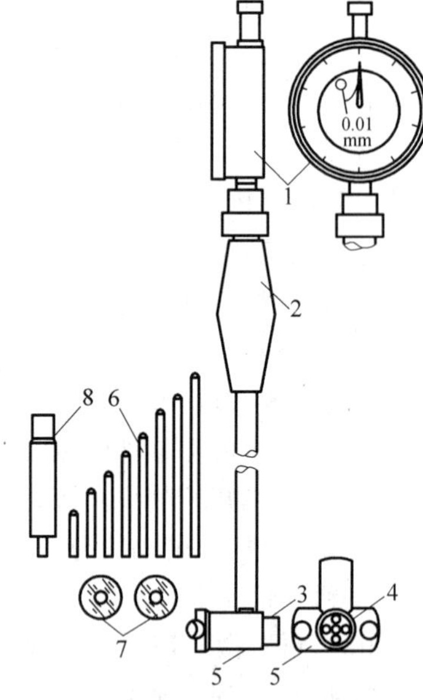

图1-7 量缸表的结构

1—百分表；2—表杆；3—接杆座；4—活动测杆；5—支撑架；6—接杆；7—固定螺帽；8—加长接杆

用量缸表测量汽缸直径时，应根据所测汽缸直径尺寸，装上该量程的接杆并用标定过的外径千分尺校对。

注意：对于量具的使用，应注意操作的规范性，一般应进行清洁、校零，然后再进行读数。

1.2.3 汽车零件常用修理方法

尽管目前汽车修理过程中换件修理越来越多，但零件修理尚普遍存在，只要修理方法合适，零件修理仍具有修旧利废、节约原材料和降低维修费用的目的优点。

汽车零件的修理方法很多，如机械加工法、校正法、焊修法和喷涂、喷焊、堆焊、电镀、刷镀、黏结等。

1. 机械加工修理法

机械加工是零件修理过程中最基本和最主要的方法。汽车零件修理最常用的机械加工方法是修理尺寸法和镶套法。

(1) 修理尺寸法。修理尺寸法是在零件结构、强度和硬度允许的条件下,将配合副中主要零件的损伤表面进行机械加工至规定的尺寸,恢复其正确的几何形状和表面粗糙度,更换与其相配合的零件,从而恢复配合副配合性质的修理方法。

修理尺寸的大小与级别取决于汽车修理间隔期内零件的磨损量、加工余量、磨损造成的几何形状变化以及使用的安全可靠性。

使用修理尺寸法修理零件可降低修理成本,缩短修理时间,因此在汽车修理中广泛采用。采用修理尺寸法的典型配合副,如缸体与缸套、汽缸与活塞、曲轴与轴承等。

(2) 镶套法。镶套修理法是对磨损的孔或外圆表面进行机械加工,把内衬套或外衬套以一定的过盈装在孔内或轴颈上,再进行机械加工,从而恢复到原来尺寸的修复方法。

镶套前应检查配合件的尺寸和形状并做好除锈等清洁工作,镶入时应保证压入件垂直、平稳压入,切忌用锤重击砸入。

镶套修理法能一次恢复较多的磨损量,具有工艺简单、操作方便、节约材料等优点,被广泛应用于汽车基础件或主要零件的局部磨损部位的修理中,如汽缸、气门座、气门导管等。

2. 焊修法

焊修法是利用电弧或气体火焰的热量,将焊条和零件金属熔化,使焊丝金属填补在零件上,以修复零件的裂纹、裂缝、破裂、磨损和断裂的方法。汽车零件的焊修可分为补焊、堆焊、喷焊和钎焊,其中补焊在汽车修理中普遍应用。

3. 校正修理法和黏结修理法

(1) 校正修理法。校正修理法是指利用外力或火焰使零件产生新的塑性变形,消除原有变形,恢复零件的正确形状的方法。校正修理法有压力校正、火焰校正和敲击校正几种。汽车零件修理中常用的校正修理法是压力校正,如用压力校正轴类零件、车架、连杆等。

(2) 黏结修理法。黏结修理法是采用黏结剂把裂纹、裂缝、断裂或两个独立零件进行黏补或连接的一种工艺方法。在汽车修理中,黏结可用于缸体、水箱、蓄电池壳的堵漏密封,制动蹄与摩擦衬片的连接等。

汽车零件修理用黏结剂有无机黏结剂和有机黏结剂两类,随着化学工业的发展,有机黏结剂品种越来越多,性能越来越好,使用方便;此外,黏结剂密封性好,耐酸、碱、油、水和腐蚀,不需进行防腐、防锈等处理。因此,尽管目前其还存在着黏结强度较低、耐高温和抗冲击性能较差等不足,黏结修理在汽车修理和应急处理中仍得到广泛的应用。

4. 其他修复法

为恢复已磨损零件的原始尺寸,可采用堆焊、喷涂、喷焊、电镀和刷镀等工艺对零件进行修复。

1.3 汽车检测与诊断设备

汽车故障诊断设备提高了汽车维修人员的感知能力,为实现汽车故障的快速、准确、有效诊断提供了技术支撑。汽车维护修理设备能有效地提高汽车维修的生产率和维修质量。

1.3.1 汽车故障诊断设备

1. 发动机汽缸压力表

发动机汽缸压力表用于检测汽缸压缩压力，根据测试结果可以判断汽缸衬垫及汽缸体与缸盖之间的密封状况、活塞环与缸壁配合状况以及燃烧室内积炭是否过多等有关汽缸的技术状况。常用发动机汽缸压力表如图 1-8 所示。

2. 真空表

真空表用于检测汽油发动机进气歧管的真空度，通过测量进气歧管真空度及其变化状况，可以判断发动机密封性能的好坏、空燃比的好坏和点火性能的好坏，可以诊断汽缸密封性、进气管或化油器衬垫的泄漏、配气机构密封性、排气消音器阻塞以及气门机构失调、混合气的稀或稠、点火时间和点火性能等诸多方面的故障。真空表的外形如图 1-9 所示。

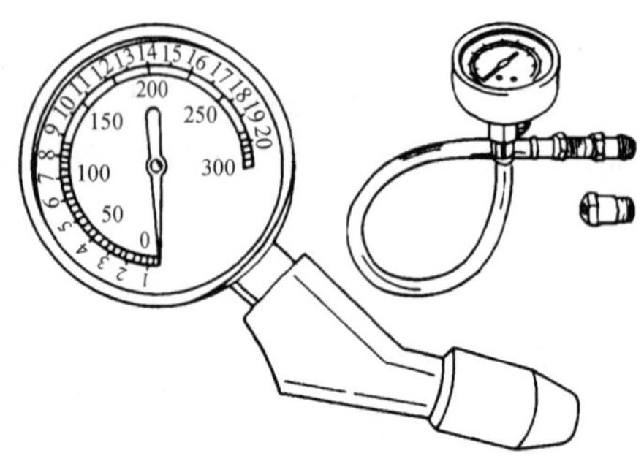

图 1-8 发动机汽缸压力表

图 1-9 真空表

3. 点火正时灯

点火正时一般用点火提前角(曲轴转角或凸轮轴转角)表示。点火正时灯(也称为点火正时枪)可检测汽油机点火提前角，有的还能测试转速、点火导通(闭合)角和电压参量。点火正时灯的外形如图 1-10 所示。

4. 汽车专用万用表

汽车专用万用表可检测充电、起动、燃油/空气、点火、电气、发动机管理、冷却等系统和各种传感器的状况，检测参量包括电压、电流、电阻阻值、电容容量、频率、喷油脉宽、电磁阀占空比、点火闭合角、发动机转速及温度等，并可检测电气系统线路的通、断。F867B 图形数字万用表如图 1-11 所示。

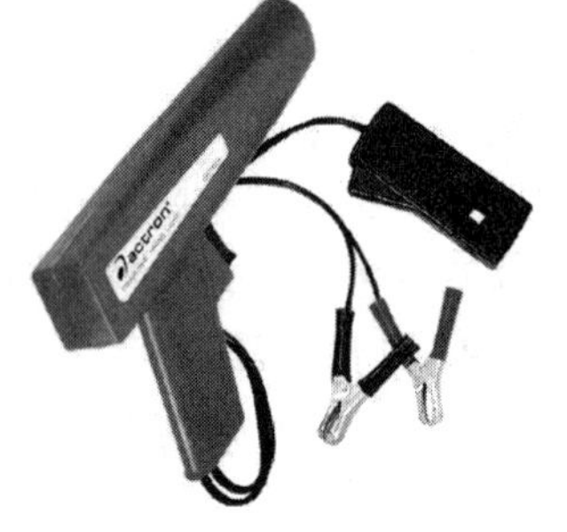

图 1-10 点火正时灯

5. 汽车示波器

示波器可用于测试蓄电池、传感器、ECM 等各元件的端子电压，点火分缸线、各种传感器、继电器等各元件的电阻阻值，熔丝、导线、制动灯开关等各元件的通、断，并使用相应探头可测试温度和电流等参数。

汽车示波器的外形如图 1-12 所示。

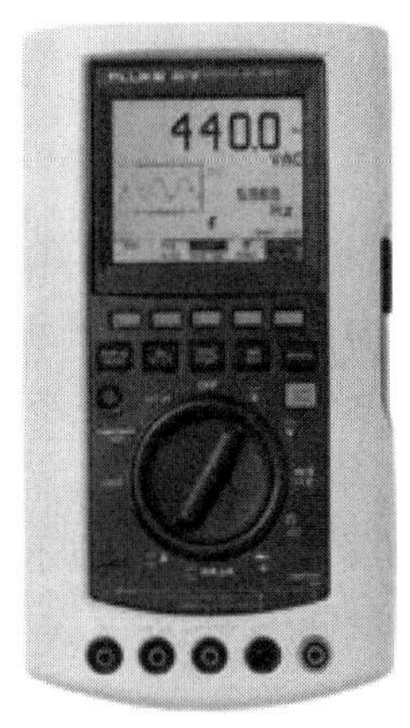

图 1-11 F867B 图形数字万用表

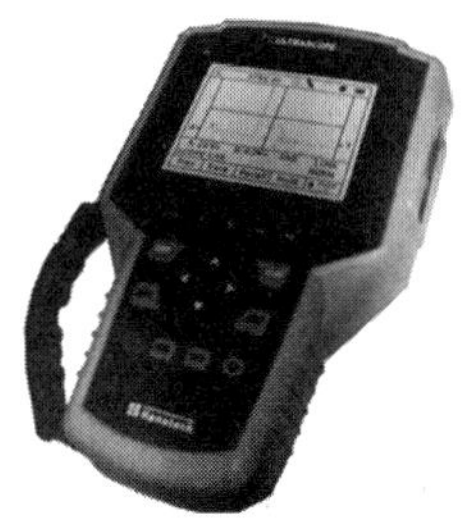

图 1-12 汽车示波器

6. 尾气分析仪

发动机尾气分析仪主要用于测量汽车发动机排气中的多种气体含量。这类仪器还可用于检查空燃比，检测催化转化器性能，检查燃油反馈系统及进、排气管泄漏等故障，帮助分析并排除发动机电控燃油喷射系统的故障，确保车辆污染排放指标正常。

根据检测气体种类不同，发动机尾气分析仪有二气体、四气体和五气体分析仪。常用的尾气分析仪有南华 NHA505、奔腾 BF-5801 型等。

7. 计算机检测仪

计算机检测仪可分为通用型和专用型两种。如图 1-13 所示为计算机检测仪的外形。

图 1-13 计算机检测仪

(1) 通用型计算机检测仪。通用型计算机检测仪（也称为汽车计算机解码器）可以对多种车型进行检测与诊断，常见的有美国 Snap-on 公司的 Scanner（俗称红盒子）、美国 IAE 公司的 OTC 汽车计算机解码器等。近年来，我国企业也推出了通用型汽车计算机检测仪，如修车王、电眼睛、金奔腾等。

通用型计算机检测仪备有各种车系检测卡（软件），并配有各种专用检测接口电缆。使用时，只需将被测汽车的车辆识别码输入故障检测仪，就能从软件中调出相应的检测程序；按照计算机检测仪屏幕上的提示，将相应的故障检测接口电缆一端的插头和汽车上的检测插座连接，就可以根据汽车微机自诊断电路的功能范围和检修要求，选择电喷发动机、电控自动变速器、制动防抱死装置等各个控制系统，进行读取数据流、读取故障码、清除故障码、测试执行器工作情况等检测工作。

(2) 专用型计算机检测仪。专用型计算机检测仪是为各汽车厂家生产的专用测试设备，它除了具备读码、解码、数据扫描等功能外，还具有传感器输入信号和执行器输出信号的参数修正、计算机控制系统参数调整以及系统匹配和标定、防盗密码设定等专业功能。专用检测仪的类型较多，如通用 TECH2、本田 PGM\HDS、日产 CONSULT、丰田 IT-Ⅱ、奔驰 XP-star\star2000\Diagnosis compact －Ⅲ、宝马 GT-Ⅰ\3S、大众 V. A. G1551\V. A. G1552\VAS5052、三菱 MUT-2及富豪 VCT2000 等。

1.3.2 汽车维护修理设备

1. 发动机燃油系统免拆清洗机

发动机燃油系统免拆清洗机主要配合汽车的定期维护和特别除炭维修使用，不需拆卸发动机，只需将接头与发动机供油、回油管连接，机器内的专用清洗剂可溶解喷油器针阀和燃烧室各组件的积炭、油泥、胶质等污染物，经燃烧后由汽车的排放系统排出，使汽车燃油供给系统得到彻底清洗。

这类仪器一般可以清洗多种汽油机以及柴油机的燃油系统，有的还可以检查燃油压力，以确定系统是否堵塞。

2. 自动变速器油更换机

目前，较为新型的自动变速器油更换机可以调节空气压力和进出油量、油压，能控制变速器内的需求油量，完全解决了手工更换变速器油不彻底(多数变速器内的油液不能手工更换)和油量不准确的问题。

3. 汽油机喷油器清洗机

汽油机喷油器清洗机适用于汽油发动机电子喷射喷油器的清洗，它可以清除喷油嘴的污物，从而解决喷油器或喷油嘴堵塞问题。

汽油机喷油器清洗机一般是利用超声波的冲击和振荡，来溶解和排除喷油器内的胶质物，并清理喷油嘴的积污，而且能够对喷油器进行反向清洗(即与喷油方向相反)，使清洗更彻底，且操作方便。有的清洗机还具有喷油器测试功能，能模拟发动机运转过程，测试发动机转速、喷油器开启时间、脉冲数供给、喷油器电阻或喷油模式、喷油器电压和供油压力等，如图1-14所示。

图1-14 喷油器清洗检测仪

4. 发动机润滑系统免拆清洗机

在汽车的定期维护中，不需拆卸发动机，只需用接头与发动机机油过滤器和油底壳螺孔相连，利用空气动力和专用清洗剂，在发动机静态时进行清洗。只要12min，发动机润滑系统油泥、积炭和杂质一并清除，恢复发动机效率，减少磨损和有害废气排放。

5. 发动机冷却系统清洗机

发动机冷却系统清洗机利用轻微的液压冲击原理，对发动机冷却系统进行冲击清洗、循环清洗、再循环清洗和更换冷却液。可清除发动机冷却系统的污垢，恢复发动机冷却系统性能。

6. 轮胎平衡机

轮胎平衡机可对各种类型的汽车车轮进行平衡调试，通过精密测试和准确调校，可以使车轮获得动态和静态下准确的平衡度。

轮胎平衡机一般都采用微型计算机控制，具有较高的精确度，能自动测定出轮胎两个校正平面上的动态不平衡度，如图 1-15 所示。

图 1-15 轮胎平衡机

7. 四轮定位仪

四轮定位仪用于测量车轮的各项定位参数，判断车轮定位的准确性，同时还可检验出车轮定位部件的故障。现用四轮定位仪中一般存储大量流行车型的车轮定位参数的标准值和车轮定位调整方法指导，车轮定位技术状态判断方便，调整操作容易。

另外，还有汽缸漏气量检测仪、曲轴箱窜气量检测仪、底盘测功机、底盘间隙检测仪、制动试验台、侧滑试验台、气门修磨机、镗缸机、磨缸机、曲轴磨床、车身/底盘矫修仪等检测和维修设备。

小　　结

本单元主要介绍了汽车故障的一些常见分类，汽车故障的常见症状表现，汽车故障产生的主要原因，汽车故障诊断的基本方法及分析方法，汽车维护与汽车修理的基本制度，汽车零件检验的基本方法，汽车零件检验常见工具及使用方法，汽车零件常用的修理方法，汽车故障诊断与维护修理的常见设备。重点应掌握汽车故障诊断的基本方法及分析方法，熟悉汽车故障诊断与维护修理的常见设备。

复　习　题

1. 什么叫汽车故障？汽车故障有哪些类型？
2. 汽车故障症状主要有哪些？汽车故障产生的原因有哪些？
3. 汽车故障诊断的基本方法有哪些？分析方法有哪些？
4. 汽车维护的主要内容有哪些？
5. 汽车零件检验的常用方法有哪些？常用的修理方法有哪些？
6. 汽车故障诊断与维修有哪些常见设备？

单元2

曲柄连杆机构和配气机构的故障诊断与维修

◎ 知识目标

(1) 能够描述汽缸密封性检测的常见方法。

(2) 能够描述汽缸压力过低的故障原因及诊断方法。

◎ 技能目标

(1) 能按规范使用汽缸压力表进行发动机汽缸压力的测试。

(2) 能按规范进行发动机汽缸缸盖的拆装与检测。

(3) 能按规范进行发动机气门间隙的调整。

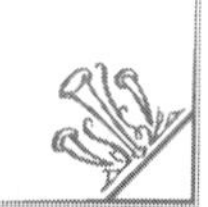

发动机曲柄连杆机构与配气机构的组成如图 2-1 所示。

发动机曲柄连杆机构由汽缸体与曲轴箱组、活塞连杆组和曲轴飞轮组组成。汽缸体与曲轴箱组主要包括汽缸体、汽缸套、汽缸盖、汽缸盖衬垫等机件；活塞连杆组主要由活塞、活塞环、活塞销、连杆和连杆轴承等组成；曲轴飞轮组主要包括曲轴、曲轴轴承、飞轮和扭转减振器等机件。

汽缸体与曲轴箱组是发动机各机构和系统的安装基体，又是燃料系、润滑系和冷却系的组成部分，由汽缸盖、汽缸体内壁、活塞、活塞环和汽缸盖衬垫构成的燃烧室是发动机的心脏，热负荷和机械负荷大，其技术状态对发动机的各项性能都有影响。

发动机配气机构由气门组和气门传动组组成。气门组主要包括气门、气门座、气门导管和气门弹簧；气门传动组则因气门、凸轮轴布置形式和曲轴与凸轮轴的传动方式不同有较大区别，一般包括凸轮轴、凸轮轴正时齿轮、挺柱和曲轴正时齿轮等基本机件。

在汽车使用的过程中，发动机曲柄连杆机构与配气机构常见的故障点是汽缸密封性不良，从而导致发动机动力不足、烧机油等故障现象。

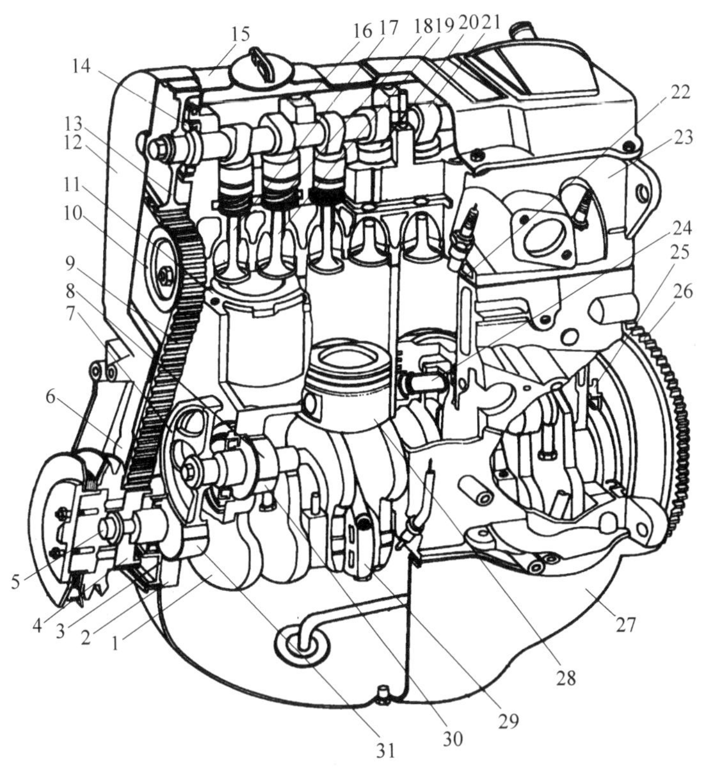

图 2-1 发动机曲柄连杆机构与配气机构的组成示意图

1—曲轴；2—曲轴轴承盖；3—曲轴前端封油挡板；4—曲轴正时齿轮；5—正时齿轮拧紧螺栓；6—正时齿轮下罩盖；7—中间轴正时齿轮；8—中间轴；9—正时传动带；10—偏心轮张紧机构；11—汽缸体；12—正时齿轮上罩盖；13—凸轮轴正时齿轮；14—凸轮轴前端油封；15—凸轮轴罩盖；16—凸轮轴轴承盖；17—排气门；18—气门弹簧；19—进气门；20—液压挺柱总成；21—凸轮轴；22—汽缸盖衬垫；23—汽缸盖；24—活塞销；25—曲轴后端封油挡板；26—飞轮齿环；27—油底壳；28—活塞；29—连杆总成；30—中间轴轴瓦；31—曲轴主轴瓦

2.1 曲柄连杆机构与配气机构的维护

1. 维护内容

在发动机维护中曲柄连杆机构与配气机构的主要维护作业包括以下内容。

(1) 检测发动机汽缸密封性，视情况确定发动机二级维护附加作业内容。

(2) 按规定次序和扭紧力矩校紧汽缸盖螺栓。

(3) 检查和调整气门间隙。

2. 汽缸密封性的检测

汽缸密封性是表征发动机技术状况的重要参数，对发动机的工作影响极大，直接影响发动机的动力性和经济性。汽缸密封性与汽缸、汽缸盖、汽缸衬垫、活塞、活塞环和进、排气门等包围工作介质的零件有关。在发动机使用过程中，由于上述零件的磨损、烧蚀、结胶、积炭等原因，引起了汽缸密封性下降。汽缸密封性的评价指标主要有汽缸压缩压力、曲轴箱窜气量、汽缸漏气量(汽缸漏气率)、进气歧管真空度等，只要检测上述指标中的一项或两项，就能表明汽缸密封的程度。

如表 2-1 所示，汽缸压缩压力的检测和进气歧管真空度的检测是就车检测汽缸密封性较简单有效的方法。因此，在汽车维修中，汽缸密封性的检测方法主要采用了汽缸压缩压力的检测和进气歧管真空度的检测，下面分别对其进行介绍。

表 2-1 汽缸密封性检测方法对比

检测方法	检测内容	检测状态	检测范围	检测说明
汽缸压缩压力	拆下火花塞和空气滤清器，用汽缸压缩压力表测各缸压缩力	用起动机带动发动机，动态检测汽缸压缩压力，对汽缸进行全行程测量	汽缸、汽缸盖、汽缸垫、活塞及活塞环、气门及气门弹簧、气门导管、进气歧管垫、喷油器密封圈、压力传感器软管、进气软管	起动机转速过低、缸壁和环槽机油过量、燃烧室积炭、因多次修磨缸孔缸盖造成压缩比偏大等导致测量值偏高
曲轴箱窜气量	把漏气流量计装在加机油口处，检测单位时间内漏入曲轴箱内的气体量	加载满负荷，低速行驶，动态测量曲轴箱的漏气量	汽缸、活塞及活塞环、气门、气门座及气门弹簧	测不到缸外漏气，无法反映具体缸密封性能，检测值较真实，但覆盖面太窄，需用其他方法辅助检测
汽缸漏气量	拆下火花塞，使活塞位于压缩行程上止点时锁死传动系统，施加定压的压缩空气，观察仪表压力降	无负荷静态检测，检测上止点处漏气量	汽缸、汽缸盖、汽缸垫、活塞及活塞环、气门及气门弹簧，可通过进排气管口、加机油口、水箱盖口等处的漏气情况判断漏气部位	只测到上止点处漏气，不是汽缸的全行程，未完全覆盖“拉缸”的影响，并需使用专用仪器（漏气仪）
进气歧管真空度	拆下空气滤清器，把真空表接在节气门后，测量进气歧管真空度	无负荷动态检测，可以测量各工况的密封性能	汽缸及其盖、垫、活塞与活塞环、气门及气门座、气门导管及其弹簧、进气歧管垫、喷油器密封圈、压力传感器软管、进气软管等，几乎无漏检	检测值较真实，而且可感知空燃比及点火正时和点火好坏，覆盖面广，是不解体动态检测综合指标性能的主要方法，也是电控汽油喷射式汽油机的必备检测方法

1）汽缸压缩压力的检测

通过检测活塞到达压缩终了上止点时汽缸内压缩压力的大小，可以表明汽缸密封性的好坏。汽缸压缩压力的检测可以通过汽缸压缩压力表、汽缸压缩压力检测仪或者发动机综合性能分析仪等设备来进行。由于汽缸压缩压力表具有价格低廉、仪表轻巧、实用性强和检测方便等许多优点，因而在汽车维修企业中应用较广泛。

(1) 检测方法。使用汽缸压缩压力表对汽油机进行汽缸压缩压力检测的方法如下。

① 断火断油。拆下空气滤清器，切断点火高压和供油线路。对于汽油发动机，可把分电器中央高压线拔下并可靠搭铁，以防止电击和着火，也可将点火系统供电熔丝拔下。

② 拆除所有火花塞。用压缩空气吹净火花塞或喷油器周围的脏物，使用火花塞套筒拆除所有火花塞。

③ 装好汽缸压缩压力表。如图2-2所示，将汽缸压缩压力表的橡胶接头插在被测汽缸的火花塞孔内，扶正压紧或将螺纹接头拧紧。

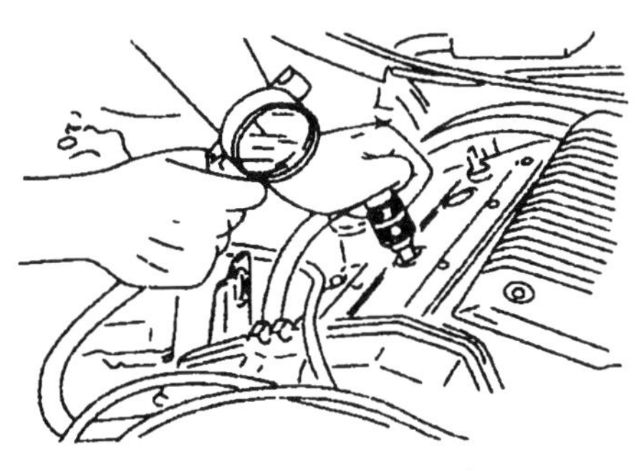

图2-2　汽缸压力的检测

④ 保持节气门全开。将节气门置于全开位置，保持进气歧管路畅通。

⑤ 启动起动机。用起动机转动曲轴3～5s(不少于4个压缩行程)，待压力表指针指示值保持最大压力后停止转动。

⑥ 读数。取下汽缸压缩压力表，记下读数，按下单向阀使压力表指针回零。

按上述方法依次测量其他各缸，每缸测量次数不少于两次，取平均值。

检测柴油机汽缸压缩压力时，应使用螺纹接头的汽缸压缩压力表，将压力表接在喷油器安装孔上。如果该机要求在较高转速下测量，此种情况除受检汽缸外，其余汽缸均应工作。其他检测方法与汽油机相同。

检测前，发动机应运转至正常工作温度，应保证汽车蓄电池电量充足，以确保起动机转动曲轴的转速符合要求。

(2) 诊断标准。发动机汽缸压缩压力的标准值一般由制造厂提供，可从车辆的维修手册上查到。对于在用车检测，要求汽油机汽缸压缩压力下降值不得低于原厂标准值的30%，柴油机不得低于原厂标准值的20%。几种常见车型的汽缸压缩压力如下：

帕萨特B5 ANQ型发动机汽缸压缩压力规定：最小为750kPa，各缸压力允许偏差不超过300kPa。

广汽雅阁发动机汽缸压缩压力规定：最小为930kPa，最大变动量为200kPa。

上海通用别克君威发动机汽缸压缩压力规定：任何一缸的最小压力不应低于最大压力汽缸的70%，任何汽缸压缩压力读数不应低于690kPa。

(3) 检测结果分析。检测结果如高于原设计规定，并不一定是汽缸密封性好，要结合使用和维修情况进行分析。这种情况有可能是燃烧室内积炭过多、汽缸衬垫过薄或缸体与缸盖结合平面经过多次修理加工过度造成的。

检测结果如低于原设计规定，可进一步进行以下检测。

① 向汽缸压缩压力过低的汽缸火花塞孔内注入20～30mL机油，然后用汽缸压缩压力表重测汽缸压缩压力并记录。

② 如果重测的汽缸压缩压力比第一次高，接近于标准压力，则表明是由汽缸、活塞环、活塞磨损过大或活塞环对口、卡死、断裂及缸壁拉伤等造成的。

③ 如果重测的汽缸压缩压力与第一次相近，表明是由进、排气门或汽缸衬垫不密封等原因造成的。

④ 如果某相邻两缸两次检测的汽缸压缩压力都相当低，说明两缸相邻处的汽缸衬垫烧

损窜气。

以上仅为对汽缸组不密封部位的故障分析或推断，并不能十分把握地确诊。为了准确地测出故障部位，可在测完汽缸压缩压力后，针对压力低的汽缸，采用如下简易方法：以汽油机为例，卸下空气滤清器，打开散热器盖和加机油口盖，用一条约 3m 长的胶管，一头接在压缩空气气源上，另一头通过锥形橡皮头插在火花塞孔内。摇转发动机曲轴，使被测汽缸活塞处于压缩终了上止点位置，然后将变速器挂入低挡，拉紧驻车制动，打开压缩空气开关，注意倾听漏气声。如在进气歧管口处听到漏气声，说明进气门不密封；如在排气消声器处听到漏气声，说明排气门不密封；如在散热器加水口处看到有气泡或听到出气声，说明汽缸衬垫不密封造成汽缸与水套沟通；如在相邻汽缸火花塞口处听到漏气声，说明汽缸衬垫在该两缸之间处烧损窜气；如在加机油口处听到漏气声，说明汽缸活塞配合副不密封。

2）进气歧管真空度的检测

对于汽油发动机而言，在运转过程中由于进气行程的作用，在进气歧管中会产生真空度。这个真空度是由各缸在交替进行进气行程时造成的。如果该数值较高且真空表指针表现也较稳定，则表明发动机的工作良好。进气歧管真空度的大小及其稳定性和发动机的结构及性能（进气系统密封性、发动机转速、汽缸的数量等）及可燃混合气的品质（空燃比的大小）有着密切的联系。此外，进气歧管真空度还受到节气门开度的影响。

发动机进气歧管真空度随汽缸密封性的变化而变化。因此，利用真空表检测汽油机进气歧管的真空度，可以表征汽缸的密封性。真空表由表头和软管组成，如图 1-9 所示。

(1) 检测方法。用真空表检测进气歧管真空度的方法如下。

① 发动机应预热到正常工作温度。

② 把真空表软管和进气歧管上的测压孔连接起来。

③ 使变速器处于空挡位置，发动机怠速运转。

④ 读取真空表上的读数。考虑到进气歧管真空度随海拔高度增加而降低，海拔每升高 1 000m，真空度将减少 10kPa 左右。因此，在测定真空度时，应根据所在海拔高度修正真空度标准值，真空度单位用千帕(kPa)表示。

(2) 诊断方法。进气歧管真空度的诊断方法一般如下。

① 在相当于海平面高度的条件下，发动机怠速运转时，真空表指针稳定地指在 57～70kPa（摆幅的大小、摆速的快慢与密封性、空燃比及点火性能有关）范围内，表示汽缸密封性正常。

② 当迅速改变节气门开度时，表针在 6～84kPa 摆动，则进一步表明汽缸组技术状况良好。

③ 怠速时，若指针低于正常值，主要是由活塞环、进气歧管漏气造成的，也可能与点火过迟或配气过迟有关。在此情况下，节气门若突然开启，指针会回落到 0；若节气门突然关闭，指针也回跳不到 84kPa。

④ 怠速时，指针不时跌落 13kPa 左右，说明某进气门口处有结胶。

⑤ 怠速时，指针有规律地下跌某一数值，为某气门烧毁。

⑥ 怠速时，指针跌落 6kPa 左右，表示气门与气门座不密封。

⑦ 怠速时，指针很快地在 46～60kPa 摆动，升速时指针反而稳定，表示进气门杆与其导管磨损松旷。

⑧ 怠速时，指针在 33～74kPa 缓慢摆动，且随发动机转速升高摆动加剧，为气门弹簧弹力不足或汽缸衬垫泄漏。

进气歧管真空度的检测是一项综合性很强的检测，此处仅介绍了几种典型情况，但实际上能测的项目还有许多，而且检测时无须拆卸火花塞等机件，在国外被认为是最重要、最实用和最快速的测试方法之一。但是，进气歧管真空度的检测也有不足之处，它往往不能指出故障的确切部位。例如，真空表能指示出气门有故障，但不能指明是哪一个气门有故障。此情况只能借助测汽缸压缩压力或测汽缸漏气量（率）等方法才能检测出。

提示：汽缸压缩压力的检测属于基本技能，在实际汽车维修中经常使用，应熟练掌握其检测和分析方法。通过检测进气歧管真空度来进行故障诊断属于高级技能，学习中，可在不同工况下对进气歧管真空度的变化进行仔细观察。

3. 缸盖螺栓的紧固

缸盖螺栓的紧固，必须按规定次序进行，紧固时，应按规定的扭紧力矩校紧汽缸盖螺栓。如帕萨特 ANQ 型发动机汽缸盖的紧固顺序如图 2-3 所示，如果是拆卸后重新安装汽缸盖，缸盖螺栓应分两步拧紧，第 1 次为 60N・m；第 2 次再拧 1/2 圈（允许分两次拧 1/2 圈），如图 2-4 所示。

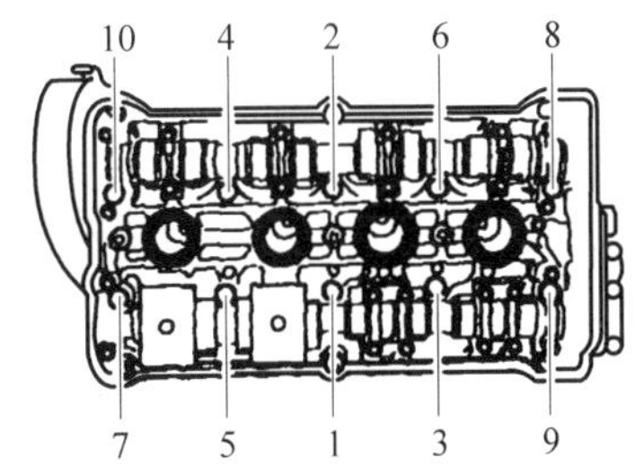

图 2-3 发动机缸盖紧固顺序

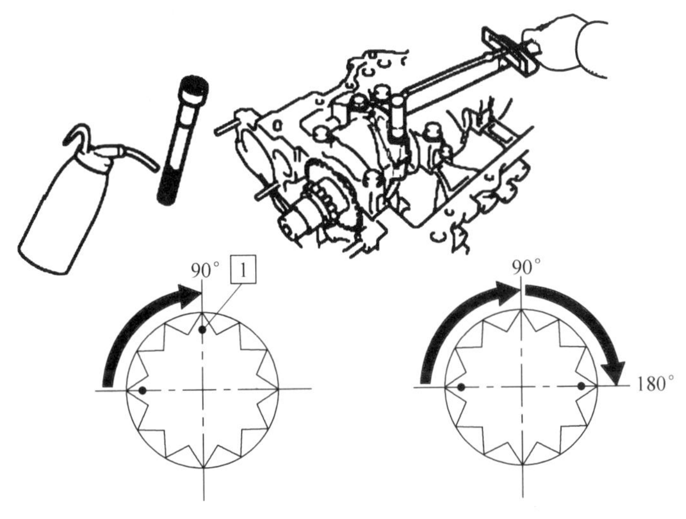

图 2-4 缸盖螺栓的紧固方法

4. 气门间隙的调整

气门间隙的调整是在气门完全关闭的条件下进行的。用旋具转动气门调整螺钉，同时用塞尺在气门杆端与摇臂（或凸轮）间测量，调好后将锁紧螺母锁紧，最后再用塞尺检查一遍。

常见气门间隙检查和调整的方法有两种：逐缸调整法和两次调整法。

逐缸调整法，即根据汽缸点火次序，确定某缸活塞在压缩上止点位置后，可对此缸进、排气门间隙进行调整；调完之后摇转曲轴，按此法逐步调整其他各缸气门间隙。具体方法为：

将曲轴转至一缸压缩行程上止点，使一缸进、排气门全关，调整一缸进、排气门间隙；转动曲轴一定角度（720°/汽缸数），如四缸发动机转过 180°，六缸发动机转过 120°，调整下一点火缸的进、排气门间隙。以此类推逐个缸调整进、排气门的间隙。

两次调整法，即摇转曲轴使第一缸活塞处于压缩上止点，如图 2-5 所示，这时可调一半汽缸的气门间隙；然后摇转曲轴一圈，调整另一半汽缸的气门间隙。调整时一边拧调整螺钉，一边用厚薄规插入气门杆端与摇臂之间来回拉动，感到有轻微阻力为宜，然后重新检查一遍，直到合适为止。

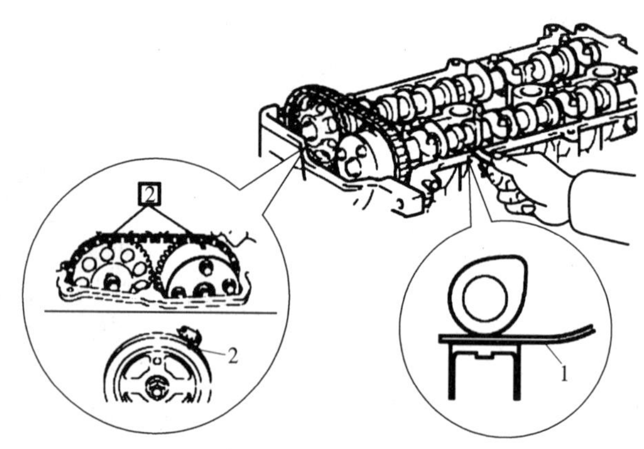

图 2-5　气门间隙的调整方法

1—塞尺；2—正时标记

逐缸调整法需摇转的曲轴次数多，检调所花费时间多，但对于磨损较严重的发动机，用逐缸法检调气门间隙比较精确。两次调整法调整气门间隙比较省时省力，但对于不同车型需记忆不同的可调气门顺序号，车型复杂，对维修人员记忆就有些难度。

目前，很多车辆采用了液压挺柱，不再需要进行气门间隙的调整。

2.2　曲柄连杆机构与配气机构主要零件的检修

2.2.1　缸体和缸盖的检修

1. 缸体和缸盖的失效形式

缸体主要失效形式是汽缸磨损、缸体变形及裂纹，缸盖主要失效形式是缸盖变形及裂纹、气门座磨损。

2. 缸体和缸盖的裂纹检测与诊断

缸体和缸盖的裂纹大多出现在水套的薄壁处和气门座圈附近。缸体和缸盖裂纹检查的常用方法是水压试验。

如图 2-6 所示，将缸盖和衬垫装在缸体上，将专用的盖板装在缸体进水口处，并用水管与水压机相连，用水压机加压，在 0.3～0.4MPa 的压力下，保持

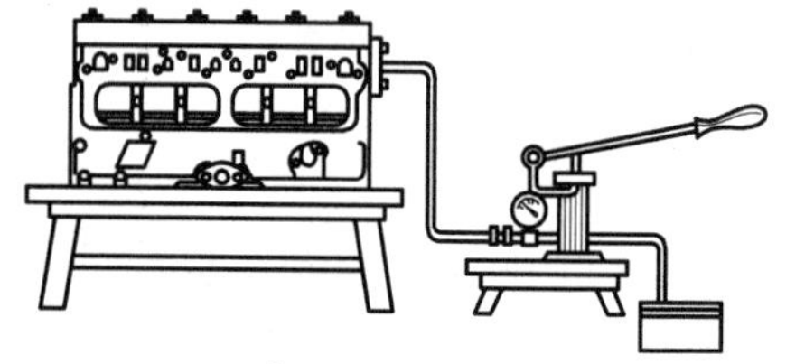

图 2-6　缸体和缸盖的水压试验

约 5min,观察有无渗漏现象,有渗漏即存在裂纹。在没有水压机的情况下,可在水套内加入水后用压缩空气机进行加压试验。

镶配气门座圈、气门导管或汽缸套后的缸体和缸盖均应再进行一次水压试验。

3. 缸体和缸盖变形的检测与诊断

缸体变形主要表现为上平面、端面的翘曲变形和配合表面的相对位置误差增加;缸盖变形主要表现为下平面和进、排气歧管侧平面的翘曲变形。

缸体、缸盖的翘曲变形可用平板做接触检验,或者用直尺和塞尺检测。用直尺和塞尺检测缸盖、缸体平面翘曲变形的方法如图 2-7 及图 2-8 所示。丰田 1AZ-FE 等发动机缸盖、缸体在两者接触平面全长上的最大允许误差为 0.05mm,缸盖侧平面在全长上的最大允许误差为 0.08mm。若超过最大值,则应更换缸盖或缸体。

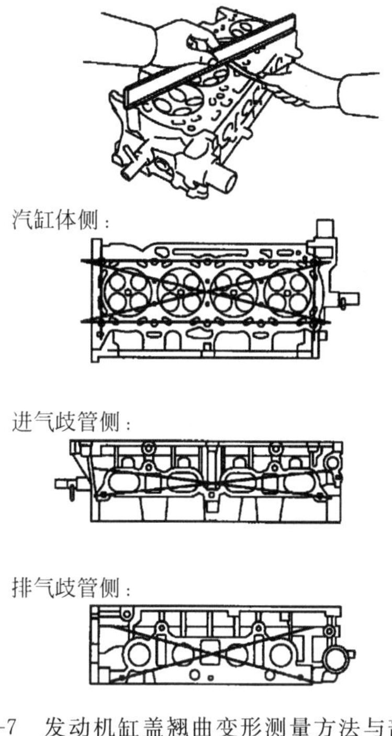

图 2-7　发动机缸盖翘曲变形测量方法与部位
(图中画线为测量时直尺的摆放位置)

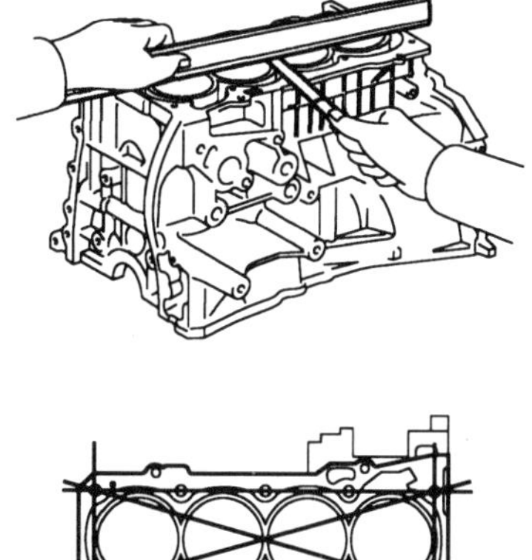

图 2-8　缸体上平面翘曲变形测量方法与部位
(图中画线为测量时直尺的摆放位置)

提示:缸体和缸盖的变形检测应多加练习,熟练掌握。

4. 汽缸磨损的检测与诊断

(1) 汽缸磨损的特征。汽缸正常磨损的特征如图 2-9 所示。汽缸孔沿高度磨损成上大下小的倒锥形,最大磨损部位是活塞在上止点位置第一道活塞环对应处,该位置以上几乎无磨损,磨损到一定程度有明显的"缸肩";在汽缸孔横截面上四周磨损也不均匀,形成不规则的椭圆形,一般在磨损量最大处,磨损最不均匀,有时相差 3～5 倍。

(2) 汽缸磨损的检测。根据汽缸磨损的特征,一般是用圆度和圆柱度两个指标来反映汽缸的磨损程度,也有一些汽车以标准尺寸和汽缸磨损后的最大尺寸的差值来衡量。

测量汽缸的磨损量,测量位置很重要,通常汽缸内径测量位置和要求如图 2-10 所示。

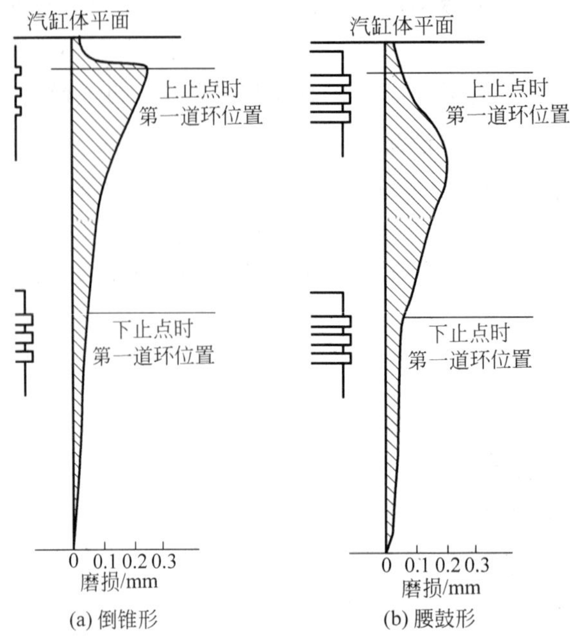

图 2-9 汽缸磨损的特征

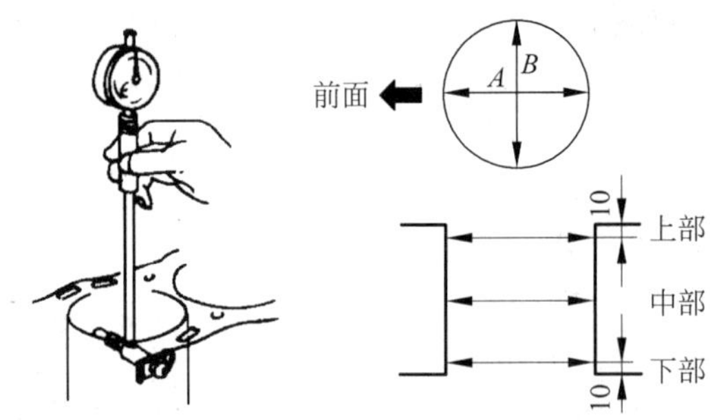

图 2-10 汽缸内径测量部位

按 A、B 两个方向分别测量一次，其中，A 方向与曲轴轴线平行，B 方向与曲轴轴线垂直。若考虑到汽车使用情况的复杂性，汽缸磨损可能异常，为测出最大磨损尺寸，从上而下最好每隔 10mm 测一个截面；每个截面上最好测量 8 个点，即每隔 45°测量一点。汽缸磨损的检测具体操作步骤可参见知识拓展 1。

当发动机中磨损量最大一缸的圆柱度或圆度超过规定标准时，如一般汽油机的圆柱度超过 0.175mm 或圆度超过 0.05mm，柴油机的圆柱度超过 0.25mm 或圆度超过 0.063mm，或标准尺寸和汽缸磨损后的最大尺寸的差值超过 0.08mm，则应进行镗缸或更换缸套修理。

(3) 汽缸镗磨修理尺寸的确定。汽缸镗削加工推荐采用同心加工法，其修理等级的确定方法如下：

$$n \geqslant (D_{max} - D_0 + X) / \text{级差值} \tag{2-1}$$

式中，D_{max} 为镗削前汽缸的最大直径(mm)；D_0 为原厂规定汽缸的标准直径(mm)；X 为汽缸的镗磨余量，一般取 0.13～0.2mm；级差值一般为 0.25；n 为镗后汽缸修理尺寸的级数，取圆整值。

(4) 汽缸的镗磨加工。当确定汽缸镗磨的修理尺寸后，按要求购买相应等级尺寸的活塞，并对汽缸进行镗削、珩磨、激光热处理等加工，其工艺流程是：镗缸→珩磨→磷化→激光淬火→珩磨到要求尺寸。

(5) 汽缸镶套。汽缸用修理尺寸法修理超过最后一级时，可用镶套法恢复至原始尺寸。

注意：汽缸磨损的检测结果是判断发动机是否需要大修的一个主要依据，练习时应注意操作的规范性。

2.2.2　活塞环的检修

1. 活塞环的失效形式

活塞环长期在高温、重载和高速下工作，润滑条件较差，其主要损伤形式是磨损。随着磨损的加剧，活塞环的弹力逐渐减退，端隙、侧隙、背隙增大。此外，活塞环还可能断裂。

2. 活塞环的选配检验

发动机修理时，应按照汽缸的标准尺寸或修理尺寸，选用与汽缸、活塞同级别的活塞环。在大修时，优先使用活塞、活塞销及活塞环成套供应的配件。

在活塞环选配时，应进行活塞环端隙、侧隙、背隙、弹力及活塞环与缸壁配合漏光度的检查，重点检查前三项。

(1) 活塞环端隙的检查。活塞环端隙是指活塞环装到汽缸内后在开口处呈现的间隙。检查活塞环端隙时，将活塞环平正地放入汽缸内，用活塞顶部把它推平，然后用塞尺测量开口处的间隙，如图 2-11 所示。

活塞环端隙的大小与汽缸直径和活塞环的材料等因素有关，一般每 100mm 汽缸直径端隙为：第一道环 0.25～0.45mm，其余各道均为 0.20～0.40mm。端隙大于规定时，应另选活塞环；小于规定时，可对环口的一端加以锉修。锉修时，应注意环口平整，锉修后环外口应去掉毛刺，以防锋利的环口刮伤汽缸。

(2) 活塞环侧隙的检查。活塞环侧隙是活塞环在相应的活塞环槽内上下方向的间隙。检验时，将活塞环放入环槽内，用厚薄规按图 2-12 所示的方法测量。

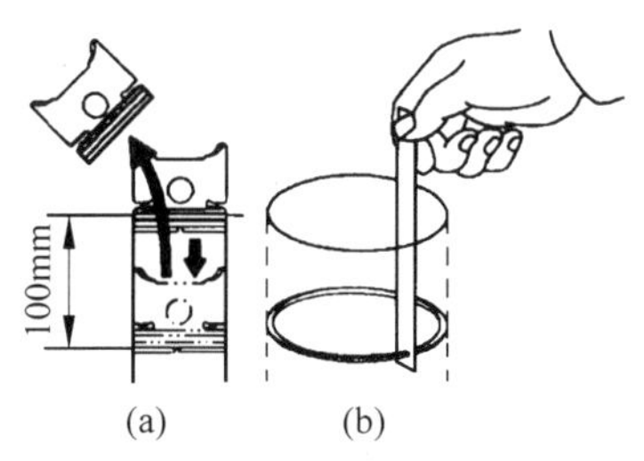

图 2-11　活塞环端隙的测量

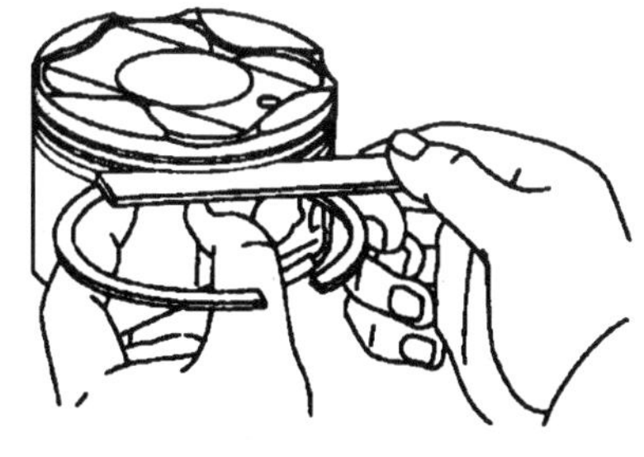
图 2-12　活塞环侧隙检测

一般第一道环为 0.05～0.09mm，其余各道环均为 0.03～0.07mm。如侧隙过小，可将活塞环放在有平板的砂布上研磨，不允许加工活塞；如侧隙过大，则应另选活塞环。

(3) 活塞环背隙的检查。活塞环的背隙是指活塞环安装在活塞上，放入汽缸以后，活塞环因弹性而伸展紧贴汽缸壁，此时活塞环背面与环槽底之间的间隙。此间隙难以直接测量，

可计算求得。活塞环背隙的计算式公为

活塞环背隙 =（汽缸直径 − 活塞环槽底直径 − 2 × 活塞环径向厚度）/2

活塞环的背隙一般为 0～0.35mm。在实际测量中，活塞环背隙通常以槽深和环厚之差来表示。

(4) 活塞环弹力及与缸壁配合漏光度的检查。活塞环端隙、侧隙和背隙检查是活塞环选配的基本检查，必要时还应进行活塞环的弹力检查和与缸壁配合漏光度的检查。

活塞环的弹力是指在活塞环开口的垂直方向施加压力，使开口达到规定的端隙时在活塞环直径方向施用的作用力。活塞环的弹力可用活塞环检验仪检验，如图 2-13 所示。

活塞环与缸壁配合漏光度的检查可简单按如下方法进行：如图 2-14 所示，将活塞环平正地放入汽缸内，用活塞顶部把它推平，在汽缸下部放置一发亮的灯泡，在活塞环上放一直径略小于汽缸内径、能盖住活塞环内圆的盖板，然后从汽缸上部观察漏光处及漏光处对应的圆心角。一般要求活塞环局部漏光度每处不大于 25°；最大漏光缝隙不大于 0.03mm；每环漏光处不超过两个，每环总漏光度不大于 45°；在活塞环开口处 30°范围内不允许有漏光现象。

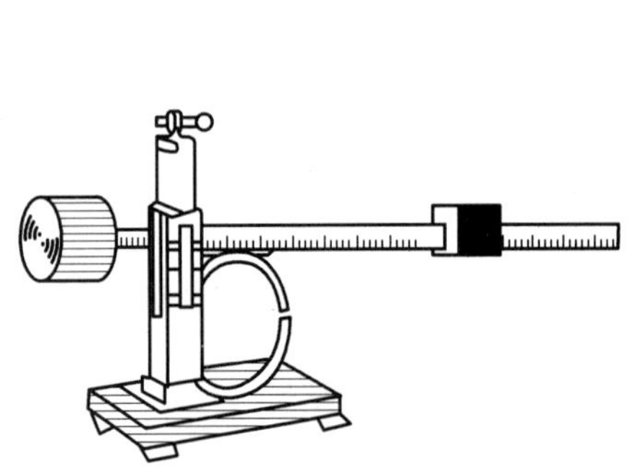

图 2-13 活塞环弹力的检测

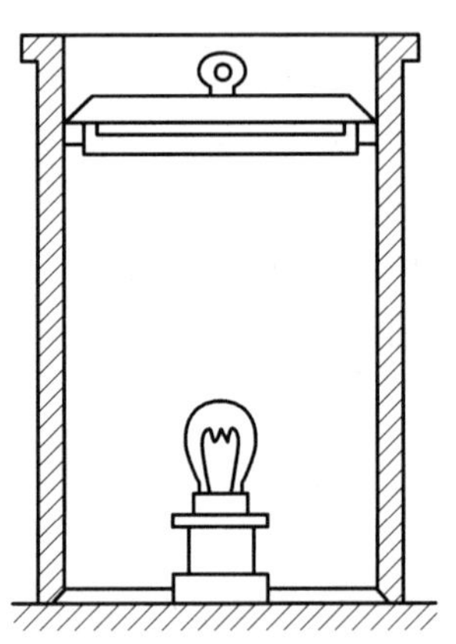

图 2-14 活塞环漏光检测

3. 活塞环的更换

使用经验证明，活塞环的磨损失效寿命比汽缸短，因此，在发动机一个大修周期内应更换一次（一般只允许一次）活塞环，以改善发动机的动力性和经济性。在更换活塞环时，应注意以下几点。

(1) 检查活塞环的端隙应在活塞环行程内的最低位置进行，不能在磨损严重的汽缸上部检验，也不要在活塞环行程区域以外检验。

(2) 活塞环与环槽的配合间隙也可放宽要求。侧隙可放宽到 0.125mm；背隙气环可放宽到 0.80mm，油环可放宽到 1.00mm。

(3) 在拆下活塞连杆组前，应用刮刀刮除缸肩，并用砂布将缸口磨光。若汽缸磨损比较严重，造成在活塞环行程最低位置也有明显的台阶时，也应刮除和磨光。

(4) 在汽缸磨损量不严重时，更换的活塞环中只能使用原标准（或修理）尺寸的活塞环，禁止使用加大级别的活塞环。

(5) 装配时，每道活塞环之间应按维修手册的要求，端口按一定夹角交错布置。

2.2.3 曲轴和凸轮轴的检修

1. 曲轴和凸轮轴的失效形式

曲轴的主要失效形式有轴颈磨损、曲轴主轴线的弯曲、扭曲变形和产生裂纹甚至折断。凸轮轴的主要失效形式有凸轮轴轴线弯曲、轴颈和凸轮的磨损等。

2. 曲轴和凸轮轴变形的检测

曲轴变形的形式有曲轴主轴线的弯曲和扭曲变形，凸轮轴变形的形式是凸轮轴轴线弯曲。

曲轴和凸轮轴轴线弯曲变形的检查方法是测量其中间轴颈对两端轴颈的径向圆跳动，具体检测方法如图 2-15 所示。

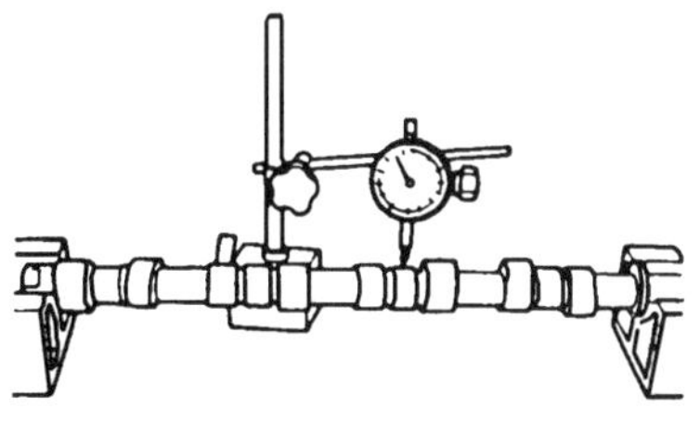

图 2-15 凸轮轴弯曲变形的检查

将曲轴或凸轮轴两端的轴颈用 V 形铁块支撑在平台上，把百分表的触针垂直抵在中间的轴颈上。转动曲轴或凸轮轴一圈以上，百分表指针左右摆动的最大幅度即为径向圆跳动。检测时，要注意磁性表座和百分表的正确组装。

曲轴的径向圆跳动不得大于 0.15mm，当测得的径向圆跳动误差小于 0.15mm 时，可结合光磨曲轴加以修正，若径向圆跳动误差大于 0.15mm，则应在曲轴修磨前进行校正。凸轮轴的径向圆跳动不得大于 0.10mm，若超限则应进行校正，若轴颈需修磨，则校正应在修磨前进行。

曲轴主轴线扭曲变形检查的支撑方法与弯曲检验时一样，保持曲轴水平，使两端同一曲柄平面内的两个连杆轴颈位于水平位置，然后用高度游标卡尺或带支座的百分表测量两轴颈最高点至平板的高度差，据此求得曲轴主轴线的扭曲角。一般要求：以曲轴装正时齿轮的键槽中心线为基准，第一道连杆轴颈的轴心线偏移不得大于±30′；以第一道连杆轴颈轴心线为基准，各道连杆轴颈的分配角度偏差不得大于±30′。

3. 曲轴和凸轮轴磨损的检测与诊断

(1) 曲轴和凸轮轴磨损的规律分析。曲轴磨损的主要部位是主轴颈和连杆轴颈，主要表现为径向磨成椭圆，轴向磨成锥形。曲轴轴颈的不均匀磨损是由曲轴的结构、载荷、机油的质量和使用条件等因素决定的，但磨损数值取决于发动机的结构，不同型号的发动机是不一样的。其磨损的一般规律如图 2-16 所示。

连杆轴颈径向椭圆磨损的最大部位在各轴颈的内侧面上，即靠曲轴中心线侧；连杆轴颈沿轴线方向磨损的最大部位一般在机械杂质沉积一侧和各个轴颈受力大的部位。主轴颈磨损后主要呈椭圆形，最大磨损部位往往在靠近连杆轴颈一侧，主轴颈沿轴向的不均匀磨损一般没有规律性。使用经验证明，一般直列式发动机，连杆轴颈的磨损比主轴颈的磨损快。

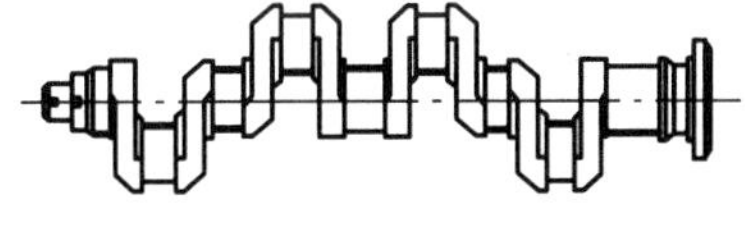

图 2-16 曲轴轴颈磨损规律示意图

凸轮轴磨损的主要部位是轴颈和凸轮工作面。一般凸轮轴轴颈的磨损较缓慢；凸轮工作面磨损是其主要损伤形式，凸轮表面磨损会有麻点、毛糙和沟槽等痕迹。

(2) 曲轴和凸轮轴轴颈磨损的检测。曲轴和凸轮轴轴颈的磨损检测，主要是用外径千分尺测量轴颈的直径、圆度误差和圆柱度误差。一般根据圆柱度误差确定轴颈是否需要修磨，同时也可确定修磨尺寸。测量通常是按磨损规律进行的，先在轴颈磨损最大的部位测量，找出最小直径，然后在轴颈磨损最小的部位测量，找到最大直径。曲轴磨损的具体检测方法参见知识拓展2。主轴颈和连杆轴颈磨损后，圆柱度误差大于0.012 5mm时，应进行曲轴的光磨修理。

另外，还可以用眼看、手摸来发现轴颈表面的擦伤、起槽、烧蚀和较严重的裂纹等损伤。在小修时，轴颈的某些较轻的表面损伤，可以用油石、细锉刀或砂布加以修磨。

(3) 凸轮轴凸轮工作面磨损的检查。凸轮轴凸轮工作面磨损情况的检查主要是用外径千分尺测量凸轮的高度和升程。若凸轮的高度或升程小于允许值，应对凸轮进行修磨，或更换新凸轮轴。凸轮的修磨在专用的凸轮轴磨床上进行。凸轮工作面的某些较轻的表面损伤，可以用油石、细锉刀或砂布加以修磨。

4. 曲轴轴颈的修磨

发动机大修时，对轴颈磨损已超过规定的曲轴，可用修理尺寸法对曲轴主轴颈和连杆轴颈进行光磨修理，并更换相应修理等级的轴承。

曲轴修理后，还应进行飞轮的静平衡试验及曲轴的动平衡试验。

2.2.4 气门组零件的检修

1. 气门组零件的失效形式

气门组零件主要失效形式有气门和气门座工作面因磨损而起槽、变宽，甚至烧蚀后出现斑点和凹陷；气门杆弯曲和磨损；气门导管配合松旷；气门弹簧自由长度缩短，弹力减退和弯曲变形，甚至折断等。

2. 气门的检测与诊断

(1) 气门工作面磨损起槽或烧蚀出现斑点，应进行光磨，严重时换新件。

(2) 用千分尺检查气门杆的磨损。通常磨损量超过0.05mm，或用手触摸有明显的阶梯形成感觉时，应更换气门。目视检查，气门杆无明显弯曲，气门头部无明显歪斜，否则应更换气门。

3. 气门导管的检测与诊断

在更换气门后，若它与气门导管的配合间隙仍然较大，应检修气门导管。配合间隙的检查方法是：将气门提起至汽缸盖平面上的一定高度(一般为气门导管长度的一半)，用百分表触头抵在气门头的边缘处，如图2-17所示。然后往复摆动气门，用百分表测得一个摆差，即为气门导管的磨损情况。一般进气门摆差不得超过1.00mm，排气门摆差不得超过1.30mm。

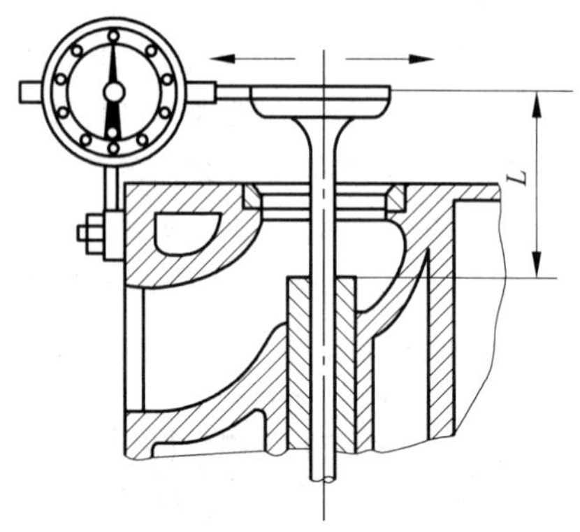

图2-17 气门杆与导管配合间隙的检查

气门导管过度磨损后应更换。新导管的选择，要求导管的内径应与气门杆的尺寸相适应，其外径与导管承孔的配合应有一定的过盈，通常取过盈量为导管外径的2%～3%。导管的过盈量可用新、旧导管对比的办法进行测量，新导管要比压出来的旧导管粗0.01～0.02mm为适当。

更换气门导管的方法是：用专用工具将旧气门导管从汽缸盖压出，将选定的新导管外壁涂上一层机油，压入导管承孔内。带有台肩的导管压入时的压力不能大于10kN，否则会使台肩断裂。不带台肩的气门导管压入后，露出部分的长度应符合规定。

导管更换后，应检查气门杆与导管的配合间隙是否符合要求（正常为0.02～0.04mm）。也可用经验检查法进行检查，具体方法为：将气门杆和导管孔擦净，在气门杆上涂一薄层机油，放入导管内，上下拉动几次后拉出，松手后气门能借自身重力徐徐下降落座，则认为两者配合适当。

如果气门与气门导管的配合间隙过小，可用铰削的方法进行扩孔。

4. 气门座的检测与修整

气门座在检测时，主要是检查气门座与气门配合面的密封情况。其常用方法有画线法、汽油渗漏法和压缩空气法等。

画线法是用软笔在气门工作面上约每隔8mm左右画一条线，插入相配的气门导管内，用螺丝刀顶住气门头的凹槽，用力下压，捻转气门少许，观察线条被切断的情况。若所画线条均被切断，如图2-18所示，则合格。

汽油渗漏法是将气门装配好，将汽缸盖倒放，在燃烧室内倒入汽油，如图2-19所示，观察有无汽油渗漏，如没有汽油渗漏即为合格。

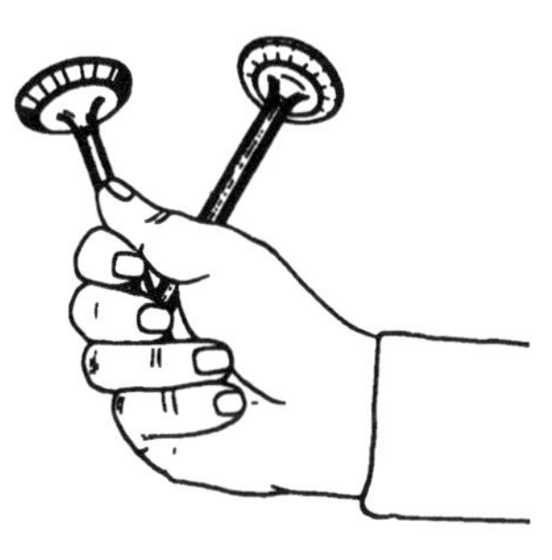

图2-18 画线法

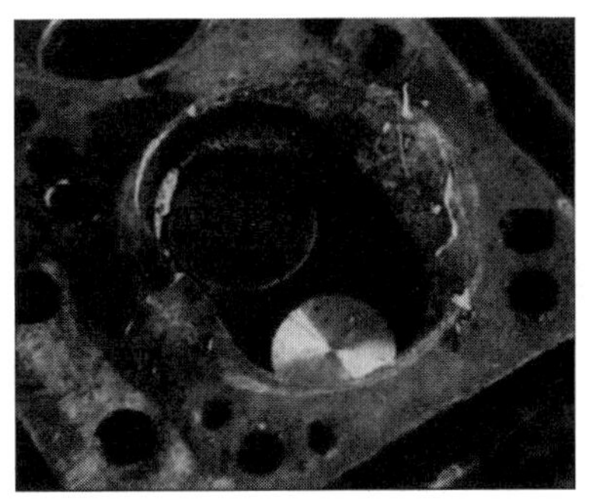

图2-19 汽油渗漏法

压缩空气法是将气门装配好，将如图2-20所示的检验仪的空气室罩在气门座上并用手压紧，挤压橡皮球，使空气室内具有70kPa的压力，如在30min内压力不下降，即为合格。

若检测结果不合格，应进行气门研磨。气门研磨方法如图2-21所示，在工作表面涂一层薄薄的研磨膏，将气门插入气门导管内，用橡皮碗吸住气门头部，然后在相配的气门座上往复旋转，以手捻橡皮碗杆进行研磨。研磨时，旋转方向与上下方向保持一致，轻轻拍打，不断旋转。第一次涂粗研磨砂研磨至在工作面出现一圈印迹后，应清洗磨屑，换用细研磨膏研磨。需要注意的是，有的气门锥面上有合金层，不能研磨。

提示：气门研磨是汽车维修技术员的一项基本功，应多加练习，掌握技巧。

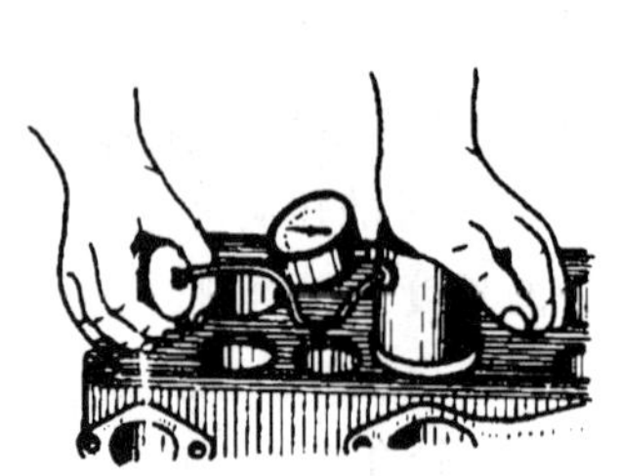

图 2-20 压缩空气法检查气门密封性

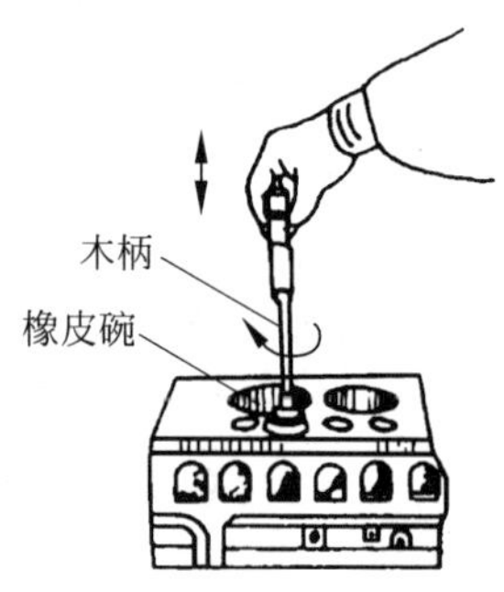

图 2-21 气门研磨方法

2.3 曲柄连杆机构与配气机构常见故障诊断

曲柄连杆机构和配气机构的技术状态对发动机的各项性能都有影响，其常见故障为汽缸压力过低、汽缸压力过高和发动机异响。

常见故障部位是燃烧室周围的密封部位零件（如汽缸、活塞、活塞环、气门、进气座、汽缸盖和衬垫）和曲轴、轴瓦等。

2.3.1 汽缸压力过低

1. 故障现象

发动机不易发动甚至不能发动，怠速不稳，动力不足，机油和燃油消耗增加，尾气排放超标；测量汽缸压力，测量值低于允许极限。

2. 故障原因

发动机汽缸压力过低的故障树如图 2-22 所示。

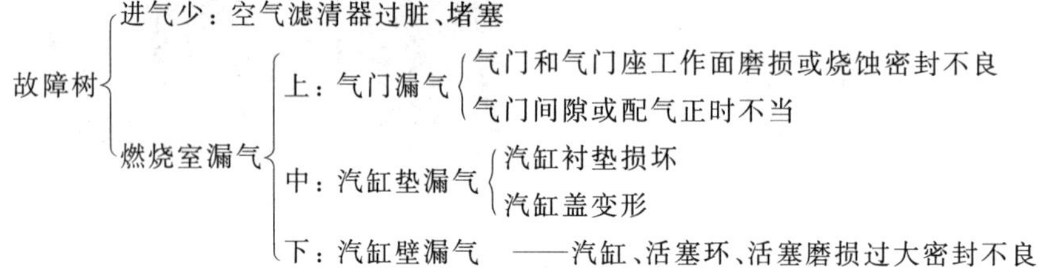

图 2-22 发动机汽缸压力过低的故障原因

3. 故障诊断

汽缸压力过低故障诊断的方法有人工经验诊断法和仪器仪表诊断法两种。汽缸压力过低故障的人工经验诊断过程如图 2-23 所示。

注意：若气门与气门座漏气严重，如气门杆顶弯等不能关闭，则可能出现回火、放炮现象。

人工经验诊断法适于故障现象较明显、故障程度较严重的故障诊断，为提高诊断精度和效率，应采用仪器仪表诊断法。诊断汽缸压力过低故障的常用仪器仪表有汽缸压力表、真空

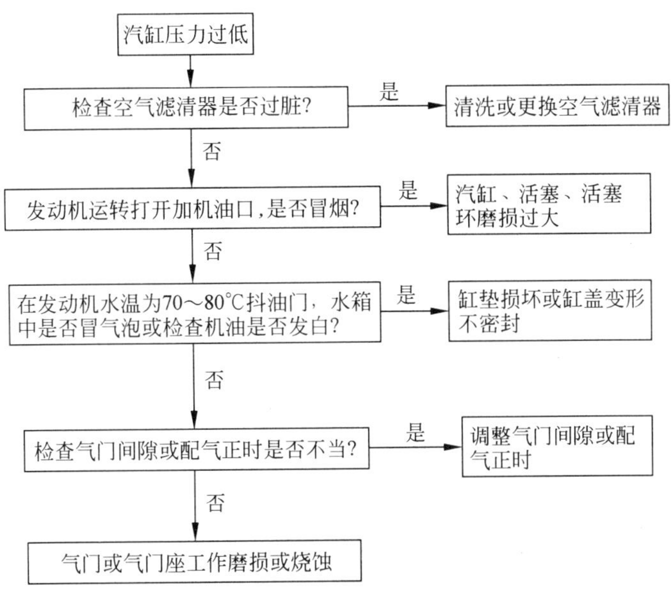

图 2-23　汽缸压力过低故障诊断流程

表、窜气量测量仪、汽缸漏气量(率)检验仪,具体参见 2.1 节。

2.3.2　汽缸压力过高

若汽缸压力测量值超过原厂规定标准值,则为汽缸压力过高。

一般发动机汽缸压力过高的原因主要是燃烧室内积炭过多,导致燃烧室容积减小,其检修方法是清除燃烧室内的积炭。刚大修后的发动机汽缸压力过高的原因主要是汽缸衬垫过薄或汽缸盖因加工过度,厚度太薄,导致燃烧室容积太小,其排除方法是更换汽缸衬垫或汽缸盖。

2.3.3　异响

曲柄连杆机构异响包括主轴承响、连杆轴承响、活塞敲缸响、活塞销响等,配气机构异响包括气门脚响、液力挺柱响、气门挺杆响、凸轮轴响、正时链条响等。

1. 故障现象

发动机工作时有不正常响声,有时还伴有发动机动力性、经济性和排放性能的下降及机油压力的降低。

不同部位的异响,其故障现象特征也有所不同,具体见表 2-2。

2. 故障原因

曲柄连杆机构与配气机构异响的基本原因是配合副间隙过大或配合面有损伤,发动机工作过程中相配的零件间有冲击,导致零部件振动,产生声波而传播。

异响声音的音量(响亮程度)和音调(主频率的高低和频率分布)与发动机工作中零件间相互冲击的剧烈程度、零件的材料及发生的部位(内外)有关。由于曲柄连杆机构与配气机构中配合副类型多、数量多，零件材料品种也多；工作中的受力方式各不相同；另外，即使是同一对配合副发生异响，其引起冲击的主要原因也可能不同。

曲柄连杆机构与配气机构异响的主要类型、故障现象、常见原因如表 2-2 所示。

表 2-2 常见曲柄连杆机构与配气机构异响现象和原因

类型	部位	故障现象	辅助诊断措施	故障原因
主轴承响	汽缸体下部靠近曲轴分开处	稳定运转不响，转速突然变化时，发出低沉连续的“噹噹”声，转速越高，声响越大，有负荷时，声响明显	单缸断火，声响无明显变化，相邻两缸断火时声响明显减弱，但不一定消失，观察机油压力是否变化	①主轴承盖的固定螺栓松动；②主轴承减磨合金烧蚀或脱落；③主轴承和轴颈磨损过度，或轴向推力装置磨损过度，造成径向和轴向间隙过大；④曲轴弯曲；⑤机油压力或机油黏度太低
连杆轴承响	机油加注口处	转速突然变化时，有明显连续“当当”声，(比主轴承响要“轻”、“清”、“短”)怠速较小，中速较明显，转速越高，声响越大，有负荷时，声响明显	单缸断火，声响明显减弱或消失，观察机油压力有无变化	①连杆轴承盖的紧固螺栓松动；②连杆轴承合金烧蚀、脱落；③连杆轴承与轴颈的磨损量过大，或径向间隙过大；④机油压力过低或机油黏度太低
活塞敲缸响(冷态)	汽缸上部或机油加注口处	通常怠速时较明显清晰、并有节奏的“吭吭”声；转速升高时杂碎甚至消失；一般温度低时声响明显，温度升高时，声响明显减弱或消失	单缸断火，声响减弱或消失，机油加注口是否冒烟，排气管有无蓝烟，可疑汽缸加少量浓机油声响减弱或消失	①活塞裙部与汽缸壁间隙过大；②活塞销与连杆衬套装配过紧；③连杆弯曲变形
活塞销响	汽缸上部或机油加注口处	怠速时或略高于怠速时有较清晰、明显并有节奏的“嗒嗒”声响；转速变化响声也呈周期性变化，加速时响声明显，温度升高，响声不减，甚至更明显。点火过早，声响明显	单缸断火，声响减弱或消失，在“复火”瞬间声响特别清晰，将点火时间略提早一点，声响更加明显	①活塞销与销座或衬套配合松旷；②活塞销润滑不良；③活塞销两端销环脱落使销窜动
气门脚响	气门室附近	怠速时发出有节奏的“嗲嗲”声，转速升高，声响也升高；单缸断火，声响不变	怠速时用手提起挺柱或插入厚薄规，若声响减弱或消失，即为该气门间隙过大	①气门间隙过大；②凸轮磨损，挺杆、挺柱跳动；③气门杆与导管磨损松旷

续表

类型	部位	故障现象	辅助诊断措施	故障原因
液力挺柱响	气门室附近	有节奏的“嗒嗒”声，怠速时明显，转速升高，声响减弱以致消失	拆检	①机油压力低；②液力挺柱油道有空气；③液力挺柱失效
气门挺柱响	气门室附近	有节奏的间响、清脆的“嗒嗒”声，怠速时明显，中速时减弱或消失，断火及温度变化与之无关	用铁丝钩住可疑挺柱，若声响消失或减弱，即为该挺柱故障	①挺柱与孔配合松旷；②挺柱端部磨损起沟槽；③挺柱不能自由转动
凸轮轴响	缸体侧或气门室附近	中速时，可听到有节奏而较钝的“嗒嗒”声，高速时消失；单缸断火，声响不变	拆检	①凸轮轴及轴承配合松旷；②凸轮轴弯曲变形；③凸轮轴轴向间隙过大
正时链条响	汽缸前部	声音清脆，怠速或低速时较明显，并随转速的升高而增大，响声与温度无关	按紧张紧器，声响减弱	①链条过松；②链条和链轮磨损；③张紧器严重磨损

3. 故障诊断

曲柄连杆机构与配气机构异响的诊断方法有仪器诊断法和人工经验诊断法两种。利用仪器实现异响的快速、准确诊断一直是人们追求的目标，但现有异响诊断仪器尚难满足实际诊断需要。因此，异响诊断仍靠人工经验诊断法。

由表2-2可知，各种异响与发动机的转速、温度、负荷和润滑条件等有关，并具有各自的特点和规律。异响的人工经验诊断法就是由诊断人员综合响声的固有特征（音调），易听清晰部位，改变发动机的转速、温度、负荷和润滑条件时响声的变化情况以及自身的知识与经验，对故障部位和原因做出判断。由于异响现象的模糊性、现象和成因之间关系的复杂性，它是汽车故障诊断中的难点，诊断人员必须经过大量诊断实践才能提高诊断水平。

为提高诊断的准确性和速度，必须了解发动机的转速、温度、负荷和润滑条件对异响的影响关系。

(1) 转速。一般情况下，转速越高机械异响越强烈。尽管如此，在高转速时各种响声混杂一起，听诊某些异响反而不易辨清。所以，诊断转速不一定是高速，对具体异响要具体对待。如听诊气门响和活塞敲缸响时，在怠速下或低速下就能听得非常明显；当主轴承响、连杆轴承响和活塞销响较为严重时，在怠速和低速下也能听到。总之，诊断异响应在响声最明显的转速下进行，并尽量在低转速下进行，以减小不必要的噪声和损耗。

(2) 温度。有些异响与发动机温度有关，而有些异响与发动机温度无关或关系不大。在机械异响诊断中，对于热胀系数大的配合副要特别注意发动机的热状况，最典型的例子是铝活塞敲缸。在发动机冷启动后，该响声非常明显，然而一旦温度上升，响声即消失或减弱。所以，诊断该响声应在发动机低温下进行。热胀系数小的配合副所产生的异响，如曲轴主轴承响、连杆轴承响、气门响等，发动机温度的变化对异响的影响不大，因而对诊断温度无特别要求。

(3) 负荷。许多异响与发动机的负荷有关。如曲轴主轴承响、连杆轴承响和活塞敲缸响等,均随负荷增大而增强,随负荷减小而减弱;但是,也有些异响与负荷无关,如气门响、和凸轮轴轴承等,负荷变化时异响并不变化。

(4) 润滑条件。不论什么机械异响,当润滑条件不佳时,异响一般都显得严重。有些异响本身会引起润滑条件的恶化,如较严重的曲轴主轴承响和连杆轴承响常伴有机油压力降低。

常见曲柄连杆机构与配气机构异响故障诊断过程如图 2-24 所示。

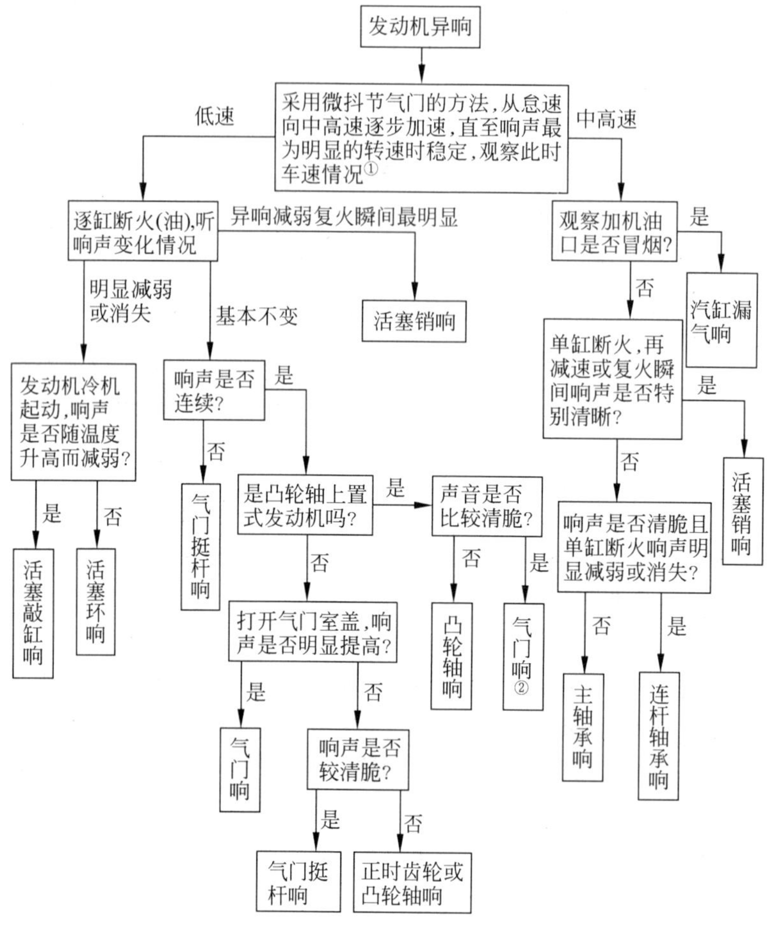

图 2-24 曲柄连杆机构与配气机构异响故障诊断过程

注意:

① 加速时应仔细察听响声变化,并观察机油压力表或机油压力报警灯,逐级缓慢加速,以免造成新的更严重的故障。

② 若是链传动式配气机构还有可能是凸轮轴上正时齿轮响。

小　　结

本单元主要介绍了曲柄连杆机构与配气机构维护的主要内容及方法,包括汽缸密封性的检测、缸盖螺栓紧固、气门间隙调整,重点应掌握汽缸压力的检测方法与注意事项;介绍了曲柄连杆机构与配气机构中主要部件的检修，包括缸体与缸盖的检修、活塞环的检修、曲轴和凸轮轴的检修及气门组的检修，应掌握汽缸磨损的检测方法、缸盖变形的检测方法、活塞环的选配方法、曲轴的检测方法，了解凸轮轴的检测、气门组的检测方法；介绍了曲柄连杆机构与配气机构常见故障的诊断，包括汽缸压力过低、过高及异响的故障原因及诊断方法，重点应掌握汽缸压力过低的故障原因及诊断方法。

复　习　题

1. 曲柄连杆机构与配气机构维护内容有哪些？
2. 简述用汽缸压缩压力表检测发动机汽缸压力的方法。
3. 简述用两次调整法调整气门间隙的方法。
4. 活塞环选配时，应进行哪些检查？
5. 请用故障树分析法分析发动机汽缸压力过低的故障原因。

实训　曲柄连杆机构与配气机构的检修

1. 实训目的与要求

(1) 能按规范进行汽缸压缩压力的检测与诊断。

(2) 能按规范进行进气歧管真空度的检测与诊断。

(3) 能按规范进行汽缸磨损的检测与诊断。

(4) 能按规范进行曲轴的检测与诊断。

2. 实训主要内容

(1) 汽缸压缩压力的检测与诊断

使用汽缸压缩压力表，按规范对发动机汽缸压缩压力进行检测，对照标准值，对检测结果进行诊断分析。

(2) 进气歧管真空度的检测与诊断

使用真空表，按规范对发动机进气歧管真空度进行检测，对照标准值，对检测结果进行诊断分析。

(3) 汽缸磨损的检测与诊断

正确组装、使用量缸表，按规范对发动机汽缸的内径进行检测，对照标准值，对检测结果进行诊断分析，确定汽缸修理等级。

(4) 曲轴的检测与诊断

正确使用千分尺，按规范对发动机曲轴的轴颈进行检测，对照标准值，对检测结果进行诊断分析，确定曲轴修理等级。

知识拓展1　汽缸磨损的检测

1. 考核要求

(1) 掌握游标卡尺、量缸表的使用方法。

(2) 掌握汽缸磨损测量的操作方法。

(3) 掌握汽缸磨损的计算方法。

(4) 能对检验结果简单分析并得出检验结论。

2. 现场准备

汽缸体、游标卡尺、千分尺(含千分尺夹具)、量缸表、干净棉布、被检汽缸盖及其相关标准数据。

3. 操作步骤

(1) 检查并清理汽缸。在检查汽缸时,若发现汽缸壁有污垢或积炭,用棉布将其擦拭干净,必要时可用细纱打磨一下。

(2) 校准游标卡尺,并用游标卡尺测量汽缸直径。

① 清洁游标卡尺。

② 合拢卡尺量爪,校验零位。

③ 用游标卡尺测量所要检测的汽缸直径。测量时,先将主尺量爪与孔壁接触好,再轻轻摆动和拉动油标,找出最大的内径位置,锁紧紧固螺钉。

④ 读数。使游标卡尺处于水平位置,两眼的视线与卡尺的刻线表面垂直,以减小读数误差。

⑤ 在草稿纸上记录下数据。

(3) 校准外径千分尺,并放出所测汽缸直径。

① 清洁外径千分尺。清洁标准杆、砧座、测杆,防止其工作面有污垢影响数据准确性。

② 校准外径千分尺。将标准杆放在砧座与测杆左端面之间,使其端面与砧座全面接触,转动活动套管,当测杆左端面要接近测杆时再转动外径千分尺尾端的棘轮,使测杆左端面与标准杆端面均匀贴合,当棘轮发响 2~3 下为宜。此时,活动套管左边缘应压在标尺的起始线上或起始线与短画线(0.5 刻度线)之间,其锥面上的"0"刻度与基线对正。如不对正,记录其与标准值的误差,测量时扣除标尺误差,计算出准确数据。

③ 在外径千分尺上放出所测汽缸直径,作为测量基数。

④ 锁紧制动手柄。

(4) 组装量缸表,如图 2-25 所示。

① 用游标卡尺测量汽缸的内径,以获得标注尺寸。

② 根据所测量的汽缸直径选择长度合适的接杆和螺杆,将接杆装在表架下部的接杆座上,并装上螺杆和固定螺母(此时无须锁紧),注意螺杆不要装反。

③ 将百分表装入表架内,使表盘正面与下端活动测杆相互垂直(或两者在同一平面),使百分表针有所偏转,以消除各连接杆件的间隙。

④ 根据标注尺寸,调整好接杆长度,最后锁紧紧固螺钉。

(5) 校对量缸表,如图 2-26 所示。

① 将外径千分尺置于夹钳上,如图 2-26(a)所示。

② 将量缸表置于外径千分尺口内,调整螺杆长度,使测杆有 1~2mm 的压缩量,拧紧螺杆上的固定螺母,如图 2-26(b)所示。

③ 在测杆两端放水平的基础上,转动百分表的表盘使大指针对准刻度"0",并复校,如图 2-26(c)所示。

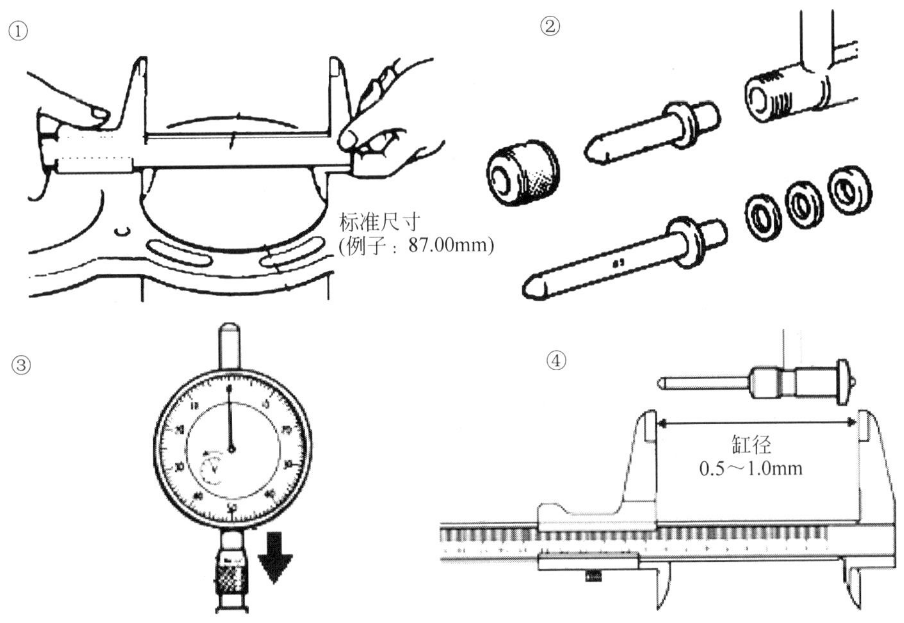

图 2-25　量缸表组装

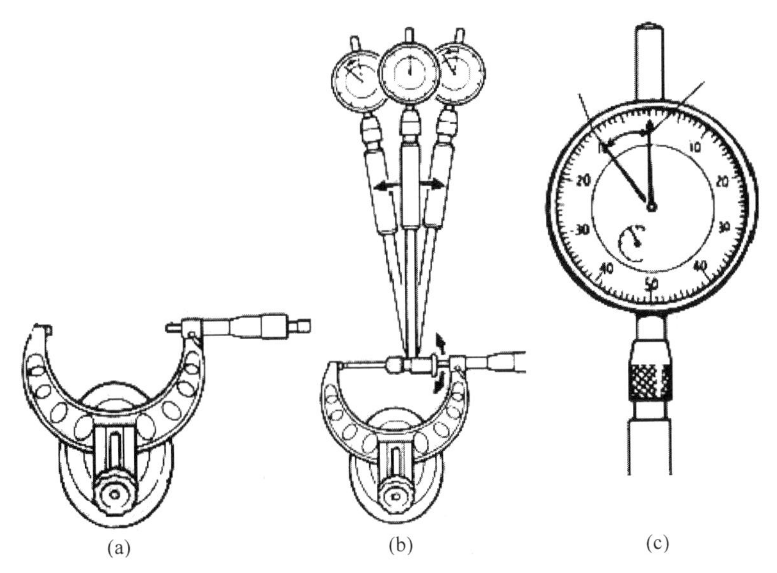

图 2-26　校对量缸表

(6) 测量汽缸直径，如图 2-27 所示。

① 在汽缸轴向上选取三个横截面：上部（活塞在上止点时，第一道环所对应的缸壁附近）、中部（活塞行程的中部）、下部（距汽缸下边缘 20mm 左右），在同一横截面上测量出纵向（与活塞销平行的方向）和横向（与活塞销垂直的方向）两个数据。

② 测量时，握住绝热套，把量缸表斜向放入汽缸被测处，轻轻摆动量缸表，找出表针摆动时的“拐点”，读出此时的数据；缓慢转动量缸表至同一截面的另一方向，读出此时的数据，如图 2 27(b)所示。把数据填入记录单。

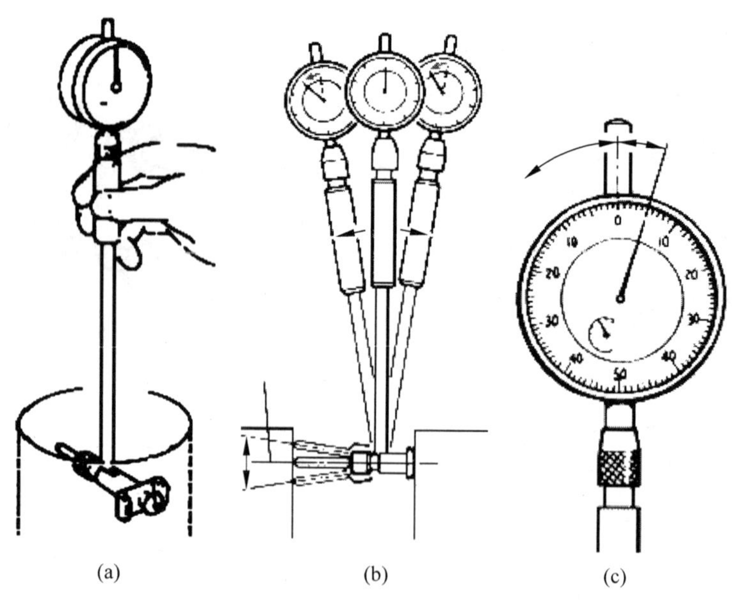

图 2-27 测量汽缸直径

注意：量缸表应正确读数。

如果大表针逆时针转向偏离 0 刻度(小表针顺时针转向偏离)，则表示实际孔径大于基本尺寸，此时量缸表读数为大表指针逆时针离开 0 的刻度数，汽缸直径＝测量基数(即千分尺设定尺寸)＋ 量缸表读数。

如果大表针顺时针转向偏离 0 刻度(小表针逆时针转向偏离)，则表示实际孔径小于基本尺寸，此时量缸表读数为大表指针顺时针离开 0 的刻度数，汽缸直径＝测量基数(即千分尺设定尺寸)－ 量缸表读数。

③ 测量另外两个截面数据。

(7) 判断汽缸是否需要修理。

① 截面圆度计算：

圆度 ＝(某横截面上最大直径 － 同一横截面上最小直径)/2

② 汽缸圆柱度计算：

圆柱度 ＝(三横截面上最大直径 － 三横截面上最小直径)/2

③ 汽缸圆度计算：该汽缸三截面最大的截面圆度即为该汽缸的圆度。

(8) 填写考核记录单，分析考核结果。汽缸检查记录单如表 2-3 所示。

表 2-3 汽缸检查考核记录单

检测项目	检测部位	检测数据/mm				圆度
		D_1	D_2	D_3	D_4	
汽缸体						

该汽缸的圆度误差为________，圆柱度误差为________。

注：所有长度单位统一为 mm，测量数据精确到小数点后两位。

4. 评分要点

(1) 安全规范使用检测工量具。

(2) 测量方法应符合规定。

(3) 圆度、圆柱度计算方法及结果正确。

(4) 能根据检测结果做一定的分析。

(5) 完整、正确填写考核记录单。

5. 技术标准

表 2-4 为几种常见车型汽缸的检查标准。

表 2-4　几种常见车型汽缸的检查标准

车　　型	汽 缸 直 径
皇冠(3GR-FE)	标准：87.500～87.512mm
花冠(1ZZ-FE)	标准：79.000～79.013mm
别克	标准：89.000mm

6. 注意事项

(1) 工量具不可坠落。

(2) 工量具不可损坏。

(3) 工量具轻拿轻放。

(4) 作业完毕必须整理现场。

知识拓展 2　曲轴磨损的检测

1. 考核要求

(1) 能按规范进行曲轴磨损的检测。

(2) 能对检测结果简单分析并得出结论。

2. 现场准备

若干发动机总成、常用工具、千分尺、高压气及气枪、新机油、V 形铁块、清洁用布一块、被检曲轴及其相关标准数据。

3. 操作步骤

(1) 按正确顺序拆除曲轴主轴承盖螺栓，分 2～3 次拧松曲轴主轴承盖螺栓，用双手水平取下曲轴并放置在平板上的 V 形铁块上，如图 2-28 所示。

(2) 用干净的布清洁轴颈，选择合适量程的外径千分尺，每个轴颈检测两个截面的最大直径与最小直径，并记录，如图 2-29 所示。

(3) 正确计算圆度、圆柱度。

(4) 填写考核记录单(如表 2-5 和表 2-6)，分析考核结果。

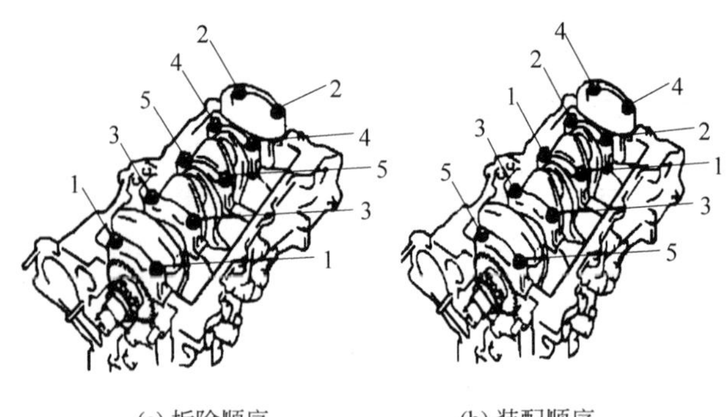

(a) 拆除顺序　　(b) 装配顺序

图 2-28　曲轴拆装顺序

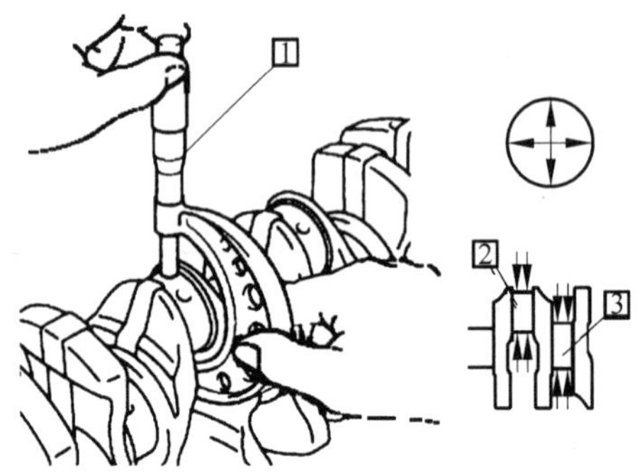

图 2-29　曲轴主轴颈和连杆轴颈直径测量

1—外径千分尺；2—连杆轴颈；3—曲轴轴颈

表 2-5　曲轴检查考核记录单 1

检测项目	检测部位	检测数据/mm				
		第一道	第二道	第三道	第四道	第五道
曲轴主轴颈						
圆度						

表 2-6　曲轴检查考核记录单 2

检测项目	检测部位	检测数据/mm			
		一	二	三	四
曲轴连杆轴颈					
圆度					

4. 评分要点

(1) 被检曲轴应安全放置。

(2) 检测工量具应安全规范使用。

(3) 检测步骤应符合规定。

(4) 能根据检测结果做一定的分析。

(5) 完整、正确填写考核记录单。

5. 技术标准

表 2-7 为几种常见车型曲轴的检查标准。

表 2-7　几种常见车型曲轴的检查标准

车　　型	曲轴主轴颈直径
皇冠(3GR-FE)	标准：60.988～61.000mm
花冠(1ZZ-FE)	标准：47.988～48.000mm
别克	标准：67.239～67.257mm

6. 注意事项

(1) 工量具不可坠落。

(2) 工量具损坏。

(3) 工量具轻拿轻放。

(4) 作业完毕必须整理现场。

单元3

润滑系故障诊断与维修

◎ **知识目标**

(1) 能够描述机油的检查方法。

(2) 能够描述润滑系常见故障的故障原因。

◎ **技能目标**

(1) 能按规范进行机油、机油滤清器的更换。

(2) 能按规范进行曲轴箱通风装置的检查。

(3) 能按规范进行机油泵的检测。

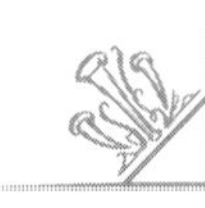

3.1 概述

润滑系的主要作用是对发动机进行润滑、冷却、清洗、密封及防锈。

润滑系主要由机油泵、机油滤清器、限压阀、旁通阀、集滤器、机油压力表、机油标尺等组成。本田轿车润滑系组成如图 3-1 和图 3-2 所示。

桑塔纳 2000 型发动机润滑系统循环油路示意图如图 3-3 所示，循环路线如图 3-4 所示。

润滑系机油泵的驱动有不同的形式。桑塔纳 2000 型轿车 AFE 发动机，其机油泵驱动如图 3-5 所示，机油泵与分电器同轴，通过中间轴驱动齿轮 3 来驱动。广本雅阁发动机 J30A4 机油泵直接由发动机曲轴驱动，参见图 3-2。

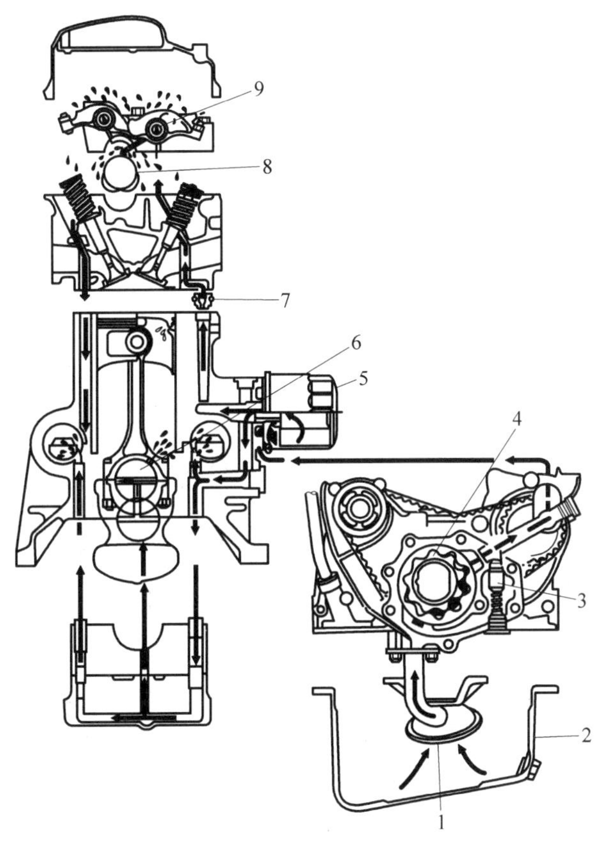

图 3-1 本田轿车发动机润滑系组成

1—机油集滤器；2—油底壳；3—限压阀；4—机油泵；5—机油滤清器；6—曲轴；7—机油控制节流孔；8—凸轮轴；9—摇臂轴

发动机润滑油有不同的规格，一般采用 SAE 黏度等级和 API 质量等级进行划分。目前我国轿车上常用的有 SAE 5W30、10W30、10W40、15W40，API 汽油机有 SG、SH、SJ、SL，柴油机有 CF、CF-2、CF-4、CG-4、CH-4、CI-4。上海别克君威发动机机油推荐的 SAE 黏度等级是 10W-30，但是如果外部空气温度低于 16℃ 可以使用 5W-30，API 等级为 SJ。广本雅阁发动机机油 API 等级为 SG、SH 或 SJ，SAE 等级选择可参考图 3-6。

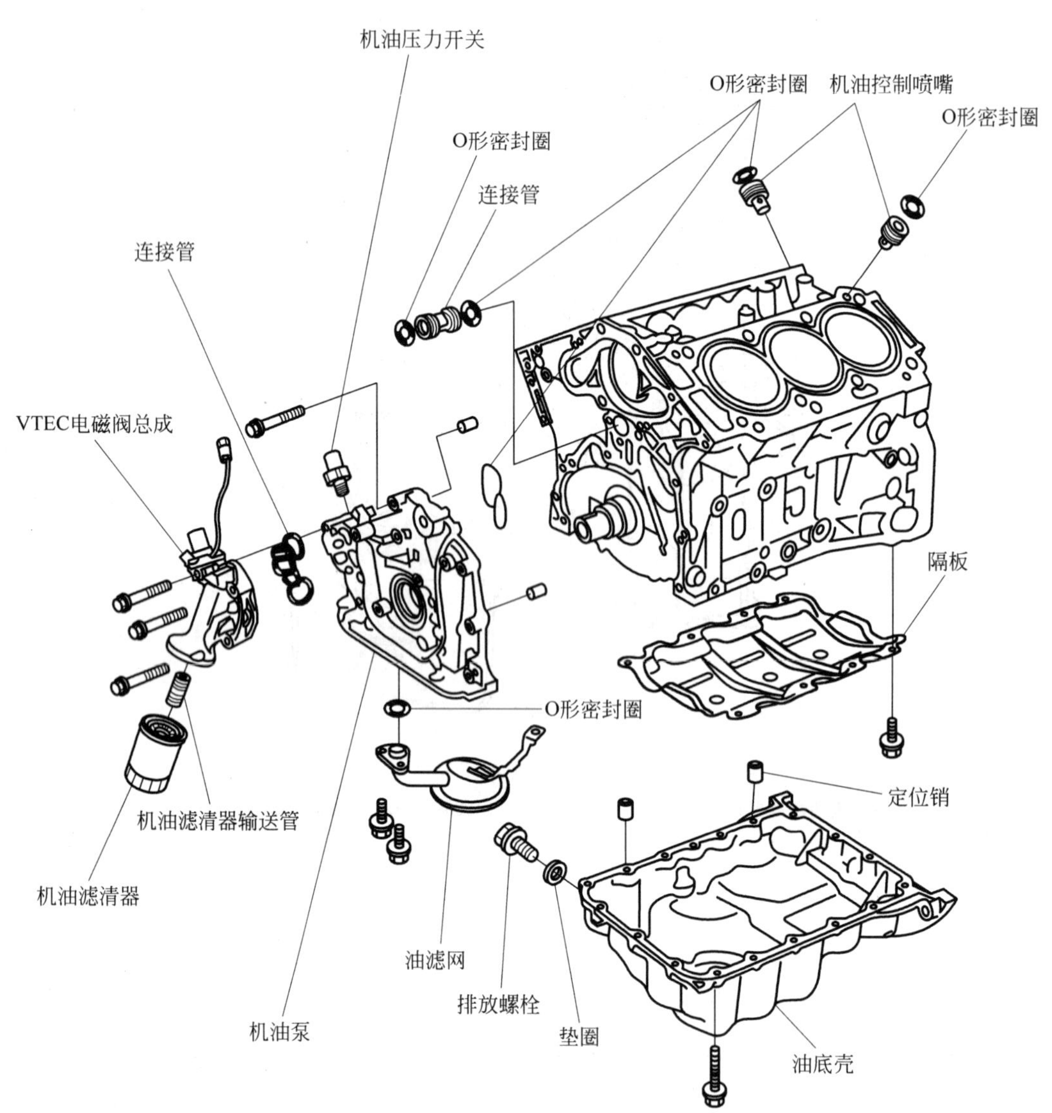

图 3-2　广本雅阁发动机 J30A4 润滑系元件图

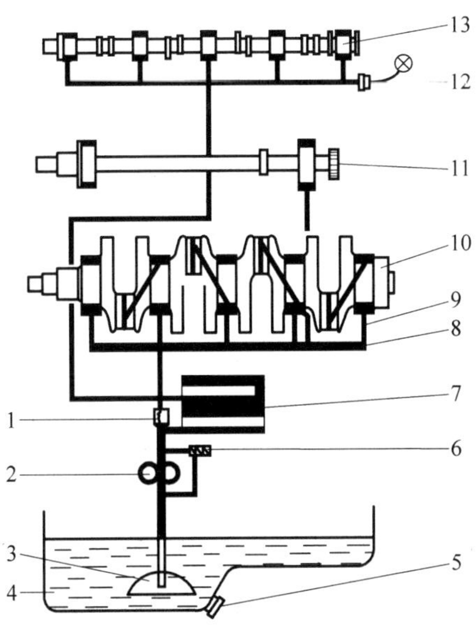

图 3-3　桑塔纳 2000 型发动机润滑系统示意图

1—旁通阀；2—机油泵；3—集滤器；4—油底壳；5—放油塞；6—限压阀；7—机油滤清器；8—主油道；9—分油道；10—曲轴；11—中间轴；12—压力开关；13—凸轮轴

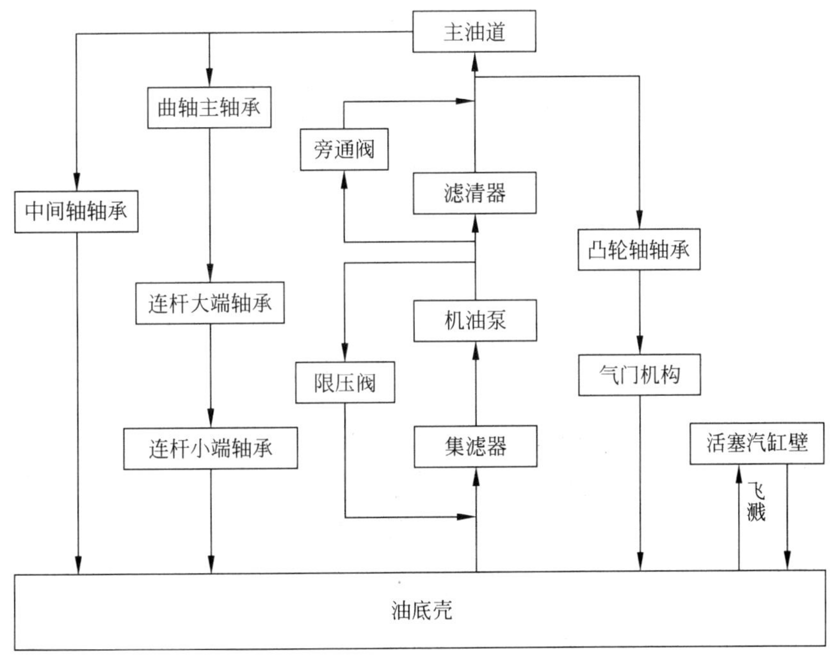

图 3-4　桑塔纳 2000 型轿车发动机润滑系的循环路线

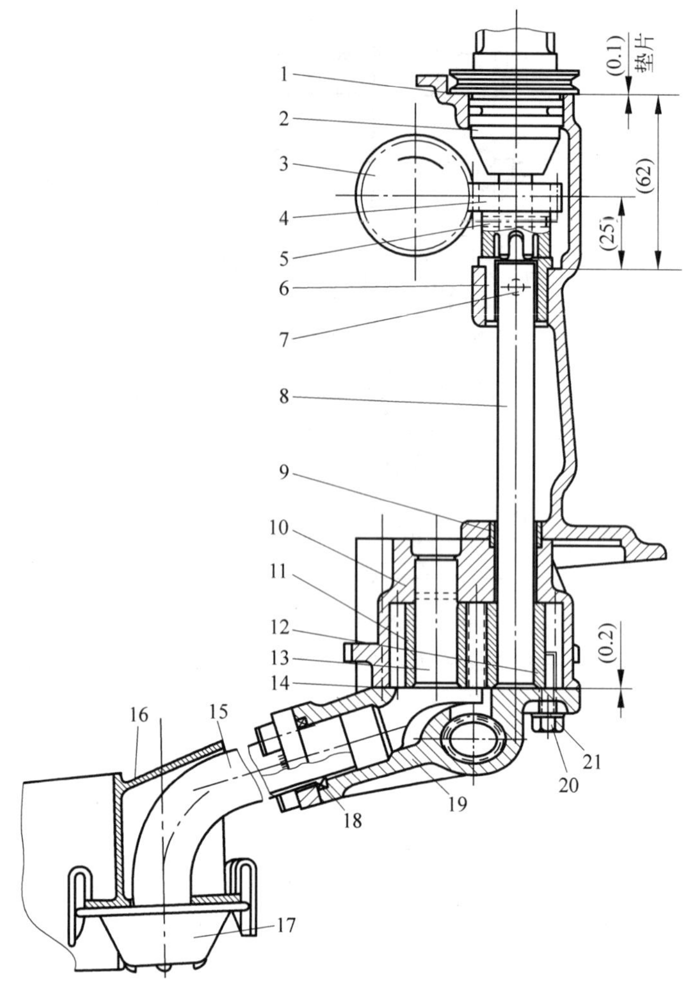

图 3-5 桑塔纳轿车 AFE 发动机机油泵

1—密封垫片；2—分电器轴；3—中间轴驱动齿轮；4—分电器从动齿轮；5—定位销；6—机油泵轴上支承座；7—定位螺孔；8—机油泵轴；9—机油泵轴下支承及定位套；10—机油泵壳体；11—机油泵从动齿轮；12—机油泵主动齿轮；13—传动齿轮轴；14—衬垫；15—吸油管；16—吸油管支承座；17—粗集滤器；18—O 形密封圈；19—机油泵盖；20—短螺栓；21—垫片

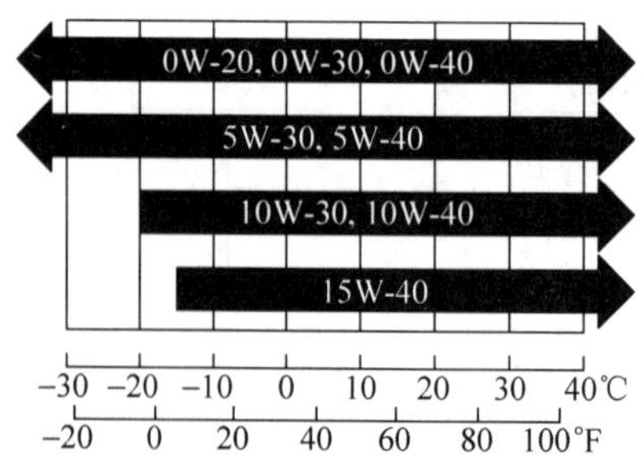

图 3-6 广本雅阁发动机机油黏度适用范围

3.2 润滑系的维护

3.2.1 机油、机油滤清器的检查与更换

润滑系一级维护时，应检查和调整曲轴箱机油液面高度至规定范围，检查机油质量，若质量不合格则应更换。二级维护时，一般应更换机油。在更换机油时，应认真清洗油底壳，机油规格和性能指标应符合要求，液面高度符合规定。机油滤清器应密封良好，无堵塞，完好有效。

1. 机油的检查

(1) 机油油量的检查。机油油量检查主要是检查曲轴箱机油的液面高度。机油尺上有上刻度线和下刻度线，合适的油面位置应在这两条刻度线之间。将汽车停放在平地上，发动机熄火 3min 待润滑油流回油底壳后，抽出机油尺并将其擦净，再插回到底，重新抽出机油尺，在机油尺上就可以观察到机油油面位置。若油面处于机油尺下刻度线的下方，应从加机油口处加注润滑油，直到油面位置符合要求为止。若油面位置超过上刻度线，应放出多余的润滑油。

(2) 机油品质的检查。检查机油液面高度的同时，可进行机油品质的检查。机油品质的检查主要通过"眼观"、"鼻嗅"、"手捻"，根据人工经验来判断。观其颜色，若发黑、发白；闻其气味，若有异味；手捻机油，若感觉变稀，都说明机油已变质，此时必须更换机油。

2. 机油、机油滤清器的更换

更换机油时，一般同时要更换机油滤清器。更换机油，是发动机保养的一项重要内容，必须定期进行，其更换间隔一般为 10 000km 或 12 个月，具体可根据车辆使用情况来决定。

广本雅阁发动机机油及机油滤清器的更换间隔如表 3-1 所示。

表 3-1 广本雅阁发动机机油、机油滤清器更换间隔

按照规定的里程或间隔时间，以先达到者为准进行保养	km×1 000	5	10	15	20	25	30	35	40	45	50	55	60	65	70	75	80	85	90	95	100
	miles×1 000	31	6.3	9.4	12.5	15.6	18.8	21.9	25.0	28.1	31.3	34.4	37.5	40.6	43.8	46.9	50.0	53.1	56.3	59.4	62.5
	正常月份	6	12	18	24	30	36	42	48	54	60	66	72	78	84	90	96	102	108	114	120
	恶劣月份	3	6	9	12	15	18	21	24	27	30	33	36	39	42	45	48	51	54	57	60
更换机油			●		●		●		●		●		●		●		●		●		●
更换机油滤清器					●				●				●				●				●

广本雅阁发动机机油更换的具体操作步骤如下。

(1) 预热发动机。

(2) 拆除排油螺栓(A)，排空发动机油，如图 3-7 所示。

(3) 使用螺栓垫圈(B)，重新安装排油螺栓，注意扭矩不可太大。

(4) 重新注入推荐的机油。

(5) 让发动机运转 3min 以上,然后检查机油有无泄漏。

广本雅阁发动机机油滤清器更换的具体操作步骤如下。

(1) 用机油滤清器扳手,拆除机油滤清器,如图 3-8 所示。

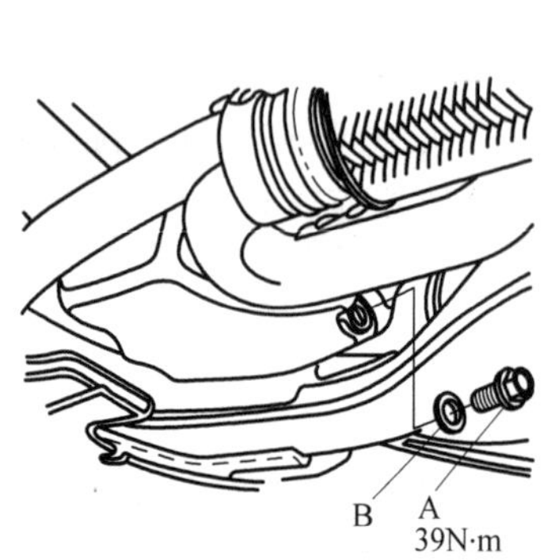

图 3-7 机油的排放

A—排油螺栓;B—螺栓垫圈

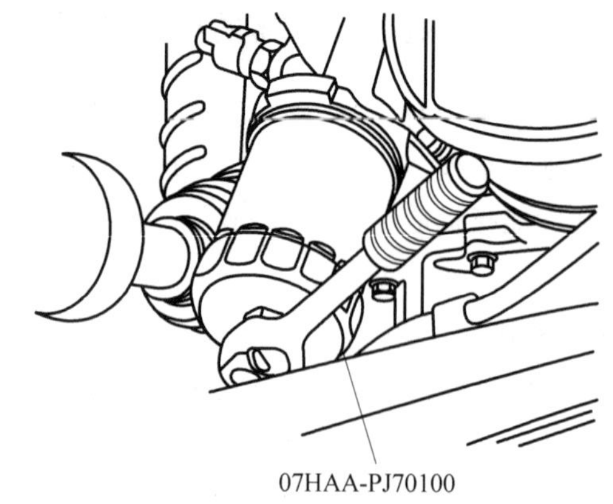

图 3-8 拆除机油滤清器

(图中 07HAA-PJ70100 是广本雅阁的专用机油滤清器扳手)

(2) 检查机油滤清器底座及新机油滤清器上的螺纹(A)和橡胶密封圈(B),清洁发动机汽缸体底座,给机油滤清器橡胶密封圈涂上一层薄薄的机油,如图 3-9 所示。

(3) 用手安装机油滤清器。

(4) 橡胶密封圈定位后,用工具顺时针锁紧机滤清。

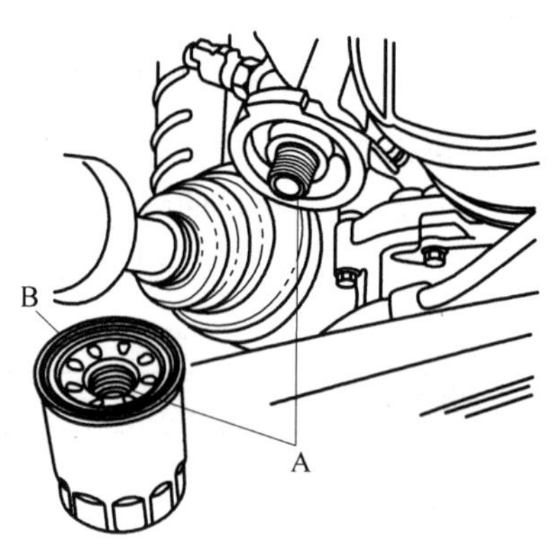

图 3-9 安装前检查

A—螺纹;B—橡胶密封圈

3.2.2 曲轴箱通风装置的维护

用真空压力表在机油塞尺处检查怠速和 50%额定转速时的曲轴箱压力,压力不得为正值,如测得压力为正值,则应进一步查明曲轴箱强制通风装置各部的工作状况。

曲轴箱通风装置异常可能导致如下故障。

(1) 阀门或软管堵塞可导致的故障。

- 怠速不平稳。
- 失速或怠速过慢。
- 机油泄漏。
- 机油进入空气滤清器。
- 发动机中的油污。

(2) 曲轴箱通风阀(PCV 阀)或软管泄漏可导致的故障。

- 怠速不平稳。
- 失速。
- 怠速过高。

在发动机怠速时,用手指或钳子轻轻夹住 PCV 阀与进气歧管之间的软管,确认 PCV 阀中发出咔嗒声响。如果不发出咔嗒声响，则检查 PCV 阀的密封圈是否破裂或损坏，如果密封圈正常，则更换 PCV 阀并重新检查。

上海通用别克君威 PCV 的检查步骤如下。

(1) 从摇臂盖上拆卸曲轴箱通风阀。

(2) 使发动机怠速运转。

(3) 将手指放在阀端(即图 3-10 中的右端)检查有无真空，若阀上无真空，检查是否存在如下条件。

- 软管堵塞。
- 歧管端口堵塞。
- 曲轴箱通风阀破裂。

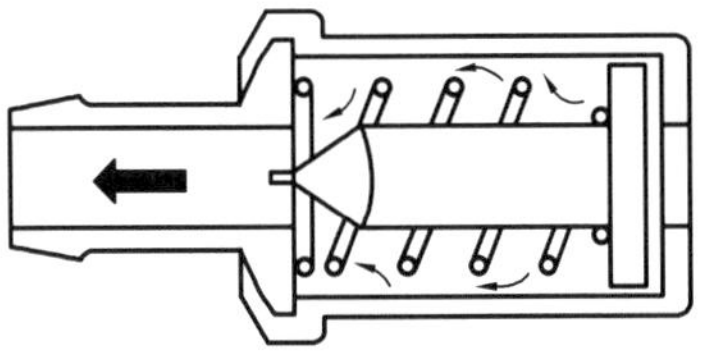

(4) 关闭发动机。

(5) 拆卸曲轴箱通风阀。

(6) 摇动 PCV。

(7) 听阀中的止回针有无咔嗒声，若阀中无咔嗒声，更换该阀。

图 3-10 曲轴箱通风阀

发动机维护时，应检查曲轴箱强制通风装置连接管路是否完好，胶管是否有破裂、老化、脱落，如有，应更换和紧固；检查每根软管是否畅通，在曲轴箱强制通风系统中软管堵塞是一主要故障，若发现某根软管堵塞，可用高压空气吹，或用细铁丝进行疏通，也可用专用清洗剂清洗。注意，更换的软管要具有相应规定的型号和规定的耐机油腐蚀性能。

检查 PCV 滤清器是否堵塞，如堵塞应立即更换，有一些丝网状的 PCV 滤清器堵塞后可用清洗剂清洗，除去污垢后，涂上少许机油继续使用。检查 PCV 阀是否堵塞，阀体是否灵活，若堵塞或不灵活则应进行清洗或更换。

清洁曲轴箱通风装置，保证清洁畅通，连接可靠，不漏气，各阀门无堵塞、卡滞现象，灵敏有效，符合规定。

3.3 润滑系主要零件的检修

润滑系统(简称润滑系)零件的检修主要是针对机油泵的检修。

3.3.1 机油泵的检修

1. 齿轮式机油泵的分解和清洗

(1) 拆下机油泵盖。

(2) 拆下机油泵紧固螺钉，分开泵盖和泵壳，取下衬垫和从动齿轮。

(3) 如要更换传动齿轮，应用锉刀锉掉传动齿轮横销头部，铣出横销，压下传动齿轮。

(4) 清洗分解后的全部零件，以便对零件进行检测。

2. 齿轮式机油泵主要零件的检修

(1) 泵壳的检查与修理。检查油泵轴孔的磨损程度，螺孔是否损坏，泵壳有无裂纹。机油泵主动轴孔与轴的配合间隙应为 0.03～0.075mm，最大不得超过 0.20mm。间隙超过规定，或晃动泵轴有明显松动感觉时，可将主动轴涂镀加粗，或用镶套法修复；泵壳破裂应更换或焊修。

(2) 齿顶与泵壳内侧的间隙的检测。如图 3-11 所示,使用极限一般为 0.20mm。

(3) 泵盖的检查与修理。齿轮式机油泵驱动齿轮啮合时,产生的轴向力一般都向下,它使齿轮端面与泵盖内表面磨损。泵盖如有磨损或翘曲,凹陷超过 0.05mm,应以车削或研磨等方法进行修复。泵盖凹陷量可用塞尺检查,如图 3-12 所示。

图 3-11 齿顶和泵壳间隙的检查

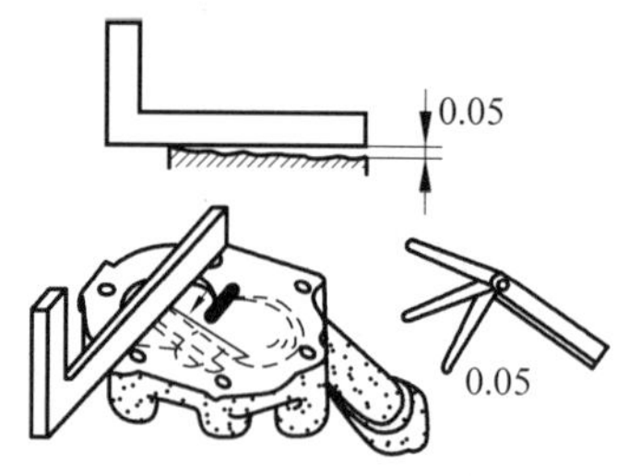

图 3-12 泵盖凹陷量的检查

(4) 泵轴的检查与修理。用百分表检查泵轴是否弯曲,如果指针摆差超过 0.06mm,应进行校正。主动轴与轴套孔的配合间隙,使用极限为 0.15mm。从动轴如有明显的单面磨损,可将其压出,把磨损面调转 180°再压入孔内继续使用。主动轴上端铆固的传动齿轮与泵壳尾端之间的间隙一般为 0.025~0.075mm,最大不超过 0.12mm,超过时可在泵壳尾端焊修或加垫调整。

(5) 齿轮啮合间隙的检测。检查主、从动齿轮啮合间隙方法为用塞尺在互成 120°处分三点测量(见图 3-13)。齿隙增大的原因,是由于齿轮的磨损或主动轴与泵壳、从动轴与齿轮轴孔之间磨损引起的。如果齿轮磨损不严重,可将齿轮转面使用;如磨损超过使用限度,应成对更换齿轮。主、从动齿轮与传动齿轮齿面上如有毛刺,可用油石光磨。

图 3-13 检查齿轮啮合间隙
1—机油泵壳;2—厚薄规

(6) 限压阀的检修。限压阀检修的内容包括弹簧弹力与阀体磨损情况,阀体在阀孔中应灵活且密封性能良好则为合格,否则应更换阀体或阀座。弹簧弹力可用弹簧秤测试,不合格则更换。

3. 齿轮式机油泵的装配与试验

装配时按分解的相反顺序进行,边装配边复查各部位配合情况,如齿轮的啮合间隙,主、从动轴与壳体的配合,主、从动轴与齿轮轴孔的配合等。更重要的是应检查和调整主、从动齿轮与泵盖之间的间隙,该间隙可通过增减泵盖与壳体之间的衬垫厚度加以调整。

机油泵装复后,是否恢复了技术状态,必须经过试验。通常采用经验检查法,用手转动装复后的机油泵传动轴,应转动自如,无卡阻现象。将润滑油灌入机油泵内,用拇指堵住出油孔,转动泵轴应有机油压出,并感到有压力。这样就表明机油泵装复后的性能良好。

机油泵装到车上后,应通过机油压力表观察发动机机油压力。当发动机温度正常的情况下,怠速时,机油压力应不低于 0.15MPa,当发动机高速运转时,机油压力应不大于 0.45MPa。对无机油压力表的汽车,发动机启动后运转时压力报警灯应熄灭。如不符合标准,应调整限压阀。其调整方法是:机油压力过低,可增大弹簧张力,若弹簧张力增大受限制,可以在限压阀弹簧一端加厚垫圈;若机油压力过高,可减小弹簧张力,若弹簧张力减小受限制,可在限压阀螺塞与泵盖之间加垫片。如果由于球阀(或柱塞阀)关闭不严而影响机油压力,应更换新阀件。

3.3.2 检修实例

下面举两个具体车型发动机机油泵的检查方法。

1. 帕萨特 1.8T 齿轮式机油泵的检查

(1) 机油泵齿隙的检查。如图 3-14 所示,检查机油泵的齿隙。新的机油泵齿隙应为 0.05mm;磨损极限为 0.20mm。

(2) 机油泵轴向间隙的检查。如图 3-15 所示,检查机油泵的轴向间隙。新的机油泵轴向间隙应为 0.05mm;磨损极限为 0.15mm。

图 3-14 检查机油泵的齿隙

图 3-15 检查机油泵的轴向间隙

(3) 机油压力检查。机油压力检查方法如下:

① 断开机油压力开关连接导线,拧下机油压力开关,并拧上机油压力测试仪 V.G.A1342。将机油压力开关拧到 V.A.G1342 上,启动发动机(机油温度约为 80℃)。

② 怠速时机油压力为 100~250kPa。

③ 转速为 3 000r/min 时机油压力为 300~500kPa。

若未达到上述规定值,应更换带限压阀滤清器支座或更换机油泵。

2. 广本发动机 J30A4 转子式机油泵的检查

广本发动机 J30A4 转子式机油泵结构分解图如图 3-16 所示。

(1) 内外转子之间的径向间隙检查。检测内转子 A 和外转子 B 之间的径向间隙,如图 3-17 所示,如果内外转子间的径向间隙超出了维修极限,则更换油泵总成。

内外转子径向间隙规定值如下。

- 标准(新):0.04~0.16mm。
- 维修极限:0.2mm。

(2) 转子与泵壳之间的轴向间隙检查。检查转子 A 与泵壳 B 之间的轴向间隙,如图 3-18 所示,如果泵壳与转子间的轴向间隙超出了维修极限,则更换油泵总成。

油泵壳与转子间的轴向间隙规定值如下。

- 标准(新):0.02~0.07mm。
- 维修极限:0.12mm。

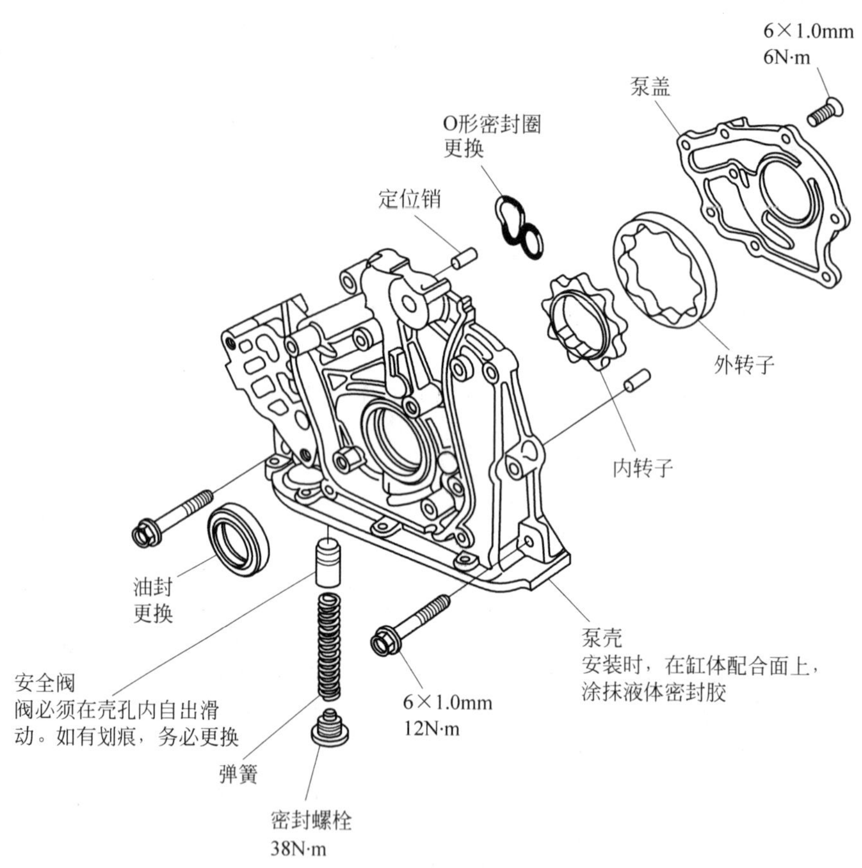

图 3-16 转子泵分解图

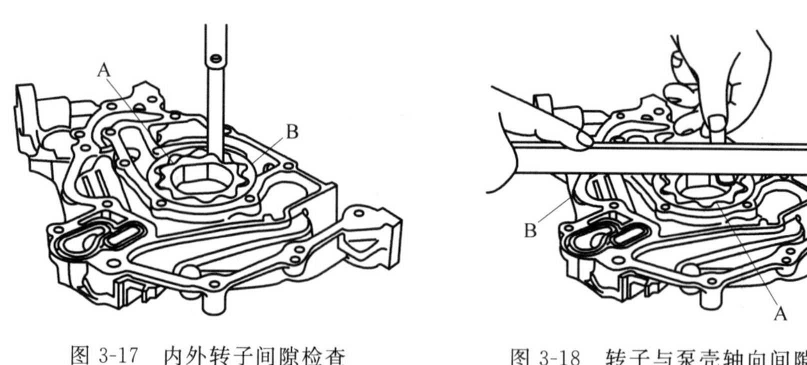

图 3-17 内外转子间隙检查

A—内转子；B—外转子

图 3-18 转子与泵壳轴向间隙检查

A—转子；B—泵壳

(3) 外转子与泵壳之间的径向间隙检查。检查外转子 A 与泵壳 B 之间的径向间隙，如图 3-19 所示，如果壳体与外转子间的径向间隙超出维修极限，则更换油泵总成。

油泵壳与外转子间的径向间隙规定值如下。

- 标准(新)：0.10～0.19mm。
- 维修极限：0.20mm。

(4) 机油压力测试。机油压力测试方法如下。

① 拆除发动机机油压力开关，安装专用工具，如图 3-20 所示。

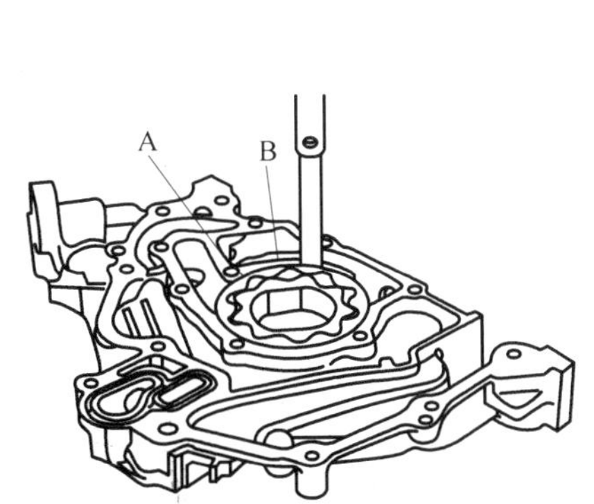

图 3-19 外转子与泵壳径向间隙检查
A—外转子；B—泵壳

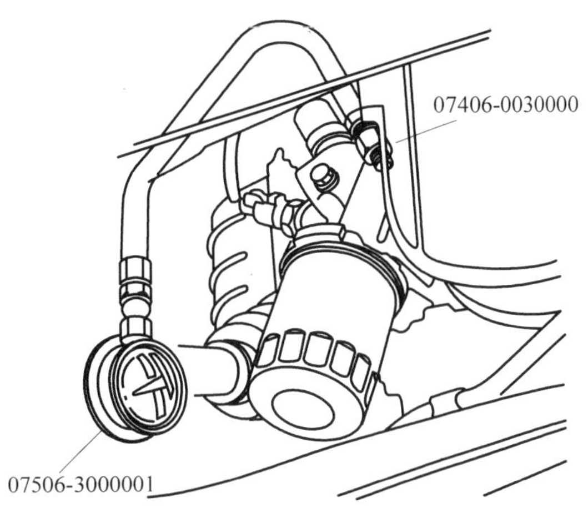

图 3-20 连接机油压力表
(图中 07506-3000001 为机油压力表，07406-0030000 为机油压力表接头)

② 启动发动机。如果压力表显示没有机油压力，则应立即停运发动机。故障处理后，再继续下一步。

③ 使发动机运转到工作温度(风扇至少启动两次)，在机油温度上升到 80℃时，此时机油压力应为怠速时最小值 70kPa，转速为 3 000r/min 时最小值 490kPa。

3.4 润滑系常见故障诊断

润滑系统的常见故障为机油压力过低、机油压力过高、机油变质、机油消耗异常等。

润滑系统常见故障部位为机油泵、机油滤清器。

3.4.1 机油压力过低

1. 故障现象

发动机在正常工作温度和转速下，机油压力表读数低于规定值或机油压力报警灯报警。

2. 故障原因

发动机机油压力过低，其故障原因可能是由于电路方面的问题而导致显示错误，也可能是机油压力确实过低，其故障树如图 3-21 所示。

具体原因及排除方法如下：

(1) 机油集滤器网堵塞，清洗机油集滤器。

(2) 机油滤清器堵塞，清洗或更换机油滤清器。

(3) 油底壳内机油油面过低，按规定补充机油。

(4) 机油黏度降低，更换机油。

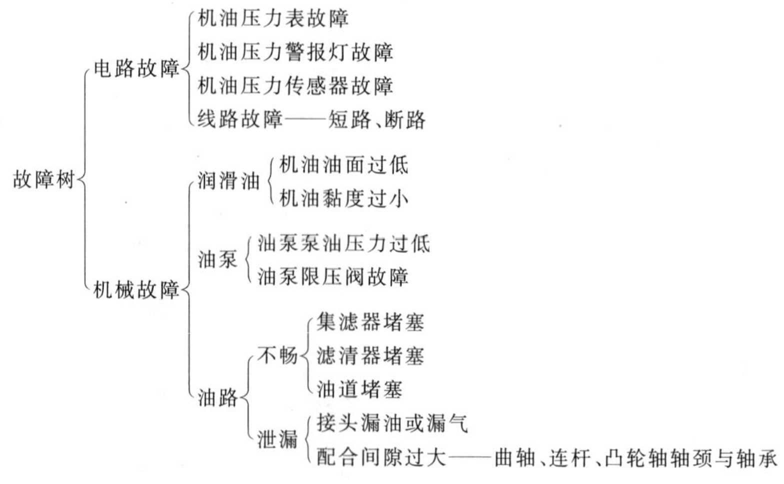

图 3-21 发动机机油压力过低故障树

(5) 机油限压阀弹簧失效或调整不当,更换弹簧或重新调整。

(6) 润滑油油管接头漏油或进入空气,检修机油管路,排出空气。

(7) 润滑油道堵塞,清洗润滑油道。

(8) 机油泵性能不良,检修或更换机油泵。

(9) 曲轴主轴承、连杆轴承或凸轮轴轴承间隙过大,必要时光磨曲轴、凸轮轴或更换轴承。

3. 故障诊断

机油压力过低故障诊断流程如图 3-22 所示。

3.4.2 机油压力过高

1. 故障现象

发动机在正常工作温度和转速下,机油压力表读数高于规定值。

2. 故障原因

(1) 电路故障,参见“机油压力过低”故障。

(2) 机油过多或黏度过大。

(3) 机油限压阀弹簧压力调整过大。

(4) 到机油限压阀的润滑油道堵塞。

3. 故障诊断方法

机油压力过低故障诊断流程如图 3-23 所示。

3.4.3 机油变质

1. 故障现象

(1) 机油颜色变黑,黏度下降。

(2) 含有水分,机油乳化,乳浊状并有泡沫。

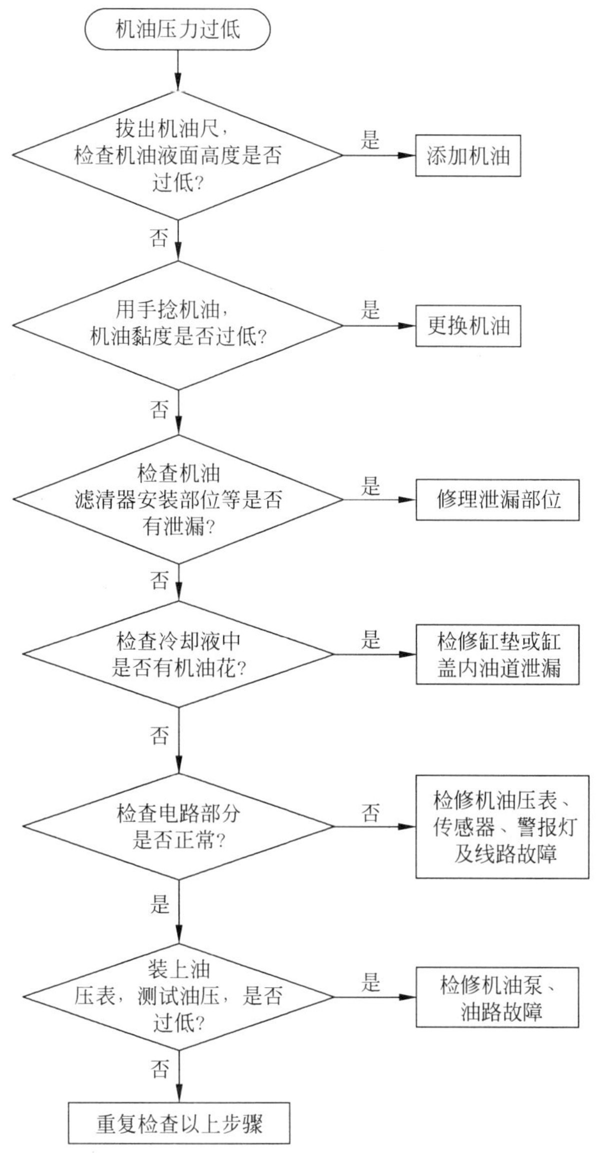

图 3-22 机油压力过低故障诊断流程

2. 故障原因

(1) 活塞环漏气。

(2) 机油使用时间太长。

(3) 滤清器性能不良。

(4) 曲轴箱通风不良。

(5) 发动机缸体或缸垫漏水。

3. 故障诊断

机油变质故障诊断主要是分析清楚机油变质的原因。一般可通过眼观、手捻和鼻嗅的人工经验诊断法来检验。

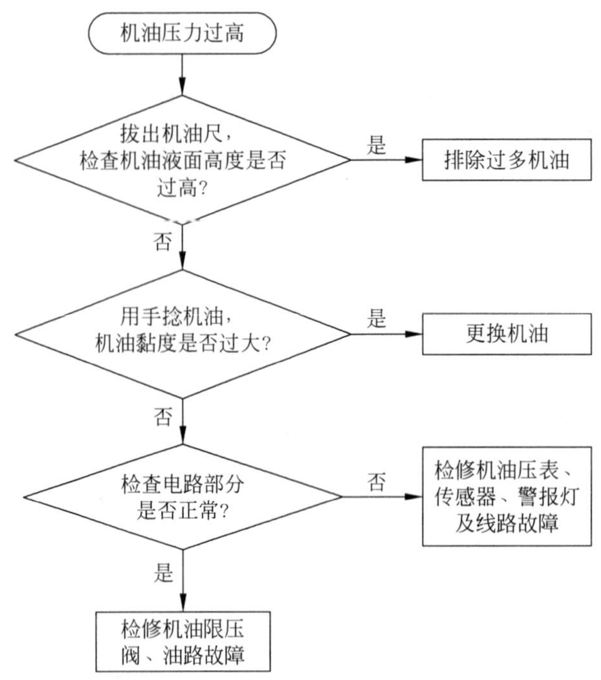

图 3-23 机油压力过高故障诊断流程

(1) 用机油尺取几滴机油滴在中性纸上,若发黑则说明机油使用时间过长而变质。

(2) 用手捻搓,有滑腻感,说明机油内混有燃油。

(3) 若取出的机油为乳浊状且有泡沫,说明机油中进水。

(4) 若机油过脏,说明机油滤清器失效。

为精确分析机油变质原因,最好是用油质仪和滤纸斑点试验法进行机油品质检查。

3.4.4 机油消耗过多

1. 故障现象

机油消耗量超过规定值(如捷达轿车大于 1.0L/1000km),排气冒蓝烟,汽缸内积炭增多。

2. 故障原因

机油消耗量过多故障树如图 3-24 所示。

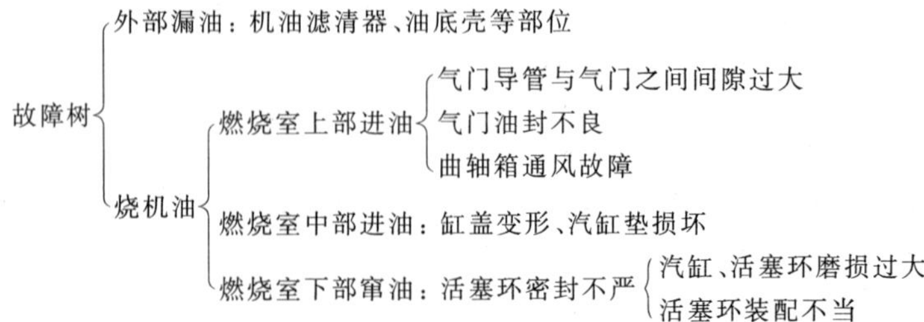

图 3-24 机油消耗量过多故障树

具体原因如下。

(1) 活塞、活塞环与汽缸壁的间隙过大或活塞环与环槽的侧隙过大，检修或更换活塞、活塞环和汽缸。

(2) 气门与气门导管间隙过大或气门密封圈失效，检修或更换气门，更换气门导管或气门密封圈。

(3) 发动机各部件密封表面漏油，检查发动机各部件的可能漏油表面。

(4) 曲轴箱通风不良，检修曲轴箱通风装置。

(5) 大修后扭曲环或锥面环装反，重新安装活塞环。

3. 故障诊断

机油消耗过多故障诊断流程如图 3-25 所示。

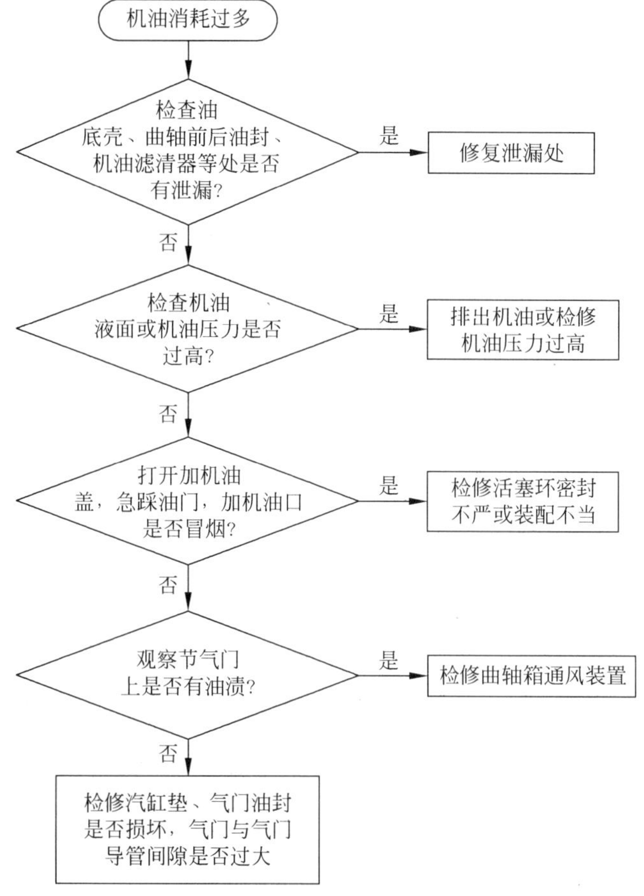

图 3-25　机油消耗过多故障诊断流程

小　　结

润滑系的作用是对发动机进行润滑、冷却、清洗、密封及防锈。

润滑系主要由机油泵、机油滤清器、限压阀、旁通阀、集滤器、机油压力表、机油标尺等组成。

润滑系维护的主要作业内容包括：机油及机油滤清器的检查与更换，曲轴箱通风装置的维护。

检修齿轮式机油泵时应检查主动轴孔与轴的配合间隙、齿顶与泵壳内侧的间隙、泵盖的磨损或翘曲和齿轮啮合间隙，若超过规定应修复或更换；检修和调整限压阀。机油泵装复后，可采用经验检查法进行试验。

润滑系统的常见故障为机油压力过低、机油压力过高、机油变质、机油消耗过多等，常见故障部位为机油泵、机油滤清器。机油压力过低既有可能是润滑系统故障引起的，也有可能是曲轴主轴承、连杆轴承或凸轮轴轴承间隙过大引起的。机油压力过高主要原因是机油限压阀弹簧压力调整过大或机油选用不当。机油变质可通过眼观、手捻和鼻嗅的人工经验诊断法检验。机油消耗过多故障大部分是因机油进入燃烧室而引起的。

复　习　题

1. 简述润滑系的作用及组成。
2. 简述更换机油滤清器的方法。
3. 怎样检修机油泵？怎样检查机油泵修理质量？
4. 用故障树分析法分析机油压力过低的原因，并画出其诊断流程图。
5. 用故障树分析法分析机油消耗过多的原因，并画出其诊断流程图。

单元4

冷却系故障诊断与维修

◎ **知识目标**

（1）能够描述发动机过热的故障原因及诊断流程。

（2）能够描述发动机过冷、冷却液消耗过多的故障原因。

◎ **技能目标**

（1）能够按规范对冷却系进行基本维护。

（2）能够按规范对冷却系主要部件进行检测。

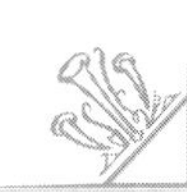

冷却系主要由水泵、散热器、节温器、风扇、分水管、水套、水温开关（或水温传感器）、水温表等组成。根据风扇驱动方式不同可分为机械风扇式冷却系和电动风扇式冷却系，现代轿车广泛采用电动风扇式冷却系，其电动风扇由温控开关或发动机 ECU 控制。常见电动风扇式冷却系组成如图 4-1 所示。

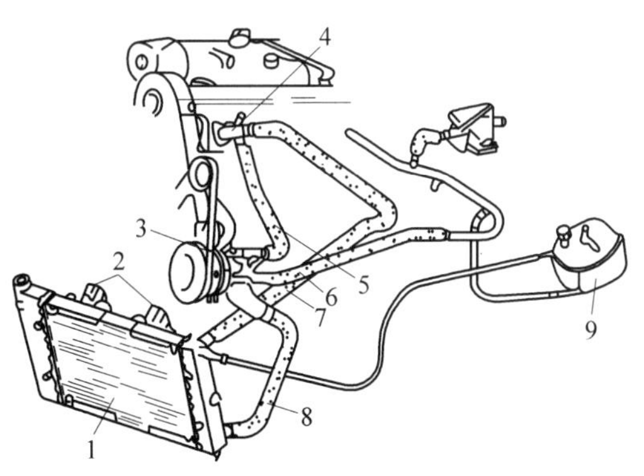

图 4-1　冷却系的结构

1—散热器；2—电动风扇；3—水泵；4—缸盖出水处；5—旁通水管；6—暖气回水管；7—散热器进水管；8—散热器出水管；9—膨胀水箱

发动机的工作温度主要取决于冷却液的温度。在使用过程中，冷却系的技术状况逐渐变坏，如果冷却系使用维修不当，冷却液温度过高或过低，不仅影响发动机的功率、油耗和磨损，甚至会引起活塞与汽缸咬住、汽缸盖破裂等严重事故。

4.1 冷却系的维护

冷却系的维护包括冷却系外观检查、电动风扇工作情况检测、冷却系密封性检测、水泵泵水性能检测、冷却系的清洁等。

4.1.1 冷却系外观检查

外观检查主要是通过观察散热器、水泵、水管、水套和放水开关等部位是否泄漏；风扇和散热器的安装是否正确；水泵皮带两侧面是否有磨损；观察散热器和膨胀水箱中冷却液的量是否足够，并视情况进行补充。

在正常使用中，每月至少应检查一次冷却液的液面高度。在炎热的夏天，检查次数应更多一些。设有膨胀水箱的冷却系，检查冷却液液面高度不用打开散热器盖，只需观察膨胀水箱中的液面即可。一般的膨胀水箱上都标有液面高度标记，液面应在“max”(上限)和“min”(下限)之间；如液面位于下限，即应该往膨胀箱中加注冷却液，直到液面达到规定位置。

补充冷却液时应注意，目前车用冷却液中都加有防腐、防冻、防沸、防垢、防穴蚀和润滑添加剂，尽可能使用厂方推荐的冷却液，并按厂方推荐的使用方法使用，不可随意往冷却液中直接加水，如帕萨特 1.8T 轿车冷却液的添加要求如表 4-1 所示；一般情况下，应尽量少打开散热器盖，防止冷却液损失和空气进入冷却系统。

表 4-1 帕萨特 1.8T 发动机冷却液混合比例

防冻性能/℃	防冻添加剂比例/%	添加剂量/L	水量/L
−25	40	3.01	4.01
−35	50	3.51	3.51

打开散热器盖时，应注意安全操作，特别是发动机刚熄火后，必须按规范进行操作，以防止造成人身伤害。其操作如图 4-2 所示，具体步骤如下。

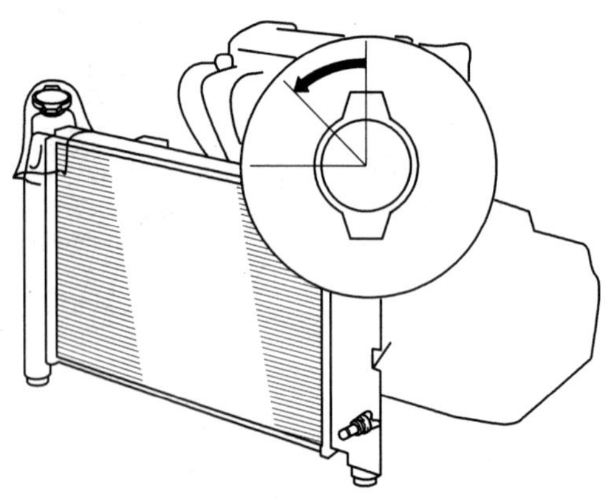

图 4-2 散热器盖的开启

(1) 用一块湿毛巾盖在散热器盖上。

(2) 将散热器盖逆时针方向缓慢旋转45°,转到缺口不要按压,让残余压力释放,此时有嘶嘶声,表明散热器里的热蒸汽正在排放。

(3) 当嘶嘶声停止后,继续逆时针方向旋转散热器盖,最后将其打开。

冷却液一般在车辆行驶一段时间后应彻底更换一次,如丰田车辆规定每2年或行驶40 000km更换一次,别克君威规定每5年或行驶240 000km更换一次。

4.1.2　电动风扇工作情况检测

电动风扇一般受温控开关或发动机电控单元ECU控制。电动风扇一般具有高速挡和低速挡两种转速。当受温控开关控制时,当发动机冷却液温度达到一定温度后,将相继接通电动风扇的低速挡和高速挡。当受发动机电控单元ECU控制时,其工作情况不仅受发动机冷却液温度的控制,还受空调管路压力等其他因素控制。如别克君威轿车,其发动机电动风扇的控制电路图如图4-3所示,具体控制如下。

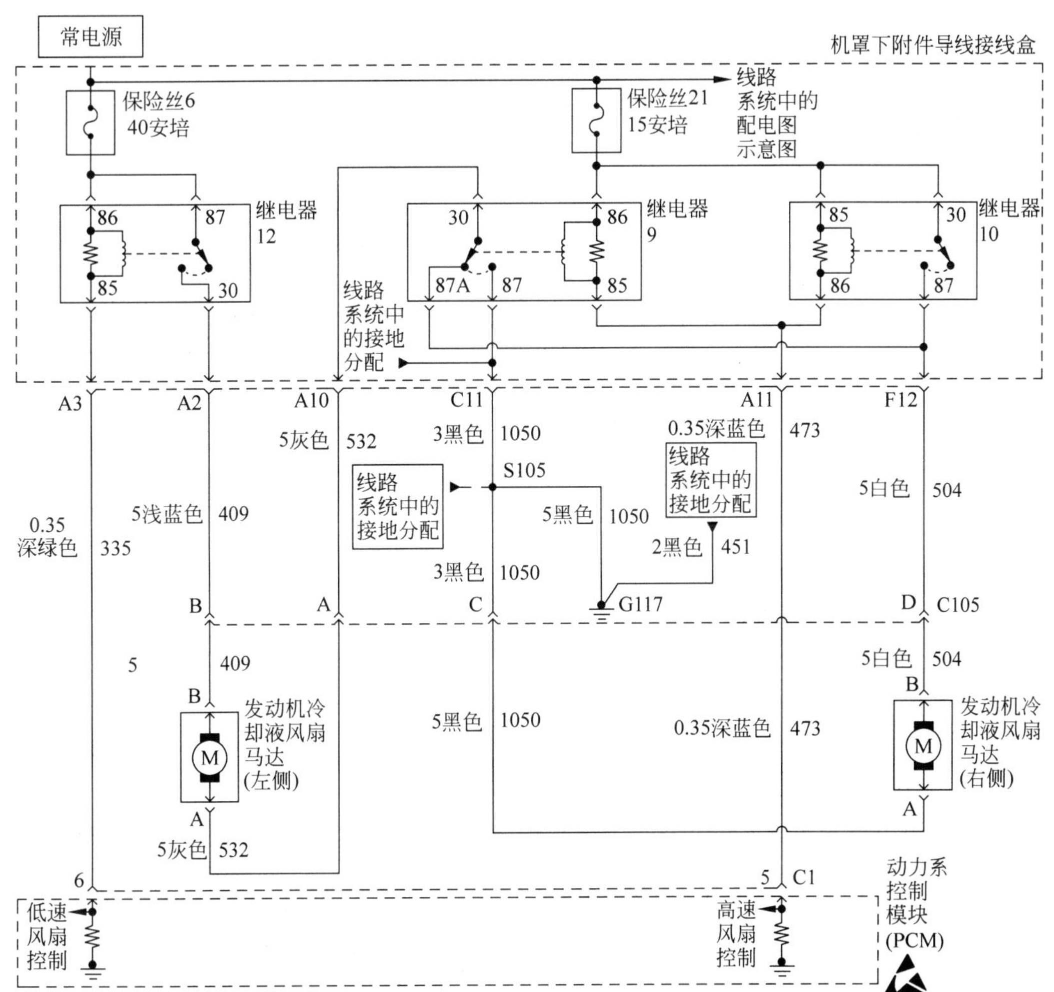

图4-3　别克君威发动机电动风扇控制电路图

(1) 低速控制。PCM(即发动机电控单元ECU)在下列状况下完成继电器12的接地通路,实现低速挡。

① 当发动机冷却液温度超过106℃。

② 当需要空调A/C且周围温度超过50℃。

③ 当空调A/C制冷剂压力大于190psi(即1 310kPa)时。

④ 当点火装置关闭及发动机冷却液温度超过140℃。

(2) 高速控制:PCM在下列任何一种条件下完成继电器12、9和10的接地通路,实现高速挡。

① 当发动机冷却液温度超过110℃。

② 当空调A/C制冷剂压力大于240psi(即1 655kPa)时。

注意:电动风扇可能突然运转,检查时禁止把手、工具等物体伸入风扇叶片内,以防造成意外伤害。

4.1.3 冷却系密封性检测

冷却系密封性能检测的主要目的是检查散热器、汽缸体、汽缸盖等本身和结合部位是否密封良好。

冷却系密封性的测试方法如图4-4所示,测试之前按规定在冷却系中加入足够的冷却液,并使发动机暖机至正常工作温度;不使用连接器,直接将测试器装在散热器的冷却液注入口,在确定没有漏气的情况下拧紧;然后给冷却系加压,使压力值达到规定值以上(一般为120～150kPa);检查冷却系各部件及连接部位是否有渗漏现象。

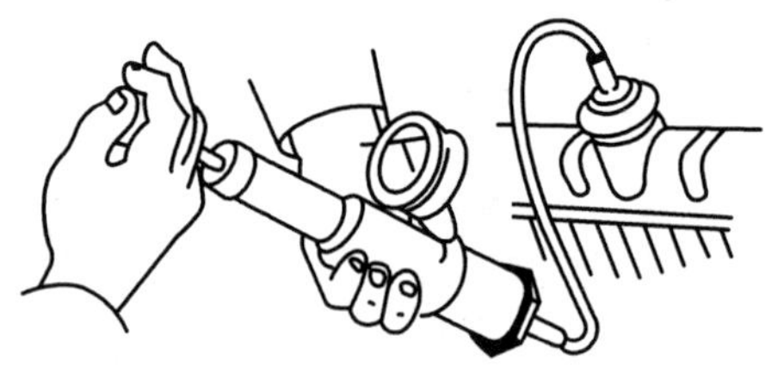

图4-4 冷却系的密封性测试

4.1.4 水泵泵水性能检测

水泵泵水性能检测可分为就车检测与试验台检测。

1. 就车检测

旋下散热器盖,然后启动发动机,查看散热器进水口处的水流量是否正常、有力。若出水量小,出水无力,说明冷却系内部有阻塞或水泵泵水量不足。

2. 试验台检测

水泵泵水性能试验是在专用试验台上检测水泵的泵水量,试验时由试验台驱动装置带动水泵转动,观察泵水量是否符合制造厂的标准。例如,桑塔纳2000型轿车发动机水泵在规定转速6 000r/min时,进口压力为0.1MPa,系统压力为0.14MPa,出口压力为0.16MPa。若水泵泵水性能达不到上述要求,则说明可能存在水泵叶轮和壳体之间间隙过大、水泵泵轴弯曲、水泵轴承松晃等故障,应进行修理。

4.1.5　冷却系的清洁

保持冷却系的清洁是提高冷却系散热效能的重要条件，冷却系的清洁工作包括内部清洗和外部清洁两部分。

1. 冷却系内部污垢的清洗

冷却系的内部清洗建议使用免拆洗清洗机进行。当冷却系中的部件内积垢较多时，也可采用化学溶剂手工清洗。

2. 冷却系的外部检查清洁

冷却系的外部检查清洁主要是检查散热器散热片、百叶窗、风扇和各软管有无变形和脏污，若有则应进行修正和清洗。

4.2　冷却系主要零件的检修

1. 电动风扇温控开关的检修

发动机热态时，即使发动机已熄火，风扇仍可能转动。如果冷却液温度很高但风扇不转应检查保险丝。若保险丝完好，则应停机检查温控开关，必要时检查电动机的功能，或更换有关部件。

一般电动风扇有高、低两挡转速，检查电动风扇温控开关时，将电动风扇温控开关放入加热的水中，使用万用表测量第一挡，当水温达到 93～98℃时应能导通，当水温达到 88～93℃时，应断开。而第二挡 105℃为导通；93～98℃时应断开。否则，应更换电动风扇温控开关。

2. 水温传感器的检修

水温传感器电路及性能如图 4-5 所示。

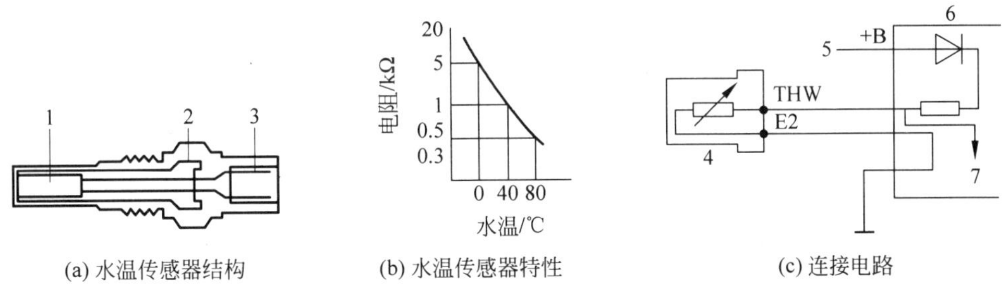

(a) 水温传感器结构　(b) 水温传感器特性　(c) 连接电路

图 4-5　水温传感器结构与电路

1—热敏电阻；2—外壳；3—电线接头；4—水温传感器；5—通往蓄电池；6—发动机 ECU；7—水温信号

拆下传感器，测量传感器 THW 端子与 E2 端子之间在不同温度下的电阻值，应符合原厂标定要求。

拔下传感器连接器，打开点火开关，测量连接器上 THW 与 E2 之间的电压，应为 5V。若无电压，则应检查 ECU 连接器上相应端子之间的电压，若为 5V，则为 ECU 与传感器之间线路故障；若无电压，则为 ECU 故障。接上连接器，启动发动机，测量传感器 THW 端子与 E2 之间在不同温度下的电压，应在 0.2～4.3V 之间变化。

3. 风扇电机的检修

风扇电机可对其进行电阻测试和性能测试。拔下风扇电机插头，测量电机的阻值，其阻值为 2Ω 左右，如丰田威驰约为 2.5Ω。用导线接上蓄电池的正负极，风扇电机应该高速旋转，并无异响、阻滞现象。

4. 节温器的检查

节温器损坏或性能不当，直接影响冷却液大循环的正确控制，故应定期检查，使其工作性能符合规定。

常用蜡式节温器的检查方法：将节温器放在盛有热水的器皿中，如图 4-6 所示，然后加热，检查阀门开始开启和完全开启时的温度，以及全开时阀门的升程。开启温度和升程不符合规定，则应更换节温器。如帕萨特 1.8T 节温器的开启温度应为 87℃左右；全开温度应为 102℃(不可测试)左右；开启行程至少 8mm。广本雅阁 2.4 节温器的开启温度应为 76～80℃左右；全开温度应为 90℃左右；开启行程至少 10mm。

蜡式节温器安全寿命一般为 50 000km，要求按照其安全寿命定期更换。

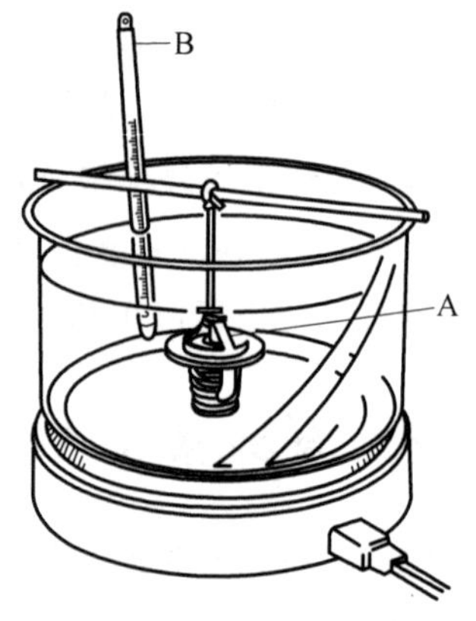

图 4-6 节温器性能检测

A—节温器；B—温度计

5. 水泵的检查

启动发动机，查看水泵溢水孔是否有渗漏，若渗漏，表明水封已损坏，应更换；查听有无异常响声，若有则应拆解检修。停机后用手扳动水泵带轮，查看带轮与水泵轴配合是否松晃，若松晃则应紧固或检修。

6. 风扇皮带或水泵皮带的检查与调整

风扇皮带使用一段时间后，因为皮带磨损或其他原因，皮带张紧程度变松，因此应经常检查和调整风扇皮带的张紧度，使其适中。风扇皮带张紧度的常用检查方法是用 30～40N 的压力按压在风扇皮带轮和发电机皮带轮之间的皮带上，测量其下弯距离是否符合标准。若不符合规定，则可调整发电机的安装位置使其合格。此外，还要检查皮带表面有无油污和裂纹，若有油污则应清洗擦拭干净；若有裂纹则应更换皮带。

水泵皮带的检查方法与风扇皮带类似。

4.3 冷却系常见故障诊断

冷却系的常见故障为发动机过热、过冷；冷却水消耗过多等。

冷却系常见故障部位为节温器、电动风扇或风扇皮带、温控开关或水温传感器、散热器和水泵。

4.3.1 发动机过热

1. 故障现象

汽车运行中，水温表指针经常指在 100℃以上，且散热器伴随有“开锅”现象；燃烧室内出现"炽热点",发动机熄火困难;发动机易发生爆燃或早燃。

2. 故障原因

故障树如图 4-7 所示。

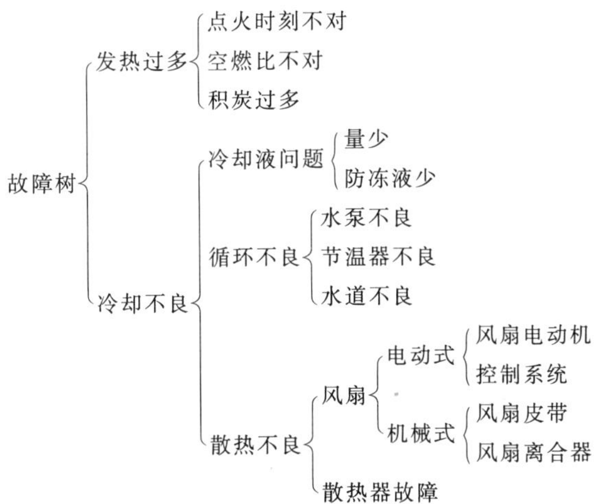

图 4-7 发动机过热故障树

具体原因及排除方法如下。

(1) 点火时刻不当,调整点火提前角。

(2) 混合气过稀或过稠,调整混合气浓度。

(3) 燃烧室内积炭过多,清洗燃烧室。

(4) 冷却液不足或防冻液比例不当,按规定补充冷却液。

(5) 水泵工作性能不良,检修或更换水泵。

(6) 节温器主阀门不能打开或打开时间过迟,检修或更换节温器。

(7) 水套或分水管积垢或堵塞,清理水套和分水管。

(8) 电动风扇性能不良,检修或更换电动风扇。

(9) 温控开关失效,检修或更换温控开关。

(10) 水温传感器或控制器失效,检修或更换水温传感器或控制器。

(11) 风扇离合器结合时间过晚或打滑,检修或更换风扇离合器。

(12) 风扇皮带松弛、沾油打滑或断裂,调整皮带的松紧度或更换皮带。

(13) 散热器的进水管或出水管凹瘪,检修或更换散热器水管。

(14) 散热器内部水垢堵塞或外部过脏,清洗散热器。

3. 故障诊断

由冷却系工作不良造成的发动机过热故障诊断的基本思路如下。

(1) 检查冷却液。查看冷却液液面高度是否正常,查看冷却液质量是否正常,防冻液比例是否正常。

(2) 检查冷却风扇。查看风扇是否转动、是否启动过迟、是否转速太低。

(3) 检查散热器。检查散热器外部是否清洁、损坏,内部是否积垢、堵塞。

(4) 检查节温器。检查节温器工作是否正常,大循环、小循环工作是否正常。

(5) 检查水泵。检查水泵工作是否正常,泵水能力是否正常。

(6) 检查其他方面。检查发动机内部水道是否正常,发动机点火系统是否正常,混合气浓度是否正常。

发动机过热故障诊断流程如图 4-8 所示。

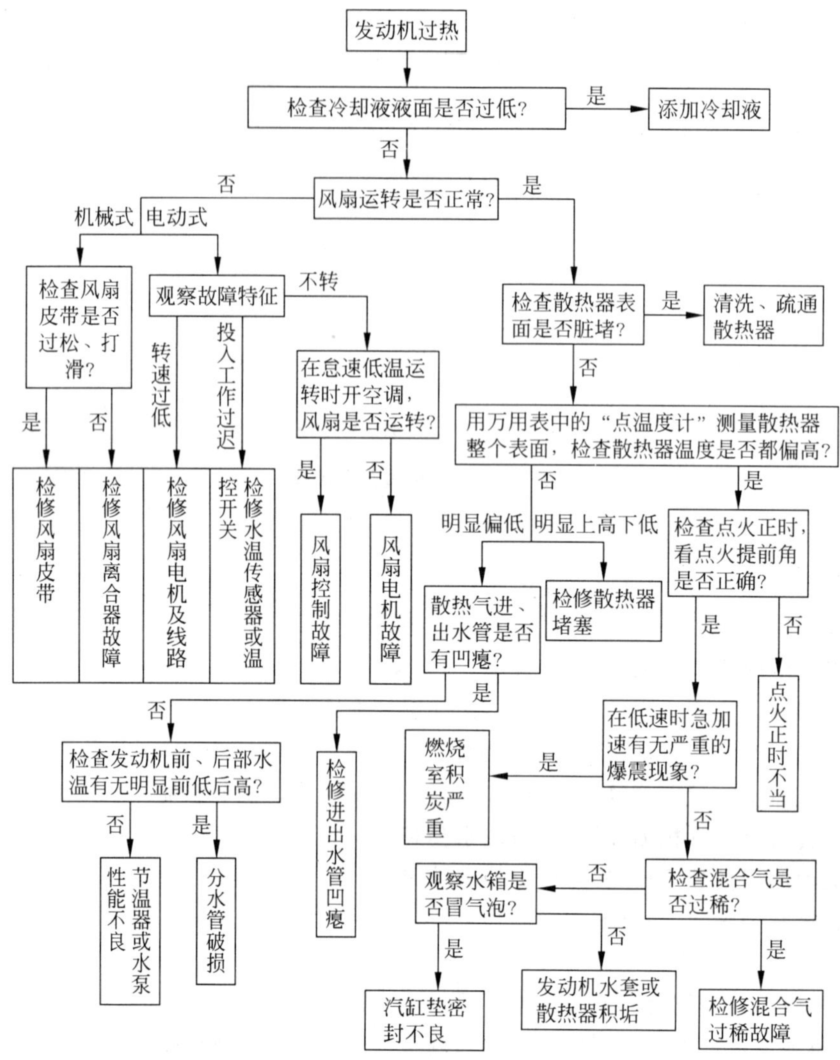

图 4-8 发动机过热故障诊断流程

4.3.2 发动机过冷

1. 故障现象

在水温表和水温传感器技术状况完好的情况下,汽车长时间行驶后(特别是在冬季),发动机仍达不到正常的工作温度;发动机动力不足,油耗增加。

2. 故障原因

(1) 节温器失效。节温器主阀门常开,保持在大循环状态。

(2) 风扇常转或过早转动。风扇离合器结合过早；温控开关闭合太早；水温传感器或控制器故障。

3. 故障诊断

发动机过冷故障诊断思路如下。

(1) 检查节温器主阀门是否常开。检查方法参见4.2节，如异常，可更换节温器。

(2) 若节温器正常，则让发动机冷机启动，在升温过程中，观察冷却风扇工作情况。检查风扇离合器或温控开关是否结合或闭合过早。

4.3.3 冷却液消耗过多

1. 故障现象

冷却液比正常情况下消耗多，液面高度下降过快，需经常添加冷却液。

2. 故障原因

(1) 冷却系内部渗漏。如汽缸垫损坏、发动机水套渗漏、汽缸盖翘曲、缸盖螺栓松动等。

(2) 冷却系外部渗漏。如水泵渗漏、散热器水管破裂，接头渗漏等。

(3) 散热器盖压力阀开启压力过低。这将导致散热器中的冷却液在高温时过多地回流到膨胀水箱，最终漏出外部。

3. 故障诊断

发动机过冷却液消耗过多故障诊断思路如下：

(1) 检查冷却系有无外部渗漏。通常通过目测检查外部有没有漏水的痕迹，确定有无外部渗漏。

(2) 检查冷却系有无内部渗漏。通过检查机油是否发白(乳化)或在发动机水温正常时排气是否冒白烟确定内部是否渗漏。此外，还可用专用手动压力测试器进行就车检测，其方法参见4.1.3小节。

(3) 检查散热器盖。若无内外渗漏，则让发动机冷机启动，在升温过程中，观察在水温表或报警器指示水温正常的情况下散热器是否有蒸汽逸出，若有则散热器盖压力阀有故障。同样也可使用专用手动压力测试器进行散热器盖的检查。如图4-9所示，将盖与测试器装在一起，用手推测试器，使压力升高，检查密封性能和阀的开启压力。

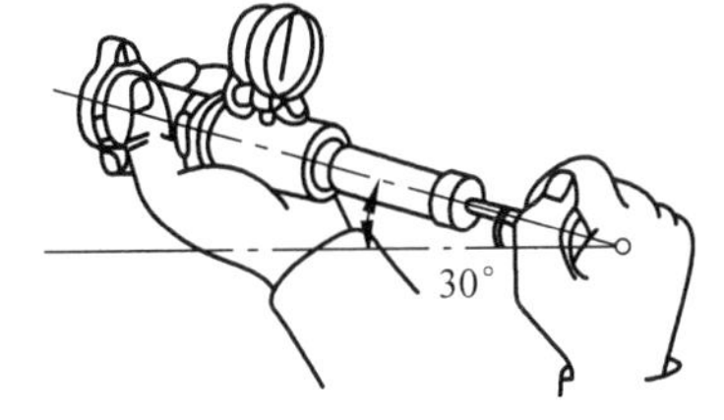

图4-9 散热器盖测试

小 结

本单元主要介绍冷却系的基本维护内容及方法，应重点掌握冷却系外观检查的内容及方法，熟悉电动风扇的工作情况检测方法，了解冷却系密封性能、水泵泵水能力的检测方法，了解冷却系清洁的方法；介绍了冷却系主要部件的检测与诊断方法，包括电动风扇温控开关、水温传感器、风扇电机、水泵、风扇皮带；介绍了发动机过热、过冷及冷却液消耗过多的故障原因及诊断方法，重点应掌握发动机过热的故障原因及诊断流程。

复　习　题

1. 简述冷却系外观检查的内容。
2. 如何进行水泵泵水性能的检测？
3. 如何进行电动风扇温控开关的检测？
4. 简述蜡式节温器的检查方法。
5. 请用故障树分析法分析发动机过热的故障原因。

实训　冷却系的检修

1. 实训目的与要求

(1) 能按规范进行冷却系外观的检测与诊断。

(2) 能按规范进行水温传感器或温控开关的检测与诊断。

(3) 能按规范进行节温器的检测与诊断。

2. 实训主要内容

(1) 冷却系外观检查。观察散热器、水泵、水管、水套和放水开关等部位是否泄漏；风扇和散热器的距离是否正确；水泵皮带或风扇皮带两侧面是否有磨损，张紧度是否正常；观察散热器和膨胀水箱中冷却液的量是否足够，并视情况补充冷却液。

(2) 水温传感器或温控开关的检测与诊断。使用万用表和温度计，检测温度传感器的阻值，并与标准值进行比较，检查是否正常；检测温控开关，查看其导通温度是否正常。

(3) 节温器的检测与诊断。使用温度计和节热器，按规范检查节温器的工作情况是否正常。

单元5

起动系故障诊断与维修

◎ **知识目标**

(1) 能够描述起动机不转的故障原因及诊断流程。

(2) 能描述起动机运转无力、空转的故障原因。

◎ **技能目标**

(1) 能按规范对起动机进行性能检测。

(2) 能按规范对蓄电池进行检查。

(3) 能按规范对起动机进行检测与维护。

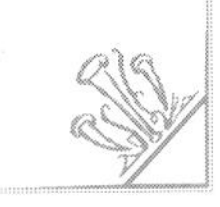

起动系一般由起动机、蓄电池、启动继电器、点火开关等组成,如图 5-1 所示。起动机一般包括电动机、传动机构(即单向离合器)、控制机构(即电磁开关)。

起动系的电路控制原理如图 5-2 所示,一种在电路中串联有继电器,另一种则不带继电器。目前大部分车型的起动系都带有启动继电器,如图 5-3 所示为别克君威轿车起动系电路图。

注意: 在装备自动变速器的车辆上,起动控制线路一般要经过自动变速器的挡位开关(即图 5-3 中的驻车空挡位置开关),检修时应注意检查。

发动机起动系的功用是在接通起动机电源时,起动机带动曲轴以高于保证发动机顺利起动所必需的转速运转。

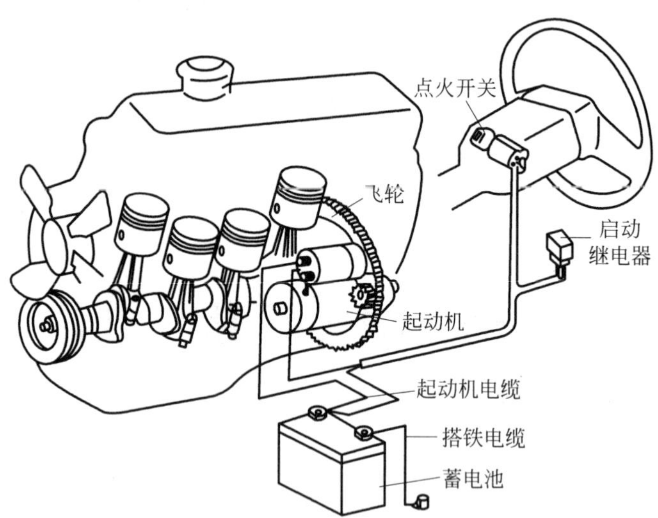

图 5-1 起动系组成示意图

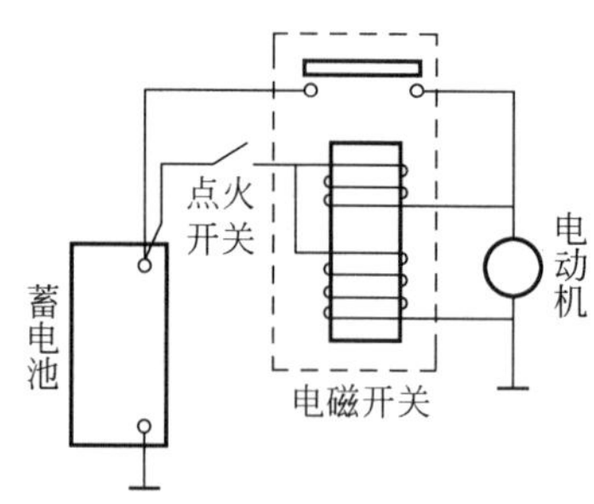

(a) 无启动继电器

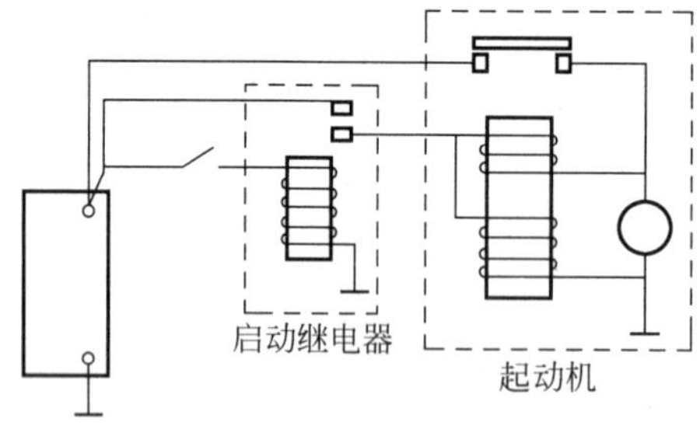

(b) 带启动继电器

图 5-2 起动系电路控制原理图

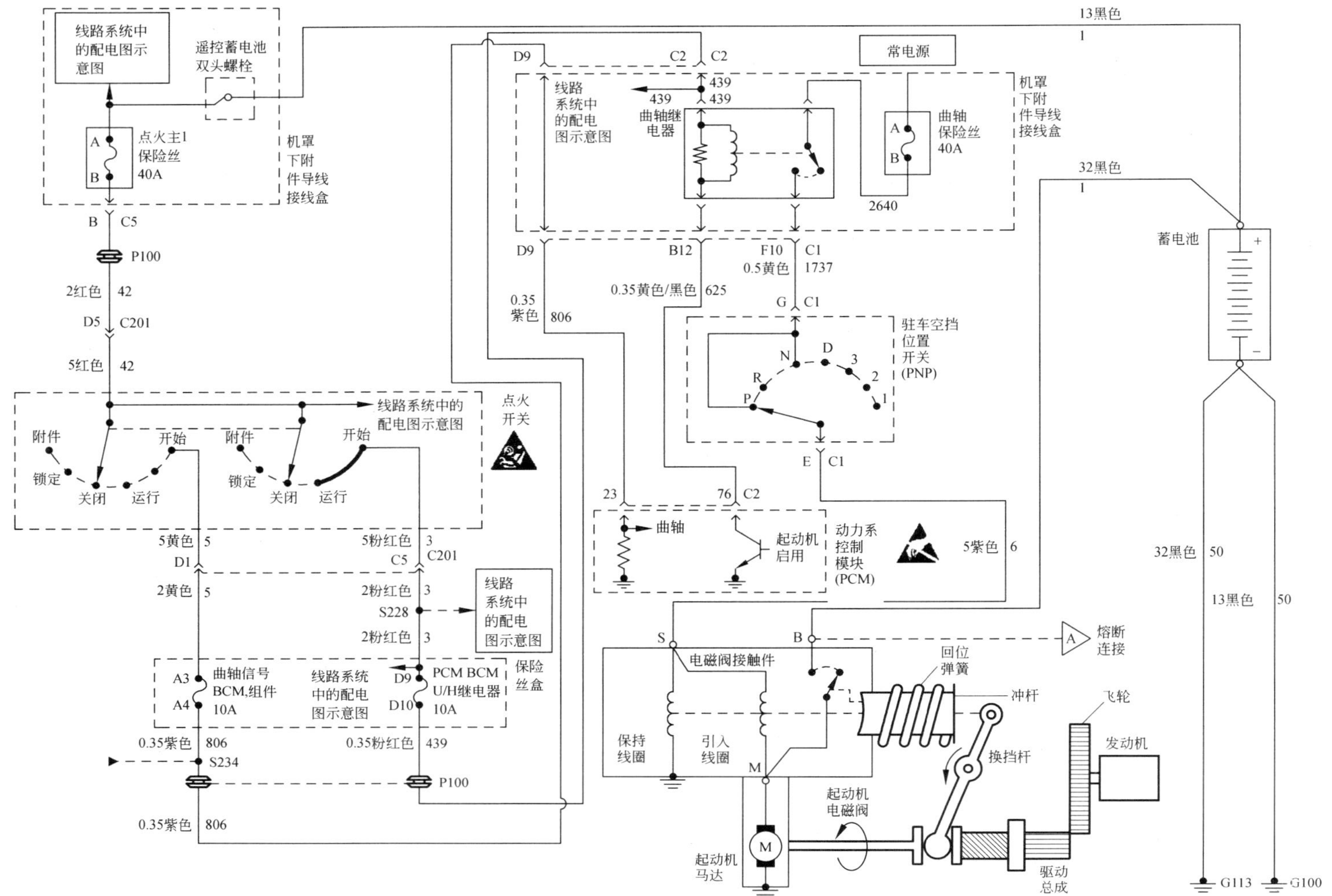

图 5-3 别克君威起动系电路图

5.1 起动系的维护

起动系的维护主要是进行起动机性能检测、蓄电池检查、启动系线路检查,并对起动机进行维护。

5.1.1 起动机性能检测

起动机启动性能的好坏,主要取决于启动电流、蓄电池启动电压、启动转速以及起动系其他零部件的技术状态。因此,对启动系检测时,通常在关闭车上所有能关闭的用电器的情况下,接通起动机(点火开关置于启动挡位),由起动机带动曲轴旋转,测量蓄电池输出的总电流,蓄电池正、负极间的电压和发动机曲轴转速这三个参数,一般分别简称为启动电流、启动电压和启动转速,其中,启动电流包括起动机刚通电时的最大电流和起动机运转时的稳定电流,启动电压包括起动机未通电时的初始电压和启动系检测结束时的终止电压,启动转速是指由起动机带动曲轴旋转进入稳定状态时的发动机曲轴转速。根据这三个参数的检测结果进行分析判断,确定起动系的工作状况。

1. 起动系检测标准

一般采用12V电源系统的汽油机启动初始电压(U_B)应大于或等于12.0V,启动终止电压(U_E)应大于或等于9.6V;采用24V电源系统的柴油机启动初始电压(U_D)应大于或等于24.0V,启动终止电压(U_E)应大于或等于19.2V。汽油机的启动转速(n)应为50~70r/min,柴油机的启动转速(n)应为100~200r/min。启动电流因蓄电池和起动机配置不同差异很大,每一个车型的启动初始电流(I_B)和启动稳定电流(I_E)的实测值应符合该车型相关资料的规定。

2. 检测结果分析

(1) 启动电流。当开始启动的瞬间,起动机所用电流是非常大的,一般是100~200A,经过1~2s,启动电流才比较稳定,蓄电池内阻越大,启动电流的变化就越大。

(2) 启动电压。启动电压中值,汽油机一般为12V。启动电压末值比启动电压中值小得越多,说明蓄电池亏电就越多。

(3) 启动转速。当蓄电池电力不足、起动机有故障时,启动转速将降低。

在发动机二级维护前对起动系检测时,若有检测项目结果异常,则应进行综合分析,以确定附加作业项目。

起动系检测常见异常情况及故障原因见表5-1。

5.1.2 蓄电池检查

1. 电解液液面高度的检测

(1) 玻璃管检查法。电解液液面高度可用玻璃管检查,如图5-4所示。液面应高出极板顶部(或防护片)10~15mm。

表 5-1 起动系检测结果分析

	检测参数					故障原因
	U_B	U_E	I_B	I_E	n	
检测结果	偏低	偏低	偏小	偏小	偏低	蓄电池内部故障或亏电严重
	正常	偏低	正常	偏小	偏低	蓄电池存电不足
	正常	偏低	偏大	偏大	偏低	起动机内部短路或发动机阻力过大
	正常	正常	偏小	偏小	偏低	起动机内部断路或接触不良
	正常	正常	正常	波动过大	波动过大	电刷与换向器接触不良，电磁开关故障，各缸压力差异过大

(2) 液面高度指示线法。通过观察液高度指示线可以检查电解液的液面高度，如图 5-5(a)所示。

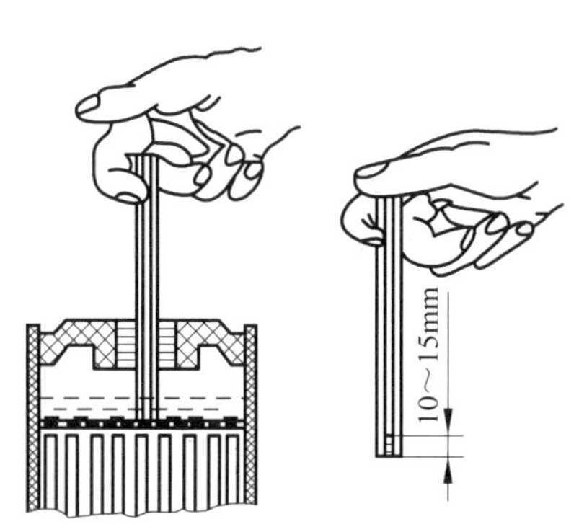

图 5-4 蓄电池电解液液面高度检查(一)

对使用透明塑料容器的蓄电池，为检查液面高度，在容器壁上刻有两条高度指示线。正常液面高度应介于两线之间，低于下线则为液面过低，应加入蒸馏水补充。

(3) 加液孔观察判断法。部分进口小汽车在电解液加液孔内侧的标准液面位置处开有方视孔，如图 5-5(b)所示。检视液面高度，观察液面在方孔下面为液面过低；正好与方孔平齐时为标准；液面满过方孔而充满加液口底部以上为过多。

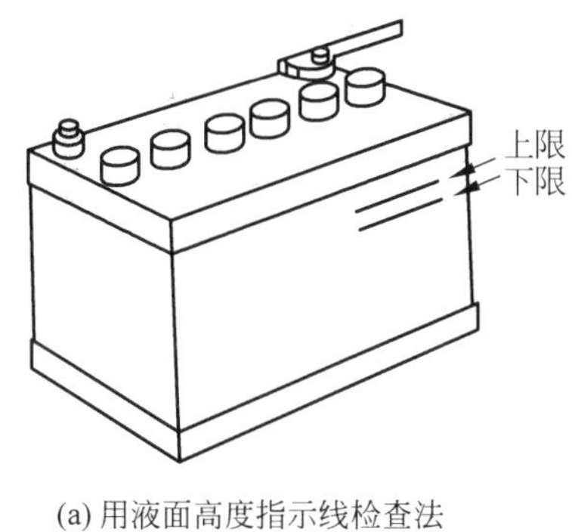

(a) 用液面高度指示线检查法

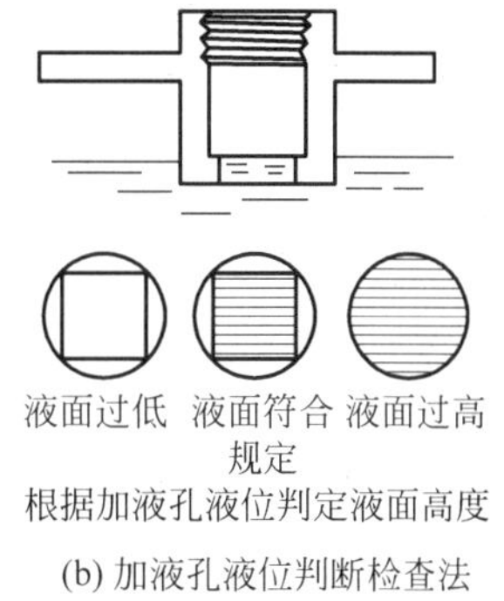

(b) 加液孔液位判断检查法

图 5-5 蓄电池电解液液面高度检查(二)

发现电解液液面低于标准值时，应及时补充蒸馏水。除确知液面降低是由电解液溅出所致外，不允许补充硫酸溶液。这是因为电解液液面正常降低是由电解液中的蒸馏水电解和蒸发所致。要特别注意不能加注冷开水、自来水、河水及其他质地的水，这样会造成蓄电池自放电的故障。

2. 蓄电池放电程度的检测与诊断

蓄电池的放电程度可用以下方法进行检测。

(1) 通过测量电解液相对密度估算放电程度。电解液相对密度可用吸式密度计测量，如图 5-6 所示。将实际测量的数值转换成 15℃的密度值，与该蓄电池充足电时的密度值比较，按相对密度每下降 0.01，相当于蓄电池放电 6%，即可估算出放电程度。

（2）用高率放电计测量放电电压。整体电池高率放电计如图 5-7 所示。测量时，将两叉尖分别紧密接触蓄电池的正、负极，保持 15s，若其电压能保持在 9.6V 以上，说明蓄电池性能良好，但存电不足；若能稳定在 10.6～11.6V，说明蓄电池存电充足；若电压迅速下降，说明蓄电池已损坏。

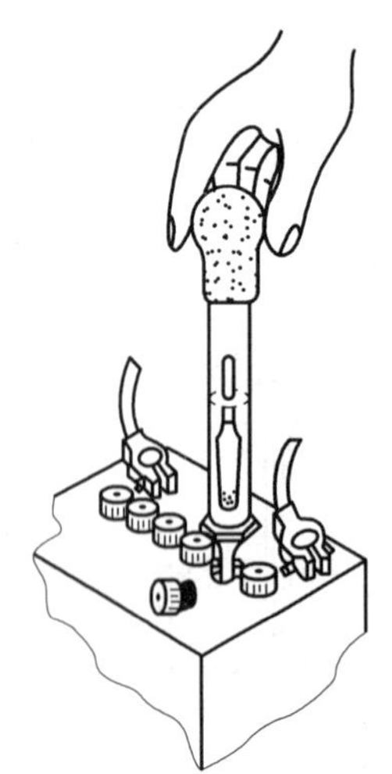
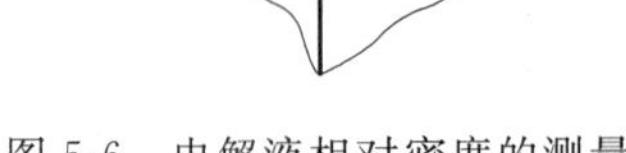

图 5-6 电解液相对密度的测量

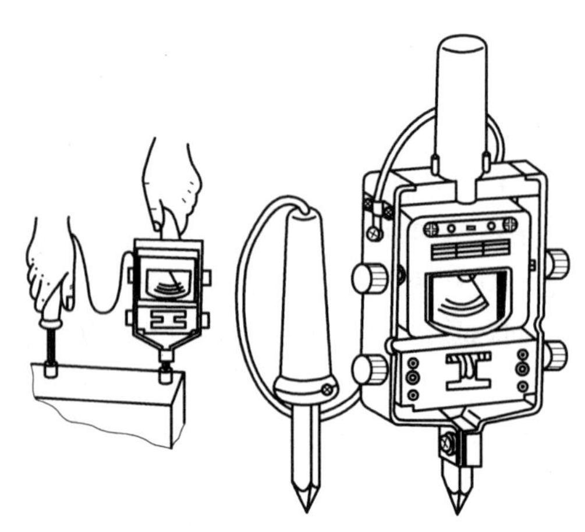

图 5-7 整体电池高率放电计

（3）就车起动测试。先设法使发动机不能起动（例如，拔下分电器中央高压线并将其搭铁），将电压表连接于蓄电池的两极，然后接通起动机，约 15s 后，电压表的读数应不低于 9.6V（对 12V 蓄电池而言），且基本稳定。

5.1.3 起动系线路检修

起动系维护时，应检查起动机上的接线是否牢固，是否锈蚀。

当点火开关关闭时，用万用表电压挡测量起动机上的粗接线柱，应为蓄电池电压；把点火开关转到“RUN”挡，测量起动机上细接线柱，应为蓄电池电压。

5.1.4 起动机维护

1. 起动机电枢的检测与维护

（1）检查电枢因接触永久磁体而造成的磨损或损坏。如果出现磨损或损坏，则将电枢更换。

（2）检查整流子表面，如果表面脏污或烧蚀，可以在技术规格要求允许的范围内，用砂纸或车床重新修整表面，如图 5-8 所示。

（3）用游标卡尺测量整流子直径，如图 5-9 所示。如果直径低于使用极限，则更换此电枢。

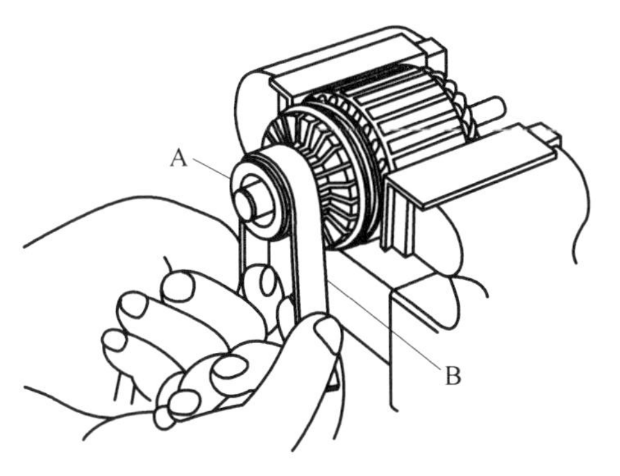

图 5-8 修整整流子表面

A—整流子；B—砂纸

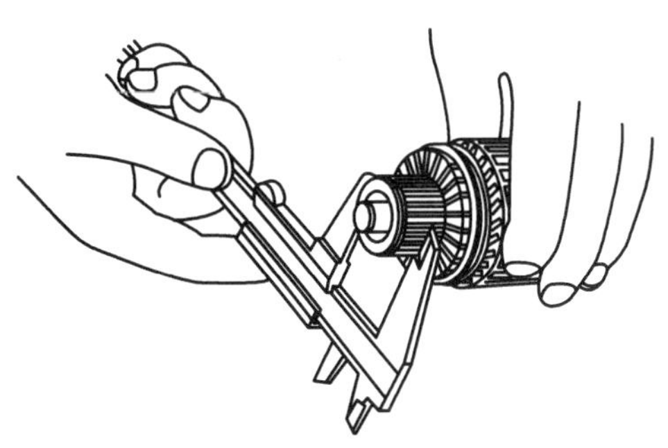

图 5-9 检查整流子直径

(4) 测量整流子的振摆，如图 5-10 所示。如果整流子的振摆处于使用极限以内，则检查整流子片之间是否出现碳粉尘或铜屑。如果整流子的振摆不在使用极限之内，则更换此电枢。

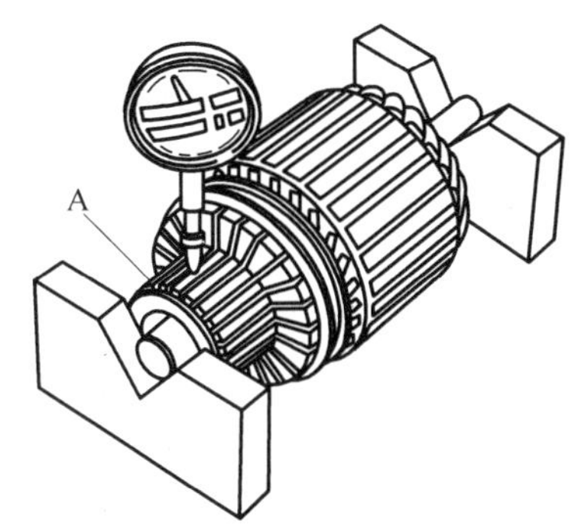

图 5-10 检测整流子的振摆

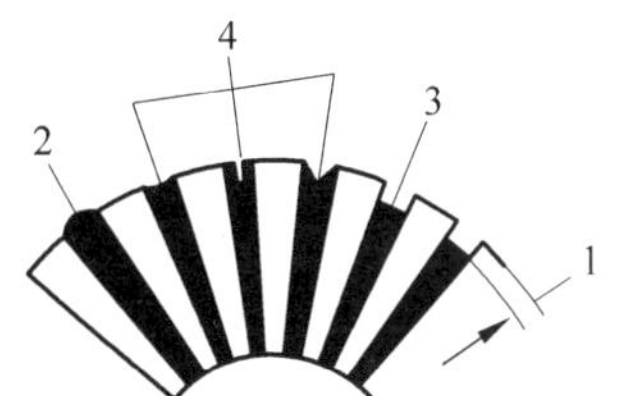

图 5-11 检查云母层深度

1—云母层深度；2—云母层过厚；3—云母层；4—切口端面形状

(5) 检查云母层深度，如图 5-11 所示。如果云母层过厚，则用钢锯片将其切至正确的深度。

整流子片之间的云母层应彻底切除。切口不应过窄、过浅或呈 V 形断面。

(6) 检查整流子片间的电路导通性，如图 5-12 所示。如果存在开路，则更换电枢。

(7) 将电枢放在电枢测试仪上，如图 5-13 所示，握住一条钢锯片，并将其放在电枢铁芯上。在铁芯转动时，如果锯片被吸到铁芯上或出现振动，则说明电枢短路，应更换电枢。

(8) 用欧姆表检查并确认整流子与电枢铁芯之间以及整流子与电枢轴之间的导通性，如图 5-14 所示，应不导通。如果存在导通，则更换该电枢。

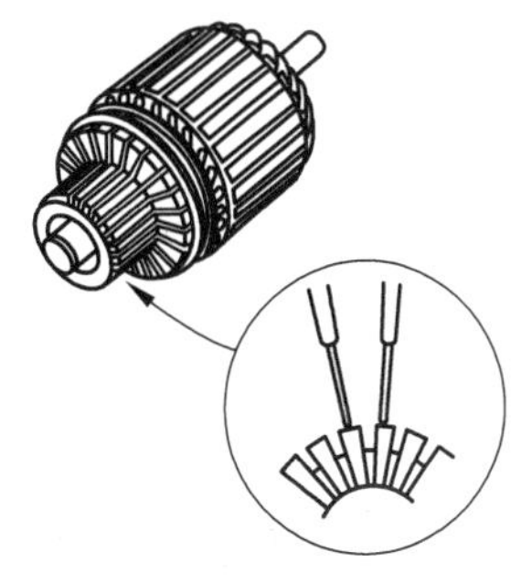

图 5-12 检查整流子片间的电路导通性

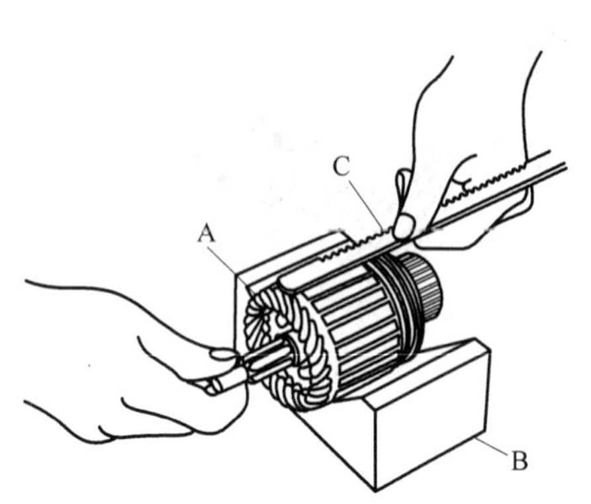

图 5-13 电枢短路测试

A—电枢；B—电枢测试仪；C—钢锯片

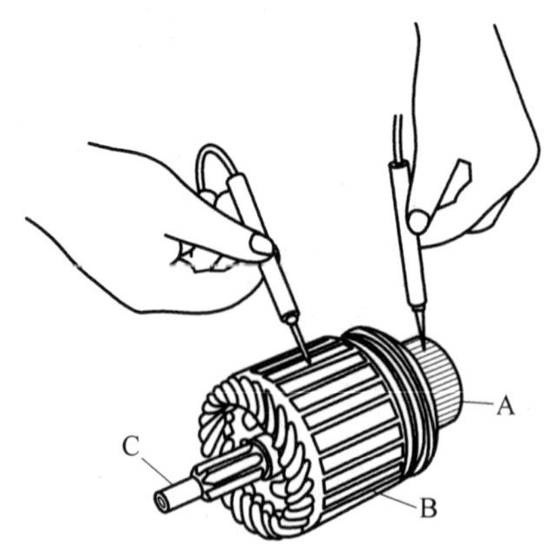

图 5-14 整流子与电枢铁芯之间以及整流子与电枢轴之间导通性测试

A—整流子；B—电枢铁芯；C—电枢轴

2. 起动机电刷检测与维护

电刷的检测主要是对其长度的测量。如图 5-15 所示，如果其长度比使用极限短，则更换电刷架总成。如广汽雅阁起动机电刷的长度，标准值最大为 14.0～14.5mm，使用极限为 9.0mm，超出极限时应更换总成。

3. 起动机励磁绕组的检测与维护

检查电刷之间的导通性，如图 5-16 所示。

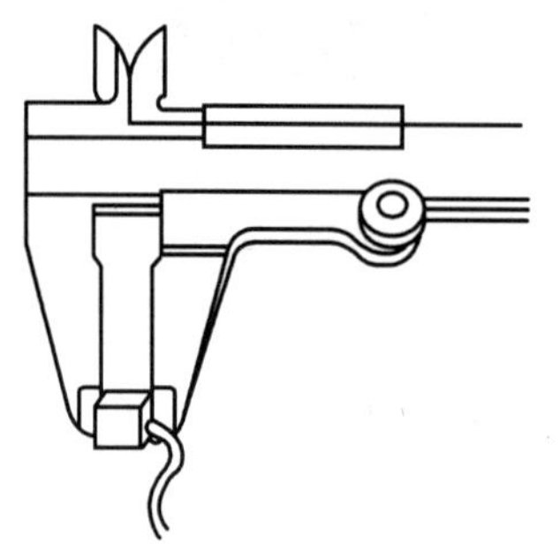

图 5-15 测量电刷长度

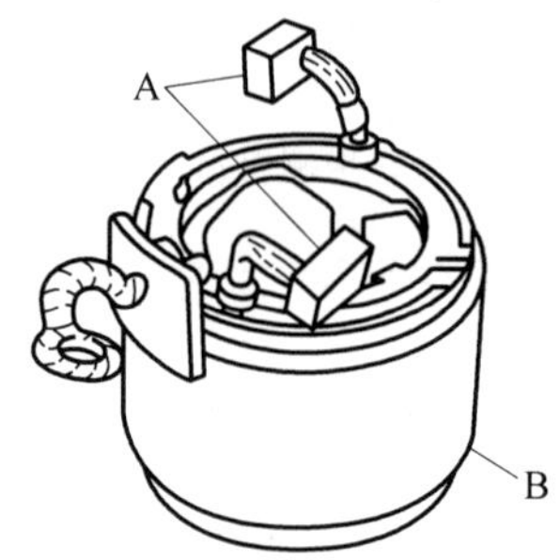

图 5-16 励磁绕组测试

A—电刷；B—电枢壳体

(1) 测量电刷 A 之间的电阻值，如果电阻值为无穷大，表明电刷之间存在断路现象，应更换电枢壳体。

(2) 检查每一个电刷 A 和电枢壳体 B 之间的电阻值，如果电阻值不是无穷大，表明电刷和壳体之间存在短路现象，应更换电枢壳体。

4. 起动机电刷架检测与维护

如图 5-17 所示，用万用表测量(+)电刷架(A)与(—)电刷架(B)之间的电阻值，如果电阻值不是无穷大，表明电刷之间存在短路现象，应更换电刷架总成。

5. 起动机超速离合器的检测与维护

具体内容包含以下几点。

(1) 沿轴滑动超速离合器 A,如图 5-18 所示,如果滑动不顺畅,则更换超速离合器。

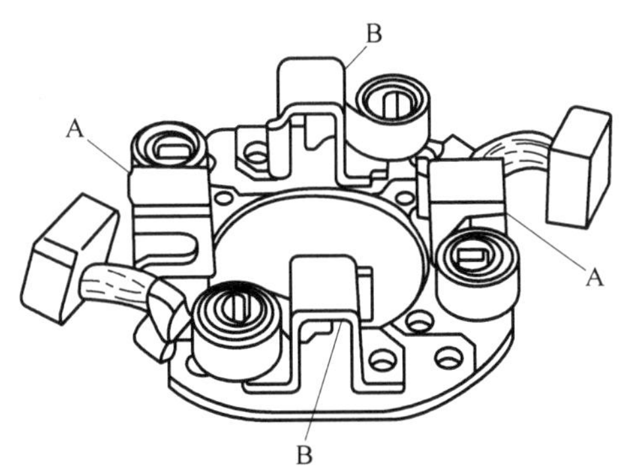

图 5-17　起动机电刷架测试

A—(+)电刷架;B—(−)电刷架

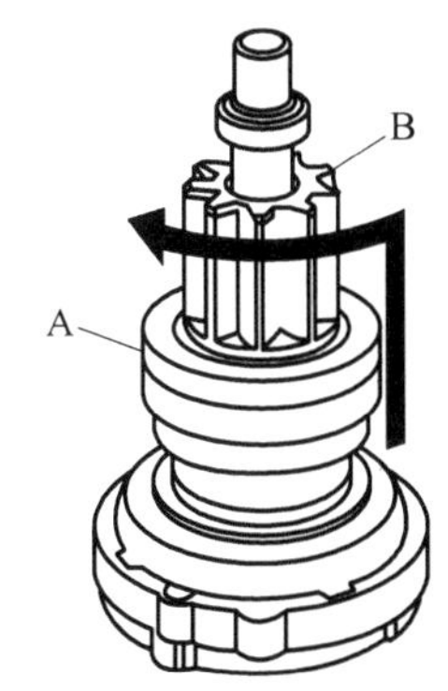

图 5-18　起动机超速离合器的检测

A—超速离合器;B—起动机主动齿轮

(2) 沿两个方向旋转超速离合器 A。检查它是否沿一个方向被锁住,而在相反方向上旋转自如。如果它在任一方向上均不锁止或者在两个方向上均锁止,则予以更换。

(3) 如果起动机主动齿轮 B 磨损或损坏,则更换超速离合器总成。

6. 电磁开关的检测

(1) 检查 S 端子与电枢壳体之间的保持线圈的导通性,如图 5-19 所示,导通为正常。

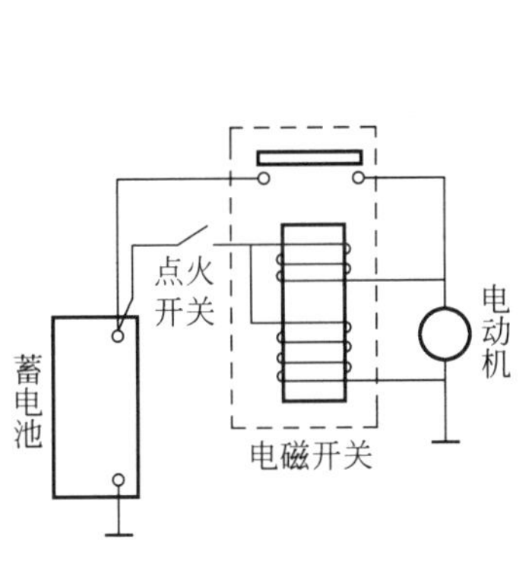

(a) 电磁开关线路示意图

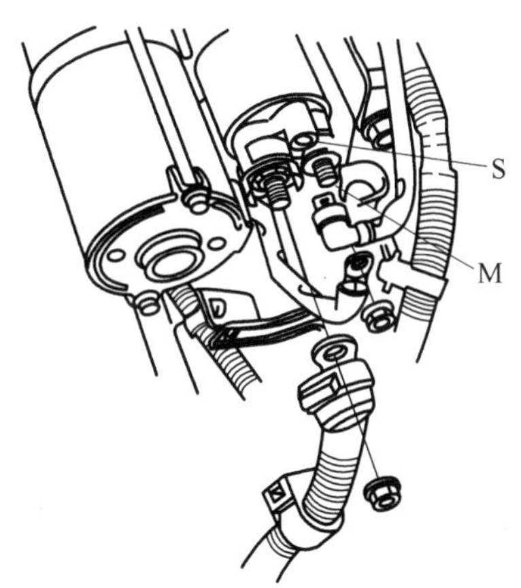

(b) 电磁开关接线柱实物图

图 5-19　电磁开关

(2) 检查 S 端子与 M 端子之间的吸拉线圈的导通性,导通为正常。

如广本雅阁起动机电磁开关的吸拉线圈阻值约为 0.6Ω,保位线圈电阻值约为 1Ω。

5.2 起动系常见故障诊断

起动系常见故障现象有起动机不转、起动机运转无力、起动机空转等。

起动系常见故障部位为蓄电池正、负极柱接头和搭铁线搭铁接头脏污和松动、起动机、点火开关和启动继电器。

5.2.1 起动机不转

1. 故障现象

接通点火开关至启动挡,起动机和发动机都不转动。

2. 故障原因

起动机不转的故障树如图 5-20 所示。

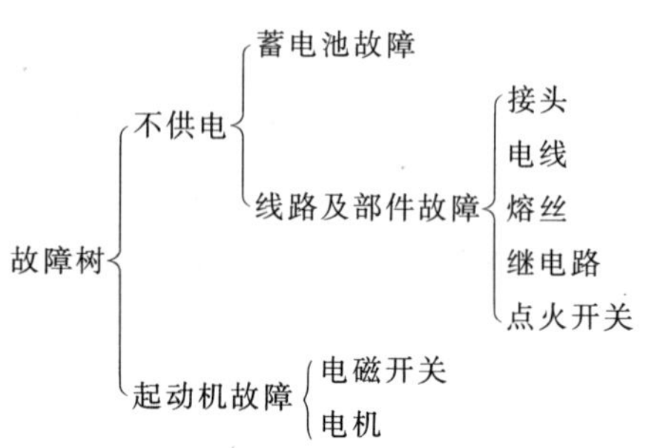

图 5-20 起动机不转故障树

故障主要原因具体如下。

(1) 电源故障。蓄电池严重亏电或极板硫化、短路等;蓄电池极桩与线夹接触不良,或起动电路导线连接处松动而接触不良等。

(2) 起动系控制线路故障。线路有断路,导线接触不良或松脱,熔丝烧断等。

(3) 组合启动继电器故障。启动继电器线圈断路、短路、搭铁或其触点接触不良。

(4) 点火开关故障。点火开关接线松动或内部接触不良。

(5) 起动机电机故障。换向器与电刷接触不良,磁场绕组或电枢绕组有断路或短路,绝缘电刷搭铁等。

(6) 起动机电磁开关故障。电磁开关中吸拉线圈、保位线圈断路、短路、搭铁或其触点因烧蚀而接触不良等。

(7) 防盗系统或自动变速器空挡开关有故障。

3. 故障诊断

起动机不转故障诊断思路如下。

(1) 对于有防盗系统的汽车,将点火开关转到"ON"位置,观察防盗系统警告灯是否有异常,若有异常应先排除防盗系统的故障。

(2) 按喇叭或开大灯。如果喇叭声音小而嘶哑或不响,大灯的灯光比平时暗淡,说明电源有问题,应先检查蓄电池极桩与线夹、启动电路导线的接头处是否有松动,并可用手触摸导线连接处检查该处是否发热。若某连接处松动或发热则说明该处接触不良,应先检查线路;若线路连接无问题,则应对蓄电池进行检查。

(3) 如果判断电源无问题,则可用工具将起动机电磁开关上与蓄电池连接的主触头和与电动机内部连接的主触头短接。如果起动机不转,说明起动机内部有故障,应拆检起动机;如果起动机空转正常,则进行下一步检查。

(4) 用导线将起动机的电磁开关接线柱与起动机的电源接线柱相连接,如果电磁开关无动作，则说明起动机电磁开关有故障，应拆检电磁开关；如果起动机运转正常，则说明故障在启动继电器或有关的线路上。

(5) 用导线将启动继电器上连接蓄电池和连接起动机的两接线柱直接相连接，如果起动机不转，则应检查连接这两个接线柱的导线；如果起动机能正常运转，则再做下一步检查。

(6) 将启动继电器上连接蓄电池(B)和连接点火开关(SW)的两接线柱直接相连接，如果起动机不转，则说明启动继电器工作不良，应拆修或更换启动继电器；如果起动机能正常运转，则故障在启动继电器至点火开关的导线或点火开关上，应对其进行检修。

起动机不转故障诊断流程如图 5-21 所示。

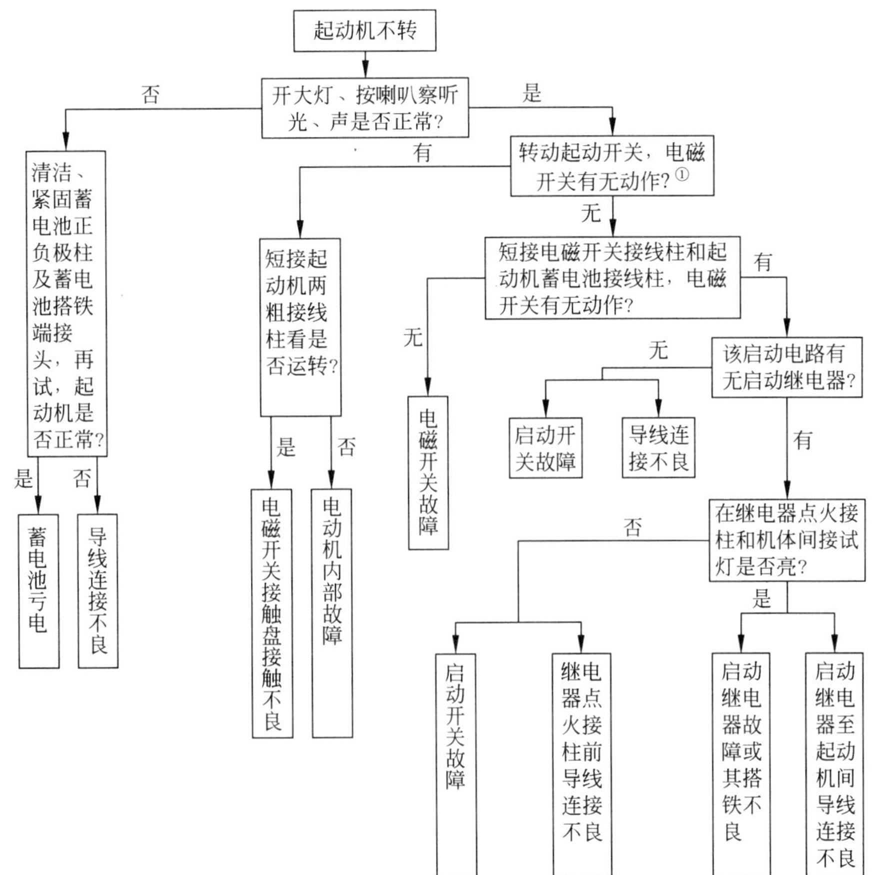

图 5-21　起动机不转故障诊断流程

注意：对于装备自动变速器的车辆，还应检查空挡开关是否正常。

5.2.2　起动机运转无力

1. 故障现象

当接通点火开关到启动挡时，起动机虽能转动，但达不到发动机起动所要求的转速。

2. 故障原因

起动机不转的故障树如图 5-22 所示。

具体故障原因如下。

（1）电源故障。蓄电池亏电或极板硫化、短路；起动机电源导线连接处接触不良等。

（2）起动机故障。换向器与电刷接触不良；电磁开关接触盘和主触头接触不良；起动机磁场绕组或电枢绕组有局部短路等。

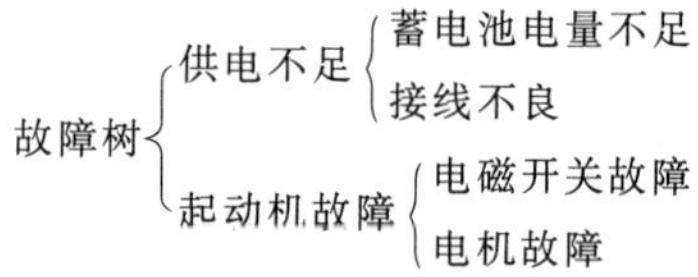

图 5-22　起动机运转无力故障树

3. 故障诊断

起动机运转无力故障诊断思路基本与起动机不转故障相似。

（1）通过按喇叭或开大灯，判断车辆供电是否正常。

（2）通过短接起动机两个接线柱，判断起动机是否正常。

起动机不转故障诊断流程如图 5-23 所示。

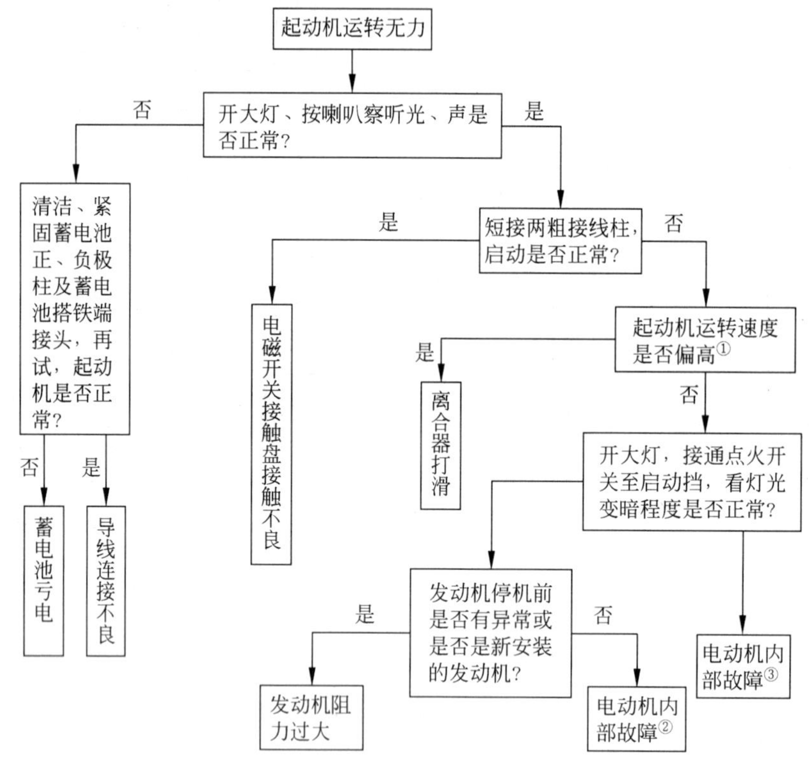

说明：

① 起动机运转速度主要从声音上判断，若起动机运转过程中有异响，则可能是电机轴承磨损过大。

② 该类故障是电动机磁场、电枢绕阻有短路故障或电动机装配轴承过紧，起动机安装位置不正确等故障。

③ 该类故障是电动机内部接触不良(如炭刷磨损过大、炭刷弹簧太软或整流器烧蚀脏污等)及磁场或电枢绕阻有断路故障。

图 5-23　起动机运转无力故障诊断流程

5.2.3 起动机空转

1. 故障现象

当接通点火开关到启动挡时，起动机运转正常而曲轴不转动。

2. 故障原因

起动机空转故障的原因多为单向离合器打滑；若驱动齿轮与飞轮不能啮合且有撞击声，则可能是由于驱动齿轮或飞轮齿环磨损过甚或损坏以及电磁开关接触盘接通过早。

3. 故障诊断

起动机不转故障诊断思路如下。

(1) 接通点火开关到启动挡，若能听到起动机驱动齿轮与飞轮的撞击声，则应检查飞轮齿圈是否磨损或损坏。

(2) 若听不到撞击声，则应分解检查起动机，并重点检查单向离合器是否损坏。

小　　结

本单元主要介绍了起动系的基本维护，包括起动机的性能检测、蓄电池的检查、起动系线路检修及起动机的维护，重点应掌握起动机的维护内容及方法，熟悉蓄电池的检测内容及方法；介绍了起动机不转、运转无力、空转三个常见故障的故障原因及诊断方法，重点应掌握起动机不转的故障树及诊断流程图。

复　习　题

1. 起动机性能检测主要检测哪些内容？
2. 电解液液面高度的检测有哪几种方法？
3. 简述用就车启动测试来检查蓄电池放电程度的方法。
4. 请用故障树分析法分析起动机不转的故障原因。

实训　起动系的检修

1. 实训目的与要求

(1) 能按规范进行蓄电池检查。

(2) 能按规范进行起动机的检测与维护。

2. 实训主要内容

(1) 蓄电池检查。观察外观部位是否破损、泄漏；检测蓄电池电解液的液面高度，并视情况补充；检测蓄电池电解液的密度；检测蓄电池的电压是否正常。

(2) 起动机的检测与维护。按规定流程，检测起动机的各部件是否正常。

单元6

点火系故障诊断与维修

◎ 知识目标

(1) 能够描述发动机不能启动或启动困难的故障原因和诊断流程。

(2) 能够描述个别缸不点火和点火错乱的故障原因。

(3) 能够描述各种典型故障波形的故障原因。

◎ 技能目标

(1) 能够按规范进行火花塞的检查与维护。

(2) 能够按规范对点火系统线路及分电器进行检查与维护。

(3) 能够按规范对点火信号发生器、点火器、点火线圈进行检查。

按点火系整体结构,汽车点火系可分为以下三类。

(1) 传统点火系。传统点火系组成如图 6-1 所示,主要包括蓄电池、断电器、点火线圈、分电器、附加电阻、电容器和火花塞等。

(2) 电子点火系。电子点火系组成如图 6-2 所示,主要包括蓄电池、点火信号发生器、点火器、点火线圈、分电器、火花塞和点火开关等。与传统点火系相比,电子点火系采用点火信号发生器、点火器代替了断电器。

点火信号发生器一般有四种类型:磁感应式、霍尔式、光电式以及电磁振荡式。

(3) 电控点火系。电控点火系也称为计算机控制点火系,其组成如图 6-3 所示,主要包括传感器、电子控制单元(ECU)、点火器、点火线圈、分电器、火花塞。与以往点火系相比,电控点火系取消了传统的点火提前装置,采用电子控制单元(ECU)来实现点火提前角的精确控制。

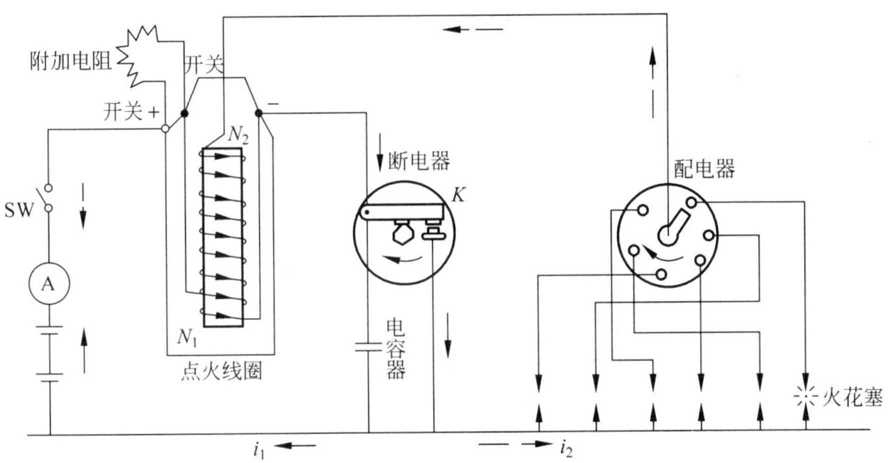

图 6-1 传统点火系

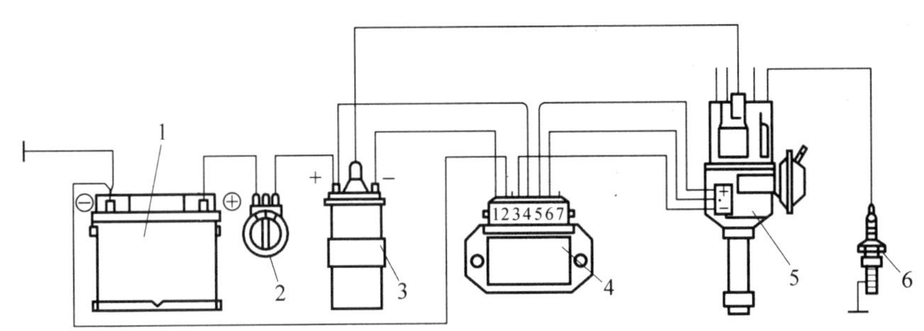

图 6-2 电子点火系

1—蓄电池；2—点火开关；3—点火线圈；4—点火器；5—分电器(内含点火信号发生器)；6—火花塞

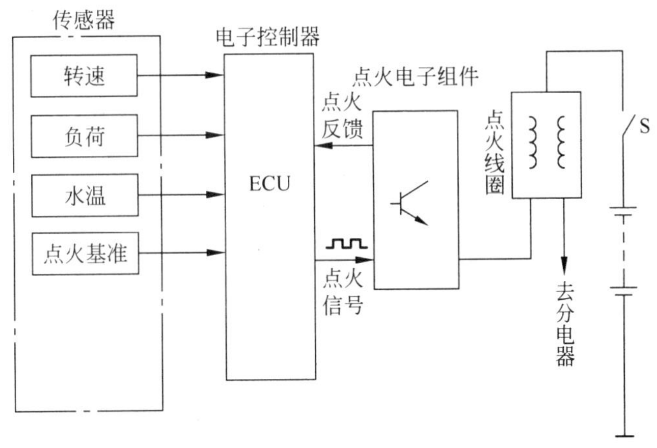

图 6-3 电控点火系

电控点火系按有无分电器又可分为带分电器的电控点火系(如广本雅阁)和无分电器的电控点火系(如别克君威,又称直接点火系统,DIS),还有一种单独点火式电控点火系,它既无分电器又无分缸线,如帕萨特 1.8T。

点火系的作用是将汽车电源供给的低压电转变为高压电，并按照发动机的做功顺序与点火时间的要求适时、准确地配送给各缸的火花塞，在其间隙处产生火花，点燃汽缸内的可燃混合气。汽油机点火系的基本要求如下。

(1) 提供足够的击穿电压。汽油机正常工作所需的击穿电压与其运行工况有关。在低速大负荷时，所需的击穿电压为 8～10kV，启动时所需的击穿电压约为 7kV，现代轿车汽油机点火系所能提供的击穿电压超过 28kV。

(2) 提供足够的点火能量。电火花能量越大，混合气的着火性能越好。发动机正常工作时，由于接近压缩终点的混合气已具有很高的温度，所需的火花能量较小，一般为 1～5mJ。而在发动机启动、怠速及节气门急剧打开时，则需要较高的火花能量，一般为 50～80mJ，目前采用的高能点火装置，一般点火能量都要求超过 80～100mJ。

(3) 点火时刻应与汽油机的运行工况相匹配。点火系除了应按各缸的工作顺序依次点火外，还必须把开始点火的时刻控制在最佳时刻。最佳的点火正时能提高汽油机动力性，并能降低燃油消耗，减少有害气体的排放量。

点火系工作不良，将导致发动机不能起动或起动困难、发动机动力下降、排放恶化等故障。

6.1 点火系的维护

点火系的维护内容包括火花塞的检查与维护、点火正时的检查与维护、分电器维护及点火系线路的检查。

6.1.1 火花塞检查与维护

1. 火花塞调整与清洁

火花塞在使用一段时间后，其电极间隙会发生变化。火花塞电极间隙一般为 0.6～0.7mm，采用电子点火时，间隙可增至 1.0～1.2mm。间隙太小，将降低火花塞击穿电压，削弱火花强度；间隙太大，将提高火花塞击穿电压，但在大负荷时有可能破坏点火线圈次级绝缘性能，导致火花塞断火。所以，一经发现火花塞电极间隙不当，应及时调整至规定值。几种常见车型火花塞技术参数如表 6-1 所示。

表 6-1 常见车型火花塞技术参数

参　数	帕萨特 B5	君威 2.5/3.0	广本 2.0/2.4
火花塞间隙/mm	0.9～1.1	1.02	1.0～1.1
旋紧扭矩/N·m	30	15	18

由于燃烧不良等原因，会造成火花塞积炭，这将造成火花塞工作不良。火花塞上有积炭、积油等时，可用汽油或煤油、丙酮溶剂浸泡，待积炭软化后，用非金属刷刷净电极上和瓷芯与壳体空腔内的积炭，用压缩空气吹干，切不可用刀刮、砂纸打磨或蘸汽油烧，以防损坏电极和瓷质绝缘体。

火花塞一般使用 20 000～30 000km 后即应更换。

2. 火花塞的拆装注意事项

火花塞拆装时应按照规范进行，否则易造成意外损坏。拆装时注意事项如下。

(1) 拔下高压线接头时应轻柔，操作时不可用力摇晃火花塞绝缘体，否则会破坏火花塞密封性能。

(2) 发动机冷却后方可拆卸，当旋松所要拆卸的火花塞后，用一根细软管逐一吹净火花塞周围的污物，以防火花塞旋出后污物落入燃烧室内。

(3) 螺丝周围、火花塞电极和密封垫必须保持清洁，干燥无油污，否则会引发漏电、漏气、火花减弱等故障。

(4) 安装时，先用套筒将火花塞对准螺孔，用手轻轻拧入，拧到约螺纹全长的1/2后，再用加力杠杆紧固。若拧动时手感不畅，应退出检查是否对正螺口或螺纹中有无夹带杂质，切不可盲目加力紧固，以免损伤螺孔，殃及缸盖，特别是铝合金缸盖。

(5) 应按要求力矩拧紧，过松会造成漏气，过紧使密封垫失去弹性，同样会造成漏气。

火花塞在维护时，应保证插接件牢固可靠，检查高压导线的绝缘性能和电阻。

3. 火花塞故障诊断

当发动机正常工作时，火花塞绝缘体裙部为灰白色、灰黄至灰褐色，有的呈铁锈色或红色，它是无铅汽油的添加剂造成的，两电极呈现褐灰色至微黑色，有轻微损耗。当发动机异常时，火花塞的颜色也将发生变化。通过查看火花塞瓷芯表面的颜色，可以判断发动机的故障，几种典型故障现象如下。

(1) 瓷芯呈褐黑色。火花塞颜色呈褐黑色，外壳与侧极上附有较厚的硬质块状积炭，其原因有两种：一是汽油机烧机油，是由于机油从活塞环或进气门导管进入。二是火花塞本身的原因，用眼看到的有火花塞瓷体破裂或侧电极折断，也有不明显的从外观看不到的原因。可采用对其进行跳火的方法检查，把火花塞平放在汽缸盖上，用中央高压线离火花塞接头螺栓5mm左右，然后拨动断电器触点看火花塞间隙的跳火情况。若火花强烈且蓝白色，说明火花塞正常，若火花微弱或无火花，说明火花塞本身有故障，需要更换。

(2) 瓷芯呈惨白色。瓷芯呈惨白色，说明火花塞过热。在多缸发动机中仅出现在个别火花塞上，可能是火花塞热值过低、用错火花塞型号、火花塞质劣等原因；如在某一缸经常出现瓷芯呈惨白色，则应检查此缸的压缩比是否偏高，或检查火花塞周围水套是否堵塞。对于压缩比高时，应注意有无炽热点火现象；若几个缸同时出现瓷芯呈惨白色，应考虑发动机负荷过大、冷却系能力不足等原因，应换用热值较高一级的火花塞。

(3) 瓷芯呈微黑色。磁芯呈微黑色且有薄层炭粉覆盖，外壳圆环面甚至侧电极上均有积炭。这种现象若是在长时间冷车、低速运转后出现的，经过一段正常使用后便会消除。如在正常使用工况偏高，应换用低热值火花塞。换用后应注意发动机在高速、高负荷时有无火花塞过热及中心极烧熔、拉缸等现象。

6.1.2 点火正时检查与调整

点火正时是指正确的点火时间，点火时间一般用点火提前角表示。点火正时正确时，点火提前角处于最佳状态。发动机的点火正时，直接影响汽车的动力性、燃料经济性和排气净化。因此，必须进行点火正时的检测与调整。

1. 点火正时的静态检测与调整

当分电器重新装在发动机上或发现点火正时失准时，就需进行静态(发动机停转)正时调整。调整前应首先调好断电器触点间隙或信号发生器的磁隙。检测与调整步骤如下。

(1) 转动曲轴找到1缸压缩终了上止点位置(由正时记号对准来确定)。

(2) 装入新安装的分电器及其连线，或松开原分电器的夹紧装置。

(3) 按转子或分火头旋转的方向转动分电器外壳(此时分电器轴不转)，转至低压电路接通位置，若为有触点点火系，应转至触点闭合位置。

(4) 将试灯的一根导线接在点火线圈的"－"柱上，另一根导线搭铁，接通点火开关，试灯应该不亮。

(5) 按转子或分火头旋转的反方向慢慢转动分电器外壳，直到试灯刚刚发亮为止，此时说明低压电流已切断，正是1缸火花塞跳火时刻。

(6) 拧紧分电器外壳的夹紧装置，此时分火头正对的旁插孔上的高压分线应接至1缸的火花塞，然后按分火头的转向及点火顺序，依次接好其他各缸火花塞的高压分线。

(7) 启动发动机，进行无负荷加速试验，并进行路试检验，在加速试验或路试中发现发动机点火正时不正确时，需进行调整：如点火时间过早，可使分电器壳顺分火头方向转动少许；如点火时间过晚，可使分电器壳逆分火头方向转动少许，并结合路试反复调试几次就可获得满意的结果。

2. 点火正时的动态检测与调整

进行点火正时的动态检测与调整，发动机必须在正常工作温度下运转，并注意汽车维修手册中有关操作说明。检测与调整步骤如下。

(1) 按正确方法连接正时灯，如图6-4所示。

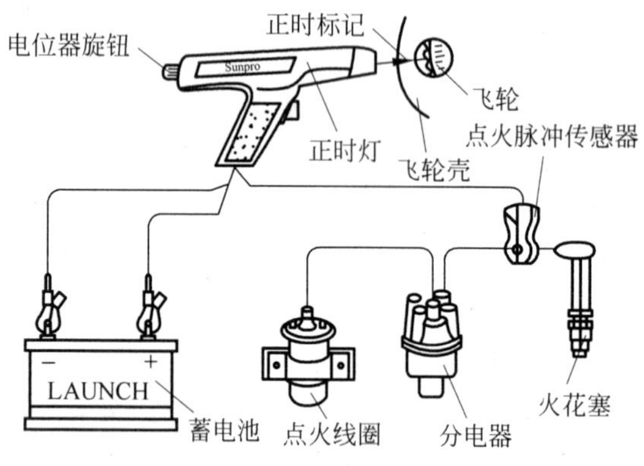

图6-4 点火正时灯连接示意图

(2) 起动发动机，使其按维修手册规定的转速运转。

(3) 利用正时灯，观察正时记号处，读取点火提前角。

(4) 若指示的点火提前角不正确，则应进行调整：先松开分电器的夹紧装置，若要使点火提前角变大应使分电器外壳逆分火头旋转的方向转动；若要使点火提前角变小，应使分电器外壳顺分火头旋转方向转动，直至读出点火提前角合适为止。

(5) 将夹紧装置拧紧后，再重新复检一次点火提前角，并恢复连接好分电器上的真空管路。

3. 电控点火系统的点火正时检测与调整

电控点火系统的点火正时分为基本点火正时和提前点火正时两种。检测基本点火正时,必须使点火提前角度不受计算机控制,这就需人工断开有关的控制电路,然后再用正时灯测试。而检测提前点火正时,是在计算机自动控制点火提前角的基础上进行的,故不需要人工特殊操作,用正时灯直接测试即可。

由于车型不同,测试基本点火正时角度的操作也略有不同,应参考各自的维修手册,下面以丰田轿车为例,说明点火正时的检测与调整过程。

(1) 基本点火正时角度的检测与调整。检测与调整方法如下。

① 将故障码诊断接口中的 TE_1 与 E_1 用导线直接跨接。

② 将自动变速器的操纵手柄推入空挡 N 位。

③ 使发动机转速在(1 000～1 500)r/min 运转 5s 后,降回正常怠速。

④ 用正时灯测试点火提前角。

⑤ 若与规定值不符,转动分电器外壳进行调整。

(2) 提前点火正时角度的检测与调整。不需任何附加操作(即不用跨接线),直接用正时灯测试即可。若测得值与规定值不符,转动分电器外壳进行调整。

关于点火正时的调整,不论是有分电器还是无分电器的点火系统,调整方法是类似的,若使安装点火信号发生器固定体的外壳(分电器外壳或凸轮轴位置传感器外壳)顺其轴的转向转动后,点火时间变晚;若使外壳逆其轴的转向转动后,点火时间变早。

4. 用发动机综合性能分析仪检测点火正时

在发动机综合性能分析仪上检测点火正时,可利用并列波上 1 缸的上止点标志,能清楚查看到各缸的点火提前角,也可用频闪灯对准曲轴飞轮或皮带轮上的 1 缸上止点记号处,调整频闪灯上的旋钮,使闪光相位前后移动直到曲轴飞轮上的标记对准飞轮壳上的记号,显示器即会显示 1 缸的点火提前角,如图 6-5 所示。

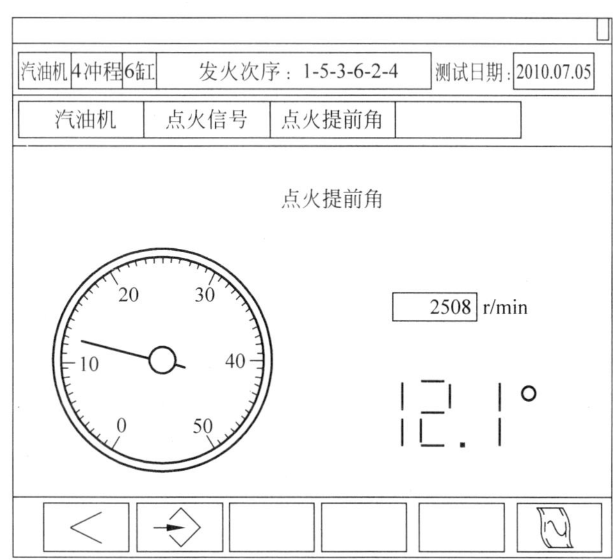

图 6-5　频闪灯测定点火提前角

操作过程如下。

(1) 在检测前,1缸信号夹必须夹在1缸高压线上。

(2) 按动上下键或用鼠标点亮,选择点火提前角功能。

(3) 从分析仪预处理挂架上卸下正时灯,对准1缸上止点,并按下正时灯电源按钮。

(4) 显示器界面在旋转调整电位器的同时,显示器上的模拟表指针和数字将随之变化而变化。

(5) 旋转正时灯尾部调速电位器,直到旋转件的上止点标记对准固定壳体上的上止点记号为止。

(6) 按下[F2]数据存储热键,可将有效数据保存。

(7) 按下[F6]图形打印热键,可对当前屏幕进行图形打印。

(8) 当检测完毕后,按下[F1]热键可返回上级菜单。

6.1.3 线路检查

检查高低压线路的连接情况,保证插接件牢固可靠,检查高压导线的绝缘性能和电阻,一般其电阻为16kΩ/m,若不合要求则应更换。

6.1.4 分电器维护

清洁分电器内、外部,清除灰尘、油污、积水,润滑分电器各润滑点,保持分电器盖的通气孔畅通。检查分火头及分电器盖内触点是否有烧蚀现象,轻微可用砂纸打磨,严重时必须更换。

6.2 点火系主要零件的检修

6.2.1 点火信号发生器的检修

1. 霍尔式点火信号发生器的检修

(1) 霍尔式点火信号发生器的电压测量。霍尔式点火信号发生器系有源器件,需输入一定电源电压时才能工作。因此,应先测量其输入电压是否正常,方法是用直流电压表的"+"、"-"表笔分别接到与分电器相连接的插接器"+"与"-"接柱(红黑线端与棕白线端),如图6-6所示。接通点火开关,电压表应显示约11~12V;否则,说明点火器没有给霍尔信号发生器提供正常的工作电压,应检查点火器。若电压表显示电压正常,可进一步测量点火信号发生器的输出信号电压,方法是用同一只电压表在点火开关接通时测量分电器的信号输出线(绿白线)与搭铁线(棕白线)之间的电压。当触发叶轮的叶片在霍尔传感器的空气隙中时,电压表应显示2~9V;而当触发叶轮的叶片不在霍尔传感器的空气隙中时,电压表所显示的电压应接近于零,约0.3~0.4V。如经上述测量,电压表读数正常,可认为霍尔式信号发生器正常。

(2) 霍尔信号发生器的跳火试验。在实际工作中,常采用模拟信号发生器动作的方式来进行判断。关断点火开关,打开分电器盖,转动曲轴,使分电器触发叶轮的叶片不在气隙中。拔出分电器盖上的中央高压线,使其端部离汽缸体5~8mm。然后接通点火开关,用小

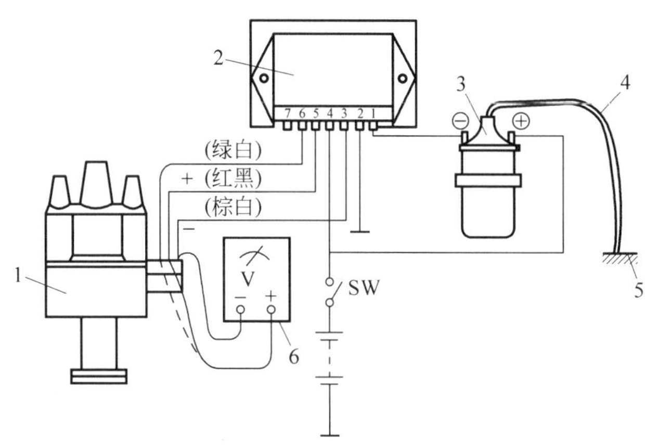

图 6-6　霍尔信号发生器的检查

1—分电器；2—点火器；3—点火线圈；4—高压线；5—搭铁；6—直流电压表

螺丝刀(或薄铁板)在信号发生器的气隙中轻轻插入和拔出，模拟触发叶轮叶片在空气隙中的动作，如图 6-7 所示。如此时高压线端部跳火，则说明霍尔信号发生器、点火器、点火线圈及连接导线性能良好；如不跳火，在点火线圈、点火器及连接导线正常的情况下，则说明信号发生器有问题，应予以更换。

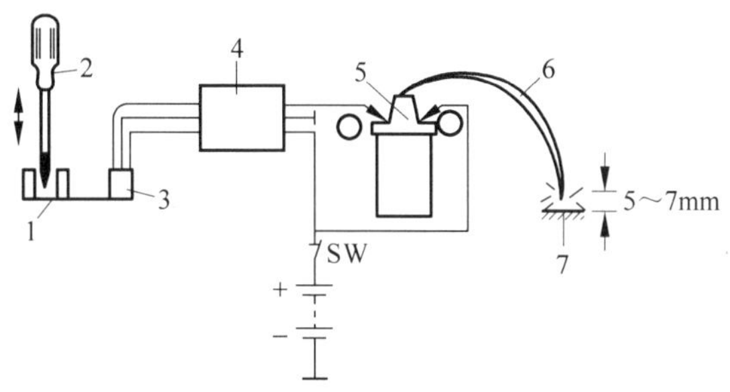

图 6-7　霍尔信号发生器的跳火试验

1—分电器霍尔触发开关；2—小螺丝刀(或薄铁板)；3—信号发生器接插件；4—点火器；5—点火线圈；6—高压导线；7—发动机机体

2. 磁感应式点火信号发生器的检修

(1) 测量线圈阻值。磁感应式点火信号发生器的检查方法是测量传感线圈的电阻值。先将分电器与线束之间的插接器拆开，然后用万用表电阻挡(Ω 挡)测量与分电器相连接的两根导线之间的电阻值，如图 6-8 所示。测量时还可用旋具把轻轻敲击传感线圈或分电器壳，以检查其内部是否有松旷和接触不良的故障。传感线圈的电阻值一般为几百欧姆左右，表 6-2 所示为几种常见车型的传感线圈的电阻值。

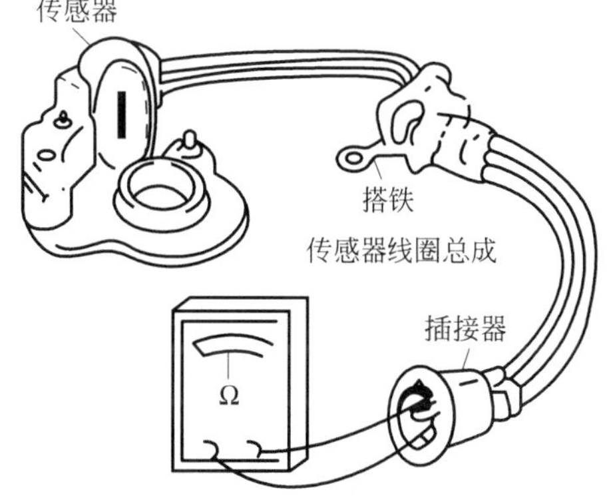

图 6-8　测量传感线圈电阻值

表 6-2　几种常见车型的传感线圈的电阻值

车型	传感线圈电阻/Ω	车型	传感线圈电阻/Ω
丰田	140～180	富康	300
克莱斯勒	140～900	本田	600～800

若测量结果与标准阻值相差较大，说明传感线圈已经损坏。如电阻值为无穷大，说明传感线圈有断路，一般断路点大都在导线接头处，如焊点松脱等，可将传感线圈拆下进一步检查。如发现焊点松脱，用电烙铁焊上即可。

(2) 测量信号电压。用指针式万用表测量点火信号发生器信号：用指针式万用表的低电压量程挡接点火信号发生器信号输出端，测量信号线圈产生的信号电压(一般不足 1V，视分电器型号及测试的转速而定)，转动分电器轴时应能看到万用表指针明显地摆动，若测得的信号电压为零或比规定值小得多，则表明点火信号发生器有故障。损坏的原因有：信号线圈或其连接导线断路、短路，磁铁磁性消失或减弱，磁路短路或气隙过大。也可用示波器在分电器转动时观察点火信号发生器信号波形。

(3) 间隙测量与调整。检查、调整信号转子凸齿与线圈铁芯之间的间隙值：可用塞尺进行测量，如图 6-9 所示，该间隙的标准值大约为 0.2～0.4mm；如不符合，可松开紧固螺钉 A、B 做适当的调整，如图 6-10 所示，直至间隙符合上述规定，再将螺钉 A、B 拧紧即可。

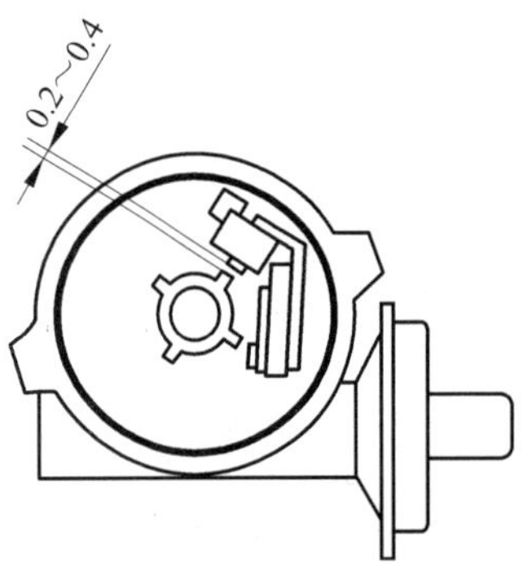

图 6-9　信号转子凸齿与线圈铁芯间隙的测量

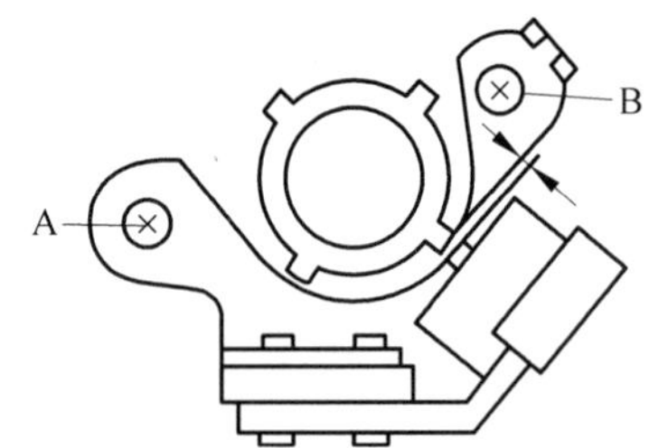

图 6-10　信号转子凸齿与线圈铁芯间隙的调整

6.2.2　点火器的检修

对于点火器，由于其配用的点火信号发生器形式不同，点火器所采用的元器件结构形式和电路也有所不同，即使是同一种类型的点火器，其生产厂家不同，电路结构及参数也不同，因此，很难用一种简单而统一的方法(如测量电阻的方法)对其进行检查及测量。所以，对点火器的检查应根据其配用的点火信号发生器形式、点火器的工作原理、电路特点、功能以及在车上的具体连接、工作情况，选用适当的方法进行故障检查和判断。常用的方法主要有以下几种。

1. 用干电池电压作为点火信号进行检查

这种方法适用于配用磁感应式点火信号发生器的单功能点火器，如丰田 20R 型发动机配用的点火电子组件，其基本原理是利用干电池的电压作为点火器的点火输入信号，然后用万用表或试灯来大致判断点火电子组件的好坏。

点火器的检查方法为：拆开分电器上的线路插接器，接通点火开关，用一只1.5V的1号干电池，将它的正、负两极分别接至点火电子组件的两根点火信号输入线上，如图6-11所示，用万用表电压挡检查点火线圈“－”接线柱与搭铁之间的电压（也可用一只12V试灯接万用表的位置，并观察试灯的亮灭），然后将干电池的极性颠倒过来，再次测量点火线圈“－”接柱与搭铁间的电压（观察试灯亮灭），若两次测量结果分别为1～2V（试灯灭）和12V（试灯亮），则该点火器正常；否则说明点火电子组件有故障。

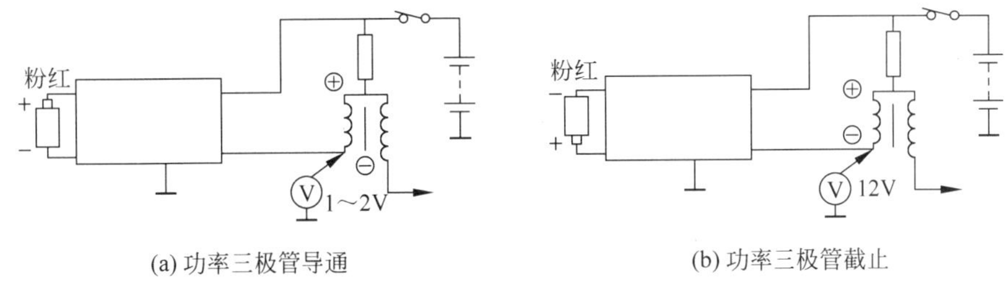

图6-11　用干电池检查点火器

需要注意的是，加干电池测试的时间应尽可能地短，每次不得超过10s。

2. 跳火试验法

在确认低压电路各连接导线、插接器、点火线圈及点火信号发生器基本完好的情况下，可采用跳火试验法判断点火器是否有故障。对于具有失速断电保护功能的磁感应式电子点火系统等，可将分电器盖拆下，并拔出分电器盖上的中央高压线，使其端头离开缸体5～8mm，接通点火开关，然后用一只旋具头快速地碰刮定子爪，以改变通过传感线圈的磁通而使其产生点火脉冲，触发点火器，如图6-12所示。若每次碰刮时，高压线端都能跳火，则说明点火器完好，否则说明点火器有故障，应予检修或更换。

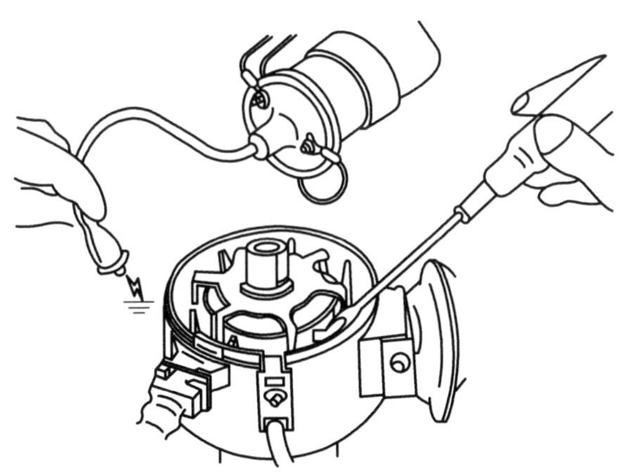

图6-12　磁感应式点火器的跳火试验

对于像奥迪等汽车装用的霍尔式电子点火装置，可打开分电器盖，拆下分火头和防尘罩，转动曲轴，使触发叶轮的叶片不在霍尔传感器的气隙中，拔出分电器盖上的中央高压线，使其端部距离汽缸体5～8mm，然后接通点火开关，用小旋具或钢锯条在霍尔传感器的气隙中插入后迅速拔出，同时在拔出时查看高压线端都是否跳火，参见图 6-9。如跳火，说明点火器良好；否则，应更换点火器。另外，也可甩开霍尔式点火信号发生器对点火电子组件做跳火试验，方法是：断开点火开关，拔下分电器盖上的中央高压线并使其端部距离缸体 5～8mm，再拔下分电器上霍尔信号发生器的插接器，用跨接导线一端接在信号线插头上，然后接通点火开关，将跨接线的另一端反复搭铁，如图 6-13 所示，同时观察中央高压线端是否跳火：如跳火，说明点火器完好；否则，说明点火器有故障，应予更换。

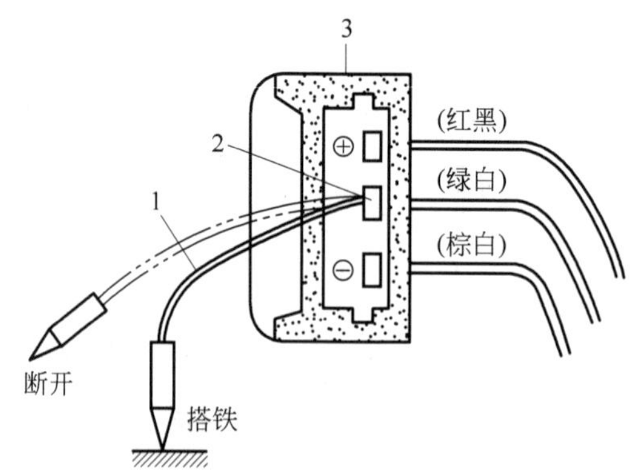

图 6-13 用跨接导线代替霍尔信号发生器的跳火试验

1—跨接导线；2—信号线接头；3—插接器

3. 替换法

替换法即用合格的同规格的点火器替换怀疑有故障的点火器，如故障排除，则证明点火器损坏。该方法是判断点火器故障最简单、最有效的办法，但必须备有相同规格的新点火器。

6.2.3 点火线圈的检修

点火线圈的好坏，直接影响到火花塞高压火花的强度。点火线圈常见故障有外部损伤和因温度过高或老化引起的点火线圈断路、短路、绝缘击穿等。

点火线圈检查的方法有：直观检查法、阻值测量法和性能试验法。

1. 直观检查法

直观检查法即检查点火线圈外部接线柱是否良好，外壳是否有裂纹，线圈与外壳之间是否绝缘破裂。

2. 阻值测量法

阻值测量法即检查初级、次级线圈阻值。对于有触点的点火系统，初级线圈阻值通常为 1.4～1.6Ω，次级线圈阻值为 5～12kΩ；对于电子式点火系统，初级线圈阻值为 0.5～0.8Ω，次级线圈阻值为 2～8kΩ；对于无分电器点火系统的点火线圈，其次级线圈中串联一只二极管，故次级线圈的正向电阻为 7～20kΩ，反向电阻应为无穷大；若点火线圈上装有附加电阻，附加电阻值一般为 1.2～1.8Ω。各型号点火线圈的阻值，可参考维修手册。另外点火线圈各接线柱间绝缘材料的绝缘电阻，在 500V 电压下，应超过 10MΩ。若各电阻值不在规定范围内，则应更换点火线圈。

3. 性能试验法

性能试验法即直接测试点火线圈能否产生高压。在汽车上，若人工直接使初级线圈通、断电时，点火线圈的次级线圈应能产生高压，否则为点火线圈损坏。

6.3 点火系常见故障诊断

点火系常见故障为发动机不能发动或发动困难、个别汽缸不点火、点火时间不当、点火错乱等。

点火系故障常见部位为火花塞、分电器、电子点火器、点火线圈等。

6.3.1 发动机不能起动或起动困难

1. 故障现象

发动机在行驶途中突然熄火；起动机带动曲轴运转速度正常，但不能起动或起动困难；火花塞湿润。

2. 故障原因

由于点火系故障造成的发动机不能起动或起动困难，其根本原因是无高压火或火弱，其故障树如图 6-14 所示。

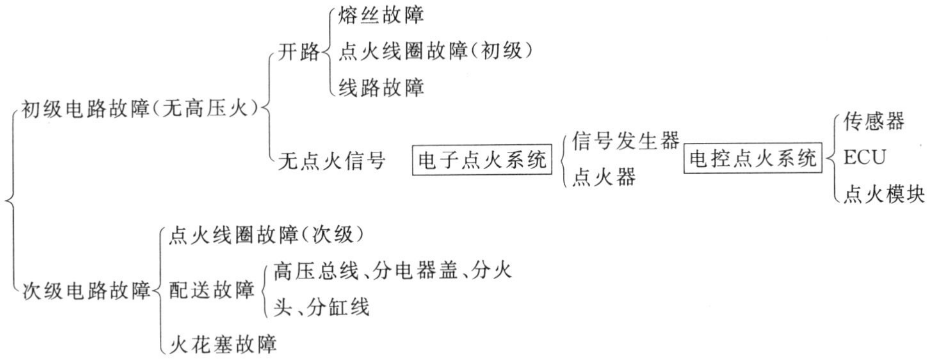

图 6-14 发动机不能起动或起动困难故障树

具体故障原因及解决办法如下。

(1) 点火开关损坏，更换点火开关。

(2) 熔丝松动或熔断，紧固或更换熔丝。

(3) 点火线圈断路、短路，更换点火线圈。

(4) 线路连接不良或搭铁，检修线路。

(5) 点火器故障，检查或更换点火器。

(6) 点火信号发生器性能不良，检修或更换点火信号发生器。

(7) 分火头或分电器盖漏电，更换分火头或分电气盖。

(8) 分缸线漏电或内部断裂，更换分缸线。

(9) 中央高压线绝缘性能下降，漏电，更换中央高压线。

(10) 火花塞潮湿，清洗、烘干或更换火花塞。

3. 故障诊断

发动机不能发动或发动困难故障诊断思路如下。

(1) 检查点火线圈能否产生高压电，以判断初级电路、点火线圈是否有问题。若不能产生高压电，则应检查点火信号及点火线圈是否正常。

(2) 若能产生高压电，则继续检查配电部分及火花塞是否正常。

发动机不能发动或发动困难故障诊断流程如图 6-15 所示。

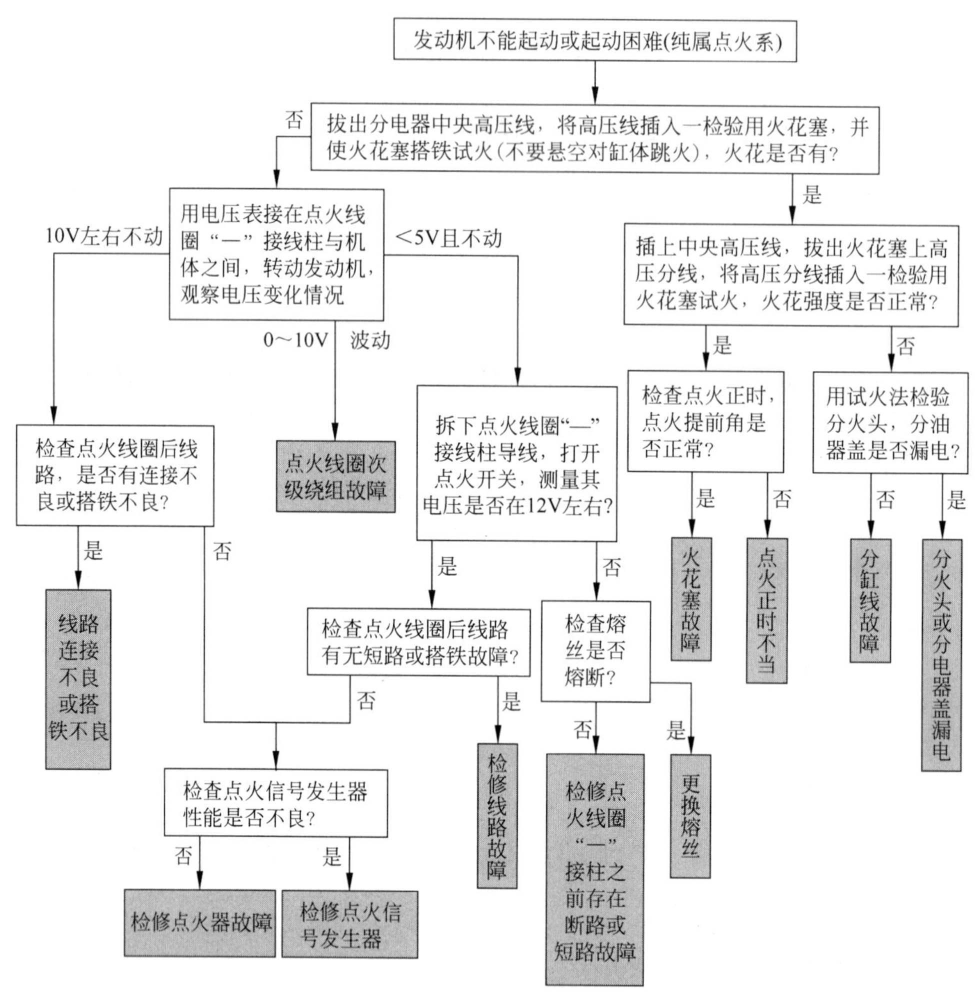

图 6-15 发动机不能起动或起动困难诊断流程图

6.3.2 个别缸不点火

1. 故障现象

发动机运转不稳，在怠速下机体抖动；排气管冒黑烟或白烟，并发出有节奏的“突突”声或放炮声。

2. 故障原因

个别缸不点火故障树如图 6-16 所示。

个别缸不点火故障的具体原因及处理办法如下。

(1) 个别汽缸的火花塞绝缘体破裂、电极间隙不当、油污、积炭,检修或更换损坏的火花塞。

(2) 分缸高压线脱落或漏电,检修或更换分缸高压线。

(3) 分电器盖破裂漏电,更换分电器盖。

(4) 点火线圈存在间歇性断火故障,更换点火线圈。

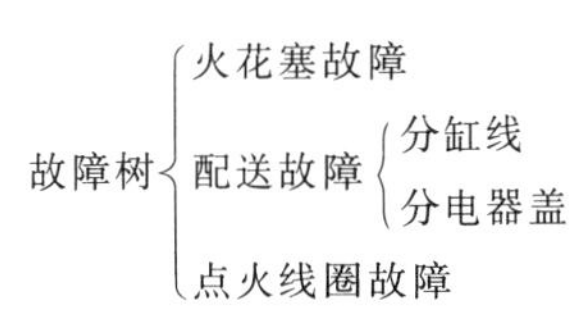

图 6-16 个别缸不点火故障树

3. 故障诊断

个别缸不点火故障诊断思路如下。

(1) 检查高压总火是否正常。若不正常,应检查点火线圈。

(2) 采用断缸试验,找出工作不良的汽缸。

(3) 检查不良缸的分缸线、火花塞是否正常。

发动机不能发动或发动困难故障诊断流程如图 6-17 所示。

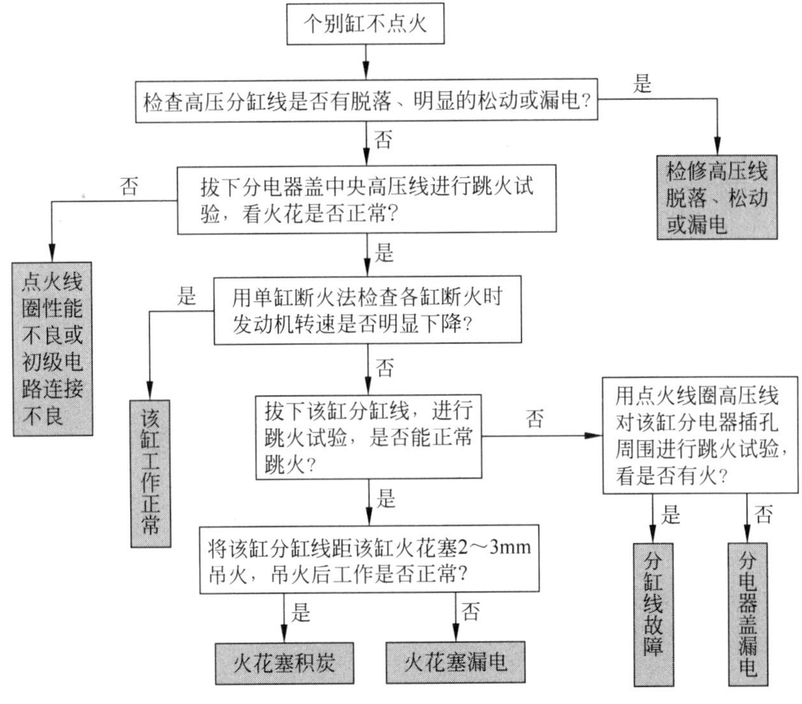

图 6-17 个别缸不点火故障诊断流程图

6.3.3 点火错乱

1. 故障现象

发动机启动困难,启动后工作不稳,伴有进气管回火,排气管放炮和爆燃等现象。

2. 故障原因

点火错乱故障原因是各分缸高压线相对位置搞错或分电器盖绝缘不良漏电。

3. 故障诊断

诊断时,先检查各分缸线是否沿分火头转动方向按点火顺序排列,如顺序不对应重新排列;若顺序正确,则应检查分电器盖是否潮湿或有裂纹。若无则进行分电器盖跳火或用新分电器盖进行对比试验,若分电器盖漏电则应更换。

6.3.4 点火波形测试与诊断

对汽车点火系故障诊断分析,目前已逐渐采用现代检测诊断设备来确定故障部位及原因。这种诊断方法能在点火系不拆卸解体,发动机仍在工作的状态下,确定点火系的技术状况,查明故障部位及原因。而传统的断火、试火等检查方法,不能很准确地确定故障部位,所以常常要辅以拆卸、部件代换等手段来诊断,较为费时费力。采用现代检测技术对点火系进行诊断,是通过对点火波形的分析来确定其技术状况、故障部位及原因。

发动机点火示波器是用来检测、诊断发动机点火系技术状况的新型仪器,它可将每个缸的点火电压随时间的变化关系用波形直观地显示出来,便于观察、测量、分析和判断。

点火示波器一般由传感器、电子电路和示波管等组成。汽车发动机诊断用的示波器,既可以制成单一功能的专用示波器,也可以制成带有多种传感器、显示多种波形的多功能示波器。在发动机综合性能分析仪中均具有示波功能。

1. 点火波形的一般形式

点火波形是发动机点火系工作时初级、次级电流或电压随时间或曲轴转角变化的关系在专用示波器上的显示。按波形显示方式分为单缸直列波、多缸重叠波、多缸平列波及多缸并列波。诊断分析时用得最多的是次级电压的各种波形。各种波形的形成均以单缸直列波为基础,因此有必要对单缸直列波的形成进行分析。

2. 单缸直列波的形成分析

发动机工作时,单缸次级电压的实际波形即为单缸直列波,如图 6-18 所示。

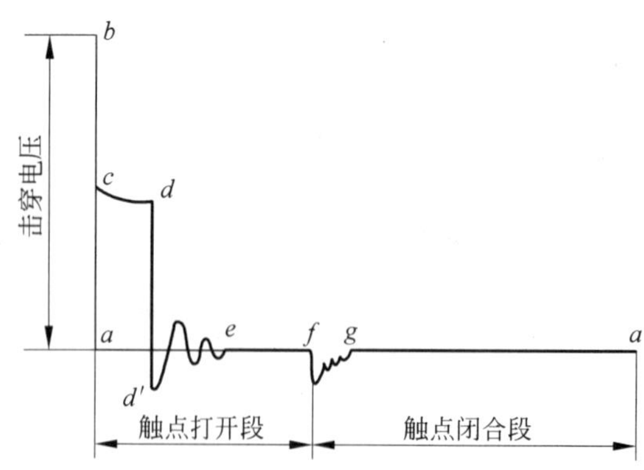

图 6-18 单缸直列波示意图

a—断电器触点打开,次级电压急剧上升;*ab*—击穿电压(击穿火花塞间隙的电压);*bc*—电容放电;*cd*—电感放电(称为火花线);*e*—火花消失后,剩余磁场能维持的衰减振荡,称第一次振荡;*f*—断电器触点闭合;*g*—触点闭合时,由于初级电流突然接通而激励的振荡,称第二次振荡;*af*—触点张开的全部时间;*fa*—触点闭合的全部时间

在 a 点，断电器触点开始打开，初级电流切断，点火线圈初级绕组的磁场快速消失，在绕组中产生自感电动势，阻碍初级电流的减小，同时向电容器充电，将磁场能变为电场能，然后电容器又放电，形成 LC 衰减振荡。在次级绕组中产生互感电动势，向次级电容(次级电路分布电容)充电，当该电动势(即次级电压)未达到最大值时就击穿火花塞间隙，形成电火花，这时的峰值电压称为击穿电压 U_p，即 ab 段。

火花塞电极击穿后，火花使电极间形成通路，次级电容立即将储存的电能放出，电流迅速增大，而电压突然下降，即 bc 段，这一时期称为电容放电，其特点是放电时间很短(约 $1\mu s$)，放电电流很大，可达几十安。

电容放电只消耗点火线圈内储存的磁场能的一部分，余下的磁场能则沿着电弧继续放电，波形上显示为一段较平直的直线(称火花线，也称为“燃烧区”)，表示点火的持续时间，即 cd 段，这一时期称为电感放电，其特点是放电电压低，约 600V，几乎维持不变，放电时间长，可达千分之几秒，放电电流小，约几十毫安。

点火持续一定时间后，点火系中没有足够的能量来保持继续跳火，因而火花终止或熄灭，电感放电结束(即 d 点)。火花终止意味着次级电路切断，这时次级绕组中产生一个反电动势，波形上表现为电压向负的方向增加(即 d' 点)，这个次级反电动势使初级绕组产生激励，也产生一个电动势。由于这时触点还是张开的，该初级电动势则加于电容器，使电容器充电，然后电容器通过初级绕组放电，在初级电路中形成振荡，同时，激励次级绕组在次级电路中也产生振荡。这个过程在初、次级电路中连续不断，表现为电压振荡。由于初级电路中存在电阻，这种振荡为低频衰减振荡，很快消失，也称为第一次振荡，即 $d'e$ 段。

第一次振荡消失后，电容器两端加的是蓄电池电压，到 f 触点闭合时，电容器被短路，所加的电压快速下降为零，同时，初级绕组电压迅速上升，由于电压的快速变化，使次级绕组得到激励，产生高频振荡，在波形上显示为一个短时间的高频振荡，即 fg 段，也称为第二次振荡。这个振荡即是触点闭合信号。

在触点闭合期间，次级波形显示为直线，即 ga 段。闭合期终止触点开启时(a 点)，又开始下一个点火循环。

3. 波形的影响因素分析

点火系中的任何缺陷都会影响点火波形；反之，不正常的波形反映了点火系存在故障。这为点火系的故障诊断提供了有效的手段。

(1) 火花线区段的波形分析。一般在波形上最受影响的区段之一是火花线，火花线的长度、弯曲和对于基线的标高都是值得注意的。影响火花线的因素如下。

① 次级电路电阻。若高压导线脱落或火花塞间隙过大，则次级电路形成了无限大的电阻，在这种情况下将没有火花线，并使第一次振荡的振幅大大增加。

② 火花塞间隙。火花线长度与火花塞间隙大小成反比，火花塞间隙越大，火花线长度越短；间隙越小，火花线长度越长。火花塞间隙过大，则不能产生火花，没有火花线。若火花塞间隙过小或无间隙(短路)，因高压电路中有分火头端的跳火间隙，将有长的火花线，且电压较低，第一次振荡的振幅比正常情况小得多。

③ 初级电压。初级电压减小，使点火能量减小，火花线变短。

④ 高压漏电。高压电路中存在漏电现象会使火花塞击穿电压降低，有可能不能击穿火

花塞间隙，不能形成火花。但高压电路中存在分火头端的跳火间隙，所以火花线变长且很低。

(2) 第一次振荡区段的波形分析。影响第一次振荡区段的波形的因素如下。

① 点火线圈。点火线圈有缺陷会使第一次振荡的振幅减小。

② 电容器。由于电容器损坏不能产生充电放电过程，因而不能形成振荡，其结果会使第一次振荡波形近似一条直线。

③ 初级电压。低的初级电压会减小点火系统的能量，使第一次振荡的振幅减小。

④ 高压电路。高压电路断路使第一次振荡的振幅大大增加；短路使振幅大大减小。

⑤ 火花塞。火花塞短路，使高压电泄漏，使第一次振荡的振幅减小。

(3) 触点闭合区段的波形分析。触点闭合区段的波形影响因素如下。

① 触点接触不良。触点烧蚀或触点上有小凸起点，使触点接触不良，触点闭合区段会出现小的多余的杂波。

② 触点臂弹簧弹力。弹力弱，触点不能可靠闭合，会出现接触不良现象，产生多余的小杂波。弹力过强，触点闭合时会产生反跳，初级电流会中断，触点闭合区段呈现上下振荡形式。

③ 次级电路电阻。电阻过大，触点闭合区段振荡波小而少。

④ 初级电路。初级电路接触不良，使闭合线不平直，或有多余小杂波。此外，若触点闭合区段太靠近第一次振荡波，说明触点闭合角过大，触点间隙过小。若触点闭合区段太远离第一次振荡波，说明触点闭合角过小，触点间隙过大。

(4) 多缸重叠波和多缸并列波分析。多缸重叠波是将各缸直列波重叠在一起的波形，如图 6-19 所示。多缸并列波是将各缸直列波纵向压缩同时并列显示的波形，如图 6-20 所示。

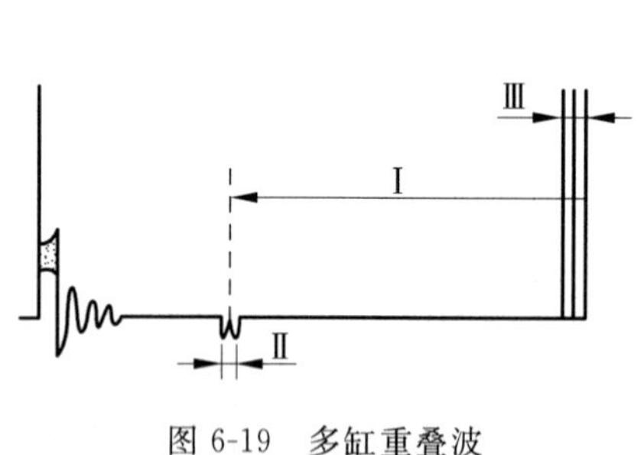

图 6-19 多缸重叠波

Ⅰ—触点闭合段；Ⅱ—波形变化范围；Ⅲ—重叠角

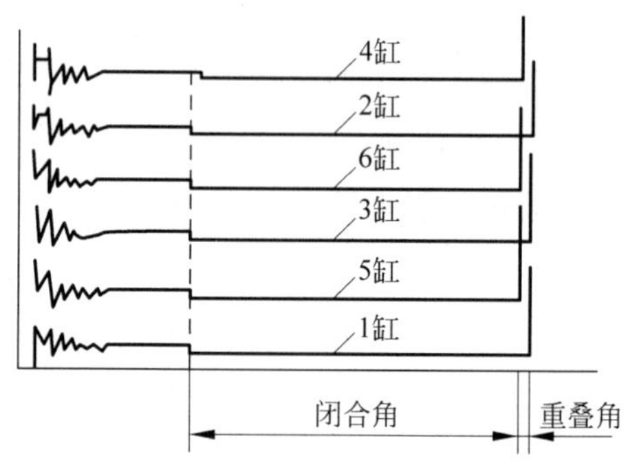

图 6-20 多缸并列波

在多缸重叠波上，触点闭合信号波形的变化范围不应超过波形长度的 5%，若大于 5%，说明分电器凸轮磨损不均匀，或分电器轴与衬套磨损松旷，使各缸触点闭合时间不等。

多缸并列波具有单缸直列波和多缸重叠波的功能。

(5) 多缸平列波。多缸平列波是按点火顺序将各直列波首尾相连，横向压缩得到的波形，如图 6-21 所示。多缸平列波主要用于分析高压电路的故障。

利用多缸平列波可进行以下参数的测定：

① 各缸点火高压的测量。点火高压一般为6～8kV,查看多缸平列波,各缸电压最大相差应不超过2kV,否则说明点火系统有故障,如分缸线老化、火花塞烧蚀等。

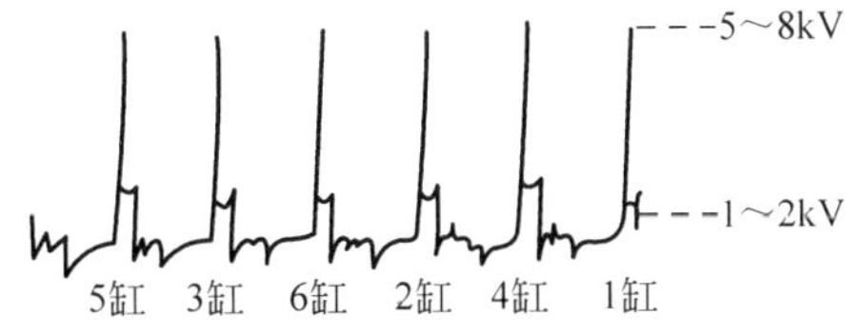

图6-21 多缸平列波

② 火花塞加速高压性能测量。先使发动机怠速运转,然后突然开大节气门,使发动机加速,查看多缸平列波,各缸点火高压应相应增大,但增大部分不应超过3kV。若加速时点火高压不会升高,可能存在火花塞绝缘不良漏电故障;若升高太大,可能存在火花塞电极烧蚀或间隙过大故障。

4. 几种常见故障波形的原因分析

通过查看每缸的点火波形,可以简单判断可能存在的故障原因。

(1) 击穿电压过大。通常击穿电压U_p达到18～20kV,燃烧区时间缩短。这种波形在故障波形中最为常见,严重时会直接影响汽车动力性。一般是由火花塞间隙太大、高压线阻尼太大、各接头松动、分火头烧蚀、混合气过稀等原因造成的。

(2) 击穿电压过小。这种波形产生是因为高压电路电阻太小,所需的击穿电压也较小。故障原因一般是火花塞间隙太小、高压电路有漏电、混合气过浓、汽缸压缩压力低等。

注意: 击穿电压的大小对所有车型不能一概而论,检测时要注意积累经验。

(3) 波形上下颠倒。这是因为点火线圈初级的两个接线柱接反、点火线圈制造错误或蓄电池极性接反。现象的初期车辆没有明显故障表现,但由于极性接反而使火花塞由侧电极向中间极柱跳火,时间久了会使火花塞烧蚀严重,间隙变大,缩短其使用寿命,甚至影响汽车的动力性能。

(4) 燃烧区波形杂乱无章。如图6-22所示,这是由于高压电路开路造成的,故障原因一般是单缸高压线脱落或断路。

(5) 燃烧区波形向下倾斜。如图6-23所示,这种波形比较常见,大部分情况是由火花塞脏污或积炭引起的。由于次级电路的电阻太大,大的电阻消耗了能量,使火花塞的有效放电能量减小。此时要注意检查火花塞的热值、混合气浓度、气门油封等情况。

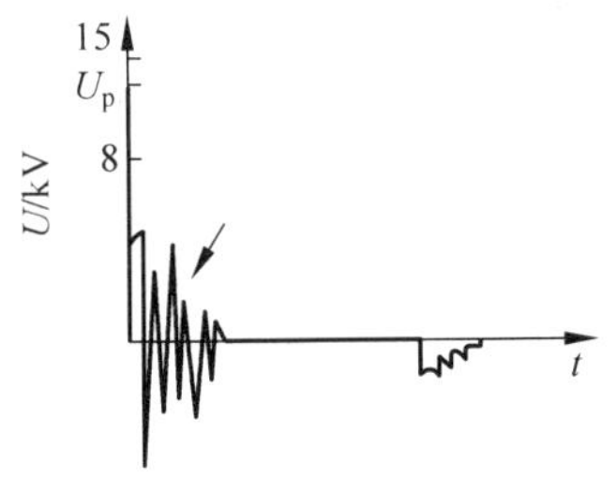

图6-22 燃烧区波形杂乱无章

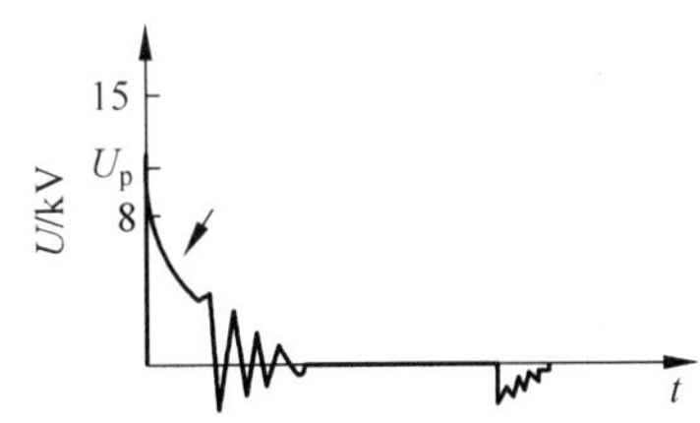

图6-23 燃烧区波形向下倾斜

(6) 燃烧区波形向上倾斜并伴有杂波。如图6-24所示,这种波形说明该缸可能漏气,由于泄漏造成的混合气流动,流过电极,使放电电弧向流动方向伸长,并对电极起冷却作用,因此使维持火花放电的电压随之提高,引起点火电压波动。该故障常表现为气门密封不严。

(7) 第一次振荡波少。振荡区应有 3～5 个振荡波,如果少于 3 个振荡波,则表明点火线圈初级电路不良(有高电阻)或电容器容量小或漏电。

(8) 第二次振荡波形杂乱。断电器触点烧蚀或接触不良引起电弧放电,从而在次级感应出电压。此时要注意检查电容容量、触点臂弹簧弹性、分电器轴是否松旷等情况。

(9) 点火波形左右窜动。这是由于两次信号之间有相位差而形成的波形,通常由分电器轴松旷等故障引起。

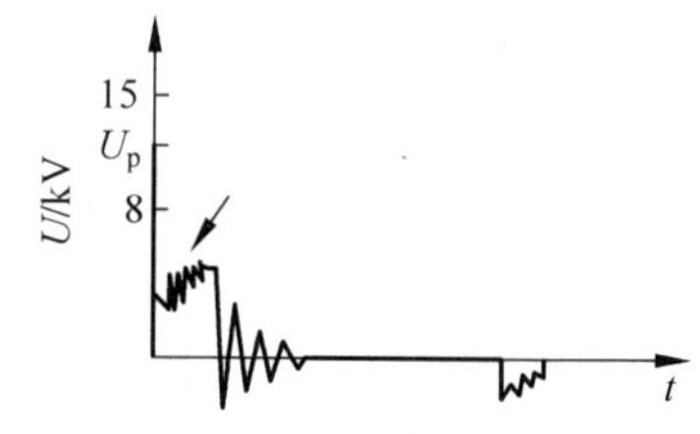

图 6-24 燃烧区波形向上倾斜并伴有杂波

点火波形可以很直观地反映出点火系统各部位的工作情况,通过波形分析,能快速、准确地查出故障原因。不同厂家的产品(尤其是电子点火系统),其点火波形有不同的特点,在工作中要结合实际情况进行分析。

注意:点火波形的检测与分析,是汽车故障诊断的常用方法之一,但分析难度较大,学习时,可模拟几种常见故障的点火波形进行观察。

小　　结

本单元主要介绍了点火系统的基本检查与维护,包括火花塞的检查与维护、点火正时的检测与调整、点火线路检查及分电器维护,重点应掌握火花塞的检查与维护方法;介绍了点火系统中点火信号发生器、点火器、点火线圈的检修方法;介绍了点火系统几个常见故障的故障原因及诊断方法,重点应掌握发动机不能启动或启动困难、个别缸不点火的故障原因及诊断流程;介绍了点火波形的常见类型及分析方法。

复　习　题

1. 按点火系统整体结构,汽车点火系统可分为哪三类?
2. 汽油机点火系统有哪些基本要求?
3. 简述火花塞的拆装注意事项。
4. 用故障树分析法分析发动机不能起动或启动困难的故障原因。
5. 点火波形一般有哪些形式?

实训　点火系的检修

1. 实训目的与要求

(1) 能按规范进行火花塞的拆装与检查。

(2) 能按规范进行点火正时的检查。

(3) 能按规范进行点火系统主要元件的检修。

(4) 能按规范进行个别缸不点火的故障诊断与排除。

2. 实训主要内容

(1) 火花塞的拆装与检查。拔掉分缸线,用压缩空气将火花塞周围吹干净,拆下火花塞,查看火花塞外观有无破损,查看火花塞颜色是否正常,测量火花塞间隙是否正常。检查完毕后,按规定扭矩安装火花塞。

(2) 点火正时的检查。按规范使用点火正时灯,检查发动机点火提前角是否正常;使用电脑检测仪,读取点火提前角。

(3) 点火系统主要元件的检修。按规范对点火信号发生器、点火器及点火线圈进行检查。

(4) 个别缸不点火的故障诊断。根据故障诊断流程图,对个别缸不点火故障进行检修。

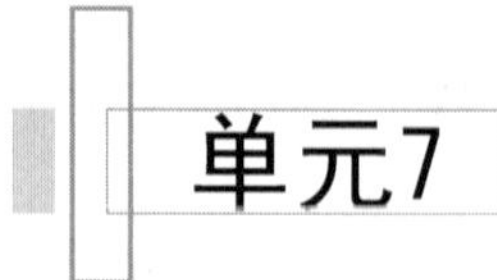

单元7

发动机的装配与磨合

◎ **知识目标**

(1) 能够描述发动机装配的一般原则。

(2) 能够描述发动机装配的技术要求。

◎ **技能目标**

(1) 能够按规范进行发动机装配。

(2) 能够按规范进行发动机磨合。

发动机大修或更换部件后，必须按规范进行装配，并进行必要的磨合，才能保证发动机性能达到规定的要求。

7.1 发动机的装配

发动机的装配是把已修好的零件(或新件)、组合件和辅件(总成)按一定的工艺顺序和技术要求装合成一台完整的发动机。

7.1.1 发动机装配的原则和要求

发动机的装配质量将直接影响发动机的修理质量，影响发动机的动力性、经济性和可靠性。为确保发动机的装配质量，必须根据一定的原则，按照一定的要求进行发动机的装配。

1. 发动机装配的一般原则

发动机装配应贯彻“边清洁、边检查、边润滑、边调整、边组装”的原则。

(1) 清洁是指在零件安装前应清洗、擦拭干净，避免在装配过程中将外部的硬质颗粒(磨料)带入配合面，加剧工作时的磨料磨损；同时通过清洗，确保润滑油道的畅通。

(2) 检查是指在重要配合副安装前，应检查其配合间隙，装配过程中的检验是对各种零件和组合件进行检查的最后一次机会，任何在装配过程中疏忽大意均有可能造成发动机早期故障或缩短发动机工作寿命；另外更为重要的是，零件修理过程中往往着重某一配合副配合关系的恢复。当几个零件串联安装时，在各配合副配合关系满足技术要求的情况下，它们的累计误差有可能达不到技术要求，而且这一累计误差情况也只能在组装过程中才能检测出，如在连杆活塞组安装过程中，活塞在上止点时其顶面与汽缸体上平面的相对位置关系就受到曲轴、连杆和活塞累计误差的影响。

(3) 润滑是指在安装前在动配合副零件的工作表面必须涂上机油，保证在发动机总装完成开始试验时，各配合副之间就有一定的润滑(边界润滑)，避免干摩擦的发生。

(4) 调整主要是针对检查过程中发现的问题进行一些必要的调整。

2. 发动机装配的要求

(1) 质检。准备组合的零部件和总成都要经过检验或试验，必须保证质量合格。

(2) 清洗。装配前要认真清洗零件和工具、工作台，特别是汽缸体的润滑油路需彻底清洗疏通，而后要用压缩空气吹干。

(3) 润滑。相对运动零件的工作表面，装配时应涂以清洁的润滑油，如轴承与轴颈、活塞环与汽缸壁间的润滑。

(4) 配套及标记。不可互换的机件如汽缸体与飞轮壳，各活塞连杆组，各轴承对、进、排气门等应对好位置和记号，不得错乱安装。有安装方向要求的零件，必须按规定安装方向进行安装。

(5) 配合间隙。关键部位的重要间隙必须符合标准规定，如活塞与缸壁间隙，轴与轴承间隙，曲轴、凸轮轴的轴向间隙等。

(6) 扭矩及顺序。所有螺纹连接件应按规定扭矩拧紧。有些螺栓、螺母必须按规定的顺序依次拧紧，如缸盖螺栓和连杆螺母等；有些螺栓最终的拧紧位置是在按规定的次数拧到一定的扭矩后再拧转一定的角度，如桑塔纳发动机汽缸盖螺栓，第一次拧紧扭矩为40N·m，第二次拧紧扭矩为60N·m，第三次拧紧扭矩为75N·m，第四次拧紧为再转90°(1/4圈)。

(7) 一次性零件。所有密封件、锁紧保险件和金属销子等在大修装配时应全部换新件。

(8) 密封性。保证各密封部位的密封性，不应有漏水、漏气和漏油现象。

7.1.2 装配程序

不同型号的发动机装配的程序大致一样，只有少数部分因结构不同而略有区别，一般发动机装配的顺序如下。

1. 汽缸体的装配

汽缸体的装配，按曲轴及曲轴轴瓦、活塞及连杆、机油泵及集滤器、发动机后悬置、机油过滤器、发动机前悬置(右侧)、前端板、排水螺塞、水泵及预热器软管、交流发电机及支架、发动机前悬置(左侧)、后油封、后端板、飞轮、曲轴后端小轴承等顺序进行。

2. 汽缸盖的装配

汽缸盖的装配,按气门、气门弹簧及气门油封、汽缸盖及衬垫、气门推杆及挺柱、摇臂轴总成、汽缸盖罩及衬垫、火花塞及进、出水口管、油管及真空管、进排气管、后端盖等顺序进行。

3. 配气正时机构的装配

正时传动带、正时带轮及凸轮轴的装配按凸轮轴、曲轴正时带轮、凸轮轴正时带轮、正时传动带及张紧轮、正时传动带护罩、曲轴带轮、风扇带轮及V带、机油盘、汽油泵、分电器等顺序进行。

4. 装配发动机附件

装配发电机、空调压缩机、转向助力泵、起动机等附属件,并装配发动机各种传感器、执行器及发动机线束。

7.2 发动机的磨合与验收

发动机修复后,必须按规定流程进行磨合,并对其性能进行检验。

7.2.1 发动机的磨合

发动机磨合是指发动机大修组装后,为改善零件摩擦表面质量和性能,检验维修质量而进行的运转过程,其本质是人为控制的磨损过程。磨合质量对发动机修理质量和大修间隔里程有着重大的影响。

1. 发动机磨合的目的

(1) 形成适应工作条件的配合性质。发动机磨合,可扩大配合表面的实际接触面积,改善零件表面粗糙度,消除在加工、装配过程中的误差,改善配合性质。从而可保证发动机在额定载荷的正常工作条件下,延长发动机使用寿命。

(2) 提高发动机的可靠性与耐久性。金属在低于或近于疲劳极限下,磨合一定的时间,实现"次负荷锻炼",可以明显提高金属零件的抗疲劳能力,从而提高机械的可靠性与耐久性。

(3) 全面检查发动机修理质量。通过磨合可及时发现并排除故障,以提高发动机工作的可靠性。

2. 发动机磨合的方法

发动机的磨合必须按照技术规范进行,磨合技术规范的主要内容是磨合时发动机的转速、负荷、在某一转速和负荷下的运行时间及润滑油性能。

装上发动机的全部附件后,启动发动机,即进入发动机磨合阶段。其磨合规范及注意事项如下。

(1) 采用该发动机冬季用机油。

(2) 按规定程序启动发动机,在空载情况下,以规定转速600～1 000r/min运转1h。

(3) 调整润滑系、燃料系、冷却系统和点火正时等,使其符合标准和达到最佳状态。

(4) 检查机油压力是否正常,否则应立即停机排除故障。

(5) 检查发动机的水温、机油温度是否正常,否则应检查排除。

(6) 若发现异响,特别是当发动机运转阻力增大,应立即停机检查,及时排除故障。

(7) 发动机磨合时,各部位应不发生漏水、漏油、漏气和漏电等现象,否则应查找原因排除。

在进行磨合过程中,应进行点火正时和怠速转速的检查和调整,察听有无不正常的撞击声和漏电、漏水现象,检查各仪表的工作是否正常,如发现问题应及时停机检查。如无问题,应根据磨合情况适当调整转速,并进行短时中、高速试验,发动机磨合一般应进行2～3h。

7.2.2　发动机的验收

大修的发动机经磨合调整后,应进行发动机的验收,主要验收项目及要求如下。

(1) 启动性能:在发动机正常工作温度下5s内能启动。

(2) 进气歧管真空度:以海平面为基准,汽车发动机怠速时,进气歧管真空度应在57～70kPa范围内,进气歧管真空度波动值:六缸汽油机不超过3kPa,四缸汽袖机不超过5kPa。

(3) 汽缸压力:汽缸压缩压力应符合原设计规定,汽缸压力与各缸平均压力的差:汽油机不超过8%,柴油机不超过10%。

(4) 运转情况:发动机怠速运转稳定,其转速符合原设计规定,转速波动不大于50r/min;改变转速时应过渡圆滑;突然加速或减速时排气管中不得有突爆声,无回火、放炮现象;在正常工况下运转时,不得有异常响声。

(5) 润滑油、冷却液检查:发动机润滑油和冷却液规格、数量符合原设厂规定,机油压力和冷却液温度正常。

(6) 泄漏检查:发动机应无漏水、漏油、漏气和漏电现象。

(7) 动力性能:发动机最大功率和最大转矩均不得低于原设计标定值的90%;

(8) 燃料消耗率:发动机最低燃料消耗率不得高于原设计要求。

(9) 排放性能:发动机排放应符合GB 18285的规定。

小　结

本单元主要介绍了发动机装配的一般原则和要求,装配的基本程序;发动机磨合的方法,发动机验收的内容。应掌握发动机装配的基本程序,熟悉发动机磨合的方法。

复　习　题

1. 发动机装配的一般原则是什么?
2. 发动机大修后应对哪些项目进行验收?

单元8

传动系故障诊断与维修

◎ **知识目标**

(1) 能够描述离合器打滑、分离不彻底的故障原因及诊断流程。

(2) 能够描述变速器换挡困难的故障原因及诊断流程。

(3) 能够描述万向传动装置异响的故障原因。

(4) 能够描述驱动桥过热、异响的故障原因及诊断流程。

◎ **技能目标**

(1) 能够按规范进行离合器的拆卸与装配。

(2) 能够按规范进行变速器主要元件的检测。

(3) 能够按规范进行驱动桥的维护与调整。

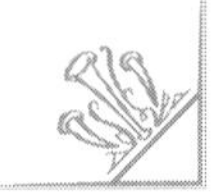

汽车传动系是组成汽车底盘的四大系统之一,发动机发出的动力只有经过传动系的正常工作后,最终才能使汽车正常行驶。

传动系按传力介质的不同,可分为机械式和液力机械式等。这里仅介绍采用手动变速器的机械式传动系。汽车传动系由离合器、变速器、万向传动装置和驱动桥部分组成,其布置如图 8-1 所示。

传动系的作用是将发动机发出的动力按需传递给驱动轮。若传动系工作不良,必将造成车辆动力性下降,同时也将影响整车的经济性。

在检修传动系时,应注意以下安全事项。

(1) 在车下对传动系进行修理工作时,先要确定是否有油或防冻液泄漏,以免滑倒、受伤。

(2) 在维修传动系时,要注意不要将手指放在零件或飞轮间,以免被夹伤。

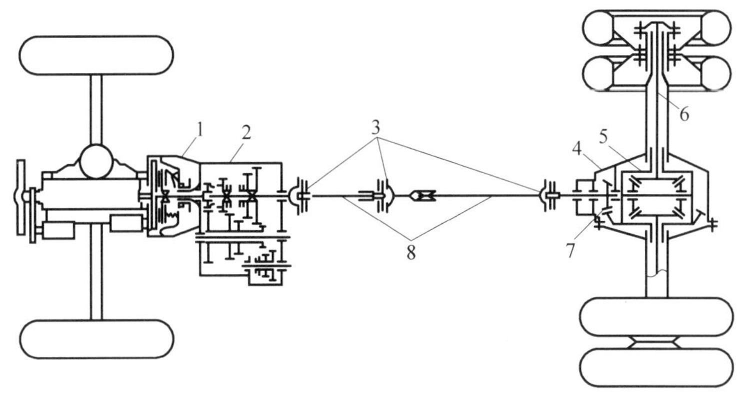

图 8-1　汽车传动系布置示意图

1—离合器；2—变速器；3—万向节；4—驱动桥；5—差速器；6—半轴；7—主减速器；8—传动轴

(3) 离合器摩擦片含有石棉，要小心不要把石棉粉吸入肺中。

(4) 拆装离合器时，要用举升器把车辆安全撑好。

(5) 维修变速器时，要使用合适的专用工具，否则一些花键毂、轴承可能无法拆装。

(6) 拆卸变速器时，应使用变速器举升台，因为变速器很重并容易落下来。

(7) 当拆卸或安装卡环时，要使用卡环钳，如果不使用专用工具，卡环可能会飞出来伤害人身。

(8) 使用举升器时，请注意安全操作，锁止后方可进入车辆下方。

8.1　离合器故障诊断与维修

离合器是传动系的第一个部件，若工作不良，将使车辆起步不稳、换挡困难，动力传动效率下降。

8.1.1　离合器维护

1. 离合器的装配

离合器的装配是在离合器各机件全部修复后进行的重要工序，它直接影响着离合器的正常工作。一般装配程序是先用导向心轴固定从动盘，再将压盘及离合器盖总成压在飞轮上，并按要求紧固螺栓。

为了达到装配技术要求，离合器装配时，应注意如下事项。

(1) 安装离合器盖及压盘总成时，为了装合便利，应选用专用压具。

(2) 安装离合器盖及压盘总成时，应按对角线方向分几次均匀地拧紧固定螺柱，直到达到规定转矩。

(3) 分离轴承、从动盘花键毂等处应涂少许钙基滑脂。

(4) 保持各机件原安装部位和方向，并应注意以下几点。

① 从动盘的长短毂不允许装反。若有两从动盘，装配时，应短毂相对，面向中间压盘，否则，无法装复。而带有扭转减振器的从动盘，有减振器的一方应向后，否则，就会使从动盘

与飞轮结合不好，引起离合器打滑。

② 飞轮与离合器盖应对正记号装配，无记号应在拆卸前做好记号，以防影响动平衡。同时，在装配前应将从动盘套在变速器第一轴花键上，检查是否活动自如。否则，会产生离合器分离不彻底现象。

③ 为了保证曲轴与变速器的同轴度，以便安装，应用导向心轴作导杆，套上离合器总成，然后按一定顺序均匀拧紧飞轮与离合器盖的固定螺栓；或用专用工具将离合器总成与飞轮固定，如图 8-2 所示。

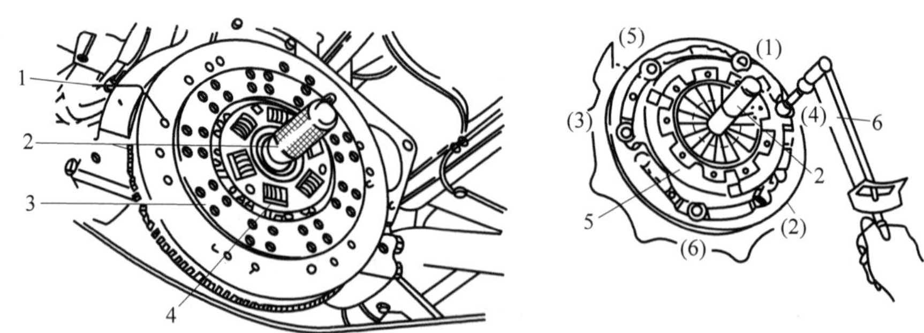

图 8-2 离合器的安装

1—飞轮；2—导向心轴；3—从动盘；4—减振弹簧；5—压盘组件；6—扭力扳手

④ 离合器装合后应进行动平衡试验，不平衡度应小于规定值。平衡后应在离合器盖或飞轮上做上记号。若离合器原装有平衡垫片的，应按原位装复。

2. 离合器的调整

（1）离合器分离杠杆高度的调整。各分离杠杆与分离轴承接触平面，应在与飞轮工作平面平行的同一平面内，并且这个平面应与飞轮平面之间保持原厂规定的距离，以免离合器在分离与接合过程中产生压盘歪斜和分离距离不足，导致分离不彻底和起步发抖的现象。

离合器的结构形式不同，分离杠杆的调整方法也有差异。调整时，应使 4 个分离杠杆的内端处在平行于飞轮端面的同一平面内，相差不得大于 0.2mm。

（2）离合器踏板高度的调整。离合器踏板高度的调整如图 8-3 所示，拧松锁紧螺母，转动调整螺栓至规定高度。离合器踏板高度可用直尺测量，货车一般是 180～190mm，轿车一般为 130～150mm。

（3）离合器踏板自由行程的调整。离合器踏板自由行程是指踏板踩下一定行程而离合器将要起分离作用时的踏板高度与自由状态下的高度之差。离合器踏板自由行程的调整是为了获得合适的离合器自由间隙，以使离合器正常工作。

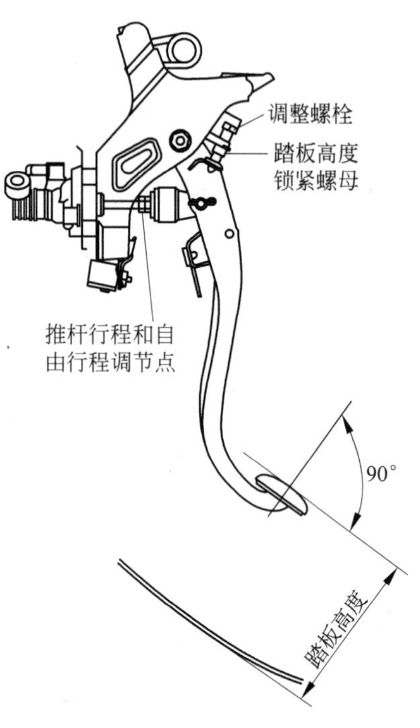

图 8-3 检查离合器踏板高度

离合器踏板自由行程的测量方法是用直尺先测出踏板在完全放松时的高度，再测出用手掌推下踏板感觉有阻力时的高度，前后两数值之差就是自由行程值。轿车一般为15～25mm。

杆式机械操纵机构的离合器自由行程的调整，一般都是调整踏板拉杆上的调整螺母，以改变分离轴承与分离杠杆间的间隙。

桑塔纳等汽车离合器采用的是绳索式机械操纵机构，其踏板自由行程是拉索及分离装置各连续部件的间隙在踏板上的反映。自由行程的调整是通过绳索外套上的调整螺母来改变拉索长度以达到调节的目的，如图 8-4 所示。

对采用液压操纵机构的离合器，其踏板自由行程的调整方法如下。

① 用扳手松开离合器工作缸推杆上的锁紧螺母，调长拉杆，离合器踏板自由行程减小，反之，离合器踏板自由行程增大，如图 8-5 所示。

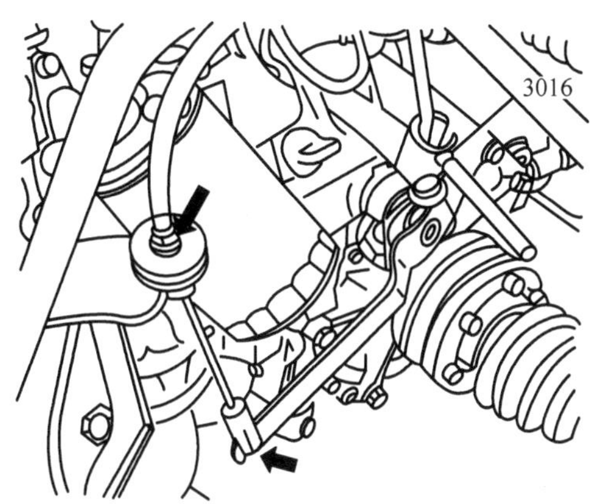

图 8-4　桑塔纳轿车离合器自由行程的调整

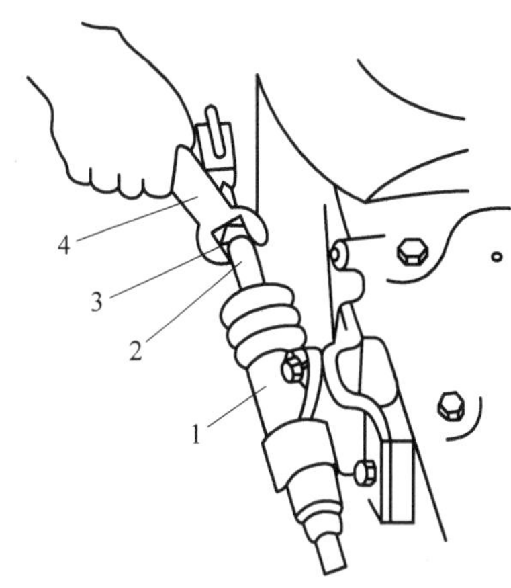

图 8-5　液压操纵式离合器踏板自由行程的调整(一)
1—工作缸；2—工作缸推杆；3—锁紧螺母；4—扳手

② 用扳手松开离合器踏板臂上连接离合器主缸推杆的偏心螺栓的锁紧螺母，转动偏心螺栓，使偏心螺栓转至左方，则离合器踏板自由行程减小；反之，离合器踏板自由行程增大，调整好后拧紧偏心螺栓的锁紧螺母(见图 8-6)。

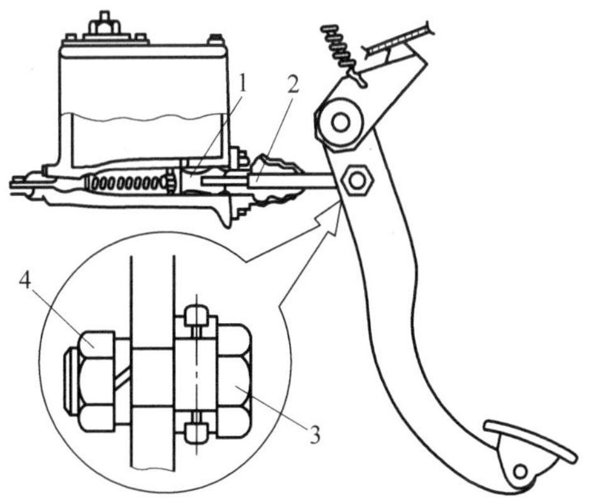

图 8-6　液压操纵式离合器踏板自由行程的调整(二)
1—主缸活塞；2—主缸推杆；
3—偏心螺栓；4—锁紧螺母

8.1.2　离合器主要元件检测

1. 主动部分

离合器主动部分包括飞轮、离合器盖和压盘。

飞轮的失效形式有工作面产生磨损、沟槽、翘曲、烧蚀甚至裂纹。检修时，应对工作面清洗干净，不应有机油或润滑脂，否则将产生离合器打滑现象；如有轻微沟槽，可进行打磨；当出现严重磨损、沟槽、烧伤、破裂或失去平衡时，应更换。

离合器盖的失效形式有翘曲变形甚至裂纹。检修时,离合器盖接合面平面度误差应≤0.50mm,否则应更换;目测离合器盖,若发现有裂纹,轻微可进行焊补,严重须更换。

压盘的失效形式有工作面产生磨损、沟槽、翘曲、烧蚀甚至裂纹。检修时,压盘表面平面误差度不得超过0.12mm,否则应更换。压盘平面度误差可用图8 7所示的方法测量,将平面钢尺放置压盘上用厚薄规在其缝隙处测量。翘曲变形主要是离合器打滑和分离不彻底使压盘过热而产生的。工作表面的轻微磨损,可用油石修平,磨损沟槽超过0.5mm时应修整平面,压盘的极限减薄量不得大于1mm,修整后应进行静平衡试验。若压盘有严重的磨损或变形,甚至出现裂纹,磨削后厚度小于极限值,应更换新件。

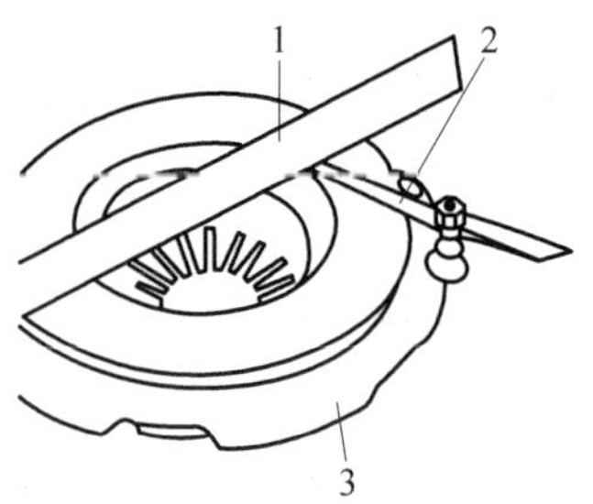

图 8-7 压盘平面度检查

1—平面钢尺;2—厚薄规;3—压盘

一般来说,主动部分很少出现损坏。

2. 从动盘

从动盘是离合器的主要易损部件,其常见失效形式有摩擦片磨损、烧蚀、开裂、铆钉松动或外露;从动盘本体翘曲、开裂、铆钉松动;从动盘毂花键磨损;扭转减振器弹簧过软或折断。

检修时,首先应将从动盘清洁干净,如表面有轻微油污,可用喷灯火焰烧去或用汽油清洗。表面的轻微烧焦可用砂纸打磨。如摩擦片烧焦面积大而深或有严重油污时,则需要换用新的从动盘。

摩擦片磨损的检查可用游标卡尺测量铆钉头的深度来确定,如图8-8所示。铆钉头部的埋入深度不得少于0.3mm;否则,换用新从动盘。

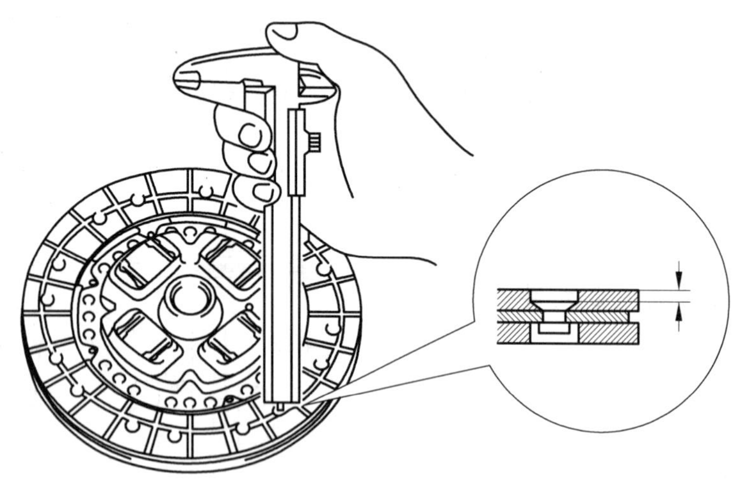

图 8-8 从动盘磨损的检查

从动盘翘曲可通过测量从动盘的端面跳动量来检查,用百分表在距边缘2.5mm处测量,其端面圆跳动不应大于0.4mm,否则,应校正或更换,如图8-9所示。

从动盘毂花键磨损的检查如图8-10所示,将离合器从动盘1装在变速器第一轴2的花键轴上，检查从动盘1的花键孔与变速器第一轴2的花键轴的配合，不得有明显的轴向摆动3和圆周摆动4，但在轴上能顺利移动。

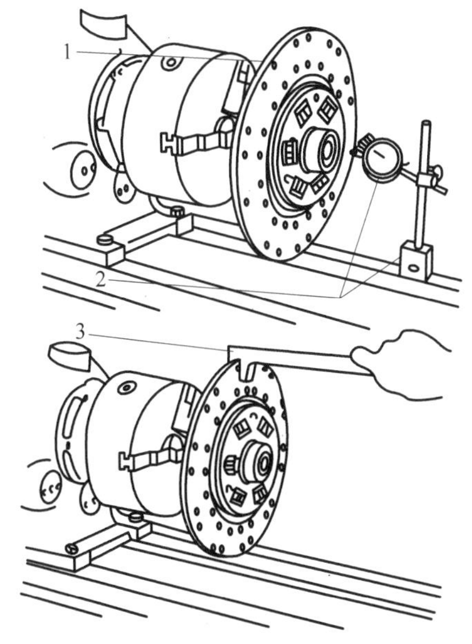

图 8-9　从动盘端面跳动的检修

1—从动盘；2—百分表；3—修理工具

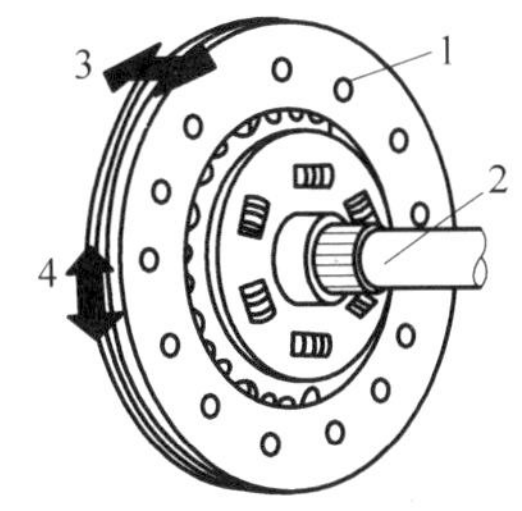

图 8-10　从动盘花键孔检查

1—从动盘；2—变速器第一轴；3—轴向摆动；4—圆周摆动

其他损坏可以直接用目视检查，若有明显故障，则更换新件。

3. 压紧装置

螺旋弹簧常见的失效形式有疲劳过软、弯曲甚至断裂。检修时，其自由长度与标准值比较不得小于2mm，垂直度误差不得大于1mm。

膜片弹簧常见的失效形式有磨损、弯曲、弹力下降。膜片弹簧因长久负荷而疲劳，造成弯曲、磨损、开裂和弹力减弱，影响动力的传递。膜片弹簧磨损的测量如图8-11所示，用游

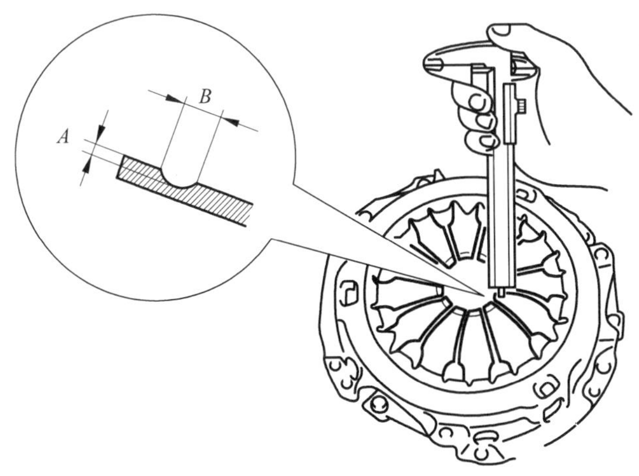

图 8-11　膜片弹簧内端磨损测量

标卡尺测量膜片弹簧内端(与分离轴承接触面)磨损的深度 A 和宽度 B。奥迪 100 型轿车离合器膜片弹簧磨损深度极限 A 为 0.3mm,2007 款丰田 COROLLA 离合器膜片弹簧磨损最大值:深度 A 为0.5mm,宽度 B 为 6.0mm,否则,应更换离合器盖总成。膜片弹簧弹力的检查如图 8-12 所示,膜片弹簧高度 4 若减小太大,表明膜片弹簧弹力不足,必须更换。可用游标卡尺 1 检测膜片弹簧 2 的高度 4,其与标准值相差不应大于0.5mm。膜片弹簧内端的高度差也不能超过 0.5mm,其检查可参考图 8-13,否则,要进行弯曲调整,调整时,用专用工具 SST 把内端弯曲到正确的标准位置,如图 8-14所示。调整后再测量一次,直到符合要求为止。

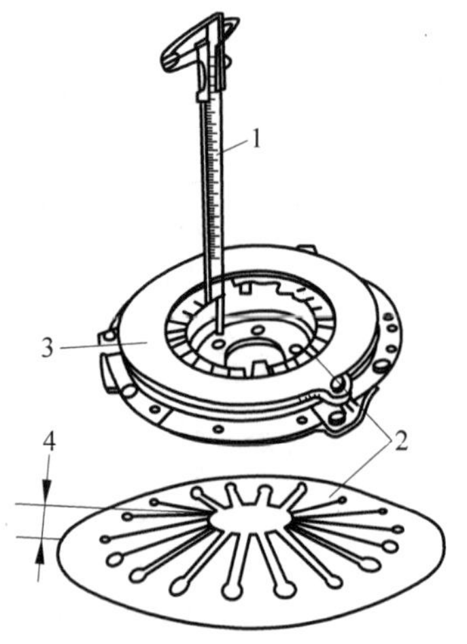

图 8-12 膜片弹簧高度测量

1—游标卡尺;2—膜片弹簧;3—压盘;4—膜片弹簧高度

一般来说,压紧弹簧很少损坏。

4. 操纵机构

分离轴承是离合器的易损件,其失效形式有端面磨损、轴承发卡或异响。分离轴承内座圈磨损不得超过 0.30mm,用手转动应灵活,无尖锐响声或卡滞现象,如图 8-15 所示。分离轴承为封闭式,不能拆卸清洗或加润滑剂,若损坏应换用新件。

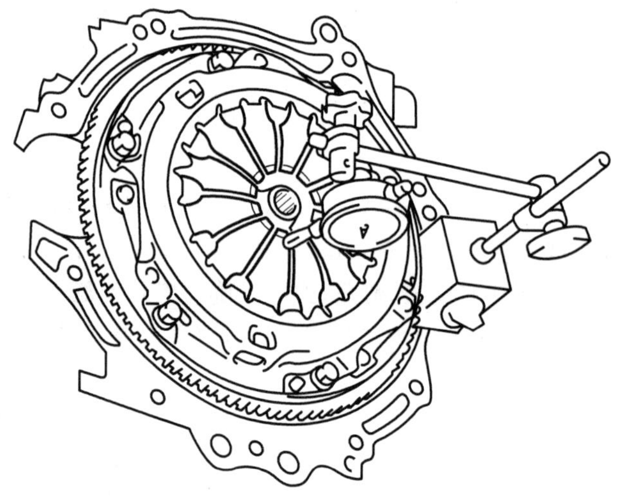

图 8-13 检查膜片弹簧顶端高度偏差

分离杠杆的失效形式有内端磨损、变形。检查时,若目测磨损严重或有明显变形,应更换离合器盖及压盘总成。

分离拨叉等杆件的失效形式有连接处磨损或杆件变形。检修时,可晃动杆件,若感觉有明显松晃感,应更换相应杆件。若目测发现明显变形,可校正或更换。

对于液压式操纵机构,其常见的失效形式是漏油。当主缸和工作缸出现活塞与缸筒的间隙超过 0.2mm,皮碗损坏等情况时,系统将造成内泄漏,系统油压将无法达到正常值,应更换相应的零件。

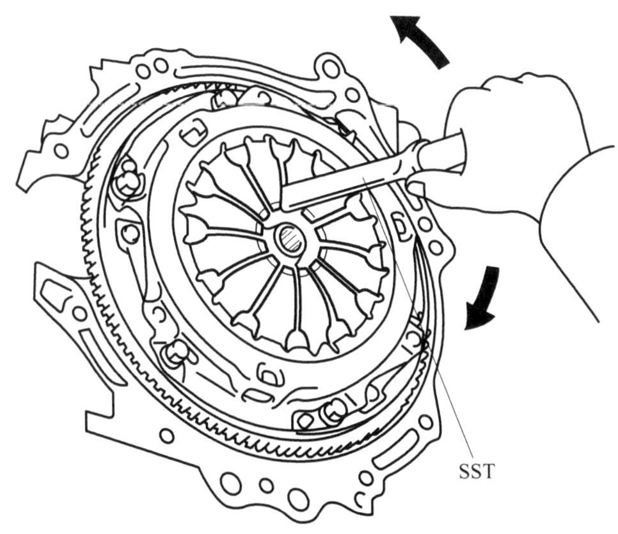

图 8-14　膜片弹簧内端高度调整

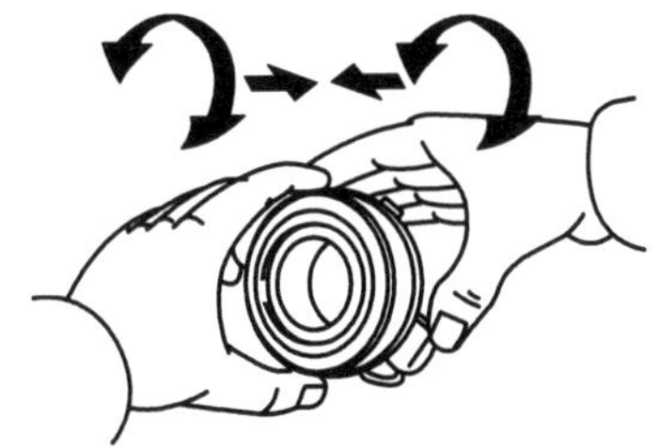

图 8-15　检查分离轴承

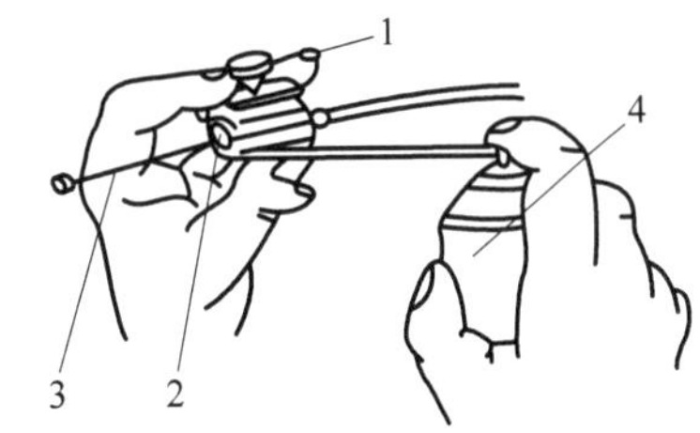

图 8-16　离合器拉索的检修

1—注油器螺栓；2—拉索注油器；3—拉索内线；4—油壶

对于绳索式操纵机构，其失效形式主要是拉索容易磨损甚至断股。检查离合器拉索的内线 3，如图 8-16 所示。用拉索注油器 2 套住拉索内线 3，用油壶 4 向拉索注油器 2 加油后，再旋动注油器螺栓 1，将机油压入拉索内，应保证拉索内线 3 在外皮内滑动自如。

8.1.3　离合器常见故障诊断

离合器的常见故障有离合器打滑、离合器分离不彻底、离合器接合不稳和离合器异响。

离合器的常见故障部位主要有：飞轮与从动盘接触面、从动盘、压盘、膜片弹簧、分离叉、分离套筒等。

1. 离合器打滑

(1) 故障现象。当汽车起步时，完全放松离合器踏板，发动机的动力不能完全传至变速器输入轴，使汽车动力下降，油耗增加和起步困难；汽车加速时，车速不能随发动机转速提高而加快以及行驶无力；当负载上坡时，打滑较明显，严重时，会从离合器内散发出焦臭味。

(2) 故障原因。离合器打滑的根本原因是压盘与从动盘之间的最大静摩擦力不足，其故障树如图 8-17 所示。

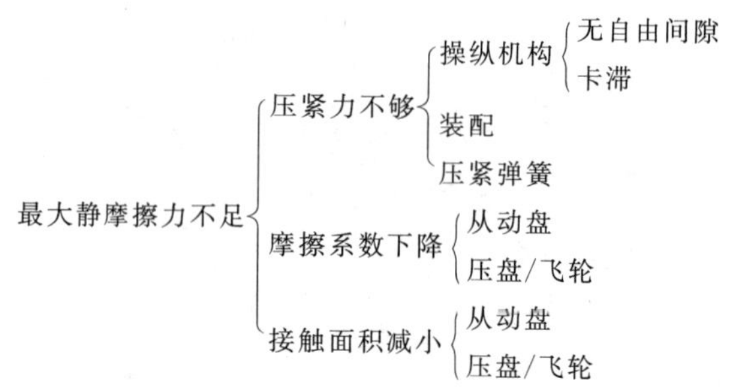

图 8-17 离合器打滑故障树

具体原因及排除方法如下。

① 摩擦片烧损、硬化、有油污或磨损严重，视情况予以修理或更换。

② 膜片弹簧疲劳、开裂或失效，应予更换。

③ 分离轴承等操纵机构运动发卡不能回位，应予润滑或更换。

④ 压盘或飞轮变形、磨损，应予磨平或更换。

⑤ 离合器操纵机构调整不当，导致踏板自由行程过小，应予调整。

⑥ 离合器和飞轮连接螺钉松动，应重新紧固。

(3) 故障诊断与排除。诊断思路如下。

① 故障判断。拉紧驻车制动器，挂上低速挡，慢慢放松离合器踏板缓缓加大油门，若汽车不动，发动机仍继续运转而不熄火，说明离合器打滑。

② 检查离合器踏板自由行程，如不符规定，应予调整。

③ 若自由行程正常，应拆下离合器底盖检查离合器与飞轮螺钉是否松动，如松动应拧紧；如不松动应检查离合器盖与飞轮之间有无调整垫片，并视情况减少或拆除垫片再予拧紧。

④ 经上述检查排除后仍然打滑时，应拆下离合器，检查从动盘的状况。若有油污，一般应拆下用汽油清洗并烘干，然后找出油污来源，并设法排除。若从动盘磨损过薄或有铆钉头外露，应更换从动盘。

⑤ 如从动盘完好，则应分解离合器，检查压盘弹簧弹力。若弹力减少，应予更换。

诊断流程如图 8-18 所示。

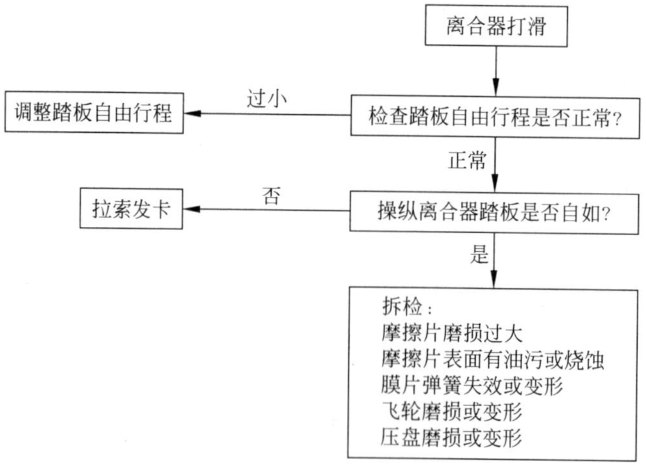

图 8-18 离合器打滑故障诊断流程

2. 离合器分离不彻底

(1) 故障现象。当汽车起步时，将离合器踏到底仍感挂挡困难，虽强行挂入，但不抬踏板汽车就向前驶动或造成发动机熄火；当汽车行驶时，变速器挂挡困难或挂不进挡，并从变速器端发出齿轮撞击声。

(2) 故障原因。离合器分离不彻底故障树如图 8-19 所示。

具体故障原因如下。

① 离合器踏板自由行程过大。

② 离合器拉索发卡。

③ 液压操纵系统漏油、系统内有空气或油量不足。

④ 膜片弹簧断裂或内端因调整不当造成不在同一平面内。

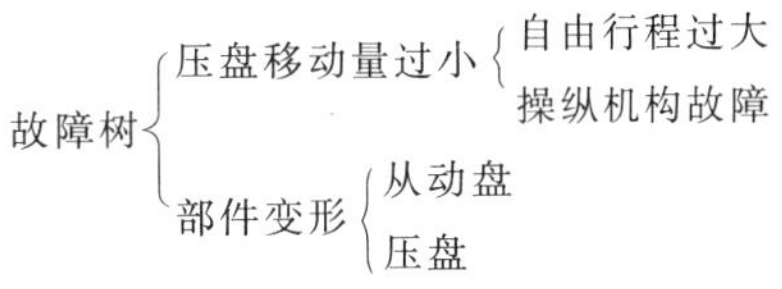

故障树
- 压盘移动量过小
  - 自由行程过大
  - 操纵机构故障
- 部件变形
  - 从动盘
  - 压盘

图 8-19 离合器分离不彻底故障树

⑤ 从动盘毂键槽与变速器第一轴键齿锈蚀，使从动盘移动困难。

⑥ 离合器从动盘翘曲、铆钉松脱或新换的从动盘过厚。

⑦ 离合器压盘翘曲变形。

(3) 故障诊断。离合器分离不彻底故障诊断思路如下。

① 故障判断。将变速杆放到空挡位置，踏下离合器踏板，用螺丝刀推动离合器从动盘。若能轻推动，说明离合器能分离开；若推不动说明离合器分不开。

② 检查调整离合器踏板自由行程，如自由行程过大，则要重新调整。

③ 检查操纵机构是否正常。拉索是否存在发卡现象，液压操纵机构是否存在泄漏、管路有空气等。

④ 如经过上述检查调整仍无效时，应将离合器拆下分解，检查各机件的技术状况，必要时予以修理或换件。

诊断流程如图 8-20 所示。

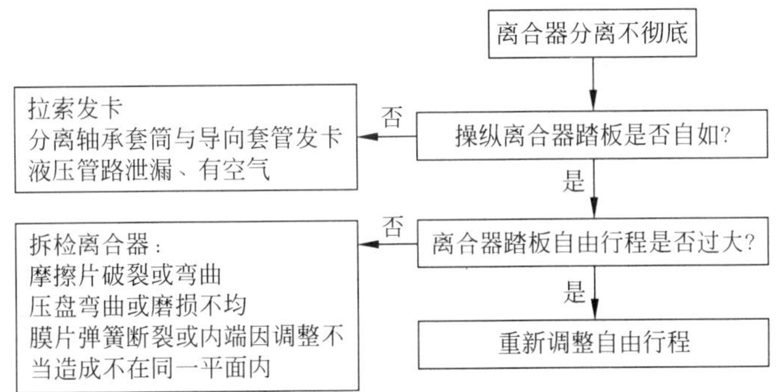

图 8-20 离合器分离不彻底故障诊断流程

3. 离合器异响

(1) 故障现象。在使用离合器时，有不正常的响声产生。

(2) 故障原因。造成异响的根本原因在于离合器部分零件严重磨损及主、从动部件传力部位松晃，在离合器接合或分离的瞬间，由于惯性冲击的作用，造成不正常摩擦或撞击而产生异常响声。

离合器异响故障树如图 8-21 所示。

具体原因主要有以下方面。

① 分离轴承缺油或损坏。

② 分离轴承与膜片弹簧内端之间无间隙。

③ 分离轴承回位弹簧过软、折断或脱落。

④ 踏板自由行程过小。

⑤ 踏板复位弹簧过软、脱落或折断。

⑥ 从动盘本体铆钉外露或松动,本体碎裂或减振弹簧折断。

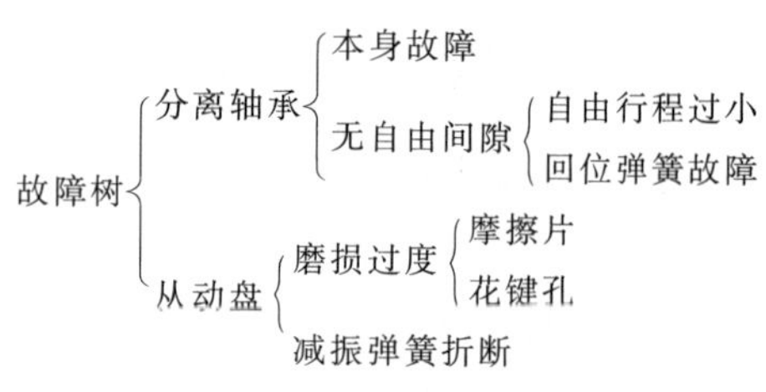

图 8-21　离合器异响故障树

⑦ 从动盘毂与变速器第一轴花键磨损严重。

(3) 故障诊断。诊断思路如下。

① 少许踩下离合器踏板,使分离杠杆与分离轴承接触,听到有“沙沙”的响声,为分离轴承响。如加油后仍响,则为轴承磨损松晃或损坏。检查分离轴承,如损坏或磨损过大,应换用新的轴承。

② 踩下、放松离合器踏板时,如出现间断的碰击声,为分离轴承前后滑动响时,应检查分离轴承复位弹簧,如失效,则应更换。

③ 将踏板踩到底时发响,放松踏板响声消失,为离合器传动销与销孔磨损松晃。检查传动销的磨损,如磨损过大,则应更换。

④ 连踩踏板,在离合器刚接触或分开时响,应检查分离杠杆或支架销与孔磨损是否松晃,或铆钉松动和从动盘铆钉外露,如有则应更换。

⑤ 发动机一启动就有响声,将踏板提起后响声消失,为踏板复位弹簧失效,则应更换压紧弹簧(注意:所有弹簧需同时更换)。

故障诊断流程如图 8-22 所示。

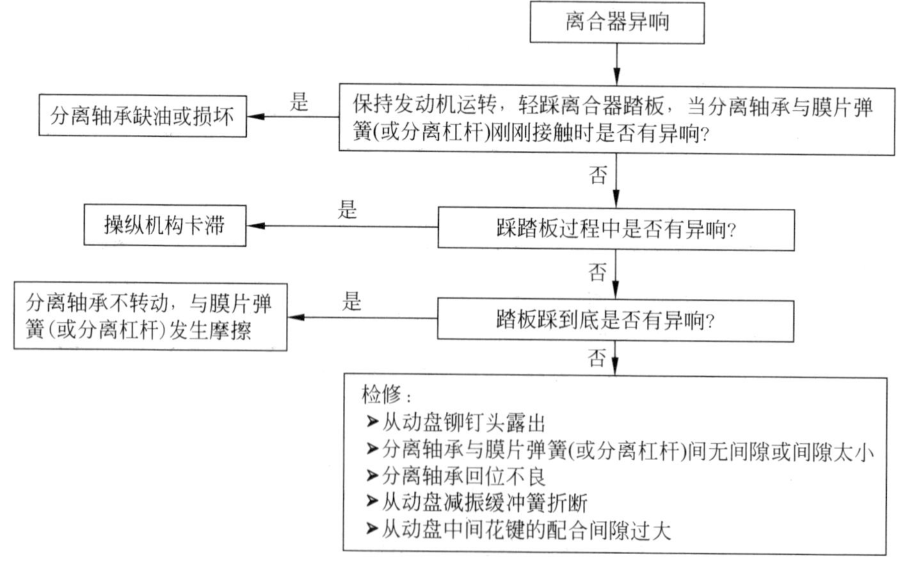

图 8-22　离合器异响故障诊断流程

4. 离合器发抖

(1) 故障现象。汽车起步时，经常不能平稳接合，使车身发生抖动。

(2) 故障原因。离合器接合不稳的根本原因是从动盘摩擦片表面与压盘表面、飞轮接触表面之间正压力分布不均，在同一平面内接触时间不同，使得主、从动盘接合不平顺引起发抖。

离合器发抖故障树如图 8-23 所示。

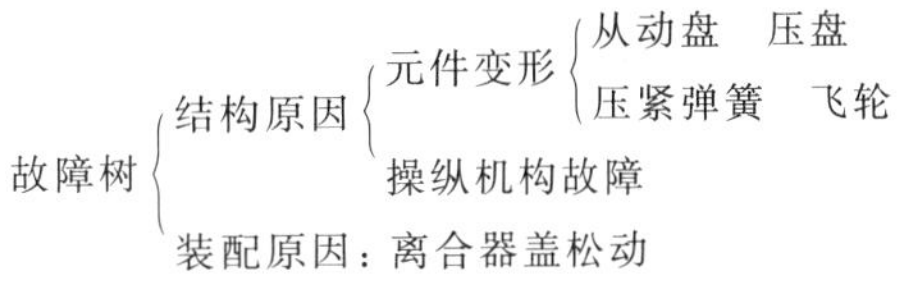

- 故障树
  - 结构原因
    - 元件变形
      - 从动盘　压盘
      - 压紧弹簧　飞轮
    - 操纵机构故障
  - 装配原因：离合器盖松动

图 8-23　离合器发抖故障树

具体原因主要有以下方面。

① 操纵机构工作不畅。

② 从动盘翘曲、厚度不均或中间花键的配合间隙过大。

③ 压盘变形。

④ 离合器盖松动。

⑤ 飞轮端面圆跳动超标。

⑥ 膜片弹簧本身弹力不均、断裂或内端因调整不当造成不在同一平面内。

(3) 故障诊断与排除。诊断思路如下。

① 让发动机怠速运转，挂上低速挡，慢慢松离合器踏板并加大加速踏板起步，如车身有明显抖动，则为离合器发抖。

② 检查变速器与飞轮壳、离合器盖飞轮固定螺钉是否松动，有松动则紧固；如正常，则检查分离杠杆高度。

③ 检查操纵机构是否正常。拉索是否发卡，踏板回位是否正常。

④ 如上述良好，拆下离合器，分别检查压盘、从动盘是否变形，如变形，则应更换；从动盘铆钉是否松动，各压紧弹簧的弹力是否在允许的范围之内。

诊断流程图如图 8-24 所示。

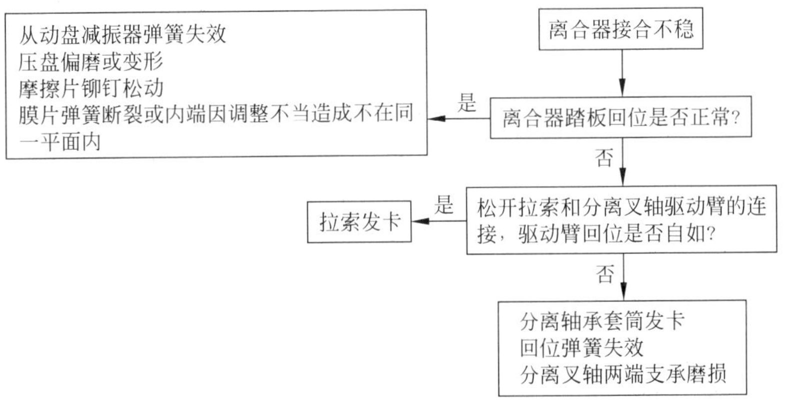

图 8-24　离合器接合不稳常见故障原因的诊断流程

8.2　变速器故障诊断与维修

变速器对发动机输出的动力进行减速增扭，若工作不良，则将造成车辆动力性能和经济性能下降。

8.2.1 变速器维护

1. 变速器的装配与调整

变速器装配质量的好坏，对变速器的工作质量影响很大。在变速器装配时，应注意以下几点。

(1) 装配前，必须对零件进行认真的清洗，除去污物、毛刺和铁屑等。尤其要注意第二轴齿轮上的径向润滑油孔的畅通。

(2) 装配轴承时，应涂抹质量优良的润滑油进行预润滑。总成修理时，应更换所有的滚针轴承。

(3) 对零件的工作表面不得用硬金属直接锤击，避免齿轮轮齿出现运转噪声。

(4) 注意同步器锁环或锥环的装配位置。装配过程中，如有旧件时应原位装复，以保证两元件的接触面积。因此，在变速器解体时，应对同步器各元件做好装配记号，以免错装。

(5) 组装中间轴和第二轴时，应注意各挡齿轮、同步器固定齿轮座、止推垫圈的方向及位置，以保证齿轮的正确啮合位置。

(6) 安装第一轴、第二轴及中间轴的轴承时，只许用压套垂直压在内圈上，禁止施加冲击载荷，并注意轴承的安装方向。

(7) 装入油封前，需在油封的刃口涂少量润滑脂，要垂直压入，并注意安装方向。

(8) 变速器装配后，要检查各齿轮的轴向间隙和各齿轮副的啮合间隙及啮合印痕。常啮合齿轮的啮合间隙为0.15～0.4mm；滑动齿轮的啮合间隙为0.15～0.5mm。第一轴的轴向间隙≤0.15mm，其他各轴的轴向间隙≤0.30mm。各齿轮的轴向间隙≤0.40mm。

(9) 装配密封衬垫时，应在密封衬垫的两侧涂以密封胶，确保密封效果。

(10) 安装变速器盖时，各齿轮和拨叉均应处于空挡位置。必要时，可分别检查各个常用挡的齿轮副是否处于全齿宽啮合位置。

(11) 按规定的力矩拧紧各部位螺栓。

2. 齿轮油的选用与更换

齿轮油与其他的润滑油一样，具有润滑、冷却、清洗、密封、防锈和降低噪声等作用。

1) 分类与标号

目前，国际上采用美国汽车工程师协会(SAE)与美国石油学会(API)的分类标准，来标定齿轮油。

例如："API GL-4 SAE 80W"

API——美国石油学会简称。

GL-4——齿轮油质量标号，适用于双曲线齿轮传动之润滑。

SAE——美国汽车工程师协会简称。

80W——齿轮油黏度标号，适用于最低－26℃的温度。

齿轮油按100℃时的动力黏度和低温动力黏度达150 000mPa·S时的最高温度，分为70W、75W、80W、85W、90、140、250等7个标号。带W字母的为冬季用油。同时符合两个黏度级的齿轮油称为多级齿轮油。如SAE 80W/90，即表示其低温黏度符合SAE 80W的标准，而高温黏度又符合SAE 90的要求。可以在某一地区全年通用某一标号齿轮油，也可以根据当地季节温度选用不同标号齿轮油。

按齿轮负荷承载能力和使用场合不同，API 将齿轮油分为 GL-1、GL-2、GL-3、GL-4、GL-5、GL-6 等 6 个标号。

2）选用

通常按说明书的要求，选择相应标号的齿轮油。

选用时，要注意不要混淆发动机机油和齿轮油的 SAE 黏度分类标号，不能降级使用或升级使用齿轮油，不要误认为齿轮油的黏度标号越高润滑性能就越好。

3）换油

应按规定换油指标换用新油，无油质分析手段时，可按规定期限换油。汽车制造厂推荐的期限一般为 30 000～48 000km。

换油时，应趁热放出旧油，并将齿轮和齿轮箱清洗干净后方可加入新油，加油应防止水分和杂质混入。

油量应适当，不能过多也不能过少，过多不仅会增加搅油阻力和燃油消耗，而且有可能会使齿轮油经后桥壳混入制动鼓造成制动失灵；过少会使润滑不良，温度过高，加速齿轮磨损。齿轮油面一般应加到与齿轮箱加油口下缘平齐，且应经常检查各齿轮油箱是否渗漏，并保持各油封、垫片的完好。

4）实例

下面以 2007 款丰田 COROLLA 轿车为例，说明其变速器齿轮油的检查与更换方法。

（1）变速器油检查，检查步骤如下。

① 将车辆停放在平坦路面上。

② 拆下变速器注油螺塞和衬垫。

③ 检查并确认油面在变速器加油螺塞开口最低点以下 5mm 范围内，如图 8-25 所示。

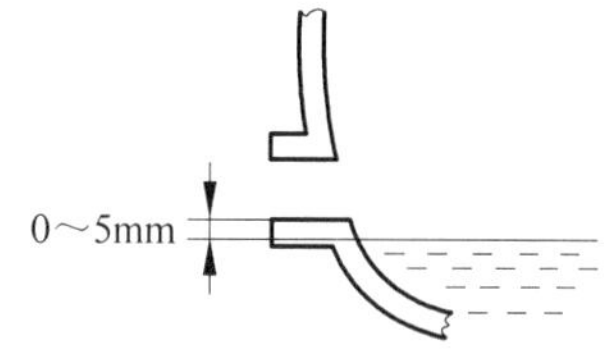

图 8-25　检查变速器油液面高度

注意：

- 油液过多或过少都可能引起故障。
- 更换机油后，驾驶车辆并再次检查油位。

④ 油位低时，检查机油是否泄漏。

⑤ 安装变速器加油螺塞(扭矩：39N·m)和新衬垫。

（2）变速器油更换，更换方法如下。

① 排净手动传动桥油。

- 拆下加油螺塞和衬垫。
- 拆下放油螺塞和衬垫，排净手动传动桥油。

② 添加手动传动桥油。

- 安装新衬垫和放油螺塞(扭矩：39N·m)。
- 添加手动传动桥油。
- 安装变速器加油螺塞和新衬垫。

③ 检查手动传动桥油。

3. 使用注意事项

变速器在使用时，应注意合理换挡操作。变速器换挡时，挡位应和车速配合得当，换挡车速过高或者过低，都将影响车辆工作性能。若换挡车速过低，将导致车辆驱动力过低，车辆行驶发卡甚至熄火；若换挡车速过高，将导致发动机转速过高，油耗增加。另外，变速杆的操作应轻柔，不可用力过猛野蛮操作。

8.2.2 变速器主要元件检测

变速器由变速传动结构和变速操纵机构组成。

1. 变速传动机构

(1) 变速器壳体。变速器壳体的主要损伤形式有壳体的变形、裂纹及轴承孔、螺纹孔的磨损等。

检查时，对三轴式变速器用专用量具检查，主要检查项目为：各轴承孔公共轴线间的平行度、轴间距；上孔轴线与上平面间的距离；前、后两端面的平面度。两轴式变速器的壳体一般由前、后两部分组成，其主要检查项目为：输入轴与输出轴的平行度及前、后壳体接合面的平面度。

目测变速器壳体，不得有裂纹。目测变速器壳体轴承孔，应无明显变形。目测所有螺栓孔，螺纹应无明显损伤。

(2) 变速器盖。变速器盖的主要损伤形式有盖的裂纹、变形及轴承的磨损等。

变速器盖应无裂纹，其与变速器壳体结合平面的平面度公差超限时，可采用铲、刨、锉、铣等方法修复。

(3) 齿轮副。齿轮的主要损伤形式有齿面、齿端磨损，齿面疲劳剥落、腐蚀斑点，轮齿破碎或断裂等。

齿轮的啮合面上出现明显的疲劳麻点、麻面、斑疤或阶梯形磨损时，必须更换。齿面仅有轻微斑点或边缘略有破损时，可用油石修磨后继续使用。

固定齿轮或相配合的滑动齿轮的端面损伤长度不得超过齿长的15%。齿轮的啮合面中线应在齿高中部，接触面积不得小于工作面的60%。齿轮与齿轮、齿轮与轴及花键的啮合间隙、径向间隙和轴向间隙应符合原厂规定。

(4) 轴。轴的主要损伤形式有变形、裂纹、轴颈和花键齿的磨损等。

用百分表检查轴的变形，如图8-26所示。传动轴的变形量一般不超过0.015mm，超过标准时应校正或更换。

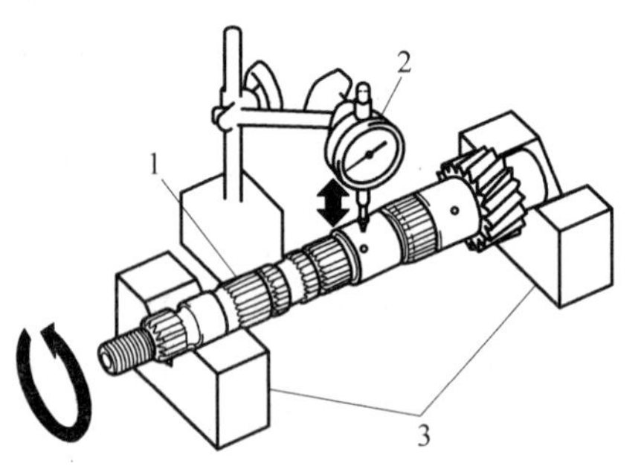

图8-26 传动轴变形检查

1—传动轴；2—百分表；3—V形铁

用千分尺检查各轴颈的磨损，如图8-27所示。轴颈的磨损超过规定值时，可堆焊、镀铬后修复或更换轴颈。应注意的是，轴体上不得有任何性质的裂纹，否则应更换。

(5) 轴承。轴承主要的损伤形式有磨损、疲劳点蚀及破裂等。

检查轴承应转动灵活顺畅，无异响，滚动体与内外圈滚道不得有麻点、麻面、斑疤和烧灼磨损或破碎等缺陷，保持架完好，否则应更换。

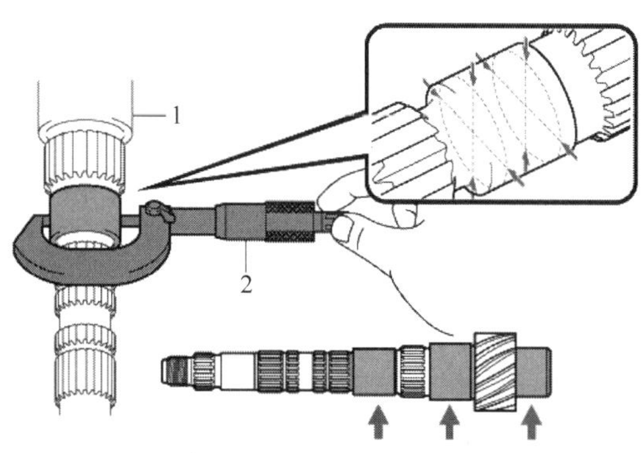

图 8-27　传动轴轴颈磨损检查

1—传动轴；2—千分尺

(6) 同步器。多数变速器采用锁环式同步器。

锁环式同步器的主要损伤是锁环内锥面螺纹槽及锁止角磨损、滑块磨损、接合套和花键毂的花键齿损伤。锁环与滑块的磨损会破坏换挡过程的同步作用；锁环与接合套锁止角的磨损会使同步器失去锁止作用，这些都会造成换挡困难，发出机械撞击噪声。

锁环的检查如图 8-28 所示。将锁环压到换挡齿轮上，按压转动锁环时应不能转动，用塞尺测量锁环与换挡齿轮端面之间的间隙 a。若间隙超过极限值时，应更换锁环。

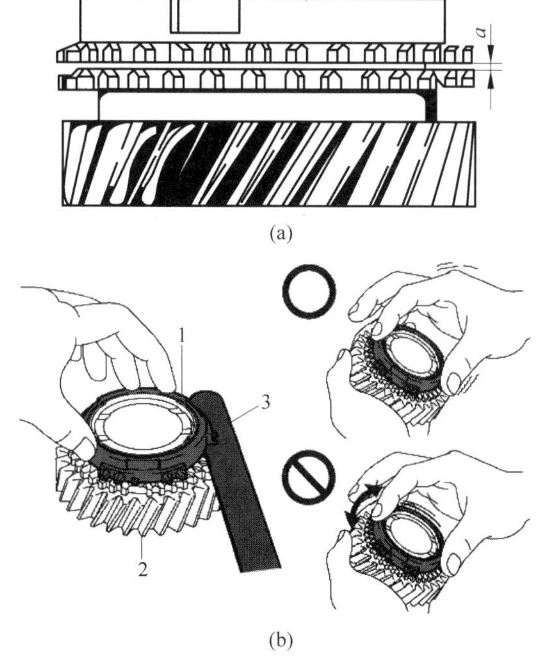

图 8-28　同步器间隙的检查

1—锁环；2—换挡齿轮；3—塞尺

同步器滑块顶部凸起磨损出现沟槽，会使同步作用减弱，必须更换。锁环、接合套的接合齿端磨秃，都会导致换挡困难，必须给予更换。

接合套和花键毂的花键齿检查如图 8-29 所示。检查花键齿是否有异常磨损或损坏，检查接合套和花键毂之间的相对滑动是否顺畅，如有异常，都须更换。

2. 变速器操纵机构

变速器操纵机构的主要损伤形式有磨损、变形、连接松动和弹簧失效等，主要检测项目如下。

(1) 检查操纵机构各零件的连接应无松动现象，否则应及时紧固。

(2) 检查变速杆、拨叉、拨叉轴等有无变形，否则应校正或更换。

(3) 检查拨叉与接合套磨损间隙，如图 8-30 所示，磨损间隙过大时，应更换相应的拨叉和接合套。

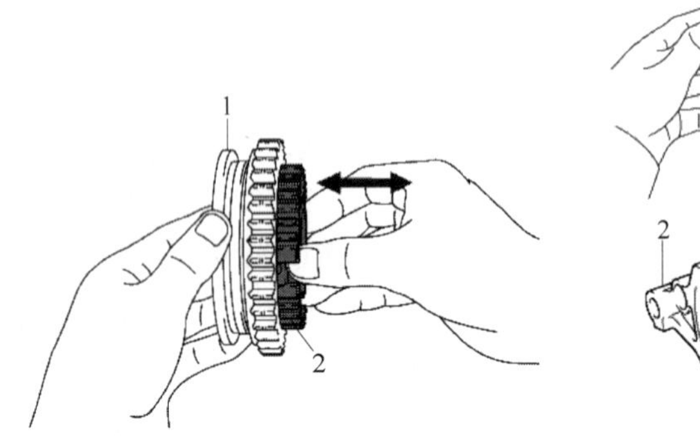

图 8-29 接合套和花键毂配合检查
1—接合套；2—花键毂

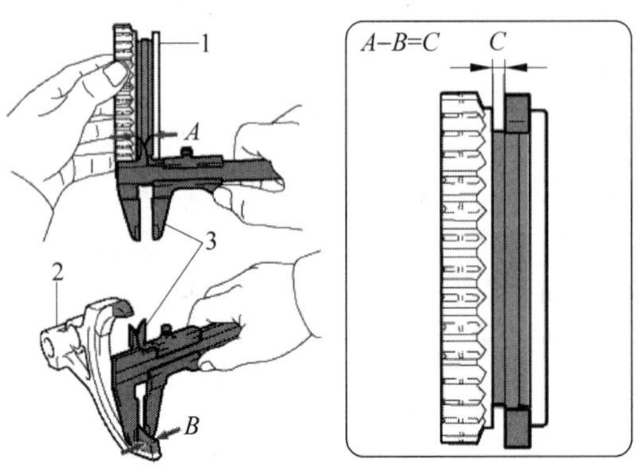

图 8-30 接合套和拨叉磨损检查
1—接合套；2—拨叉；3—游标卡尺
A—接合套槽宽；B—拨叉厚度；C—配合间隙

(4) 检查拨叉与拨叉轴、选挡轴等处的磨损，磨损逾限时应更换。

(5) 检查定位钢球、定位锁销、锁止弹簧、复位弹簧，当出现磨损逾限或弹簧失效时应更换。

8.2.3 变速器的常见故障诊断

变速器的常见故障主要包括变速器换挡困难或挂不上挡、变速器跳挡、变速器乱挡、变速器漏油和变速器异响。

变速器的常见故障部位主要有同步器、自锁装置、互锁装置、轴承、花键等。

1. 变速器换挡困难

(1) 故障现象。在进行正常变速操作时，变速杆不能挂入挡位，或者勉强挂上挡后又很难摘下来。

(2) 故障原因。变速器换挡困难故障树如图 8-31 所示。

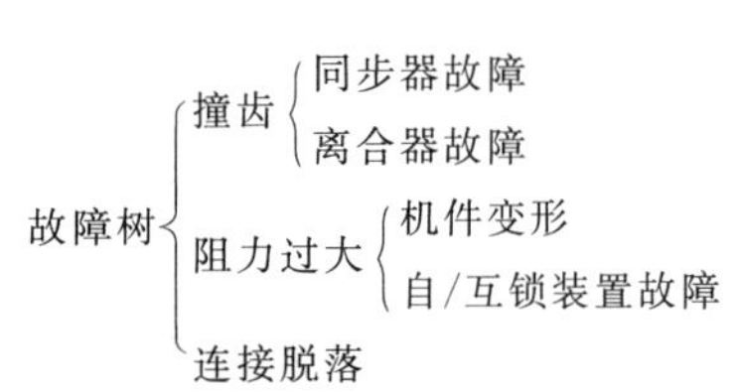

图 8-31 变速器换挡困难故障树

变速器换挡困难具体原因如下。

① 同步器不良(磨损或损坏)。

② 离合器调整不当或分离不彻底。

③ 变速杆下端磨损或控制杆弯曲。

④ 拨叉或拨叉轴磨损、松晃、弯曲。

⑤ 变速器轴弯曲变形或花键损伤。

⑥ 自锁或互锁弹簧过硬、钢球损伤。

⑦ 控制连杆机构连接脱落。

(3) 故障诊断。故障诊断思路如下。

① 换挡时有异响,在排除离合器分离不彻底的情况下,检查同步器是否损坏、润滑油油量是否充足或质量是否合格。

② 换挡手柄的进挡感觉明显而不能顺利换挡时,是拨叉的固定销钉脱落;没有明显的进挡感觉,则应检查自锁互锁装置是否卡死、换挡操纵机构杆件是否弯曲变形。

故障诊断流程如图 8-32 所示。

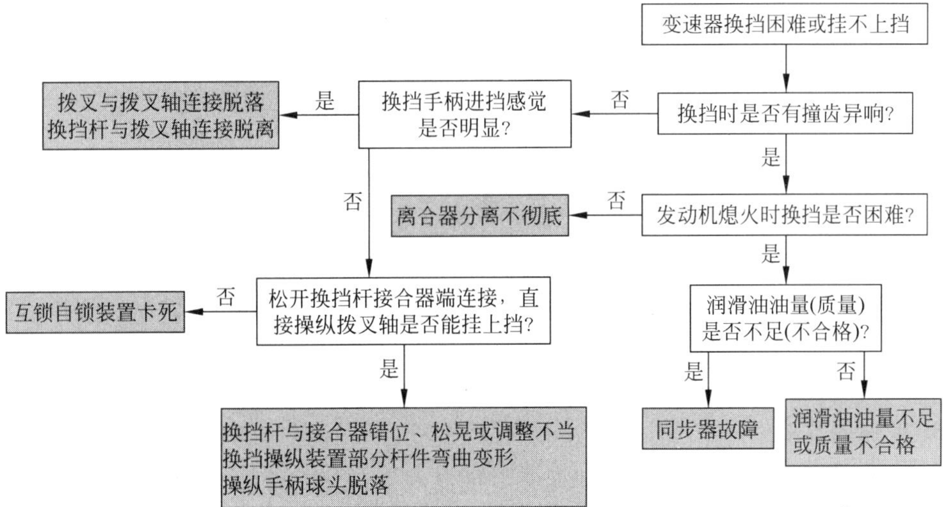

图 8-32 变速器换挡困难或挂不上挡故障诊断流程

2. 变速器跳挡

(1) 故障现象。汽车在加速、减速或爬坡时,变速杆自动跳回空挡位置。

(2) 故障原因。变速器脱挡故障原因如下。

① 变速杆没有调整好或变速杆弯曲,远程控制杆机构磨损或调整不良。

② 拨叉轴轴向自由行程过大或凹槽位置不正确,拨叉轴凹槽磨损及拨叉磨损、变形。

③ 自锁钢球磨损或破裂,自锁弹簧弹力不够或折断。

④ 变速器轴、轴承磨损松旷或轴向间隙过大,造成轴转动时齿轮啮合不足而发生跳动和轴向窜动。

⑤ 齿轮或接合套严重磨损,沿齿长方向磨成锥形。

⑥ 同步器磨损或损坏。

⑦ 变速器壳松动或与离合器壳没对准。

(3) 故障诊断。故障诊断思路如下。

① 使车辆行驶,反复加速、减速,检查在各挡位上变速杆是否容易脱出。如果这种方法

效果不明显时，可在爬陡坡、下陡坡（以发动机制动）时进行检查。

② 发现某挡脱挡时，仍将操纵杆挂入该挡，将发动机熄火。先检查操纵机构调整是否正确，然后再拆开变速器盖检查齿轮啮合情况和同步器啮合情况。如果啮合情况不好，应检查轴承是否磨损松晃，拨叉是否变形，拨叉与接合套上的叉槽间隙是否过大，否则应更换或校正拨叉；如果啮合情况良好，应检查操纵机构锁止情况。如锁止不良，须拆下拨叉轴检查自锁钢球、弹簧，若弹簧过弱、折断或拨叉轴凹槽磨损，应予以更换或修复。

③ 若齿轮啮合和操纵机构均良好，应检查齿轮是否磨成锥形以及轴是否前后移动。如果齿轮磨成锥形应更换，轴的前后移动应调整适当。

④ 对于变速器壳松动或与离合器壳没对准而引起的脱挡，须按规定拧紧固定螺栓。

具体诊断流程如图 8-33 所示。

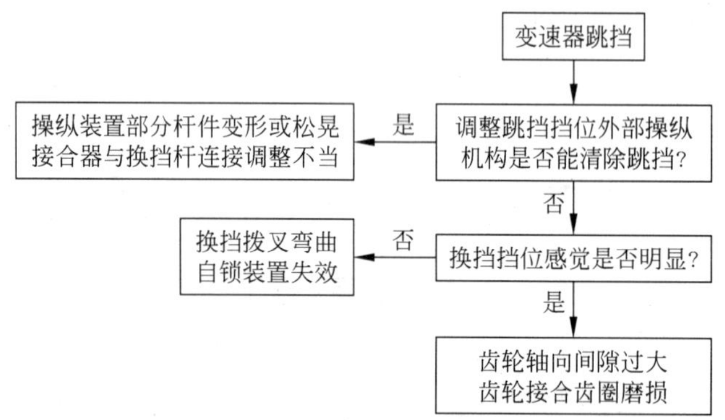

图 8-33 变速器跳挡常见故障原因的诊断流程

3. 变速器乱挡

（1）故障现象。在离合器技术状况正常的情况下，变速器同时挂上两个挡或虽能挂上挡，但却不能挂入所需要的挡位，或者挂入后不能退出。

（2）故障原因。主要为变速操纵机构失效，具体原因如下。

① 变速杆球头定位销磨损、折断或球孔、球头磨损、松晃。

② 变速杆下端工作面或拨叉轴上导块的导槽磨损过度。

③ 拨叉槽互锁销、球磨损严重或漏装。

（3）故障诊断。诊断思路如下。

① 使车辆行驶，操纵变速杆进行换挡试验，检查是否有同时挂上两个挡或挂上的挡位不是所需要的挡位。

② 挂需要挡位时，结果挂入别的挡位。检查变速杆摆转角度，若其能任意摆动，且能打圈，则为定位销损坏或失效。需更换定位销，调整变速杆。

③ 当变速杆摆动转角正常，仍挂不上或摘不下挡，则多为变速杆下端工作面磨损或导槽磨损，使变速杆下端从导槽中脱去。应予以修复或更换。

④ 若同时挂上两个挡，则为互锁装置磨损或漏装零件。应进行零件更换或装复。

4. 变速器异响

（1）故障现象。变速器工作时，发出不正常声响，如金属的干摩擦声，不均匀的碰撞声等。

(2) 故障原因。具体原因有以下方面。

① 变速器操纵机构各连接处松动,拨叉变形或磨损松晃。

② 变速器与发动机安装时曲轴与变速器第一轴轴线不同心,或变速器壳体变形。

③ 壳体轴承孔修复后,轴心发生变动或使两轴线不同心,变速器壳体前端面与第一轴、第二轴轴心线垂直度或第一轴、第二轴与曲轴同轴度超差。

④ 轴承缺油、磨损松晃、疲劳剥落或轴承滚动体破裂。

⑤ 第二轴、中间轴弯曲或花键与滑动花键毂磨损松晃。

⑥ 齿轮磨损严重,齿侧间隙太大,齿面有金属疲劳剥落或个别齿损坏折断等。

⑦ 齿轮制造精度差或齿轮副不匹配,维修中未成对更换相啮合的两齿轮。

⑧ 变速器缺油,润滑油过稀、过稠或质量变坏。

⑨ 变速器内掉入异物或某些紧固螺栓松动。

(3) 故障诊断。诊断思路如下。

① 当发动机怠速运转时,使变速杆处于空挡位,检查接合和分离离合器过程中有无异响,如离合器接合时发生异响,离合器分离时异响消失,说明异响发生在变速器。也可进行实车行驶,检查在变速挡位有无异响。此时,应区别驱动时与怠速的异响。

在排除变速器异响时,要根据响声的特点、出现响声的时机和发响的部位判断产生响声的原因,然后予以排除。

② 变速器换入某一挡位时,响声明显,应检查该挡齿轮和同步器的磨损及齿轮啮合情况,若磨损严重予以更换。齿轮接触不良,酌情更换一对新齿轮。

③ 发动机怠速运转,变速器空挡时有异响,多为常啮合齿轮响,应酌情修理或更换。

④ 变速器各挡均有异响,多为基础件、轴、齿轮、花键磨损使形位误差超限,应酌情修理或更换。

⑤ 变速器运转时有金属干摩擦声,多为变速器内润滑油有问题,应检查油面高度和油的质量。

⑥ 变速器工作时有周期性撞击声,则为齿轮个别齿损坏,应更换该齿轮。

⑦ 变速器工作时有间断性的异响,可能为变速器内掉入异物所引起。

5. 变速器漏油

(1) 故障现象。变速器壳体外围有油泄漏,变速器箱的齿轮油减少。

(2) 故障原因。主要故障原因有以下方面。

① 油封磨损、变形或损伤。

② 变速器壳龟裂、损伤或延伸壳破裂。

③ 通气口堵塞、放油螺塞松动。

④ 变速器的盖与壳体之间安装松动或者密封垫损坏。

⑤ 齿轮油过多或齿轮油选用不当,产生过多泡沫。

⑥ 车速里程表接头锁紧装置松动或破损。

(3) 故障诊断。诊断思路如下。

① 按油迹部位检查油液泄漏原因。

② 检查调整变速器油量。检查齿轮油质量,如质量不佳,应更换合适的齿轮油。

③ 疏通堵塞的通气口。

④ 更换损坏的密封垫和油封。

⑤ 紧固松动的变速器盖、壳螺栓及放油螺塞。

⑥ 更换损坏的变速器壳和延伸壳。

⑦ 拧紧车速表接头锁紧装置,如果锁紧装置破损,应予以更换。

8.3 万向传动装置故障诊断与维修

8.3.1 万向传动装置维护

1. 基本维护

一级维护时,应进行润滑和紧固作业。对万向节的十字轴、传动轴滑动叉、中间支承轴承等加注润滑脂(通常为锂基2号润滑脂);检查传动轴各部螺栓和螺母的紧固情况,特别是万向节叉凸缘连接螺栓和中间支承支架的固定螺栓等,应按规定的力矩拧紧。

二级维护时,应按如图8-34所示的方法检查十字轴轴承的间隙。十字轴轴承的配合应用手不能感觉出轴向移动量。对传动轴中间支承轴承,应检查其是否松晃及运转中有无异响,当其径向松晃超过规定或拆检轴承出现黏着磨损时,应更换中间支承轴承。

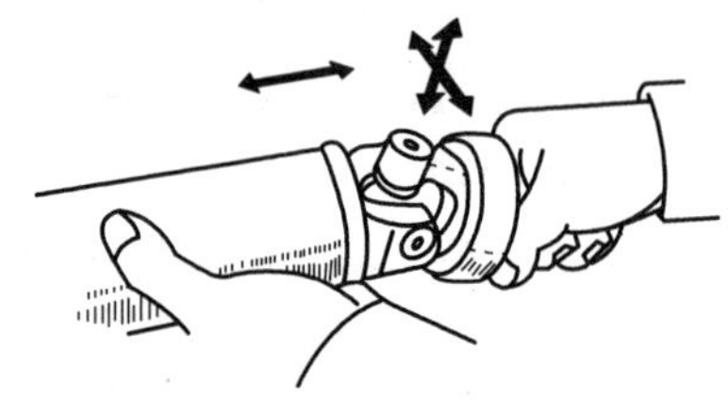

图8-34 十字轴轴承配合间隙的检查

拆卸传动轴前,车辆应停放在水平的路面上,楔住汽车的前后轮,防止拆卸传动轴时汽车的移动造成事故。同时应在每个万向节叉的凸缘上做好标记,以确保作业后的原位装复,否则极易破坏万向传动装置的平衡性,造成运转噪声和强烈振动。

拆卸传动轴时,应从传动轴后端与驱动桥连接处开始,先将与后桥凸缘连接的螺栓拧松取下,然后将与中间传动轴凸缘连接的螺栓拧下,拆下传动轴总成。接着,松开中间支承支架与车架的连接螺栓,最后松下前端凸缘盘,拆下中间传动轴。

维护后的传动轴按记号原位装复。

2. 装配注意事项

万向传动装配时,应注意装配位置对其传动速度特性的影响,装配时应注意以下问题。

(1) 清洁零件。待装零件应彻底清洗,特别是十字轴的油道、轴颈和滚针轴承,最好用清洁的煤油清洗后,再用压缩空气吹干。装配时,在轴颈和轴承上涂适量的润滑脂;应避免磕碰,并注意传动轴管两端点焊的平衡片是否脱落。

(2) 核对零件的装配标记。应认真校对十字轴及万向节叉、十字轴及短传动轴和滑动叉及花键轴管等的装配标记,按原标记装配。在安装滑动叉时,特别要保证传动轴两端万向节叉的轴承孔轴线位于同一平面上,其位置误差应符合原生产厂家规定。

(3) 十字轴的安装。十字轴上的润滑脂嘴要朝向传动轴以便注油;两偏置油嘴应间隔180°,以保持传动轴的平衡。部分式轴承孔的U形固定螺栓的力矩严格执行原生产厂家规定。

(4) 中间支承的安装。将中间支承轴承对正后压入中间传动轴的花键凸缘内。压入时，不允许用手锤敲打轴承，以防止轴承内圈挡边破裂。紧固中间支承的前后轴盖上的三个紧固螺栓时，应支起后轮，边转动驱动轮边紧固，以便自动找正中心；也可以先不拧紧到规定力矩，待走合一段时间，自动找正中心后再按规定力矩拧紧。但在走合中，一定要注意紧固螺栓的松脱。

(5) 加注润滑脂。用油枪加注汽车通用的锂基2号或二硫化钼锂基脂。注油时，既要充分又不过量，以从油封刃口处或中间支承的气孔能看到有少量新润滑脂被挤出为宜。

8.3.2　万向传动装置主要元件检测

万向传动装置主要由传动轴、万向节组成，如果传动轴过长，也会分段，从而增加了中间支承。

1. 传动轴

传动轴的主要损伤形式有弯曲、凹陷或裂纹等，主要检修以下几个方面。

(1) 传动轴轴管不得有裂纹及严重的凹瘪，否则应更换传动轴。

(2) 检查传动轴弯曲程度。用V形铁架起传动轴，使其水平，而后旋转，用百分表在轴的中间部位测量。径向全跳动公差应符合规定，否则应更换或校正传动轴。或者目视传动轴，如发现明显变形，更换新件。

(3) 检查中间传动轴支承轴颈的径向圆跳动公差不应超过0.10mm，否则应更换或镀铬修复。

(4) 检查传动轴花键与滑动叉花键、凸缘叉与所配合花键的间隙。轿车应不大于0.15mm，其他类型的汽车应不大于0.30mm，装配后应能滑动自如。若超过极限值，则应更换传动轴或滑动叉。

2. 万向节叉、十字轴及轴承

(1) 检查万向节叉和十字轴不得有裂纹，否则应更换。

(2) 检查十字轴轴颈表面，若有疲劳剥落，磨损沟槽或滚针压痕深度在0.10mm以上时，应换新件。

(3) 检查出滚针轴承的油封失效、滚针断裂、轴承内圈有疲劳剥落时，应换新件。

(4) 检查十字轴与轴承的最小配合间隙应符合原厂规定，最大配合间隙也应符合原厂规定。

(5) 检查十字轴及轴承装入万向节叉后的轴向间隙，剖分式轴承孔为0.10～0.50mm，整体式轴承孔0.02～0.25mm，轿车为0～0.05mm。

3. 中间支承

中间支承的常见故障是橡胶老化和轴承磨损所引起的振动和异响等。

检查中间支承轴承的旋转是否灵活，油封和橡胶衬垫是否损坏，否则应更换；拆下中间支承前，可以在中间支承周围摇动传动轴，检查中间支承轴承的松晃程度，分解后可进一步检查轴承的轴向和径向间隙应符合原厂规定；中间支承经使用磨损后，需及时检查和调整，以恢复其良好的技术状况。

4. 传动轴管焊接组合件

传动轴管焊接组合件经修理后,原有的动平衡已不复存在。因此,传动轴管焊接组合件(包括滑动套)应重新进行动平衡试验,传动轴两端任一端的动不平衡量:轿车应不大于10g·cm。传动轴管焊接组合件的平衡可在轴管的两端加焊平衡片,每端最多不得多于3片。

5. 等速万向节

等速万向节失效形式有内外球座滚道、球笼、钢球发生异常磨损。

检修时,首先要检视球笼防尘套是否破裂,如破裂,必须更换;同时拆检万向节,检视球座滚道、钢球、球笼是否磨损严重,必要时更换新件。

8.3.3 万向传动装置常见故障诊断

万向传动装置由于经常受汽车在复杂道路上行驶的影响,使传动轴在其角度和长度不断变化的情况下传递转矩,因此常出现传动轴动不平衡、万向节与中间支承松晃、发响等故障。

1. 传动轴动不平衡与异响

(1) 故障现象。在万向节和伸缩叉技术状况良好时,汽车行驶中发出周期性的响声;速度越高响声越大,甚至伴随有车身振动,握转向盘的手感觉麻木。

(2) 故障原因。主要原因有以下方面。

① 传动轴上的平衡块脱落。

② 传动轴弯曲或传动轴管凹陷。

③ 传动轴管与万向节叉焊接不正或传动轴未进行过动平衡试验和校准。

④ 伸缩叉安装错位,造成传动轴两端的万向节叉不在同一个平面内,不满足等角速传动条件。

⑤ 中间支承吊架固定螺栓松动或万向节凸缘盘连接螺栓松动,使传动轴偏斜。

(3) 故障诊断。诊断思路如下。

① 检查传动轴管是否凹陷,有凹陷,则故障由此引起;无凹陷,则继续检查。

② 检查传动轴管上的平衡片是否脱落,如脱落,则故障由此引起;否则继续检查。

③ 检查伸缩叉安装是否正确,不正确,则故障由此引起;否则继续检查。

④ 拆下传动轴进行动平衡试验,动不平衡,则应校准以消除故障。若传动轴弯曲应校直。

⑤ 检查中间支承吊架固定螺栓和万向节凸缘盘连接螺栓是否松动,若有松动,则异响由此引起,应紧固。

2. 万向节、伸缩叉松晃及异响

(1) 故障现象。在汽车起步和突然改变车速时,传动轴发出“吭”的响声;在汽车缓行时,发出“咣当、咣当”的响声。

(2) 故障原因。主要原因有以下方面。

① 万向节凸缘盘连接螺栓松动。

② 万向节主、从动部分游动角度太大。

③ 万向节轴承、十字轴磨损严重。

④ 万向节、伸缩叉磨损松晃。

(3) 故障诊断。诊断思路如下。

① 用榔头轻轻敲击各万向节凸缘盘连接处，检查其松紧度。太松晃则故障由连接螺栓松动引起，否则继续检查。

② 用双手分别握住万向节、伸缩叉的主、从动部分转动，检查游动角度。万向节游动角度太大，则异响由此引起；伸缩叉游动角度太大，则异响由此引起。

3. 中间支承松晃

(1) 故障现象。汽车运行中出现一种连续的"呜呜"响声，车速越高响声越大。

(2) 故障原因。主要原因有以下方面。

① 滚动轴承缺油烧蚀或磨损严重。

② 中间支承安装方法不当，造成附加载荷而产生异常磨损。

③ 橡胶圆环损坏。

④ 车架变形，造成前后连接部分的轴线在水平面内的投影不同线而产生异常磨损。

(3) 故障诊断。诊断思路如下。

① 给中间支承轴承加注润滑脂，响声消失，则故障由缺油引起；否则继续检查。

② 松开夹紧橡胶圆环的所有螺钉，待传动轴转动数圈后再拧紧，若响声消失，则故障由于中间支承安装方法不当引起。否则故障可能是橡胶圆环损坏，或滚动轴承技术状况不佳，或车架变形等引起。

8.4 驱动桥故障诊断与维修

8.4.1 驱动桥维护与调整

1. 驱动桥的维护

(1) 一级维护。一级维护时，对驱动桥和车轮应进行下述的维护作业。

① 检查后桥壳是否有裂纹及不正常的渗漏。如有渗漏，应查明原因，予以排除。

② 检查各部螺栓、螺母的连接是否可靠。

③ 检查后桥壳体内的润滑油量是否合适，其油面应不低于检视孔下沿 15mm 处。

④ 检查后桥壳的通气塞应保持畅通。

⑤ 用推动轮毂来检查轴承的紧度时，应无明显松晃的感觉。

⑥ 检视轮胎和半轴上的外露螺栓、螺母，不得有松动。

(2) 二级维护。二级维护除进行一级维护的所有项目外，还应进行以下内容。

① 检查半轴。半轴应无弯曲、裂纹，键槽无过度磨损。如有可视的键槽磨损时，应进行左右半轴的换位。

② 拆下轮毂，检查半轴套管是否有配合松晃和裂纹，各螺纹的损伤不得超过 2 牙。

③ 检视后桥壳是否有裂纹。

④ 放油后，拆下后桥壳盖，清除油污并检视齿轮、轴承及各部螺栓紧固情况，必要时可

以更换齿轮和轴承。

⑤ 检视主减速器的油封有无漏油，凸缘螺母是否松动，检查主减速器的连接螺栓是否紧固。

⑥ 检查轮毂轴承的紧固情况，必要时按技术条件的要求拧紧。

二级维护时，还要根据有无下列现象，决定后桥维护的附加作业项目。

① 主减速器有无异响，主减速器的啮合间隙是否过大。如有上述现象，说明轮齿磨损或啮合间隙过大，应调整啮合间隙并检查齿面接合状况。

② 检查后桥在正常工作时的油温是否超过 60℃并伴有异响。如有此现象说明齿轮啮合不当或轮齿有断齿，也可能是由于轴承预紧度过大，应拆检主减速器和差速器。

上述作业结束后，装复后桥壳后盖，按规定加注符合原厂规定的齿轮油至规定油面。

2. 差速器的装配与调整

差速器装配时，应按下述顺序进行并注意各步骤的注意事项。

(1) 装差速器轴承。安装差速器轴承内圈时，应用压力机平稳地压入，不得用手锤敲击，以免损伤轴承的工作表面或刮伤轴承表面或破坏配合性质。

(2) 装齿轮。在与行星齿轮和半轴齿轮配合的工作表面上涂以机油，先装入垫片和半轴齿轮，然后装入已装好行星齿轮及垫片的十字轴，并使行星齿轮与半轴齿轮啮合。在行星齿轮上装入另一侧半轴齿轮及垫片，扣上另一侧的差速器壳。装入另一侧壳体时，应使两侧壳体上的位置标记对正，以免破坏齿轮副的正常啮合。

(3) 从动齿轮的安装和差速器的装合。将主减速器从动齿轮装在差速器壳体上，将固定螺栓按规定方向穿过壳体，套入垫片，用规定力矩交替拧紧螺母，锁死锁片。

3. 主减速器的装配与调整

主减速器装配中的调整包括主、从动圆锥齿轮轴承预紧度的调整(含差速器轴承预紧度的调整)，主、从动圆锥齿轮啮合印痕和啮合间隙的调整等项目。由于主减速器的调整质量是决定主减速器圆锥齿轮副使用寿命的关键，因此，在进行调整作业时，必须遵守主减速器的调整规则：

第一，先调整轴承的预紧度，再调整啮合印痕，最后调整啮合间隙。

第二，主、从动圆锥齿轮轴承的预紧度必须按原厂规定的数值和方法进行调整与检查，在主减速器调整过程中，轴承的预紧度不得变更，始终都应符合原厂规定值。

第三，在保证啮合印痕合格的前提下，调整啮合间隙。啮合印痕、啮合间隙和啮合间隙的变化量都必须符合技术条件，否则成对更换齿轮副。

第四，准双曲面圆锥齿轮、奥利康圆锥齿轮(等高齿)和格利森圆锥齿轮(圆弧非等高齿)啮合印痕的技术标准不尽相同，调整方法亦有所差异。前两种齿轮往往以移动主动圆锥齿轮调整啮合印痕，以移动从动圆锥齿轮调整啮合间隙，而对格利森齿轮的调整则无特殊的要求。

(1) 轴承预紧度的调整。主、从动锥齿轮轴的轴承，安装时都应具有一定的预紧力，以消除轴承多余的轴向和径向间隙，平衡一部分前、后轴承的轴向负荷，这对主、从动锥齿轮工作时保持正确的啮合和前、后轴承获得较为均匀的磨损，都是十分必要的。

① 主动锥齿轮轴承预紧度的调整。主动圆锥齿轮轴承预紧度的调整方法有两种：

- 通过增减调整垫片进行调整，如图 8-35 所示。如在两轴承之间隔套前装有轴承预紧度调整垫片3(参见图8-35(a))或在轴肩前有轴承预紧度调整垫片3(参见图8-35(b)),增减调整垫片的厚度即可改变两轴承内圈压紧后的距离,从而使轴承预紧度得到调整。预紧度是否符合要求,可用测量转动凸缘盘的力矩来判断,若所测得的力矩大于标准值,说明轴承的预紧度过大,应增加调整垫片的厚度。另外,也有的两轴承内圈之间的距离已定,在主减速器油封后面装有轴承预紧度调整垫片3(参见图8-35(c)),增减此垫片厚度即可改变两轴承之间的距离,以调整轴承预紧度。与此类似,有的汽车不用调整垫片,而是通过精选隔套长度来调整(参见图8-35(d))。

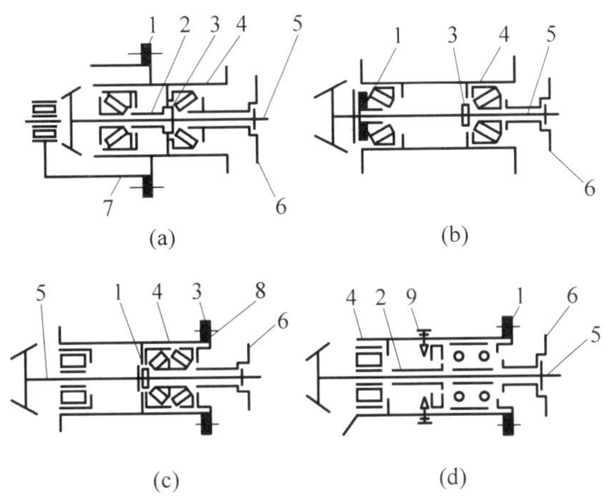

图8-35　主动锥齿轮轴承预紧度调整装置

1—主动锥齿轮啮合调整垫片；2—隔套；3—轴承预紧度调整垫片；4—主动锥齿轮轴承座；5—主动锥齿轮轴；6—凸缘叉；7—主减速器；8—油封盖；9—调整螺栓

• 用一个弹性隔套来调整主动锥齿轮轴承的预紧度,如图8-36所示。装配时,在前、后轴承内圈之间放置一个可压缩的弹性薄壁隔套,按规定力矩拧紧凸缘盘固定螺母时,隔套产生弹性变形,其张力自动适应对轴承预紧度的要求。但采用这种方法,因隔套的弹性衰退,每次都必须换用新的隔套。

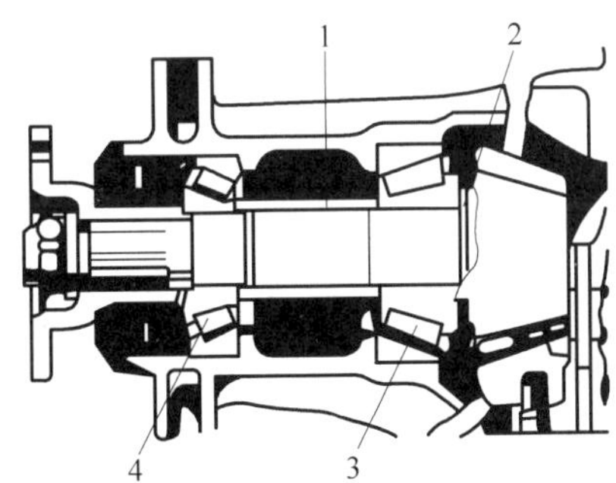

图8-36　主动锥齿轮轴承预紧度调整装置

1—弹性隔套；2—调整垫片；3—后轴承；4—前轴承

② 从动锥齿轮轴承预紧度的调整。从动锥齿轮轴承预紧度的调整因驱动桥的结构分为两种:

第一种单级主减速器。其从动锥齿轮固定在差速器壳上,从动锥齿轮轴承就是差速器轴承，调整从动锥齿轮轴承预紧度就是调整差速器轴承的预紧度。此外，双级主减速器差速器轴承预紧度的调整与此相同。

在图 8-37 中，差速器轴承两侧都有调整螺母。装配时，将差速器轴承外圈套在轴承上，将差速器总成装入差速器壳内，将两侧调整螺母装在座孔内的螺纹部分(螺纹一定要对好)，然后将两侧轴承盖对准螺纹后装复(左、右两轴承盖不得互换)，装好锁片用螺栓紧固轴承盖。

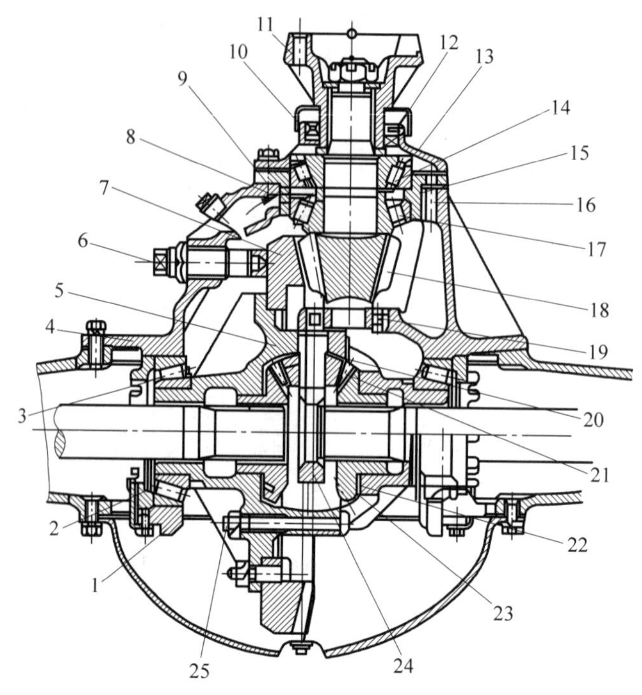

图 8-37 汽车单级主减速器

1—差速器轴承盖；2—轴承调整螺母；3、13、17—圆锥滚子轴承；4—主减速器壳；5—差速器壳；6—支承螺栓；7—从动锥齿轮；8—进油道；9、14—调整垫片；10—防尘罩；11—叉形凸缘；12—油封；15—轴承座；16—回油道；18—主动锥齿轮；19—圆柱滚子轴承；20—行星齿轮球面垫片；21—行星齿轮；22—半轴齿轮推力垫片；23—半轴齿轮；24—行星齿轮十字轴；25—螺栓

调整轴承预紧度时，慢慢转动两侧调整螺母，同时慢慢转动差速器总成，使轴承的滚柱处于正确位置。正确的预紧度可用转动差速器总成的力矩来衡量。预紧度调整后，应将调整螺母锁片锁住。

第二种双级主减速器。从动锥齿轮与二级减速的主动圆柱齿轮固定在同一根轴上，两端用轴承支承在主减速器壳上。轴承预紧度的调整可参照图 8-38，选择适当厚度的调整垫片 6 和 13，安装在主减速器与轴承盖之间。拧紧轴承盖紧固螺栓后，用转动从动圆锥齿轮的力矩来衡量预紧度是否合适。如所需力矩过大，说明预紧度过大，应增加垫片的厚度。

此外，有些汽车采用组合式桥壳，其从动锥齿轮轴承预紧度可通过轴承与差速器壳之间的垫片厚度来进行。增加垫片的厚度，轴承预紧度将增加。

(2) 主、从动锥齿轮啮合印痕与齿侧间隙的调整。锥齿轮副必须有正确的啮合印痕与齿侧间隙才能正常工作和达到正常的使用寿命。正确的啮合印痕与齿侧间隙是通过齿轮的轴向移动改变其相对位置来实现的，因此锥齿轮传动机构都有轴向位置调整装置，即啮合印

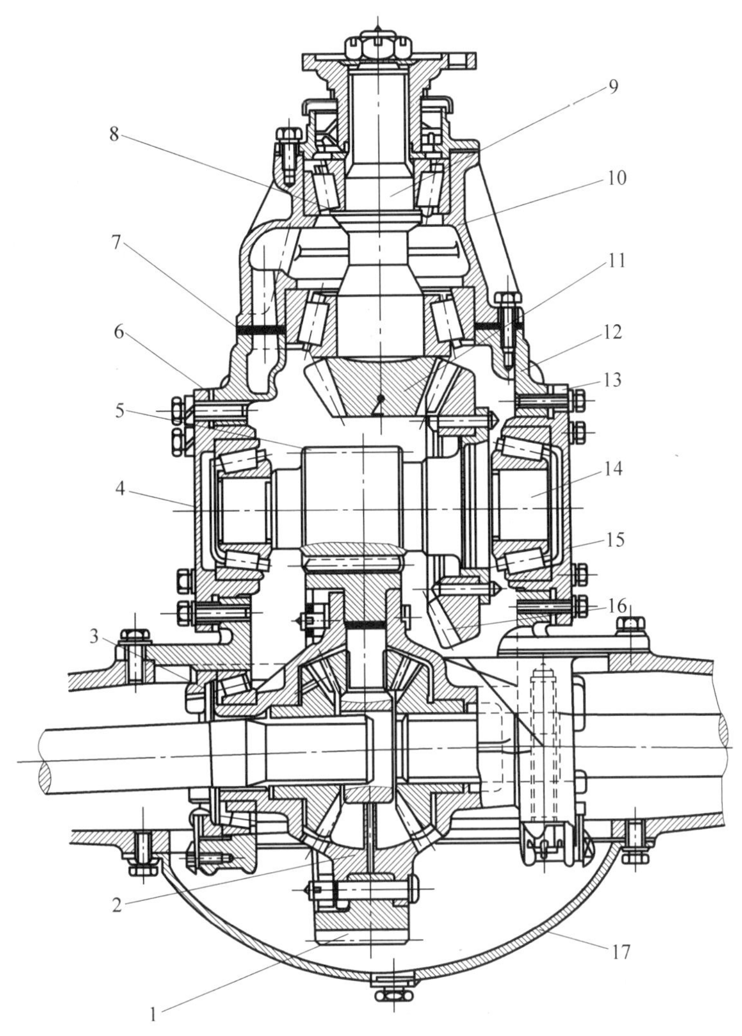

图 8-38　汽车双级主减速器

1—第二级从动齿轮；2—差速器；3—调整螺母；4、15—轴承盖；5—第二级主动齿轮；6、7、8、13—调整垫片；9—第一级主动齿轮轴；10—轴承座；11—第一级主动锥齿轮；12—主减速器；14—中间轴；16—第一级从动锥齿轮；17—后盖

痕与齿侧间隙调整装置。

对主、从动锥齿轮啮合印痕与齿侧间隙的调整要求是主、从动锥齿轮应沿齿长方向接触，其位置控制在齿轮的中部偏向小端，离小端端部 2～7mm，接触痕迹的长度不小于齿长的 50%，齿高方向的接触印痕应不小于齿高的 50%，一般应距齿顶 0.80～1.60mm(见图 8-39)，齿侧间隙为 0.15～0.50mm，但每一对锥齿副轮啮合间隙的变动量不得大于 0.15mm，齿侧间隙的测量方法可参见图 8-40。

如果主、从动圆锥齿轮的啮合印痕和齿侧间隙不符合要求时，应按如下的口诀进行调整：大进从、小出从；顶进主、根出主。按这种方法调整时，要注意保证齿侧间隙不得小于最小值。

实现齿轮位移的具体方法与车辆的结构有关。

① 主动圆锥齿轮的移动。

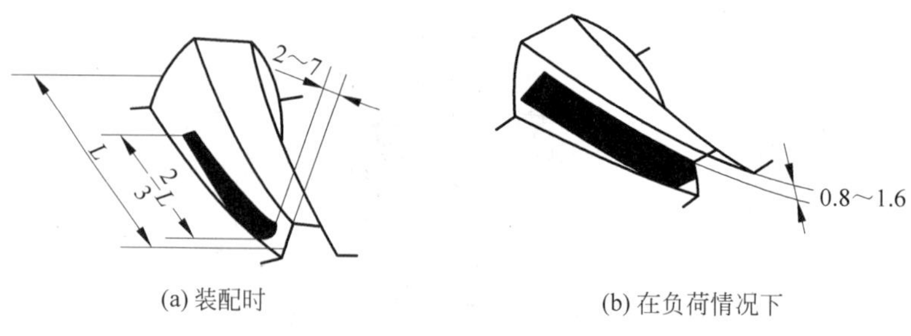

(a) 装配时

(b) 在负荷情况下

图 8-39 锥齿轮啮合印痕

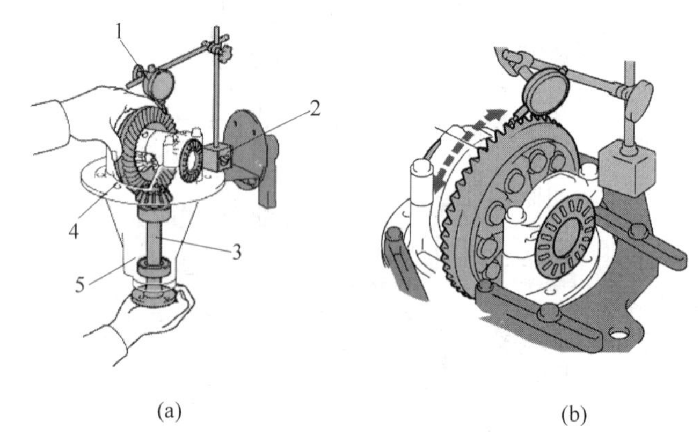

(a)

(b)

图 8-40 主从动齿轮啮合间隙检查

1—百分表；2—百分表座；3—主动锥齿轮轴；4—从动锥齿轮；5—外壳

- 通过增减主动锥齿轮轴承座与主减速器壳之间的调整垫片厚度来调整(见图 8-35(a)中的主动锥齿啮合调整垫片 1 所示)。当增减此垫片厚度时，就可实现主动锥齿轮轴向移动。
- 通过增减主动锥齿轮背面与轴承之间的调整垫片厚度来调整(见图 8-35(b)中的主动锥齿啮合调整垫片 1 所示)。这种结构若轴承预紧度调整垫片是靠在轴肩上的，则调整锥齿轮轴向移动的同时，也必须等量增减轴承预紧度的调整垫片。否则由于轴肩轴向位置的移动将改变已调好的轴承预紧度。该调整方式，每次调整都需将主动锥齿轮上的轴承压下来，维修调整不方便。
- 通过增减主动锥齿轮轴肩前面的调整垫片厚度来调整(见图 8-35(c)中的主动锥齿啮合调整垫片 1 所示)。
- 用调整螺栓配合调整垫片来调整(见图 8-35(d))。通过增减调整主动锥齿啮合调整垫片 1 并使前端锥度的调整螺栓 9 旋进或旋出，就可调整前轴承的轴向位置，也就调整了主动锥齿轮的轴向位置。

② 从动圆锥齿轮的移动。从动圆锥齿轮轴向位置的调整装置与轴承预紧度的调整装置是共享的。因此，在轴承预紧度调整好后，只需将左、右两侧的调整垫片从一侧调到另一侧(参见图 8-38)，或左、右侧的调整螺母一侧松出多少另一侧就等量紧进多少，可以在不改变轴承预紧度的前提下，改变从动圆锥齿轮的轴向位置(参见图 8-37)。

4. 驱动桥的磨合试验

驱动桥装合后，应按规定加注润滑油进行磨合试验。磨合转速一般为1 400～1 500r/min。在此转速下进行正、反转试验，各项试验的时间不得少于10min。

驱动桥装配后进行磨合试验的目的在于改善零件相配合表面的接触状况和检查修理装配的质量。驱动桥的修理和装配质量可从三个方面进行检验：齿轮的啮合噪声、轴承区的温度和渗漏现象。

在试验过程中，各轴承区温升不得超过25℃，齿轮的啮合不允许有敲击声和高低变化的响声，各结合部位不允许有漏油现象。试验后，应进行清洗并换装规定的润滑油。

8.4.2　驱动桥主要元件检测

1. 桥壳和半轴套管

主要检测检测项目如下。

(1) 桥壳和半轴套管不允许有裂纹存在。各部螺纹损伤不得超过2牙。

(2) 钢板弹簧座定位孔的磨损不得大于1.5mm，超限时先进行补焊，然后按原位置重新钻孔。

(3) 整体式桥壳以半轴套管的两内端轴颈的公共轴线为基准，两外端轴颈的径向圆跳动误差超过0.30mm时应进行校正，校正后的径向圆跳动误差不得大于0.08mm。

(4) 分段式桥壳以桥壳的结合圆柱面、结合平面及另一端内锥面为基准，轮毂的内外轴颈的径向圆跳动误差超过0.25mm时应进行校正，校正后的径向圆跳动误差不得大于0.08mm。

(5) 桥壳承孔与半轴套管的配合及伸出长度应符合原厂规定。如半轴套管承孔的磨损严重，可将座孔镗至修理尺寸，然后更换相应的修理尺寸的半轴套管。

2. 半轴

主要检测项目如下。

(1) 半轴应进行隐伤检查，不得有任何形式的裂纹存在。

(2) 半轴花键应无明显的扭转变形。

(3) 以半轴轴线为基准，半轴中段未加工圆柱体径向圆跳动误差不得大于1.3mm；花键外圆柱面的径向圆跳动误差不得大于0.25mm；半轴凸缘内侧端面圆跳动误差不得大于0.15mm。径向圆跳动超限，应进行冷压校正；端面圆跳动超限，可车削端面进行修正。

(4) 半轴花键的侧隙增大量较原厂规定不得大于0.15mm。

3. 主减速器壳

主要检测项目如下。

(1) 壳体应无裂损，各部位螺纹的损伤不得多于2牙，否则应更换。

(2) 差速器左、右轴承孔同轴度公差为0.10mm。

(3) 主减速器壳纵轴线对横轴线的垂直度公差：当纵轴线长度大于300mm时，其值为0.16mm；当纵轴线长度小于或等于300mm，其值为0.12mm。

纵、横轴线应位于同一平面(双曲线齿轮结构除外)，其位置度公差为0.08mm。

4. 主减速器锥齿轮副

(1) 齿轮工作表面不得有明显斑点、剥落、缺损和阶梯形磨损。

(2) 主动圆锥齿轮锥面的径向圆跳动公差为0.05mm；前后轴承与轴颈、轴承孔的配合应符合原生产厂家规定；从动锥齿轮的铆钉连接应牢固可靠；用螺栓连接的，连接螺栓的紧固应符合原生产厂家规定，紧固螺栓锁止可靠。

(3) 齿轮必须成对更换。

5. 差速器

主要检测项目如下。

(1) 差速器壳产生裂纹，应更换。

(2) 差速器壳与行星齿轮、半轴齿轮垫片的接触面应光滑、无沟槽。

(3) 行星齿轮、半轴齿轮不得有裂纹，工作表面不得有明显斑点、脱落和缺损。

(4) 差速器壳体与轴承、差速器壳与行星齿轮轴的配合应符合原生产厂家规定。

6. 滚动轴承

主要检测项目如下。

(1) 轴承的钢球(或柱)和滚道上不得有伤痕、剥落、严重黑斑或烧损变色等缺陷，否则应更换。

(2) 轴承架不得有缺口、裂纹、铆钉松动或钢球(或柱)脱出等现象，否则应更换。

8.4.3 驱动桥常见故障诊断

驱动桥的常见故障为驱动桥过热、异响和漏油等，下面介绍这些故障的故障原因及诊断排除方法。

1. 过热

(1) 故障现象。汽车行驶一段里程后，用手探试驱动桥壳中部或主减速器壳，有无法忍受的烫手感觉。

(2) 故障原因。驱动桥过热的主要原因是冷却不良或产生热量过多所致，其故障树如图8-41所示。

故障树
- 润滑油问题：油量、油品
- 装配问题
  - 齿轮配合
  - 轴承调整

图8-41 驱动桥过热故障树

具体故障原因如下。

① 齿轮油变质、油量不足或牌号不符合要求。

② 轴承预紧度过大或齿轮啮合间隙过小。

③ 止推垫片与齿轮背隙过小。

④ 油封过紧或各运动副、轴承润滑不良而产生干(或半干)摩擦。

(3) 故障诊断。驱动桥过热的诊断流程如图8-42所示。

故障诊断时，也可分情况分别检查驱动桥中各部分受热情况。

① 局部过热。油封处过热，则故障由油封过紧引起，更换合适的油封；轴承处过热，则故障由轴承损坏或调整不当引起，应更换损坏的轴承或调整轴承；油封和轴承处均不过热，则故障由止推垫片与齿轮背隙过小引起，应调整好背隙。

② 普遍过热。检查齿轮油面高度，若油面太低，则故障由油量不足引起，应将齿轮油加

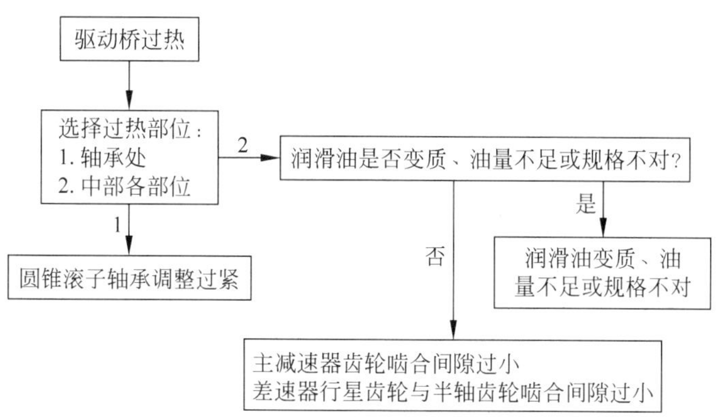

图 8-42 驱动桥过热常见故障原因的诊断流程

至规定高度；若油量充足，则应检查齿轮油规格、黏度或润滑性能，如检查结果不符合要求，则故障由齿轮油变质或牌号不符引起，应排尽原来的齿轮油，冲洗桥壳内部，换上规定型号的润滑油；若不是上述问题，则应检查齿轮啮合间隙。先松开驻车制动器，变速器置于空挡，然后轻轻转动主减速器的凸缘盘：若转动角度太小，则故障由主减速器齿轮啮合间隙太小引起；若转动角度正常，则故障由行星齿轮与半轴齿轮啮合间隙太小引起，应重新调整上述齿轮啮合间隙。

2. 异响

(1) 故障现象。驱动桥在运行时发出不正常的响声，可分为驱动时发出异响、滑行时发出异响及转弯行驶时发出异响等。

(2) 故障原因。驱动桥异响的主要原因是异常摩擦、配合松晃所致，其故障树如图 8-43 所示。

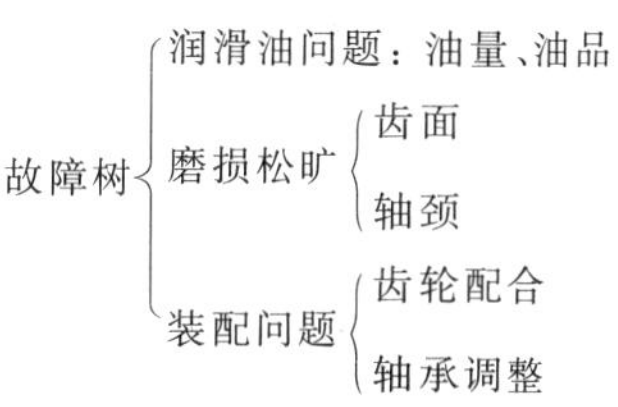

图 8-43 驱动桥异响故障树

具体故障原因如下。

① 齿轮油油量不足、油质变差，特别是油内有较大金属颗粒。

② 各类轴承损伤、严重磨损松旷或齿轮齿面磨损、点蚀、轮齿变形或折断。

③ 主减速器锥齿轮严重磨损、啮合面调整不当、啮合间隙不符合标准(太大或太小)，啮合间隙不均或未成对更换。

④ 差速器壳与十字轴和行星齿轮轴孔与十字轴配合松晃。

⑤ 半轴齿轮与行星齿轮啮合间隙不符合标准(过大或过小)或半轴齿轮与半轴花键配合松旷。

(3) 故障诊断。驱动桥异响的诊断流程如图 8-44 所示。

故障诊断思路如下。

① 汽车挂挡行驶、脱挡滑行均有异响。油量不足或油质、齿轮油型号不符合要求时，按规定高度加注齿轮油或更换齿轮油；主减速器或差速器轴承的预紧度不足时，按规定调整轴承的预紧度；若不是上述故障，则检查主减速器锥齿轮啮合间隙、轮齿变形、齿面磨损、齿面点蚀、轮齿折断，对此应酌情进行修理、调整或更换。

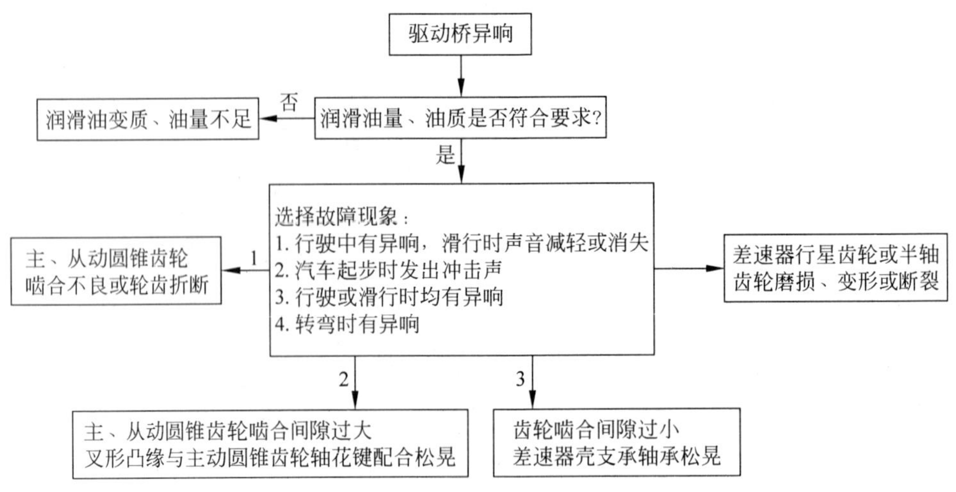

图 8-44 驱动桥异响常见故障原因的诊断流程

② 挂挡行驶有异响，脱挡滑行声响减弱或消失。故障一般由主减速器锥齿轮齿面的正面磨损严重、齿面损伤或啮合面调整不当等引起，而齿的反面技术状况良好，应酌情修复，调整或更换。

③ 转弯行驶有异响，直线行驶时声响减弱或消失。故障一般由半轴齿轮或行星齿轮的齿面严重磨损、齿面点蚀、轮齿变形或折断、行星齿轮轴磨损、半轴弯曲等引起，对损伤严重的齿轮、行星齿轮轴应予以更换，对弯曲的半轴进行校正或更换。

④ 汽车起步或突然换车速时发出“吭”的一声，或汽车缓速时发生“咔啦、咔啦”的撞击声，则故障由驱动桥内游动角度太大引起，应予以调整。

⑤ 若异响时有时无，或有时呈周期性变化，则故障一般由齿轮油中有杂物引起，应更换或滤清齿轮油。

3. 漏油

(1) 故障现象。从驱动桥加油口、放油口螺塞处或油封、各接合面处可见到明显漏油痕迹。

(2) 故障原因。具体故障原因如下。

① 加油口、放油口螺塞松动或损坏，通气孔堵塞。

② 油封磨损、硬化，油封装反，油封与轴颈磨成沟槽。

③ 接合平面变形、加工粗糙，密封衬垫太薄、硬化或损坏，紧固螺栓松动或损坏。

④ 桥壳有铸造缺陷或裂纹。

(3) 故障诊断。故障诊断思路如下。

① 检查加油口、放油口螺塞是否松动；密封垫是否损坏；通气孔是否堵塞。对松动的螺塞按规定力矩拧紧或更换密封垫。对堵塞的通气孔进行疏通。

② 检查油封是否磨损，损坏或装反，对磨损、损坏的予以更换，对装反的油封重新安装。

③ 检查桥壳，视情况进行修理或更换。

小 结

本单元主要介绍了汽车传动系的离合器、变速器、万向传动装置、驱动桥等各总成的基本维护、主要元件检修方法，并对各总成的一些常见故障诊断进行了分析。重点应掌握各总成的日常维护的方法，熟悉各总成主要元件的检测方法。

复 习 题

1. 用故障树分析法分析离合器打滑的故障原因。
2. 用故障树分析法分析变速器换挡困难的故障原因。
3. 主减速器装配时有哪些调整项目？
4. 用故障树分析法分析驱动桥过热的故障原因。

单元9

行驶系故障诊断与维修

◎ **知识目标**

(1) 能够描述轮胎异常磨损的故障原因。

(2) 能够描述行驶平顺性不良的故障原因。

(3) 能够描述车身横向倾斜的故障原因。

◎ **技能目标**

(1) 能够按规范进行车轮轮胎的日常维护。

(2) 能够按规范进行悬架主要元件的检测。

(3) 能够按规范进行轮毂轴承的检查。

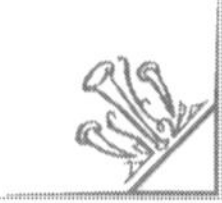

汽车行驶系是汽车底盘的重要组成部分。行驶系由车轮、车桥、悬架和车架组成,如图 9-1 所示。

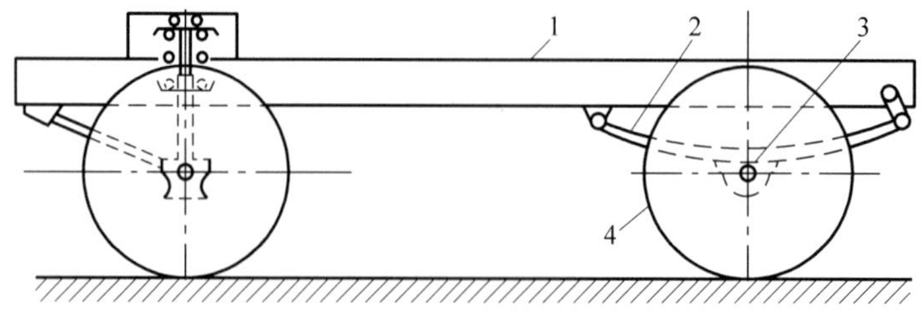

图 9-1　汽车行驶系组成示意图

1—车架;2—悬架;3—车桥;4—车轮

车轮包括轮胎和轮辋(也称为“钢圈”),它支承整个车辆,传递汽车和路面之间的一切作用力,也可缓和路面冲击;车桥有多种类型,转向桥通过适当的车辆定位,可使车辆行驶更稳定,并配合转向系实现转向功能;悬架包括弹性元件、减振器、导向装置和横向稳定杆,能缓和路面冲击、衰减车身振动,控制车轮跳动轨迹,提高车辆行驶稳定性和舒适性;车架是整个车辆的安装基体。

车辆行驶中,若车轮使用、维护不当,将造成轮胎异常磨损。若悬架出现问题,将车辆行驶的稳定性、舒适性下降。

9.1　行驶系使用与维护

行驶系的使用与维护主要包括轮胎的正确使用、车轮的日常维护(包括车轮换位、车轮动平衡)、车轮定位等。

1. 轮胎的正确使用

轮胎的合理使用是延长其使用寿命的根本途径。只有合理使用轮胎,才能防止轮胎的异常磨损和损坏,提高轮胎的使用寿命。

(1) 保持轮胎气压正常。轮胎的气压是决定轮胎使用寿命和工作好坏的重要因素。轿车轮胎气压一般在 2.1～2.3bar,气压过高或过低都会影响轮胎的使用寿命和性能。

当轮胎气压过低时,造成胎冠部向内凸起,胎肩部位磨损加剧(见图 9-2(c))。由于轮胎变形大,轮胎帘布层中的帘线应力增加,使得轮胎温度升高,加速橡胶老化和帘布与橡胶脱层,帘布松散,甚至帘线折断。此外,轮胎气压过低,会使滚动阻力增大,燃料消耗增加。但是,轮胎气压略低,也有利于提高转向轮的方向稳定性。

轮胎气压过高时,造成轮胎的胎冠部位向外凸起,胎冠磨损加剧(见图 9-2(b))。由于轮胎的橡胶、帘布等材料过度拉伸,气压高使轮胎刚性增加,一旦遇到冲击,极易造成轮胎的爆破。但是,轮胎气压略高,有利于降低行驶阻力,节约燃料。

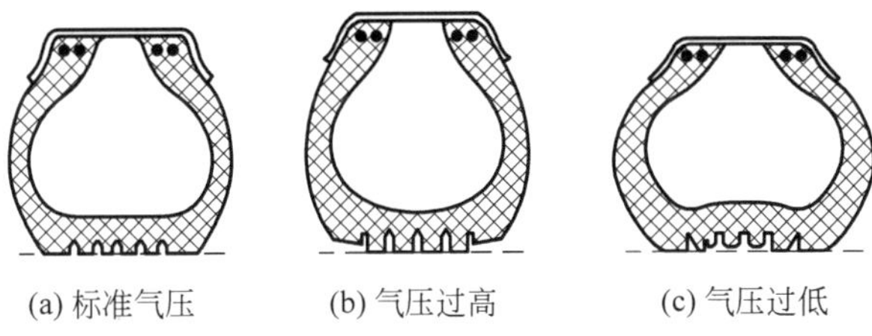

(a) 标准气压　(b) 气压过高　(c) 气压过低

图 9-2　轮胎气压不当的影响

保持轮胎气压的关键是定期检查轮胎气压。检查轮胎气压,不能凭借经验,必须在轮胎处于冷状态下,使用轮胎气压表进行检查。

(2) 防止轮胎超载。轮胎承受的负荷较大时,使用寿命将缩短。轮胎超载后,帘布和帘线应力增大,容易造成帘布与橡胶脱层和帘线松散、折断,同时因为变形加大使轮胎接地面积增加,致使轮胎胎肩磨损加剧;轮胎超载后,变形加大使轮胎温度升高,一旦遇到障碍物时,还易引起轮胎爆破。

防止轮胎超载的关键是按标定的容载量载货载客,不得超载。另外更需要注意货物装载的平衡，否则易造成偏载后的局部超载。

(3) 合理搭配轮胎。合理搭配轮胎的目的是使整个汽车上的几条轮胎尽量磨损一致，使其同等寿命。搭配轮胎的原则如下：全车尽量使用同一品牌同一规格的轮胎；装用成色不同的轮胎时，前轮尽量使用较好的轮胎。

(4) 合理驾驶。合理驾驶车辆，直接影响了汽车的使用寿命。驾驶时，应避免紧急起步、紧急加速、紧急制动、紧急转弯等粗暴使用状况，避免在不良路面上行驶。

2. 轮胎的日常维护

(1) 一级维护。一级维护中的轮胎作业包括以下项目。

① 紧固轮胎螺母，检查气门嘴是否漏气、气门帽是否齐全，如发现损坏或缺少应立即修理或补齐。

② 挖出轮胎夹石和花纹中的石子、杂物，如有较深伤洞应用生胶填塞。特别是子午线胎，刺伤后若不及时修补，水汽进入胎体锈蚀钢丝帘线，会造成早期损坏。

③ 检查轮胎磨损情况，如有不正常磨损或起鼓、变形等现象，应查找原因，予以排除。

④ 如需检查外胎内部，应拆卸解体，如有损伤应及时修补。

⑤ 检查轮胎搭配和轮辋、挡圈、锁圈是否正常。

⑥ 检查轮胎(包括备胎)气压，并按标准补足。

⑦ 检查轮胎有无与其他机件刮碰现象，备胎架是否完好、紧固，如不符合要求，应予维修或更换。

⑧ 必要时(如单边偏磨严重)应进行一次轮胎换位，以保持胎面花纹磨耗均匀。

(2) 二级维护。二级维护中除执行一级维护的各项作业外，还应进行下列项目。

① 拆卸轮胎，按轮胎标准测量胎面花纹磨耗、周长及断面宽的变化，作为换位和搭配的依据。

② 轮胎解体检查，包括以下内容。

- 胎冠、胎肩、胎侧及胎内有无内伤、脱层、起鼓和变形等现象。
- 内胎、垫带有无咬伤、折皱现象，气门嘴、气门芯是否完好。
- 轮辋、挡圈和锁圈有无变形、锈蚀，并视情涂漆。
- 轮辋螺栓承孔有无过度磨损或损裂现象。

③ 排除解体检查所发现的故障后，进行装合和充气。

④ 高速车应进行轮胎的动平衡试验。

⑤ 按规定进行轮胎换位。

⑥ 发现轮胎有不正常的磨损或损坏，应查明原因，予以排除。

3. 轮胎换位

(1) 按时换位可使轮胎磨损均匀，约可延长轮胎20%的使用寿命。应结合车辆二级维护定期对轮胎进行换位。在路面拱度较大的地区或夏季，轮胎磨损差别较大，可适当增加换位次数。

(2) 轮胎换位方法常用的有交叉换位法、循环换位法和单边换位法，如图9-3和图9-4所示。

子午线轮胎的旋转方向应始终不变。若反向旋转，会因钢丝帘线反向变形而产生振动，使汽车平顺性变差，所以一些轿车使用手册推荐使用单边换位法。

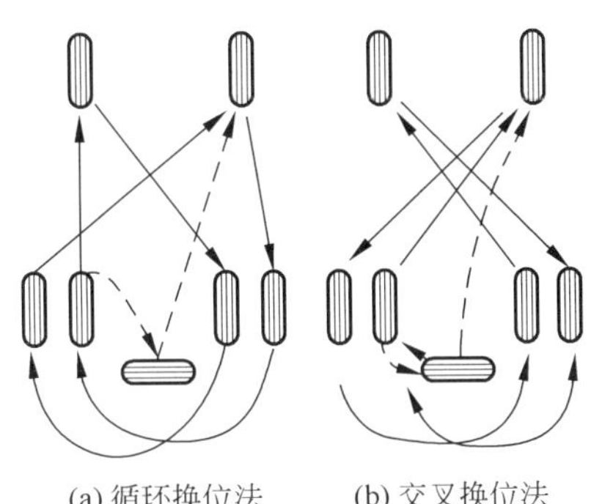

图 9-3 六轮二桥汽车轮胎换位法

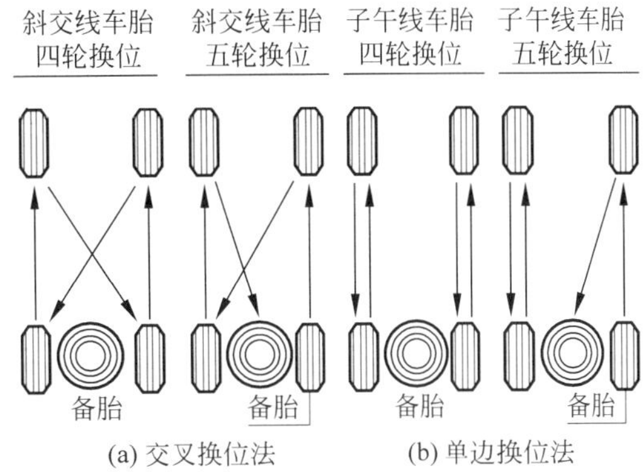

图 9-4 四轮二桥汽车轮胎换位法

(3) 轮胎换位后，应按所换的胎位要求，重新调整气压。

(4) 轮胎换位后须做好记录，下次换位仍要按上次选定的换位方法换位。

4. 车轮动平衡

(1) 车轮不平衡的危害。汽车车轮是旋转构件。如果车轮不平衡，在高速行驶时会引起车轮上下跳动和横向偏摆，这不仅影响汽车乘坐舒适性，而且使驾驶员难以控制行驶方向，以及汽车制动性能变差，影响行车安全。车轮不平衡还会大大增加各部件所受的力，加大轮胎的磨损和行驶噪声等。因此，汽车在使用和维修中必须进行车轮平衡试验和校准。

(2) 车轮不平衡的原因。造成车轮不平衡的原因主要是车轮质量分布不均匀造成的，包括两个方面：其一，车轮在圆周方向上质量分布不均匀，这将造成车轮高速旋转时上下跳动；其二，车轮在轮胎中心平面两侧质量分布不均匀，这将造成轮胎在高速旋转时横向偏摆。

具体原因如轮胎产品质量欠佳，翻新胎、补胎、胎面磨损不均匀及在外胎与内胎之间垫带等；轮辋、制动鼓变形；轮毂与轮辋加工质量不佳，如中心不准、轮胎螺栓孔分布不均、螺栓质量不佳等。

(3) 车轮动平衡试验的方法。车轮的动平衡试验有离车式和就车式两种方法，维修厂一般采用离车式。

利用离车式车轮动平衡机对车轮进行动平衡检测时，需将车轮从车上拆下。如图 9-5 所示为常见的车轮动平衡机。该动平衡机主要由驱动装置、转轴与支承装置、显示与控制装置、制动装置及防护罩组成。图 9-6 为离车式车轮动平衡机显示与控制装置面板。

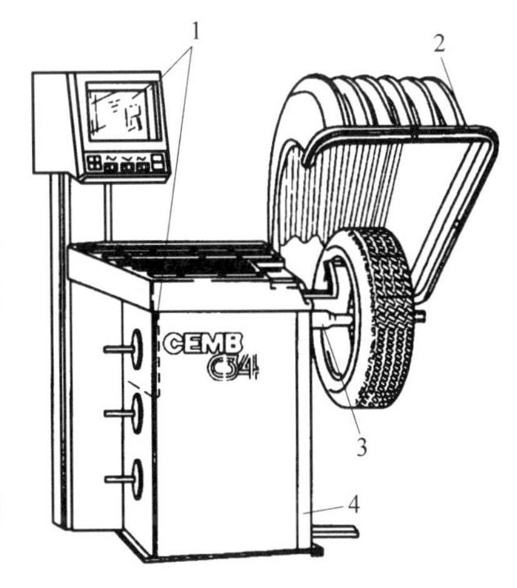

图 9-5 离车式车轮动平衡机

1—显示与控制装置；2—车轮防护罩；3—转轴；4—机箱

离车式车轮动平衡机的使用方法如下。

① 对被测车轮进行清洗，去掉泥土、砂石，拆掉旧平衡块。

② 检查轮胎气压，并充气至规定气压值。

③ 根据轮辋中心孔的大小选择锥体，将车轮安装于平衡机上。

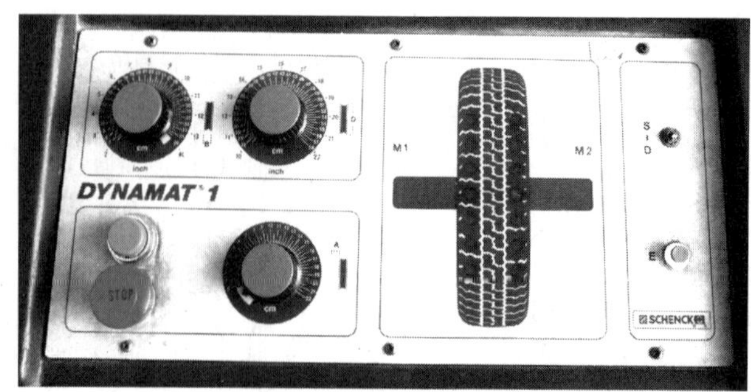

图 9-6 离车式车轮动平衡机显示与控制装置面板

④ 打开电源开关，检查指示装置是否指示正确。

⑤ 输入轮辋直径 d、宽度 b，测出轮辋边缘到机箱之间的距离并输入 a，如图 9-7 所示。

⑥ 放下防护罩，按下启动键，开始测量。

⑦ 车轮自动停转后，从指示装置读出车轮内、外动不平衡量和位置。

⑧ 抬起车轮防护罩，用手慢慢旋转车轮，当动平衡机指示装置发出信号时，停止转动车轮。

⑨ 根据动平衡机显示的动不平衡量，在轮辋内侧或外侧的上部(时钟 12 点位置)边缘加装平衡块。内、外侧要分别进行，平衡块要装卡牢固。

⑩ 重新启动动平衡机，进行动平衡试验，直至动不平衡量小于 5g，机器显示“00”或“OK”时为止。

⑪ 取下车轮，关闭电源，测试结束。

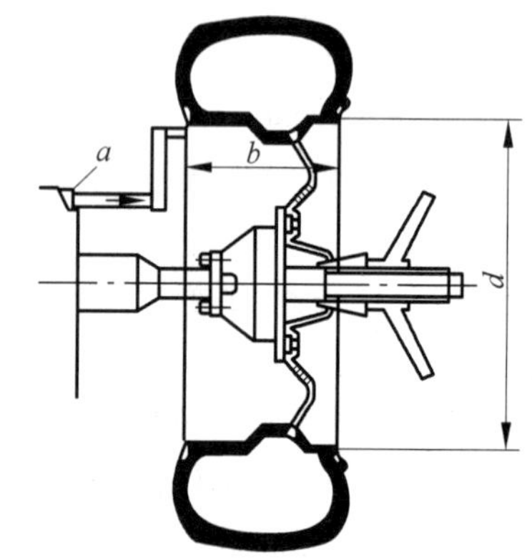

图 9-7 车轮在平衡机上的尺寸测量

a—轮辋边缘到机箱的距离；b—轮辋宽度；d—轮辋直径

(4) 车轮动平衡检测时机。车轮一般在下列情况下需要进行动平衡试验：汽车厂家出厂时；拆装轮胎后；异常磨损时；存在跑偏现象；存在高速抖车现象；定期维护。

定期维护时，一般间隔里程数为 1 万千米。

5. 车轮定位

汽车车轮(转向轮)定位包括前束、车轮外倾、主销内倾和主销后倾四个参数，在运行中，主销内倾、后倾及车轮外倾的调整，必须用检验设备。这里仅介绍车轮前束的测量与调整。

(1) 前束测量方法。该方法介绍如下。

① 将被测汽车停置在平坦场地上，并使左右转向车轮呈直驶位置。

② 用千斤顶支起转向桥，在胎冠表面以粉笔涂敷，转动车轮用金属划针画出胎冠中心线。

③ 放松千斤顶，使转向车轮着地(此时左右转向车轮仍应保持直驶位置)。

④ 将前束尺置于被测量车轮的前方，尺杆与车桥平行，调整两指针使尖端距离地面垂直高度等于被测车轮的半径值，如图 9-8 所示。旋转游标尺使之与标尺对准零位，松开活动尺杆的固定螺钉，调整尺杆长度，使两指针分别指至被测车轮的胎冠中心线处，但有的车是

测量胎侧，然后将尺杆固定。

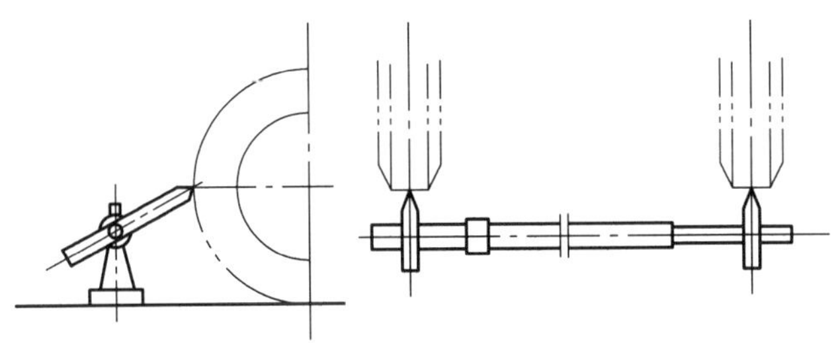

图 9-8　前轮前束的测量

⑤ 将前束尺移至被测车轮的后方，使前束尺固定指针至一只车轮的胎冠中心线，旋转游标尺带动活动指针移动。当活动指针尖端指至另一只车轮的胎冠中心线上时，标尺上的读数即为被测车轮的前束值。应该注意的是：游标尺如果向外移动(即增加两指针距离)，前束值为正；若游标尺向内移动(即缩短两指针距离)，则前束值为负。

对有的前束值不大的车型的车轮前束均为 2～4mm，这样小的数值，要应用精度高的仪器来测定，并规定统一的测量部位。

(2) 前束的调整方法。调整时汽车应停在平整场地上，顶起前轴，使车轮处于直线行驶位置，松开横拉杆上的锁紧螺母，用管钳转动横拉杆用以改变横拉杆的长度的方法即可调出所需的前束数值，如图 9-9 所示。

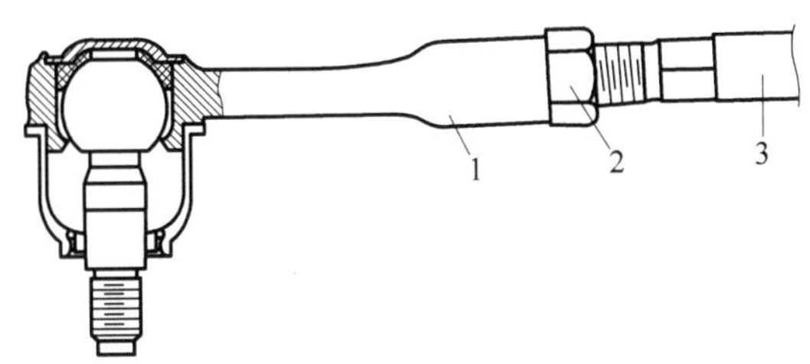

图 9-9　前束调整

1—横拉杆球头；2—锁紧螺母；3—横拉杆

注意：*在调整时，左、右横拉杆应转过相等的角度，并确保左、右横拉杆的长度相同。*

调整时可在左右轮胎的胎面的花纹中心线处做一“十”字记号，在前轴正前方测得两轮胎“十”字记号之间的距离值(B)，然后将记号转到正后方测得距离值(A)，前束值即为 A、B 两数差值($A-B$)。调整好后，将锁紧螺母拧紧。

前束调整完毕后，在检测线上车辆侧滑量应小于 5m/km。

9.2　行驶系主要元件的检修

9.2.1　车架与车桥检修

1. 转向节与前轴检查与调整

(1) 耗损检查。检视转向节和前轴是否存在损伤、裂纹和变形，转向节轴端螺纹与螺母的配合是否良好。转向节轴外端螺纹损坏应不超过两牙。检查裂纹最好使用电磁和超声波探伤仪。无该设备时,可采用铜锤敲击法进行检查。

(2) 间隙检查及调整。检查转向节主销与衬套的配合间隙。该间隙一般不能超过0.15~0.20mm。一般不解体的检查方法是:将车轮顶起,在前轴上夹持一个百分表,使其触针水平抵住制动底板下部,此时将百分表调到零位。然后放下被顶起的车轮,使其着地,此时百分表中读数的一半就是转向节主销与衬套的配合间隙值。

转向节与前轴的轴向间隙可通过在转向节与前轴间增减调整垫片的方法进行调整。

间隙的检查也可采用经验法进行判断:将车辆举升,用手抓住转向节,晃动,查看是否有松旷的感觉。

2. 前轮轮毂轴承的检查

车轮应能灵活地在轮毂轴承上旋转而无卡滞,轴向松动量不能过大或过小。过大,容易产生松旷、异响,一般是由于车轮轮毂轴承间隙过大或转向节衬套磨损产生的;轴向松动量过小,容易使车轮旋转卡滞发热。检查时,应先调整车轮轮毂轴承间隙。

检查时,将一只手放在轮胎上面,而另一只手放在轮胎下面,紧紧地推拉轮胎以便检查是否有任何摆动,如图9-10所示。用手转动轮胎,检查其是否能够无任何噪声地平稳转动。

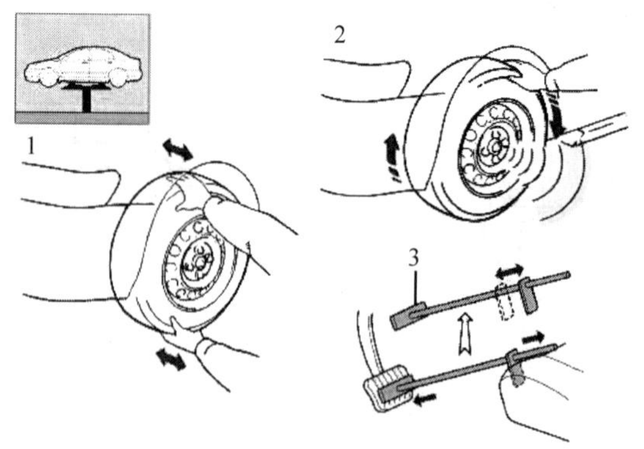

图9-10 轮毂轴承检查

1—摆动检查;2—旋转检查;3—制动踏板压器

提示:如果出现摆动时,压下制动踏板再次检查其行程。若不再摆动,应为车轮轴承故障;若仍然摆动,可能是球节、主销或者悬架问题。

也可用百分表进一步检查,以丰田轿车CAMRY为例,方法如下:拆卸前轮,分离前盘式制动器制动卡钳总成,拆卸前制动盘,将百分表指针装于车桥轮毂中心周围处,确保百分表指针与所要测量的表面成直角,推拉轮毂,如图9-11所示,百分表读数最大值应小于0.05mm,否则,应更换轴承。

9.2.2 车轮与轮胎检修

具体内容参见9.1节中轮胎的日常维护部分,此处不再赘述。

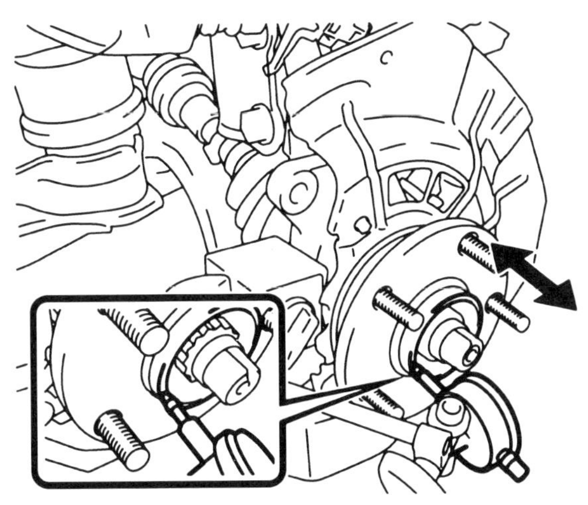

图 9-11 检查轮毂轴承松动量

9.2.3 悬架检修

1. 弹性元件

(1) 钢板弹簧。钢板弹簧失效的形式有钢片断裂、弹力减弱和磨损。

检修时,可采用直观检视法。如发现钢板弹簧钢片存在裂纹、折断、厚度明显变薄,则更换新件。检查钢片弹力时,可测量钢片在自由状态时的弧高,与新片相比,不小于 10mm,否则应更换。检查钢片磨损时,可测量钢板弹簧的总厚度,与新件相比,总厚度不小于 5mm,否则应更换。

(2) 螺旋弹簧。螺旋弹簧失效的主要形式是弹力减弱。

检修时,可目视螺旋弹簧,检查是否存在弯曲、裂纹,若有应更换。测量螺旋弹簧的自由高度,若比标准高度少 5%以上,应更换。

更换时,螺旋弹簧应左右同时更换,否则会造成左右悬架性能不平衡。

(3) 空气弹簧和油气弹簧。空气弹簧和油气弹簧的失效形式主要是气体或油液的泄漏。检修时,可通过直观检视法来完成。

2. 筒式减振器

筒式减振器的失效形式主要有泄漏、变形、上端轴承损坏、橡胶挡块损坏等。

检修时,可通过直观检视法,查看减振器是否存在漏油现象。也可对减振器进行性能试验,其拉伸阻力应大于压缩阻力,否则说明减振器内部损坏。减振器上端轴承与橡胶挡块应进行拆检。

压缩和拉伸减震器多次,减振器应无异常阻力或声音,运行阻力应正常,否则应更换。

3. 导向装置与横向稳定杆

导向装置与横向稳定杆的失效形式主要是杆件变形、橡胶套筒损坏或老化等。

检修时,可通过直观检视法,对杆件进行目视检查,若有变形,应进行校正或更换。举升车辆,双手抓住杆件并晃动,检查是否有松旷,若有,则应更换相应的橡胶套筒。

对于横摆臂、横向稳定杆连接杆,其连接球头易磨损,维护时应注意检查其转动情况是否正常，并检查其防尘套是否损坏。以丰田轿车 CAMRY 前横向稳定杆连杆为例，检查方法如下。

(1) 用铝板将前稳定杆连杆总成固定到台钳中，如图 9-12 所示。

(2) 将球头锁紧螺母安装到前稳定杆连杆总成双头螺栓上。

(3) 用扭矩扳手以 1r/(3～5)s 的速度连续转动螺母，读取第 5 圈的扭矩值。转动扭矩应为 0.05～2.0N·m。如果转动扭矩不在规定范围内，应更换一个新的前稳定杆连杆总成。

(4) 检查防尘罩是否裂开以及是否具有润滑脂。

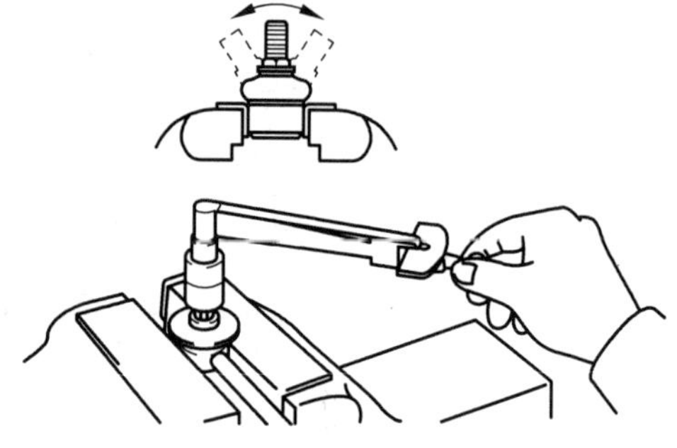

图 9-12　球头运转情况检查

9.3　行驶系常见故障诊断

行驶系的常见故障主要包括轮胎异常磨损、行驶平顺性不良、车身横向倾斜、行驶无力和行驶跑偏。常见故障部位有减振器、前轮定位、轮胎动平衡、杆系连接处以及驱动桥的齿轮、轴承等。行驶无力和行驶跑偏属于底盘综合故障，因此不在此处阐述。

9.3.1　轮胎异常磨损

轮胎的常见故障是轮胎异常磨损。

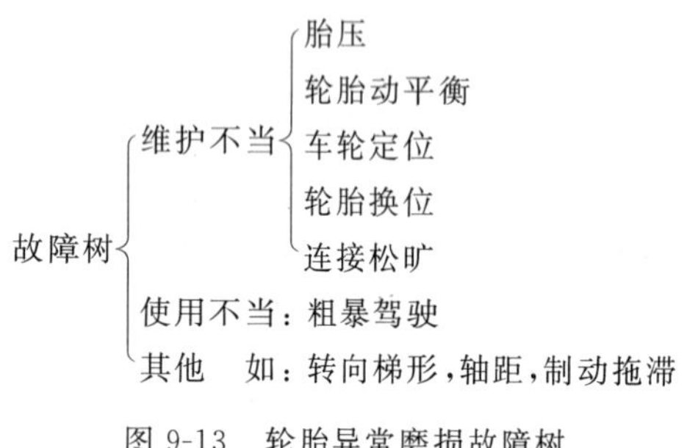

图 9-13　轮胎异常磨损故障树

1. 故障现象

轮胎磨损速度加快，胎面出现不正常的磨损形状。

2. 故障原因

轮胎异常磨损的故障树如图 9-13 所示。

造成轮胎异常磨损的具体原因主要如下。

① 轮胎气压不符合要求或轮胎质量不佳或车轮螺栓松动。

② 轮胎长期未换位或汽车经常行驶在拱度较大的路面上。

③ 前轮定位不正确或前轮旋转质量不平衡。

④ 纵横拉杆、轮毂轴承松旷或转向节与主销松旷。

⑤ 钢板弹簧 U 形螺栓松旷或钢板弹簧衬套与销松旷。

⑥ 经常超载、偏载、起步过急、高速转弯或制动过猛。

⑦ 转向梯形不能保证各车轮纯滚动，出现过度转向。

⑧ 前轴与车架纵向中心线不垂直或车架两边的轴距不等。

⑨ 前梁或车架变形。

⑩ 前轮放松制动回位慢或制动拖滞。

3. 故障诊断

轮胎异常磨损的诊断，应根据轮胎磨损的现象，凭经验确定故障原因，具体可参见表 9-1，然后针对故障原因加以排除。

表 9-1　轮胎异常磨损的特征及原因

特　　征	原　　因	特　　征	原　　因
胎冠过度磨损	气压过高	单边磨损	前轮外倾角失准，后桥壳变形
胎肩过度磨损	气压过低	杯形（贝壳形）磨损	悬挂部件和连接车轮的部件（球节、车轮轴承、减振器、弹簧衬套等）磨损，车轮不平衡
锯齿（羽毛）状磨损	前束失准主销衬套或球节松旷	第二道花纹过度磨损（只出现在子午线胎上）	轮辋太窄而轮胎太宽，不配套

9.3.2　行驶平顺性不良

1. 故障现象

汽车行驶时出现振动，加速时出现窜动，驾乘人员感觉很不舒服。

2. 故障原因

行驶平顺性不良的故障树如图 9-14 所示。

造成行驶平顺性不良的原因主要有以下方面。

① 前稳定杆卡座松旷或橡胶支承损坏。

② 车轮动平衡超标。

③ 减振器或缓冲块失效。

④ 传动轴动不平衡。

⑤ 钢板弹簧支架衬套磨损松旷。

⑥ 车轮轴承松旷或转向横拉杆球头松旷。

⑦ 钢板弹簧 U 形螺栓滑牙或松动。

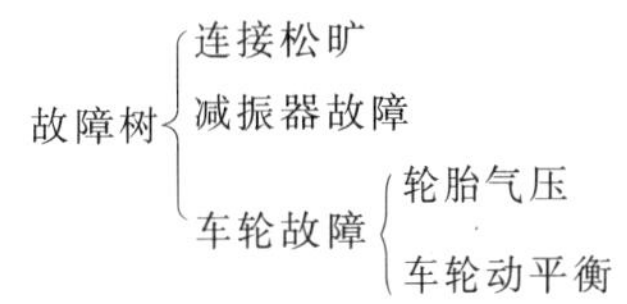

图 9-14　行驶平顺性不良故障树

⑧ 发动机横梁和下摆臂的固定螺栓或衬套松旷。
⑨ 半轴内外万向节磨损松旷。
⑩ 轮胎气压过高、磨损不均。

3. 故障诊断

汽车行驶平顺性不良故障的诊断流程如图 9-15 所示。

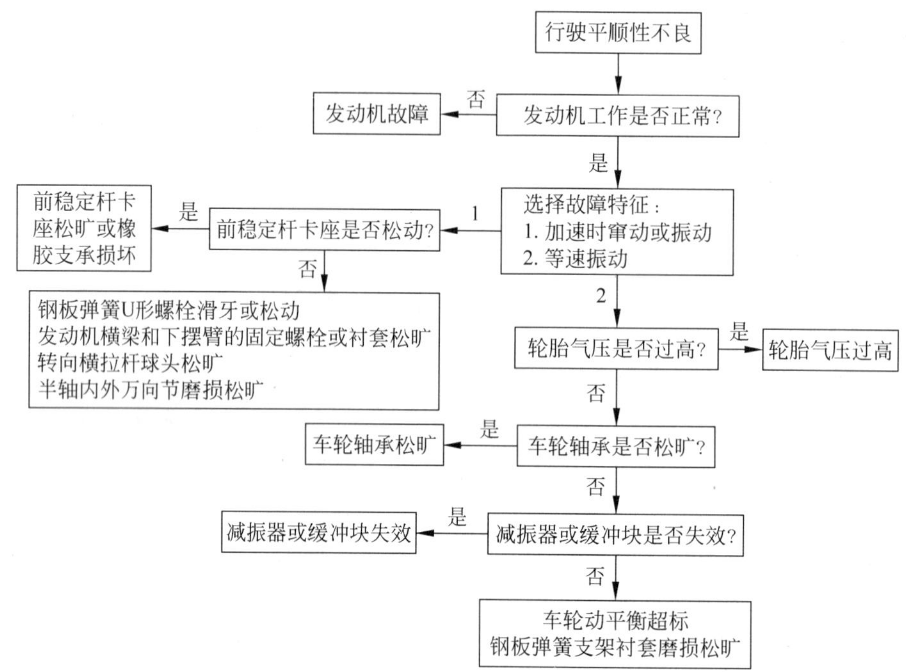

图 9-15 行驶平顺性不良常见故障原因的诊断流程

9.3.3 车身横向倾斜

1. 故障现象

汽车车身左高右低或左低右高，出现倾斜。

2. 故障原因

车身横向倾斜的主要原因有以下方面。
① 左右轮胎气压不一致。
② 左右轮胎规格不一致。
③ 悬架弹簧自由长度或刚度不一致。
④ 下摆臂变形。
⑤ 发动机横梁和下摆臂的固定螺栓或衬套松旷。
⑥ 减振器或缓冲块损坏。
⑦ 发动机横梁变形。
⑧ 车身变形。

3. 故障诊断

诊断时，可先检查左右轮的气压、规格是否一致，再检查悬架、车身等部位，确定故障位置。车身横向倾斜故障的诊断流程如图 9-16 所示。

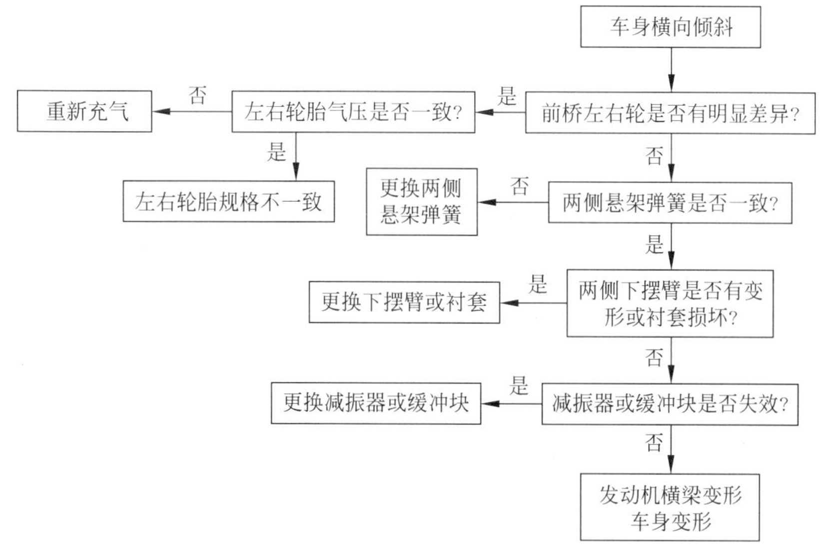

图 9-16 车身横向倾斜常见故障原因的诊断流程

小 结

本单元主要介绍了轮胎的正确使用方法、车轮的日常维护项目，并对车轮换位、车轮动平衡、前束的检测与调整进行了详细介绍；还介绍了车架与车桥、悬架主要元件的检修方法；最后对轮胎异常磨损、行驶不平顺、车身横向倾斜三个故障的原因及诊断进行了分析。重点应掌握车轮与轮胎的使用与维护方法，熟悉轮胎异常磨损的故障原因。

复 习 题

1. 轮胎的正确使用包括哪些内容？
2. 简述离车式车轮动平衡机的使用方法。
3. 用故障树分析法分析轮胎异常磨损的故障原因。

单元10

转向系故障诊断与维修

◎ **知识目标**

(1) 能够描述转向沉重的故障原因及诊断流程。

(2) 能够描述转向盘行程自由过大的故障原因。

(3) 能够描述转向轮抖动的故障原因。

◎ **技能目标**

(1) 能够按规范进行转向系主要元件的检测。

(2) 能够按规范进行转向系常规项目的检测。

汽车转向系的作用是用来改变或恢复汽车的行驶方向,以保证汽车按驾驶员意图方向行驶。

按转向动力源的不同,汽车转向系分为机械转向系和动力转向系两大类。动力转向系按控制方式的不同,又可分为普通动力转向系统和电控动力转向系统。电控动力转向系统可分为液压式和电动式两种。

汽车转向系包括转向操纵机构、转向器和转向传动机构三个基本部分。机械转向系以驾驶员的体力(手力)作为转向动力,其中所有传力件都是机械的。动力转向系是在机械转向系的基础上加设一套转向助力装置而形成的。

转向操纵机构是驾驶员操纵转向器的工作机构,主要有转向盘、转向轴、转向管柱等组成,如图 10-1 所示。转向器有齿轮齿条式、循环球式、蜗杆曲柄指销式三种类型,目前轿车上主要使用齿轮齿条式。转向器能将转向盘的转动变为转向摇臂的摆动或齿条轴的直线往复运动,并对转向操纵力进行放大的装置。转向传动机构一般包括转向摇臂、转向直拉杆、转向节臂、梯形臂、转向横拉杆等杆件,转向传动机构能将转向器输出的力和运动传给车轮(转向节),并使左右车轮按照一定关系进行偏转。

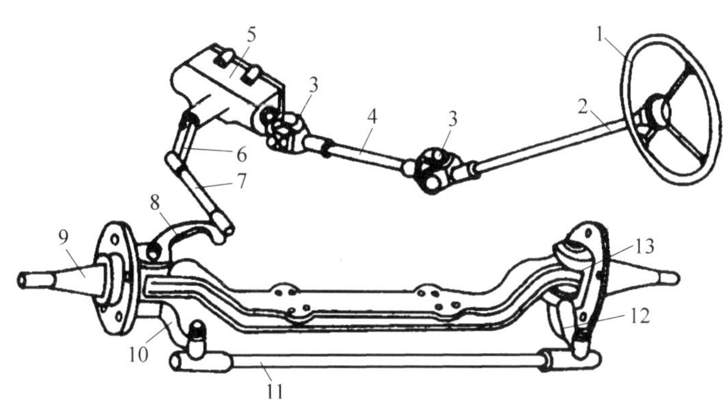

图 10-1　汽车转向系组成及布置

1—转向盘；2—转向轴；3—转向万向节；4—转向传动轴；5—执行器；6—转向摇臂；7—转向直拉杆；8—转向节臂；9—左转向节；10、12—梯形臂；11—转向横拉杆；13—右转向节

汽车动力转向系大部分采用了液压式电控动力转向系统，它是在普通液压动力转向系的基础上增加了一套电控系形成的，普通液压动力转向系由机械转向器、转向控制阀、转向动力缸、转向油泵和油管等组成，如图 10-2 所示。

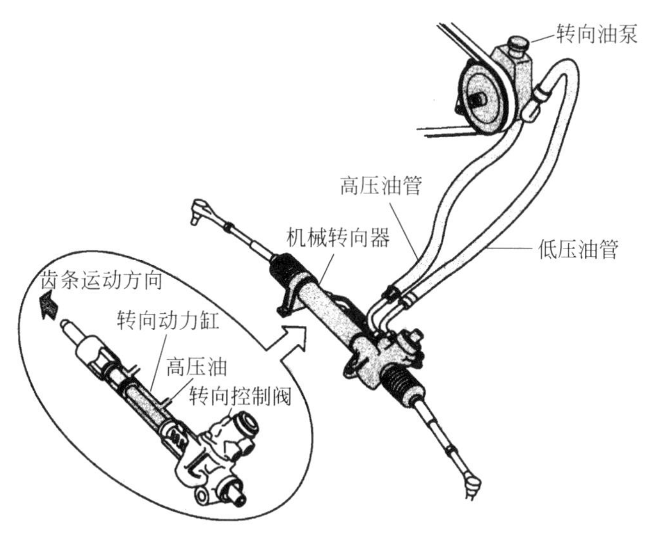

图 10-2　普通动力转向系的基本组成

10.1　转向系的检修

动力转向系建立在机械转向系的基础之上。因此，下面分别对机械转向系和动力转向系的检修进行介绍。

10.1.1　机械转向系检修

1. 主要元件的检修

(1) 转向器及转向操纵机构。转向器及转向操纵机构以目测为主，具体检查内容及方法如下。

① 目视检查转向小齿轮与齿条有无磨损与损坏，转向器壳体上是否有裂纹，若发现异常，则更换转向器。

② 检查转向器内的轴承，查看是否有烧蚀现象，转动是否顺畅无异响，若发现异常，则更换轴承。

③ 检查转向器内衬套，查看是否有明显磨损，若有，则更换衬套。

④ 检查转向器内油封是否损坏，若损坏，则更换油封。

注意：转向器上的零件不允许焊接或矫正，只能更换。

⑤ 检查转向操纵机构的杆件是否存在变形。目测转向轴，查看是否存在明显弯曲变形，若有，则更换转向轴；查看转向盘，检查是否存在明显失圆，若有，则更换转向盘。

(2) 转向传动机构。用举升器将车辆顶起，进行以下检查：

① 目测转向传动机构的杆件，查看是否存在明显变形，若有，则更换相应杆件。

② 如图 10-3 所示，晃动转向横拉杆，查看是否有松旷的感觉，若有松旷，说明球形铰链（即球头）存在磨损导致间隙过大，应紧固横拉杆接头或更换横拉杆球头。检查横拉杆球头防尘套是否破裂，若破裂，则应更换横拉杆球头。

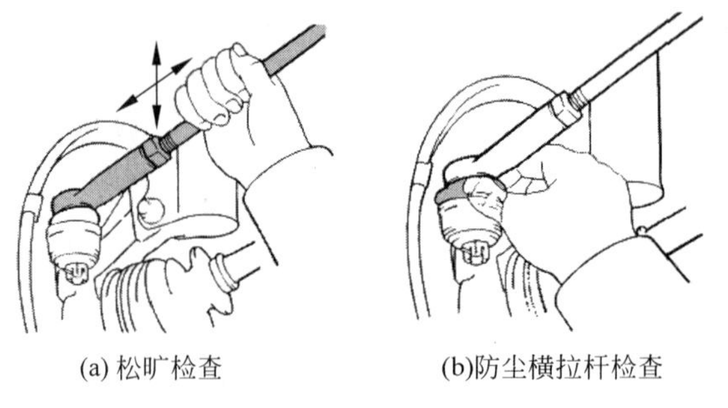

(a) 松旷检查　　(b)防尘横拉杆检查

图 10-3　转向横拉杆检查

③ 转动转向盘，使用手电筒照射，检查转向横拉杆防尘套有无裂纹，若有，则应更换防尘套。

2. 转向系调整与检测

(1) 转向盘转矩的测定与调整。如图 10-4 所示，将轮胎充气到正确压力的车辆，放在水平干燥的水泥路面上，将车轮位置由直线行驶位置开始转动至 360°时，用弹簧秤 1 测定转向盘 2 的转动力，与新车相比应在±5N 之间（使用动力转向器时，在发动机怠速运转下，转向盘转动力应小于 40N）。若达不到此值，则应调整转向器 3 上的调整螺塞 4（先松开调整螺塞 4 上的锁母再进行调整）。也可以在干燥水平的路面上进行道路试验，转向器 3 如能自己回到直线位置，则把调整螺塞 4 松一点，转向器 3 如还有间隙，则把调整螺塞 4 拧紧一点。

(2) 转向盘自由行程的检查。如图 10-5 所示，将车辆放在水平、干燥的水泥路面上，并让车轮处于直行位置上，在车轮不动的条件下，用卡尺或直尺检查转向盘的转动量，转向盘的空程量应不大于 30mm。若超过时，可能是有的螺栓（母）松动或转向万向节、转向横拉杆球头销有故障。

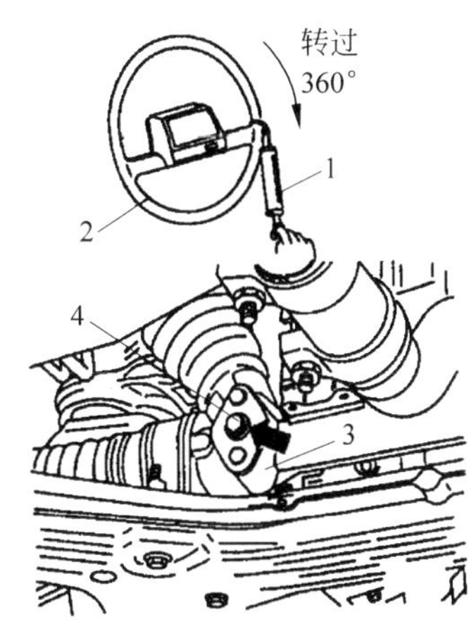

图 10-4 转向盘转矩的测量

1—弹簧秤；2—转向盘；3—转向器；4—调整螺塞

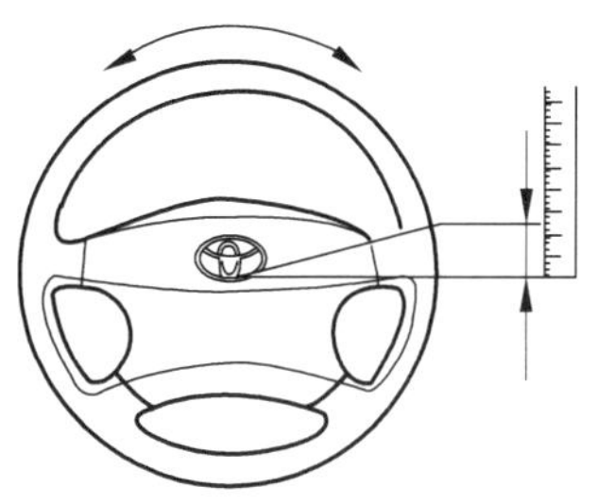

图 10-5 测量转向盘自由行程

10.1.2 动力转向系检修

动力转向系装配完毕后，应进行油量、油压试验，排除动力转向系内的空气，调整转向油泵传动带张紧度等作业，以保证动力转向系有良好的工作性能。若无动力转向试验台，可进行就车试验。不同车型动力转向系统的试验内容和方法基本类似，在此仅介绍一般汽车的就车试验程序。

(1) 检查调整轮胎气压。

(2) 检查调整转向桥、转向系各部位配合间隙以及转向盘的自由行程。

(3) 检查调整转向车轮定位。

(4) 检查调整转向油泵传动带张紧度。以原生产厂家规定的压力(约 98N)，在传动带中部按下传动带，传动带的挠度应符合原生产厂家规定，一般新传动带的挠度为 7～9mm，在用传动带挠度在 10～12mm 范围内。

(5) 检查发动机怠速提高能力。在发动机性能正常、怠速稳定的条件下，转向盘转至极限位置；此时，夹紧空气量辅助控制阀软管，发动机转速应急速下降；放松空气量辅助控制阀软管时，发动机转速应急速上升。

(6) 检查转向油罐液位。检查步骤如下。

① 保持转向轮与地面接触，在发动机维持怠速转动(约 850r/min)条件下，将转向盘反复从一侧极限位置转至另一侧极限位置，使液压油的温度升至 50～80℃。

② 此时，转向油罐中油面应在上下限标线(HOT 和 COLD)之间，且油中无气泡。

③ 检查各部位确无泄漏后，若需补给液压油，按原厂规定牌号补给液压油。

④ 更换液压油的程序。若需要更换液压油，先顶起转向桥，从转向油罐及回油管排出旧油；同时使发动机怠速运转，排放旧液压油，并将转向盘向左、向右反复转到极限位置，直至旧液压油排尽后 1～2s，再加注新液压油。

(7) 动力转向系中的空气排放。动力转向系在更换液压油之后和检查转向油罐中油位时发现有气泡冒出，说明系统内已渗入了空气，这将会引起转向沉重、前轮摆动、转向油泵产生噪声等故障，必须将系统内的空气排放干净。排放程序如下。

① 架起转向桥。

② 发动机怠速运转，同时反复向左、向右转动转向盘到极限位置，直至转向油罐内泡沫冒出并消除乳化现象，就表明液力转向系统内的空气已基本排除干净。

③ 发动机刚刚熄火后，转向油罐中应无气泡，液面不得超过上限，停机 5min 之后，液面应升高不超过 5mm。

(8) 检查动力转向系的油压。动力转向系的油压，可以表示转向油泵和流量控制阀的技术状况。为了检查系统油压，在检查转向油罐液位之前，应在系统内装入油压测试仪，如图 10-6 所示，油压测试仪由油压表 3 和截止阀 4 并联而成。

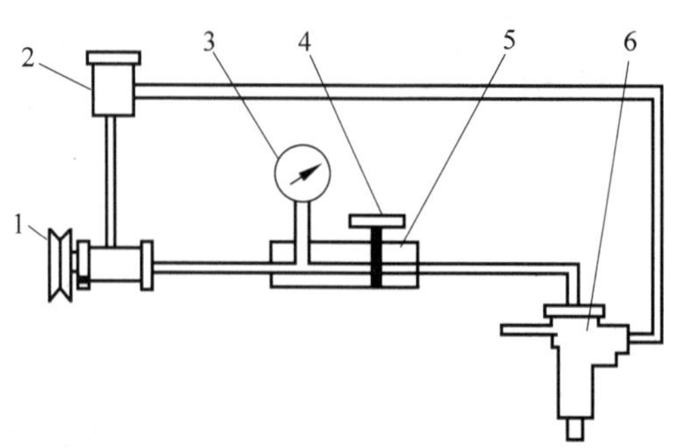

图 10-6 油压测试仪的连接

1—转向油泵；2—转向油罐；3—油压表；4—截止阀；5—油压测试仪；6—动力转向器

① 将油压测试仪串联在动力转向器的进油管道上。

② 转动转向盘，使转向车轮向右转至极限位置。

③ 起动发动机，使其转速稳定在(1 500～1 600)r/min。

④ 关闭截止阀 4，油压表指示压力应符合原生产厂家规定(一般不低于 7MPa)。截止阀关闭时间不宜超过 10s，以免对转向油泵造成不良影响。

(9) 测量动力转向器的有效油压。测量方法介绍如下。

① 发动机维持怠速运转。

② 截止阀完全打开，并将转向盘转至极限位置，此时油压表指示压力应符合原厂规定(一般不小于 7MPa)。若油压过低或油压表指针抖动，说明转向器内部有泄漏。

(10) 检验流量控制阀的工作性能。检查流量控制阀工作性能的方法有两种：一种方法是检验发动机在怠速范围内急加速时系统内的油压回降情况；另一种方法是检验无负荷时的油压差。

① 检查系统油压降。仍将油压测试仪安装在动力转向器的进油管道上，使发动机处于稳定的怠速工况。用截止阀开度调整油压表，指示油压为 3MPa。转向盘不动，在怠速范围内急加速，指示压力应随发动机转速的增大而提高。突然放松加速踏板，使发动机恢复稳定怠速工况，油压表指示油压仍能回复到 3MPa，说明流量控制阀性能可靠。否则，表明流量控制阀卡死或堵塞，需进行检修或更换流量控制阀。

② 流量无负荷油压差。完全打开截止阀，分别测量发动机转速在 1 000r/min 和 3 000r/min 两个转速下的油压，若油压差小于 0.49MPa，表明流量控制阀性能良好，动作灵活。否则，表明流量控制阀需检修或更换。

(11) 系统防过载装置的调整。系统防过载装置由转向器限位螺栓和车轮最大转向角限位螺栓组成。前者用于限制扇形齿即摇臂轴的最大摆角，后者用于限制转向时转向轮的最大转角。要求在转向盘转到左、右极限位置时摇臂轴先碰抵转向器限位螺钉之后，转向节才碰抵最大转向角限位螺栓，防止转向车轮转角过大，造成液力转向系统油压突然升高而产生过载，损坏密封件或使管道胀裂。

调整程序如下。

① 油压测试仪仍然装在液力转向器的进油管道上，并使发动机继续处于稳定怠速工况。

② 松开转向器限位螺栓，再将转向盘转至一侧极限位置。

③ 将转向器限位螺栓拧进至与齿扇刚刚接触后，再退回约 1/3 圈，此时指示油压应在 0～2MPa 范围内。

④ 调整最大转向角限位螺栓，使转向轮与最大转向角限位螺栓抵触时，指示油压应不小于 7MPa。

(12) 检查动力转向器的回油压力。把油压测试仪装在动力转向器回油管路中，发动机处于怠速工况，此时指示油压应小于 0.5MPa。若回油压力过大，会造成转向盘自动向左方转动，说明回油油管堵塞或压瘪，回油阻力过大。

(13) 测量转向力。测量方法介绍如下。

① 落下前桥，使汽车停放在平坦地面上，两转向车轮处于平行位置。

② 发动机怠速运转。

③ 测量转向盘从直行(中间位置)向左、向右转动转向盘所需的力矩。装有安全气囊的动力转向系，其转向盘周缘的转动力一般不大于 39N，无安全气囊的一般不大于 7.5N。

10.2　转向系常见故障诊断

10.2.1　机械转向系常见故障诊断

机械转向系的常见故障主要包括转向沉重、转向盘自由行程过大和转向轮抖动等。

机械转向系的常见故障部位主要有转向盘自由行程、转向传动机构连接处、转向器等。

1. 转向沉重

(1) 故障现象。汽车行驶中，驾驶员向左、右转动转向盘时，感到沉重费力，无回正感；汽车低速转弯行驶和掉头时，转动转向盘感到非常沉重，甚至打不动。

(2) 故障原因。转向沉重的根本原因是转向系内部或外部的阻力过大，其故障树如图 10-7 所示。

具体原因如下。

① 转向轮轮胎气压不足。

② 转向轮本身定位不准或车轴、车架变形造成转向轮定位失准。

③ 转向器主动部分轴承调整过紧或从动部分与衬套配合太紧。

④ 转向器主、从动部分的啮合间隙调整过小。

⑤ 转向器缺油或无油。

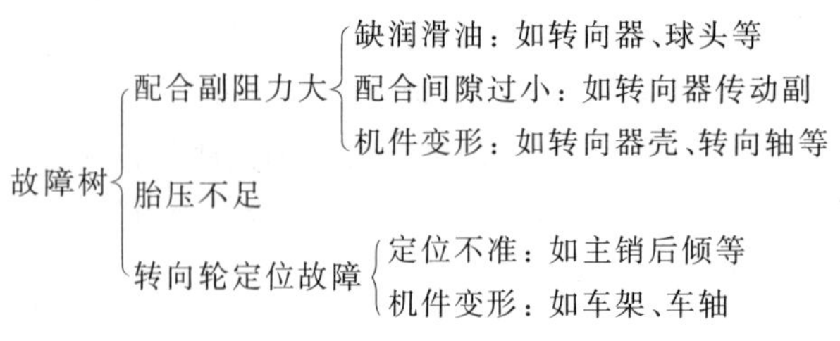

图 10-7 转向沉重故障树

⑥ 转向器壳体变形。

⑦ 转向管柱转向轴弯曲或套管凹瘪造成互相碰擦。

⑧ 转向纵、横拉杆球头连接处调整过紧或缺油。

⑨ 转向节主销与转向节衬套配合过紧、缺油或转向节止推轴承缺油。

(3) 故障诊断。机械转向系转向沉重故障的诊断流程如图 10-8 所示。

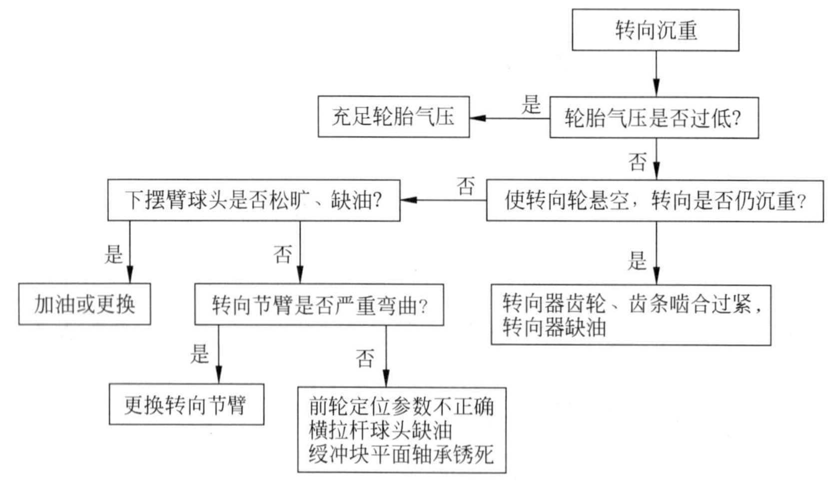

图 10-8 机械转向系转向沉重故障的诊断流程

2. 转向盘自由行程过大

转向盘自由行程过大又称为转向不灵敏。

(1) 故障现象。汽车保持直线行驶位置静止不动时，转向盘左右转动的游动角度太大。具体表现为汽车转向时感觉转向盘松旷量很大，需用较大的幅度转动转向盘，方能控制汽车的行驶方向；而在汽车直线行驶时又感到行驶方向不稳定。

(2) 故障原因。转向盘自由行程过大的根本原因是转向系传力链中一处或多处的配合因装配不当、磨损等原因造成松旷。具体原因主要有以下方面。

① 转向器主、从动啮合部位间隙过大或主、从动部位轴承松旷。

② 转向盘与转向轴连接部位松旷。

③ 转向摇臂与转向摇臂轴连接松旷。

④ 纵、横拉杆球头连接部位松旷。

⑤ 纵、横拉杆臂与转向节连接松旷。

⑥ 转向节主销与衬套磨损后松旷。

⑦ 车轮轮毂轴承间隙过大。

(3) 故障诊断。由于转向盘自由行程过大的根本原因是转向系传力链中一处或多处连接的配合间隙过大，诊断时，可从转向盘开始检查转向系各部件的连接情况，看是否有磨损、松动、调整不当等情况，找出故障部位。

3. 转向轮抖动

(1) 故障现象。汽车在某低速范围内或某高速范围内行驶时，出现转向轮各自围绕自身主销进行角振动的现象。尤其是高速时，转向轮摆振严重，握转向盘的手有麻木感，甚至在驾驶室可看到汽车车头晃动。

(2) 故障原因。转向轮抖动的根本原因是转向轮定位不准、转向系连接部件之间出现松旷、旋转部件动不平衡。具体原因主要有以下方面。

① 转向轮旋转质量不平衡或转向轮轮毂轴承松旷。

② 转向轮使用翻新轮胎。

③ 两转向轮的定位不正确。

④ 转向系与悬挂的运动发生干涉。

⑤ 转向器主、从动部分啮合间隙或轴承间隙太大。

⑥ 转向摇臂与转向摇臂轴配合松旷或纵、横拉杆球头连接松旷。

⑦ 转向器在车架上的连接松动。

⑧ 转向轮所在车轴的悬架减振器失效或左右两边减振器效能不一。

⑨ 转向轮所在车轴的钢板弹簧 U 形螺栓松动或钢板销与衬套配合松旷。

⑩ 转向轮所在车轴的左右两悬架高度或刚度不一。

(3) 故障诊断。机械转向系转向轮抖动故障的诊断流程如图 10-9 所示。

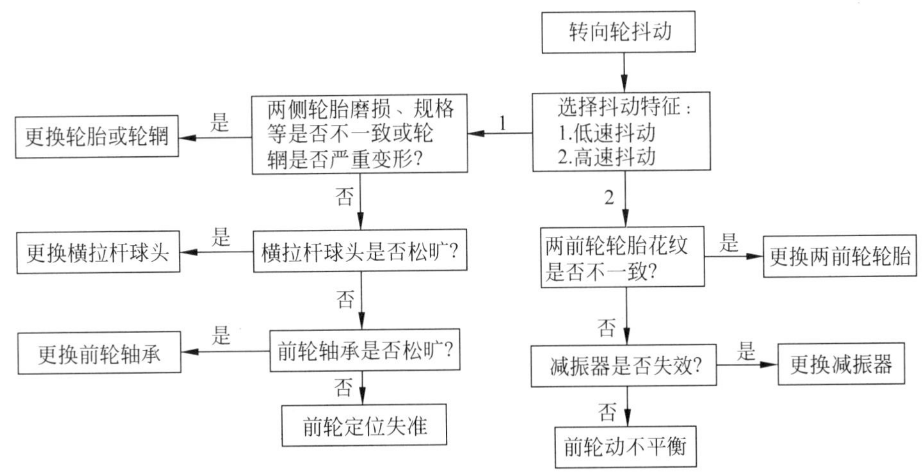

图 10-9 机械转向系转向轮抖动故障的诊断流程

10.2.2 动力转向系常见故障诊断

动力转向系的常见故障有转向盘沉重、动力转向液产生乳状泡沫、液面低以及压力低、向左或向右急转方向盘时转向力瞬时增大等。

1. 转向沉重

(1) 故障现象。同机械转向系。

(2) 故障原因。动力转向系转向沉重的原因应包括助力不足,还有机械转向系转向沉重的全部原因,其故障树如图 10-10 所示。

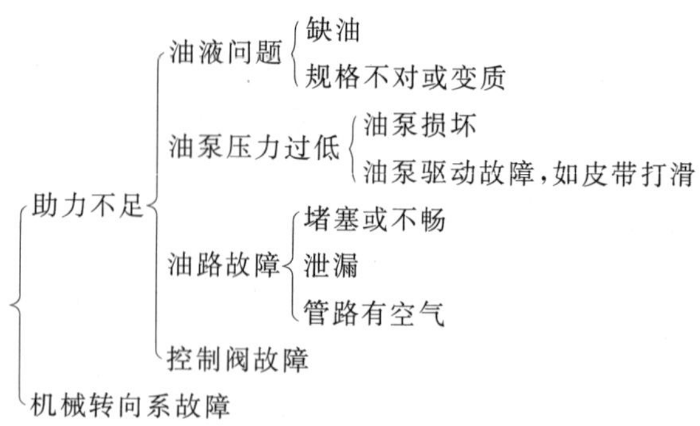

图 10-10 转向沉重故障树

具体故障原因如下。

① 泵的传动带松动。

② 油面低。

③ 转向器与转向管柱不对正。

④ 下连接凸缘松转。

⑤ 轮胎充气不当。

⑥ 流量控制阀卡住。

⑦ 泵输出压力不够。

⑧ 泵内泄漏过大。

⑨ 转向器内泄漏过大。

(3) 故障诊断。转向沉重故障应结合机械转向系部分进行综合分析,下面仅列出助力不足导致的转向沉重的诊断流程图,机械转向系故障导致的转向沉重诊断,参见图 10-11。

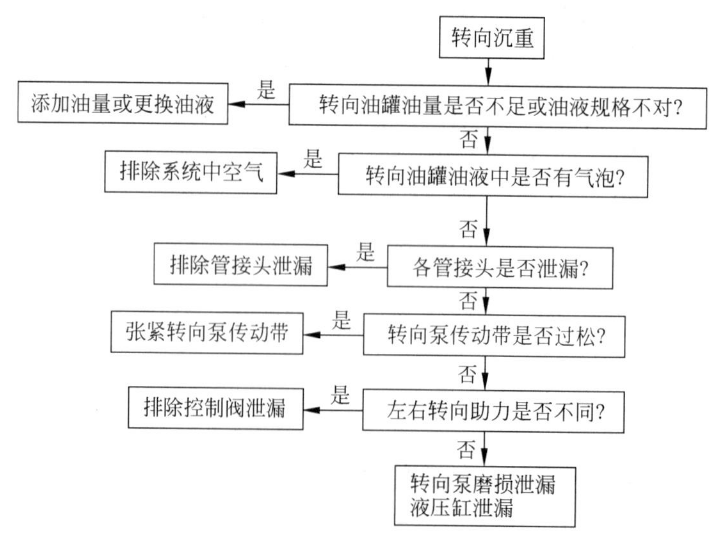

图 10-11 转向沉重诊断流程图

2. 转向噪声

(1) 故障现象。汽车转向时,转向系出现过大的噪声。

(2) 故障原因。装有动力转向系的汽车,在发动机启动后,转向助力泵的溢流阀中出现液流噪声是正常的,但噪声过大甚至影响转向性能时,该噪声应视为故障。因助力系统引起转向噪声的原因主要有以下方面。

① 转向泵损坏或磨损严重。

② 转向泵传动皮带打滑。

③ 控制阀性能不良。

④ 系统中渗入空气。

⑤ 管道不畅。

(3) 故障诊断。转向时发出"咔嗒"声,在排除转向泵叶片噪声的情况下,是由于转向泵带轮出现松动。

转向时发出"嘎嘎"声,是由于转向泵传动带打滑。

转向时转向泵发出"咯咯"声,是由于系统中有空气;发出"嘶嘶"声,而且系统不漏气,转向泵传动带张紧度也合适,是由于油路不畅或控制阀性能不良。

3. 动力转向液产生乳状泡沫、液面低以及压力低

(1) 故障原因。转向液中有空气,或由于泵内泄漏造成液体损耗。

(2) 故障诊断。检查有无漏油并加以解决,排出系统中空气。若油面低,则过低的温度会使空气进入转向系统。如果油面正确,而泵仍然起泡沫,将泵从车上取下,将油箱和泵体分开,检查堵塞和壳体有无裂缝,如果堵塞松动或外壳开裂,则应更换壳体。

4. 向左或向右急转方向盘时,转向力瞬时增大

(1) 故障原因。原因有以下几个。

① 泵内液面低。

② 油泵皮带打滑。

③ 内泄漏过多。

(2) 故障诊断。诊断及维护如下。

① 按需要添油。

② 张紧或更换传动带。

③ 按压力试验的方法检查泵压。

5. 发动机运转时转向,特别在原地转向时,方向盘颤动或跳动

(1) 故障原因。原因有以下几个。

① 液面低。

② 泵传动带松。

③ 打满转向时转向拉杆碰撞发动机油底壳。

④ 泵压不足。

⑤ 流量控制阀卡住。

(2) 故障诊断。诊断及维护如下。

① 按需要添加转向液。

② 按规定调整张力。

③ 校正间隙。

④ 按压力试验方法检查泵压，如流量阀已坏，则予以更换。

⑤ 检查有无胶质或损坏，需要时更换。

小结

本单元主要介绍了转向系主要元件的检测、常规项目的检查，并对转向系的一些常见故障进行了故障原因及诊断流程分析。重点应掌握转向系转向沉重的故障原因及诊断流程图。

复习题

1. 简述转向盘自由行程的检查方法。
2. 用故障树分析法分析转向沉重的故障原因。

单元11

制动系故障诊断与维修

◎ **知识目标**

(1) 能够描述制动不灵的故障原因及诊断流程。

(2) 能够描述制动失效的故障原因。

(3) 能够描述制动拖滞的故障原因。

◎ **技能目标**

(1) 能够按规范进行液压制动系的维护。

(2) 能够按规范进行驻车制动系的维护。

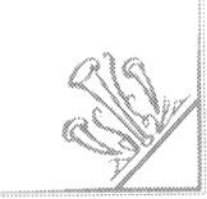

汽车制动系的功用是使行驶中的车辆按照驾驶员的要求进行减速慢行甚至停车；使已停驶的车辆能在各种道路上稳定驻车；使下坡行驶的车辆速度能保持安全稳定。

按照传动介质的不同，汽车制动系一般可以分为气压式和液压式。轿车上普遍采用了带真空助力装置的液压制动系统。本书主要对轿车上的液压制动系统进行介绍。

汽车制动系一般包括两套独立的制动装置：一套是行车制动装置，用于使行驶中的汽车减速甚至停车，其制动器装在车轮上，通常由驾驶员用脚操纵；另一套是驻车制动装置，用于使停驶的汽车驻留原地不动，通常由驾驶员用手操纵。每套制动装置都由制动器和制动传动装置组成。如图 11-1 所示为典型制动装置结构及原理示意图。

若制动系工作不良，将导致汽车制动跑偏、制动拖滞、制动力不足甚至制动失效，严重威胁行车安全性。

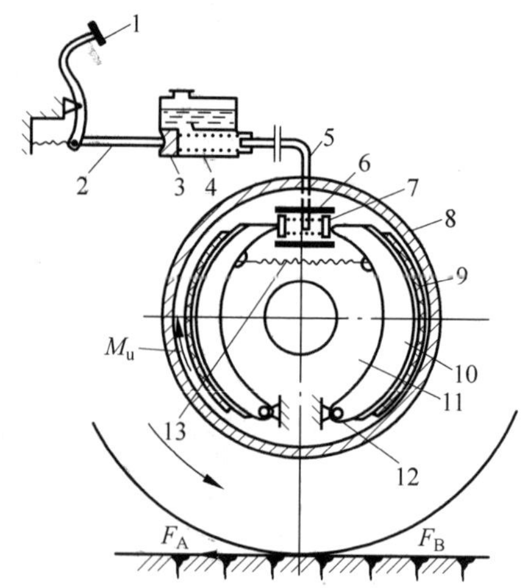

图 11-1 典型制动装置结构及原理示意图

1—制动踏板；2—推杆；3—主缸活塞；4—制动主缸；5—制动油管；6—制动轮缸；7—轮缸活塞；8—制动鼓；9—摩擦片；10—制动蹄；11—制动底板；12—支承销；13—制动蹄回位弹簧

11.1 液压制动系故障诊断与维修

液压制动系包括制动传动装置和制动器两部分。如图 11-2 所示，制动传动装置包括制动踏板、真空助力器、制动主缸、制动轮缸、制动油管等。制动器分为鼓式和盘式两种。

11.1.1 液压制动系维修

汽车制动系技术状况的好坏，对行车安全是至关重要的。汽车在使用过程中，制动系的零件由于磨损、变形、断裂、老化或调整不当，将导致制动不良、制动跑偏、制动拖滞、制动失效等故障，严重影响行车的安全。因此，应高度重视制动系的检修，保证制动系的维修质量。具体车型的检修数据都在其相应的维修手册中有说明，本处主要以大众桑塔纳、捷达轿车为例介绍液压制动系的基本维护与检修。

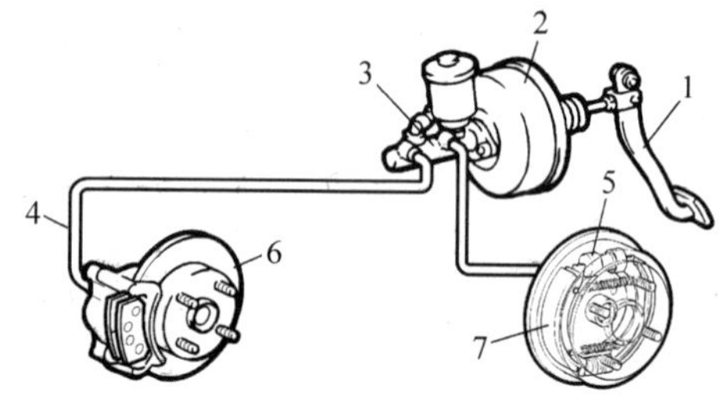

图 11-2 液压制动系组成

1—制动踏板；2—真空助力器；3—制动主缸；4—制动油管；5—制动轮缸；6—盘式制动器；7—鼓式制动器

1. 液压制动系的维护

液压制动系的维护作业主要包括以下内容。

(1) 液面高度检查。检查制动液高度，必要时予以补充。

(2) 制动踏板检查。通过检查确保制动踏板没有下述任何故障：反应灵敏度、踏板不完全落下、异常噪声、过度松动。

(3) 管路检查。检查各管接头，应连接牢靠，无漏油现象。制动软管无破裂、老化现象。

(4) 制动间隙检查。检查制动器制动间隙，必要时进行调整。盘式制动器的制动间隙一般依靠活塞密封圈的变形和位移自动调节。桑塔纳乘用车后轮鼓式制动器的制动器制动间隙能利用楔形调节块自动调整；对于不能自动调整的汽车，一般是用厚薄规通过车轮上的检查孔检查；若制动间隙不正确，应调节调整凸轮，改变制动蹄与制动鼓的周向间隙。各种车型的制动间隙由汽车生产厂家规定，一般在 0.25～0.50mm 之间。

(5) 制动液的更换。制动液在选用时，应遵循汽车厂家要求，按车辆使用说明书进行选用。一般应选择 DOT3 或 DOT4 规格的制动液。更换周期一般每年一次。更换时，应放尽系统原来的制动液，不同型号的制动液不得混用。

(6) 管路排气。液压制动系统在使用中，有气体进入管路后，应及时放出。否则，会影响制动性能。

管路排气可以采用专用仪器放气和人工放气。人工放气的方法如图 11-3 所示，具体操作程序如下。

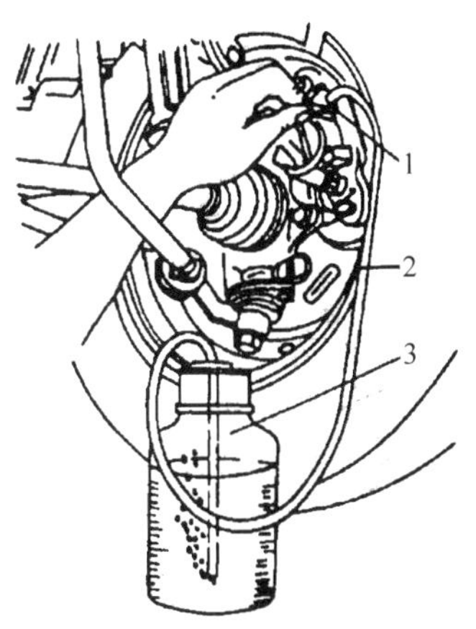

图 11-3　制动轮缸放气

1—放气螺钉；2—放气管；
3—透明容器(装 1/2 制动液)

① 将制动主缸储液室的制动液添加到“max”位置。

② 取下放气螺钉(见图 11-4 和图 11-5)的护套，将一根胶管(放气管)插入放气螺钉上，胶管另一端插入一个玻璃瓶(透明容器)内。

③ 一人坐于驾驶室内，连续踩下制动踏板，直至踩不下去时为止，并且保持踏板踩住不动。

图 11-4　盘式制动器放气螺钉

图 11-5　鼓式制动器放气螺钉

④ 另一人将放气螺钉旋松一下，此时，制动液连同空气一起从胶管喷入玻璃瓶内，然后，尽快将放气螺钉旋紧。

⑤ 在排出制动液的同时，踏板高度会逐渐降低。在未拧紧放气螺钉之前，绝不可将踏板抬起，以免空气再次侵入。

⑥ 一个轮缸应反复放气几次，直至将空气完全放出(制动液中无气泡)为止。

放气过程中应注意如下事项。

① 按照由远到近的原则，将各轮缸逐个放气完毕。

② 在放气过程中，应及时向储液室内添加制动液，保持液面的规定高度。

对制动系统进行维修或更换部件后添加制动液，除应对轮缸放气外，还应对制动主缸进行放气。放气方法见图 11-6 所示。

放气时，将放气管两端插入储液室制动液内，用推杆推动主缸活塞。将活塞推到底后，放松推杆，利用弹簧压力使活塞复位。如此反复几次，直至制动液中无气泡时为止。

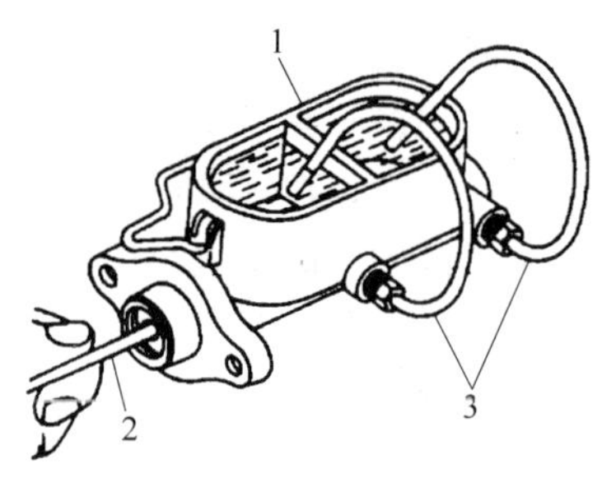

图 11-6 主缸放气

1—主缸体；2—推杆；3—放气管

2. 基本检查与调整

液压制动系的检查与调整包括以下项目。

(1) 主缸的检查

主缸可能出现的失效形式有皮碗的损坏、活塞与缸筒的磨损而造成的泄漏。

检查时，首先进行拆检，观察皮碗是否有裂纹，活塞与缸筒是否有明显磨损。也可以用工具检查活塞与缸筒的配合间隙。主缸缸体内径用内径百分表测量，活塞外径用千分尺测量。桑塔纳的制动主缸与活塞的标准配合间隙为 0.04～0.09mm，极限间隙为 0.15mm，超过极限值时，应更换主缸。

也有些车辆的制动主缸不进行分解与修理，若有损坏，直接更换制动主缸总成。

(2) 真空助力器的检查

真空助力器性能检查。检查真空助力器时，将发动机熄火；首先，用力踩几次制动踏板，以消除真空助力器中残留的真空度。用适当的力踩住制动踏板，并保持在一定的位置，然后启动发动机，使真空系统重新建立起真空，并观察踏板。若踏板位置有所下降，说明真空助力器正常；若踏板位置保持不动，则说明助力器或真空单向阀损坏。

真空助力器密封性检查。如图 11-7 所示，试验时需要 T 形管、真空表、软管及卡紧装置。试验过程如下：与进气歧管相连的真空管从助力器单向阀上拔下，用 T 形管接于真空管、助力器单向阀和与进气歧管相连的真空管之间；启动发动机，怠速运转 1min；卡紧与进气歧管相连的真空管上的卡紧装置，切断助力器单向阀与进气歧管之间的通路；将发动机熄火，观察真空表的变化，如果在规定时间内真空度下降过多，说明助力器膜片或者真空阀损坏。

真空单向阀检查。真空助力单向阀试验如图 11-8 所示。将与单向阀相连的真空管拆下，将单向阀从助力器上拆下，把手动真空泵软管与真空单向阀真空源接口相连。扳动手动

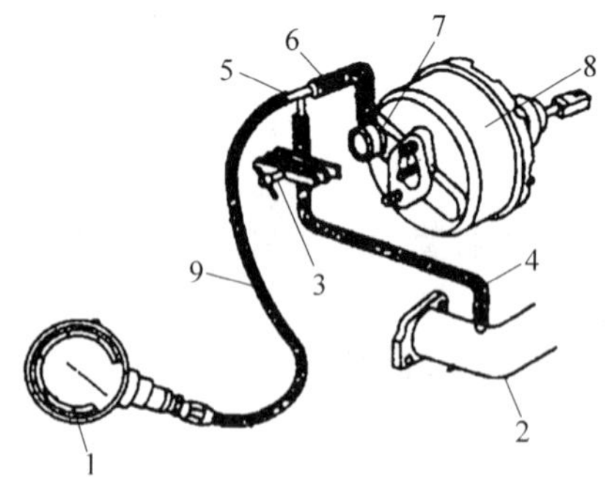

图 11-7 真空助力器密封性检查

1—真空表；2—进气歧管；3—卡紧工具；4—软管；5—三通接头；6—软管；7—单向阀；8—真空助力器；9—软管

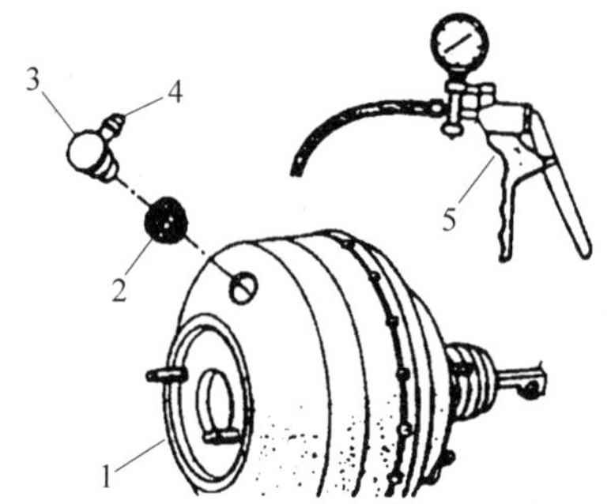

图 11-8 真空单向阀检查

1—真空表；2—单向阀密封圈；3—真空助力器单向阀；4—单向阀真空源接口；5—手动真空泵

真空泵手柄给单向阀加上 50～70kPa 的真空度，在正常情况下，真空应保持稳定。如果真空泵指示表上显示出真空度下降，则表明单向阀损坏。也可简单采用如图 11-9 所示的方法来检查单向阀的单向导通性。

丰田车辆在维护时，其真空助力器的检查项目及方法如图 11-10 所示，具体方法介绍如下。

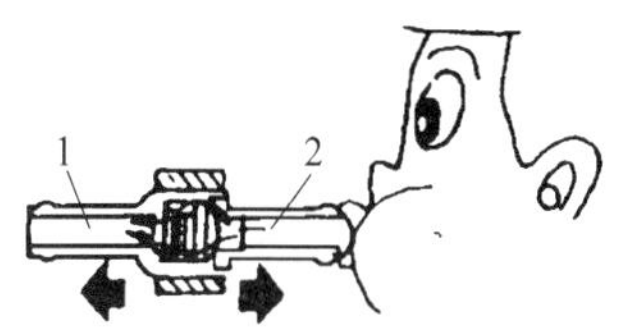

图 11-9　单向阀检查

1—进气歧管一侧；2—真空助力器一侧

① 工作检查。关闭点火开关，多次踩下制动踏板，直至踏板达到最大高度，踩住制动踏板，启动发动机，踏板应略微下降。否则，说明真空助力器助力工作不良。

② 气密性检查。启动发动机，几分钟后熄火，踩下制动踏板几次，踏板高度应越踩越高。否则，说明真空助力器内部气密性不良。

③ 真空检查。起动发动机，几分钟后踩住制动踏板并熄火，踏板高度应在 1min 内保持不变。否则，说明真空助力器存在真空泄漏。

(3) 前制动器检查

① 制动盘表面磨损厚度的检查。如图 11-11 所示，在制动盘的圆周上选择 6 个点测量其厚度和厚度差，最大厚度差值 0.013mm，桑塔纳 YP 制动盘的标准厚度为 10mm，使用极限为 8mm，小于极限值时应更换，并且同一轴两个制动盘应同时更换。

② 制动盘跳动的检查。如图 11-12，用百分表 2 检查制动盘 1 端面跳动量，桑塔纳的使用极限为 0.06mm。检测时，先将车轮、制动钳总成及制动片拆除，用车轮螺栓将制动盘临时紧固，将磁性表座牢固安装好，百分表指针应位于距离制动盘外边缘约 10mm 处，指针应与制动盘表面保持垂直，且应有一定的预压量。用手转动制动盘约两圈，查看指针左右偏摆的最大幅度，即为制动盘的端面跳动量。

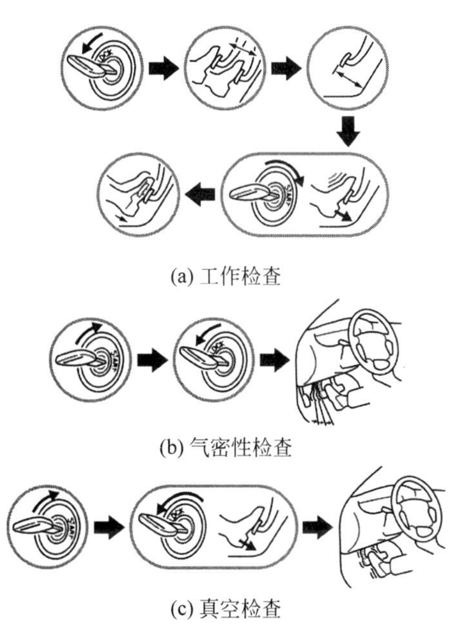
(a) 工作检查

(b) 气密性检查

(c) 真空检查

图 11-10　真空助力器检查

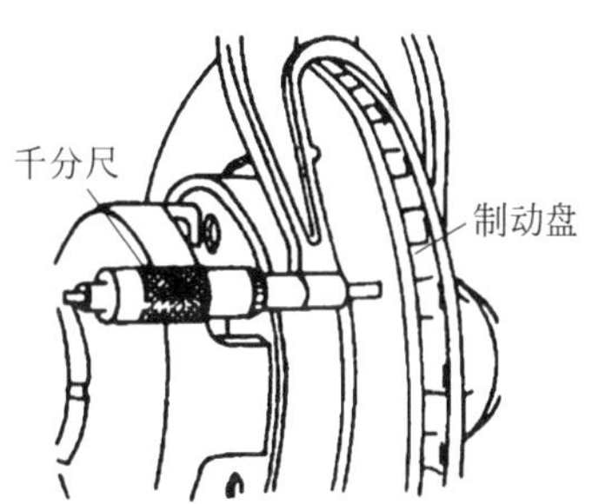

图 11-11　制动盘表面磨损及厚度的检查

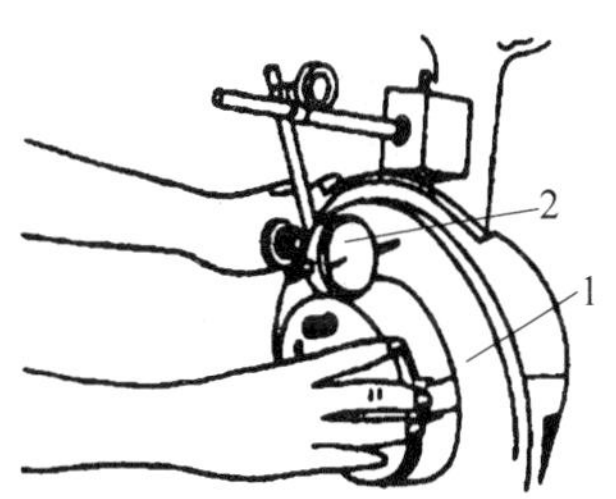

图 11-12　制动盘跳动的检查

1—制动盘；2—百分表

③ 制动盘的修磨。如图 11-13 所示，制动盘在允许厚度的范围内可以修磨其上锈斑、刻痕。使用砂轮打磨制动盘表面时，打磨的痕迹可以是无方向性的，但打磨痕迹应相互垂直。

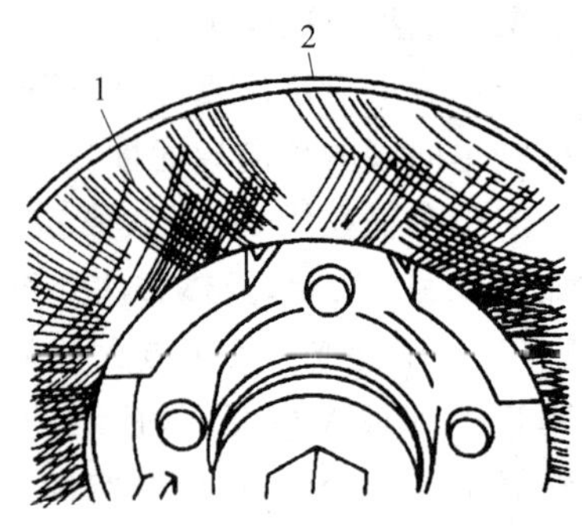

图 11-13　制动盘的修磨

1—砂轮盘；2—制动盘

④ 制动衬片厚度的检查。如图 11-14 所示，桑塔纳制动衬片的总厚度标准值为 14mm，使用极限为 7mm。制动衬片摩擦片厚度磨损极限的残余厚度应不小于 0.8mm。在未拆下时外制动衬片 5 可通过轮辐 4 上的孔检查其厚度，或拆下车轮后检查。更换时，应注意左右车轮同时更换制动片。

制动器上一般具有制动衬片厚度报警装置。图 11-15(a)所示为机械簧片式制动衬片厚度报警装置，当制动衬片厚度达到极限值时，簧片将与制动盘接触，产生啸叫声，从而提醒驾驶员及时更换制动片。也有一些高级轿车上采用了电子式制动衬片厚度报警装置，如雷克萨斯 LS400 等车辆，当制动衬片厚度达到极限值时，组合仪表上相应的警告灯将点亮。

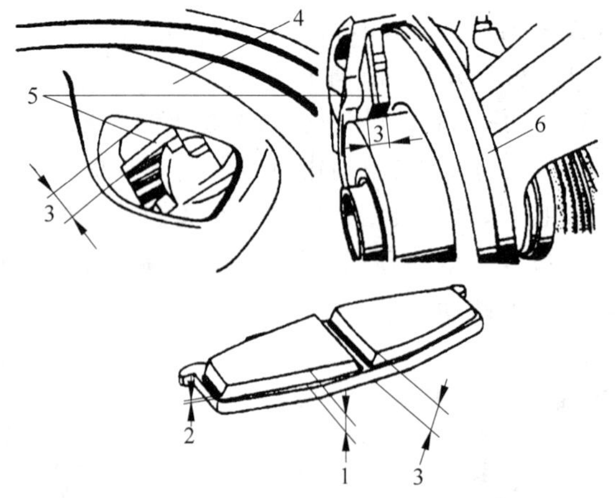

图 11-14　制动衬片厚度的检查

1—摩擦片厚度；2—摩擦片磨损极限的残余厚度；3—制动衬片的总厚度；4—轮辐；5—外制动衬片；6—制动盘

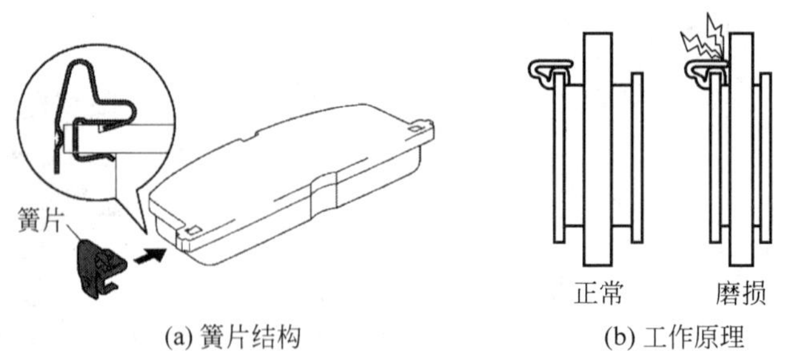

(a) 簧片结构　　(b) 工作原理

图 11-15　制动衬片厚度报警装置

⑤ 制动钳体与活塞的检查。如图 11-16，用内径表 1 检查制动钳体 2 的内孔直径，用千分尺 3 检查活塞 4 的外径，并可计算出活塞 4 与制动钳体 2 的间隙，标准值为 0.04～0.16mm，使用极限为 0.16mm。查看密封圈及防尘罩，若有损坏或老化应更换。

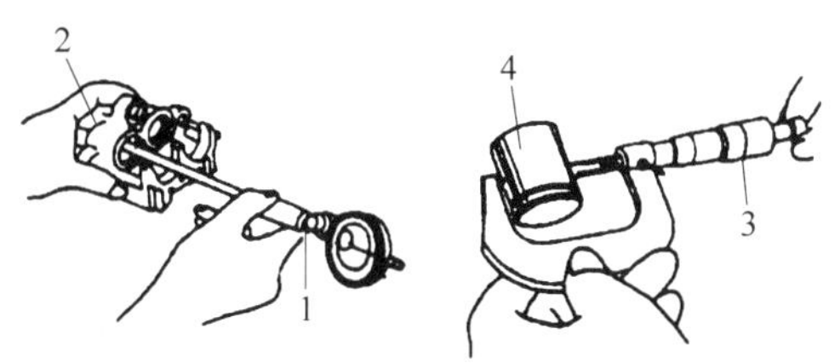

图 11-16　制动钳体与活塞的检查

1—内径表；2—制动钳体；3—千分尺；4—活塞

(4) 后制动器检查

① 后制动蹄衬片(摩擦片)厚度检查。如图 11-17 所示，用卡尺 1 测量后制动蹄衬片(摩擦片)2 的厚度，标准值为 5mm，使用极限为 2.5mm，其铆钉 3 与摩擦片 2 表面的深度不得小于 1mm，以免铆钉头刮伤制动鼓内表面。在未拆下车轮时，后制动蹄摩擦片的厚度可从制动底板 6 的观察孔 4 中检查。

② 后制动鼓内孔磨损与尺寸的检查。如图 11-18 所示，应首先检查后制动鼓 1 内孔有无烧损、刮痕和凹陷，若有可修磨加工，并用卡尺 2 检查内孔尺寸，标准值为 180mm，使用极限为 181mm。用工具测量后制动鼓 1 内径的不圆度，使用极限为 0.03mm，超过极限应更换后制动鼓 1。

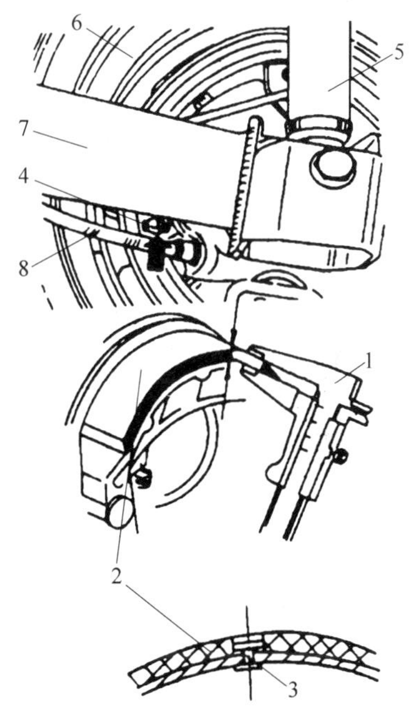

图 11-17　后制动蹄衬片厚度检查

1—卡尺；2—摩擦片；3—铆钉；4—观察孔；5—后减振器；6—制动底板；7—后桥体；8—驻车制动钢索

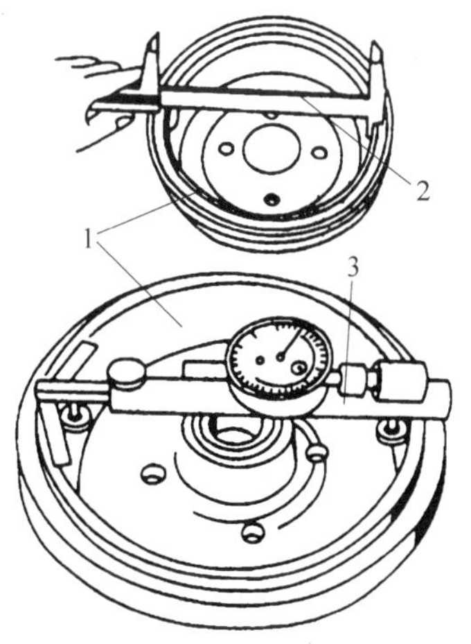

图 11-18　后制动鼓内孔磨损及尺寸检查

1—后制动鼓；2—卡尺；3—测量不圆度工具

③ 后制动蹄衬片(摩擦片)与后制动鼓接触面积的检查。如图 11-19 所示,将后制动蹄衬片(摩擦片)1 表面打磨干净后,靠在后制动鼓 2 上,检查二者的接触面积,应不小于 60%,否则应继续打磨后制动蹄衬片(摩擦片)1 的表面。

④ 后制动器定位弹簧及复位弹簧的检查。如图 11-20 所示,检查后制动器定位弹簧、上复位弹簧、下复位弹簧和楔形调整板拉簧的自由长度,若增长率达到 5%,则应更换新弹簧。

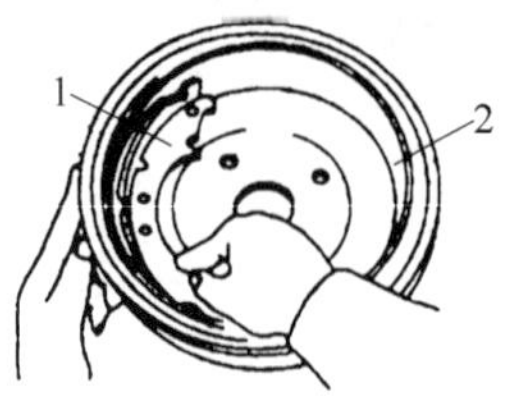

图 11-19 后制动蹄衬片与后制动鼓接触面积的检查

1—后制动蹄衬片;2—后制动鼓

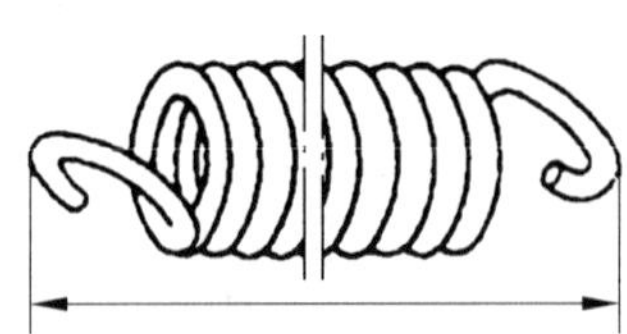

图 11-20 定位弹簧的检查

⑤ 后制动轮缸缸体与活塞的检查。如图 11-21 所示,首先应检查后制动轮缸缸体 1 内孔与活塞 2 外圆表面的烧蚀、刮伤和磨损情况,然后测出后制动轮缸缸体 1 内孔孔径 B,活塞 2 外圆直径 C,并计算出活塞 2 与后制动轮缸缸体 1 的间隙 A,标准值为 0.04～0.106mm,使用极限为 0.15mm。

(5) 制动踏板行程的检查与调整

① 踏板自由行程的检查。踏板自由行程是制动主缸与推杆之间的间隙的反应。检查时,在发动机停止后,踩下制动踏板几次,以便解除制动助力器。然后,使用手指轻轻按压制动踏板,当手感变重时,用钢板尺测出踏板下移的量,该量即为踏板自由行程,如图 11-22(a)所示。

注意:对于配备了液压制动助力器的车辆,至少要踩下制动踏板 40 次。

② 踏板行程余量的检查。将踏板踩到底后,踏板与地板之间的距离,即为踏板行程余量。踏板行程余量减小的原因主要是制动间隙过大、盘式制动器自动补偿调整不良、制动管路内进气、缺制动液等。踏板行程余量过小或者为零,会使制动作用滞后、减弱,甚至失去制动作用。如图 11-22(b)所示,发动机运转和驻车制动器松开时,踩下制动踏板,然后使用一把标尺测量踏板行程余量,以便检查其是否处于规定的范围内。

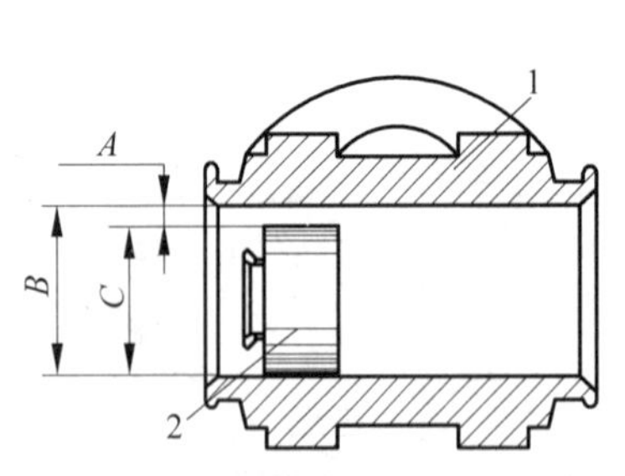

图 11-21 后制动轮缸缸体与活塞的检查

1—后制动轮缸缸体;2—活塞

A—活塞与缸体间隙;B—后制动轮缸缸体内孔孔径;

C—活塞外圆直径

(a) 踏板自由行程检查

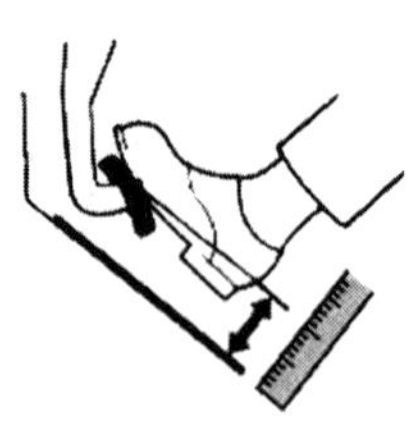

(b) 踏板行程余量检查

图 11-22 制动踏板检查

③ 制动踏板自由行程的调整。踏板自由行程的调整,大多通过调节推杆长度的方法来实现,如图 11-23 所示。将推杆长度缩短,可以增大自由行程;加长则可以减小自由行程。

④ 还有一些汽车推杆与踏板通过偏心螺栓连接,如图 11-24 所示。调整自由行程时,可转动偏心螺栓,使推杆的轴向位置改变,而使自由行程改变。推杆向踏板方向移动,可使自由行程增大;向主缸方向移动,可使自由行程减小。不论采用何种调整方法,调整完毕后,应将锁紧螺母锁止。

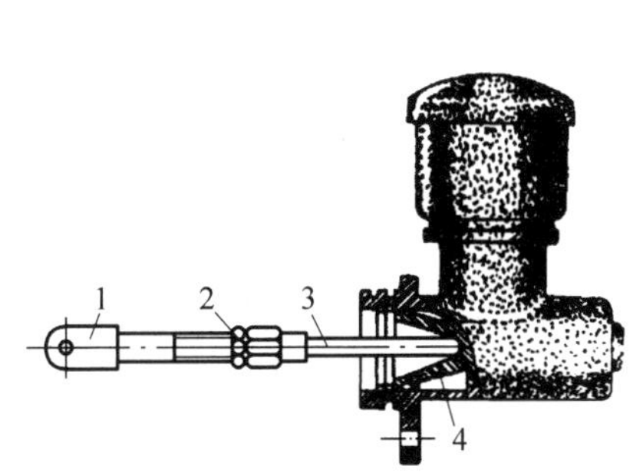

图 11-23 踏板自由行程的调整(1)

1—叉型接头;2—锁紧螺母;3—活塞推杆;4—活塞

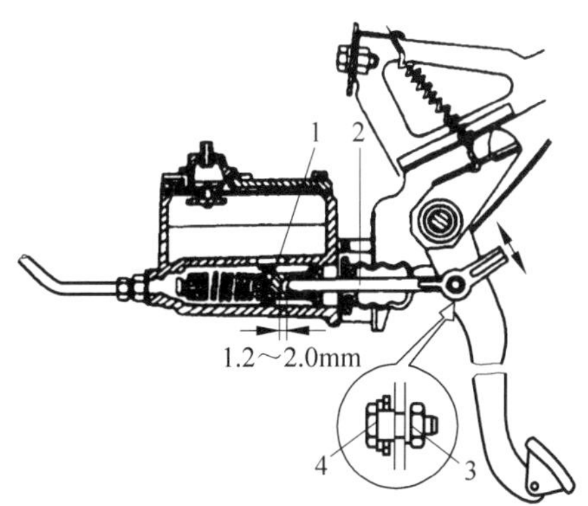

图 11-24 踏板自由行程的调整(2)

1—活塞;2—推杆;3—锁紧螺母;4—偏心螺栓

11.1.2 液压制动系常见故障诊断

液压制动系常见故障主要包括制动不灵、制动失效、制动拖滞和制动跑偏(制动跑偏在第 12 单元中讲述)。

液压制动系常见故障部位主要有制动主缸、制动器(制动蹄、制动盘、制动轮缸)和管路等。

1. 制动不灵

制动不灵又叫制动力不足。

(1) 故障现象。汽车行驶中制动时,驾驶员感到减速度小;汽车紧急制动时,制动距离长。

(2) 故障原因。制动不灵故障树如图 11-25 所示。

- 故障树
  - 油液故障:不足或变质
  - 制动器故障
    - 制动器间隙过大
    - 摩擦力不足:接触面积不足、摩擦系数下降
  - 制动传动装置故障
    - 制动踏板:自由行程过大
    - 助力器故障
    - 主缸故障:泄漏(内/外)、阀孔故障
    - 管路故障:空气、泄漏、堵塞、变形、老化
    - 轮缸故障:泄漏(内/外)

图 11-25 制动不灵故障树

造成制动不灵的具体原因如下。

① 制动管路中有空气，或油管凹瘪，软管老化、发胀、内孔不畅通或管路内壁积垢太厚。

② 储液罐制动液不足或变质。

③ 制动主缸、制动轮缸的皮碗、活塞、缸壁磨损过甚。

④ 制动主缸、制动轮缸、管路或管接头漏油。

⑤ 制动鼓磨损过甚，或制动间隙调整不当。

⑥ 制动主缸出油阀、回油阀不密封或活塞回位弹簧预紧力太小，或进油孔、补偿孔、储液罐通气孔、活塞前贯通小孔堵塞。

⑦ 制动主缸或制动轮缸皮碗老化、发黏、发胀。

⑧ 制动器摩擦片(制动盘)与制动鼓(制动钳)的接触面积太小，制动蹄摩擦片质量欠佳或使用中表面硬化、烧焦、油污、铆钉头外露。

⑨ 增压器、助力器效能不佳或失效。

⑩ 制动踏板自由行程太大。

(3) 故障诊断。液压制动系制动不灵故障的诊断流程如图 11-26 所示。

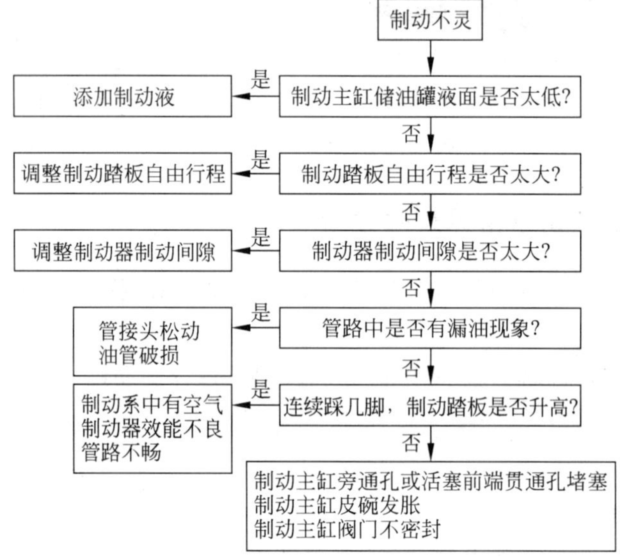

图 11-26 液压制动系制动不灵常见故障原因的诊断流程

2. 制动失效

(1) 故障现象。汽车行驶时，踩下制动踏板车辆不减速，即使连续踩几脚制动也无明显作用。

(2) 故障原因。造成制动失效的原因主要如下。

① 油液。制动主缸储液罐内油液严重缺失。

② 主缸/轮缸故障。制动主缸、制动轮缸皮碗严重破裂。

③ 管路故障。制动软管、金属管断裂或接头处严重泄漏。

④ 机械连接松脱。制动踏板至制动主缸的连接脱开。

(3) 故障诊断。制动失效容易造成严重交通事故，因此，应及时找到故障点，尽快排除修复。

制动失效故障诊断思路如下：踩下制动踏板，如无连接感，说明是踏板与制动主缸的连接脱开。检查系统管路有无泄漏或破裂(通常根据油迹)。管路的泄漏或破裂会使回路中形成不了高压，使制动性能失效。如上述情况正常，则应检查制动主缸和制动轮缸。

液压制动系制动失效故障的诊断流程如图 11-27 所示。

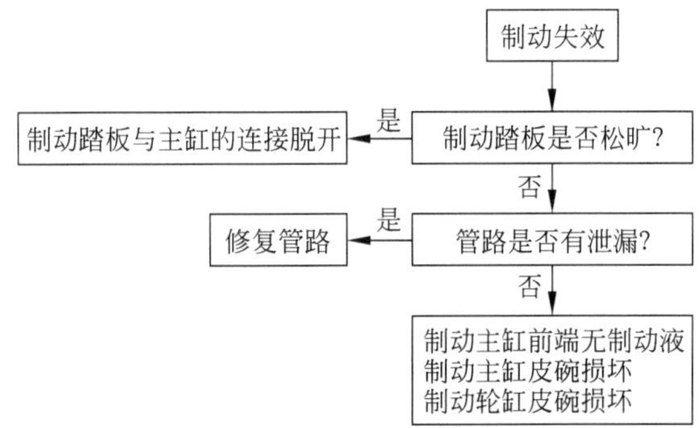

图 11-27 液压制动系制动失效常见故障原因的诊断流程

3. 制动拖滞

(1) 故障现象。在行车制动中，当抬起制动踏板后，全部或个别车轮的制动作用不能完全立即解除，以致影响车辆重新起步、加速行驶或滑行。

(2) 故障原因。造成制动拖滞的原因主要如下。

① 制动踏板无自由行程。

② 踏板回位弹簧脱落、拉断、拉力不足或踏板锈蚀、卡住而回位困难。

③ 制动主缸皮碗发胀、发黏或活塞回位弹簧拉断、预紧力太小，造成回位不畅。

④ 制动主缸补偿孔被污物堵塞。

⑤ 制动蹄回位弹簧脱落、拉断、拉力太小而回位不畅。

⑥ 制动器制动间隙太小。

⑦ 制动油管凹瘪、堵塞或制动液太脏、太稠而使回油困难。

(3) 故障诊断。制动拖滞诊断思路如下：若个别车轮发热，应检查该轮制动轮缸是否回位不畅、管路是否不畅、制动器制动间隙是否太小、制动蹄(盘)是否回位不畅；若全部车轮发热，应检查制动踏板自由行程是否太小、制动器制动间隙是否太小、制动主缸是否回油慢(回油孔不畅，皮碗发胀)、真空助力器空气阀是否漏气。

液压制动系制动拖滞故障的诊断流程如图 11-28 所示。

4. 其他故障

(1) 制动踏板发软或有弹性。制动时，感觉制动踏板有海绵感。该故障原因主要有以下方面。

① 制动系统管路中有空气，应进行放气操作。

② 制动主缸、制动轮缸中活塞与缸筒间隙过大，应更换皮碗或总成。

③ 制动液不足，应补充同型号制动液至规定高度等。

(2) 制动踏板发硬。制动时，感觉制动踏板阻力很大，踩下去很费劲。

装有真空助力器的车辆，故障原因主要是真空助力器或软管漏气，可对真空助力器的性

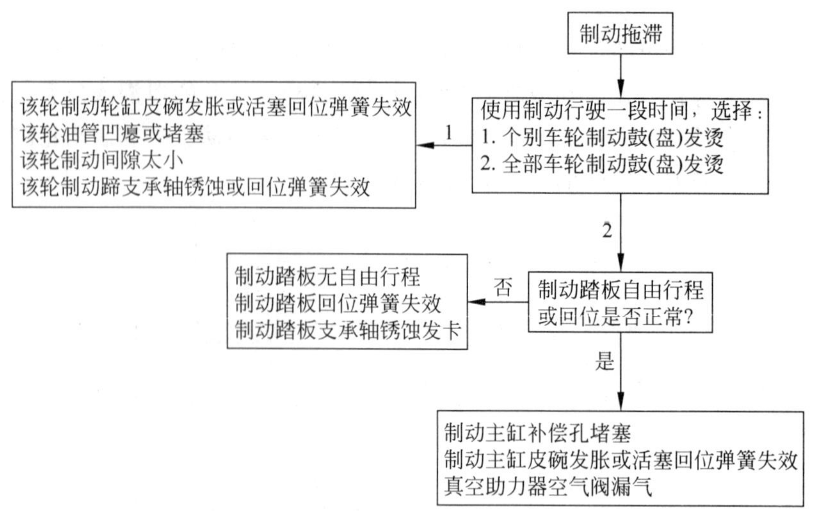

图 11-28 液压制动系制动拖滞常见故障原因的诊断流程

能进行检查，若良好，再对制动系其他部位进行检修。

（3）制动时车身抖动。制动时，感觉到车身有明显的抖动。故障原因主要如下。

① 润滑油或制动液污染了制动摩擦片，造成摩擦片打滑。污染摩擦片的润滑油可能因为后桥油封漏油，润滑脂可能是由于车轮轴承密封件泄漏而造成的，应在排除故障后更换制动蹄片。

② 制动盘划伤或翘曲，应予更换。更换时，同轴左右两侧的制动盘应同时更换。

③ 制动钳松动或卡滞，应予紧固或润滑，必要时更换制动摩擦片。

④ 制动轮缸或真空助力器故障，应予检修等。

（4）制动器噪声。制动时，制动器部位发出啸叫声、咔嗒声或摩擦声等不正常的响声。

盘式制动器制动盘和制动钳之间的震颤噪声或尖叫声，多因旋转元件抛光不良、修削加工粗糙、表面刮擦受损或钳体部位毛刺造成，应给予逐一检修清洁，必要时更换零部件。修复旋转元件可采用不定向涡流式抛光法重新抛光其表面，利用特种型号制动盘或在制动盘背后装上垫块和复合材料也可以消除或降低噪声。制动盘过度磨损会导致金属刮削声。制动盘磨损超过规定限度，应给予更换。

鼓式制动器内摩擦片的过度磨损、制动蹄或鼓调整不当或变形将导致摩擦声或金属刮削声，应给予校正或更换。制动鼓和摩擦片磨损或刮伤、摩擦片油污打滑、回位弹簧轻度失效等可能导致制动器工作时出现尖叫声，应给予检修或更换零部件。此外，制动器元件松动、脱落或装配不良时，还会出现机械撞击声。这时应停车检修，将相应元件装配回位并固定好。

11.2 驻车制动系故障诊断与维修

驻车制动系包括驻车制动器和制动传动装置。

大部分轿车则通过在后轮制动器中加装必要的机构，使之兼充驻车制动器，从而形成复合式制动器。这种兼充驻车制动器的复合式制动器，可以是鼓式制动器，也可以是盘式制动器(见图 11-29)。驻车制动一般通过手制动拉杆来操纵,也有些车辆采用脚制动踏板来操纵。

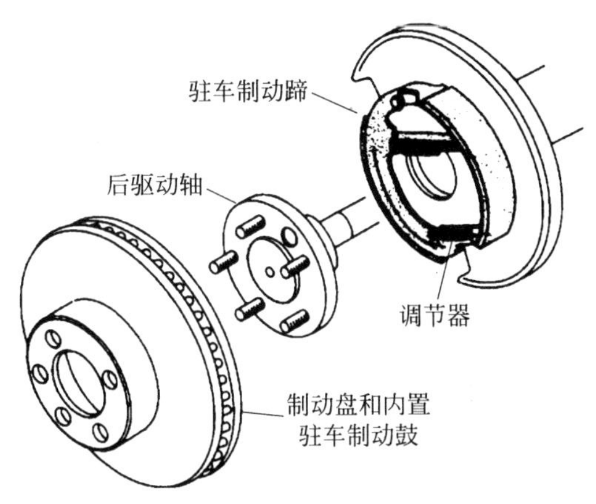

图 11-29　盘式驻车制动器

当采用制动试验台检查车辆驻车制动时,车辆空载,乘坐一名驾驶员,使用驻车制动装置,驻车制动力的总和应不小于该车测试状态下整车重量的 20%;对总质量为整备质量 1.2 倍以下的汽车,此值应为 15%。

在空载状态下,驻车制动装置应能保证车辆在坡度为 20%(总质量为整备质量的1.2 倍以下的车辆为 15%),轮胎与路面附着系数不小于 0.7 的坡道上正、反两个方向保持固定不动的时间应不少于 5min。

11.2.1　驻车制动系维护

驻车制动系的维护作业主要包括以下内容:润滑棘爪和齿板;紧固各固定螺栓(螺母);制动器的检查;手制动拉杆行程检验与调整。

(1) 检查拉杆,应能操纵自如、定位准确可靠。出现棘爪弹簧失效或折断、棘爪与齿板轮齿磨损过甚而滑牙、棘爪或拉杆变形卡滞、棘爪或齿板等处铆钉脱落等情况,应予修理或更换新件。

(2) 拉索出现发卡、外套损坏、接头损坏等现象,应予润滑或更换;系统中各回位弹簧出现弹力降低或失效,应予更换。

(3) 后轮制动器内的连接部位应可靠、工作正常。

(4) 检修调整好的驻车制动系,应操纵自如、制动可靠。

制动器的检查项目及方法,与液压制动系相同,此处不再赘述。

下面以 2008 款丰田 COROLLA 为例说明手制动拉杆行程的调整方法与步骤。

(1) 检查手制动拉杆行程

① 用力拉住手制动拉杆。

② 松开手制动拉杆锁,并将手制动拉杆放回到最低位置。

③ 缓慢将手制动拉杆向上拉到底,并计算咔嗒声的次数。

手制动拉杆行程:200N 时为 6~9 个槽口,如图 11-30 所示。

(2) 调整手制动拉杆行程

① 调整时,车辆置于空挡,用掩车木掩好汽车。

② 完全松开手制动拉杆。

③ 松开锁紧螺母和调整螺母,如图 11-31 所示,以完全松开手制动拉索。

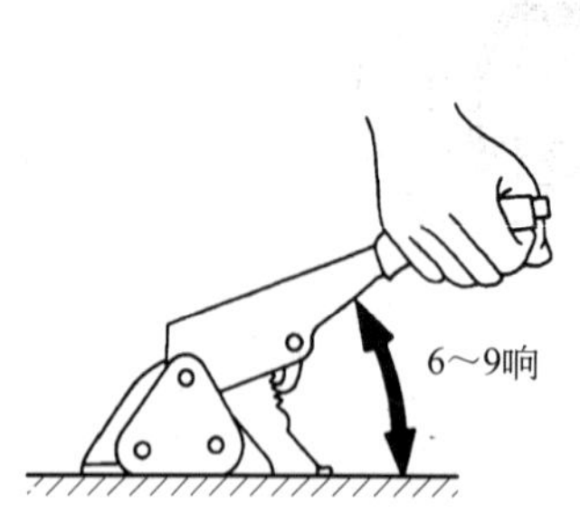

图 11-30 手制动拉杆的行程

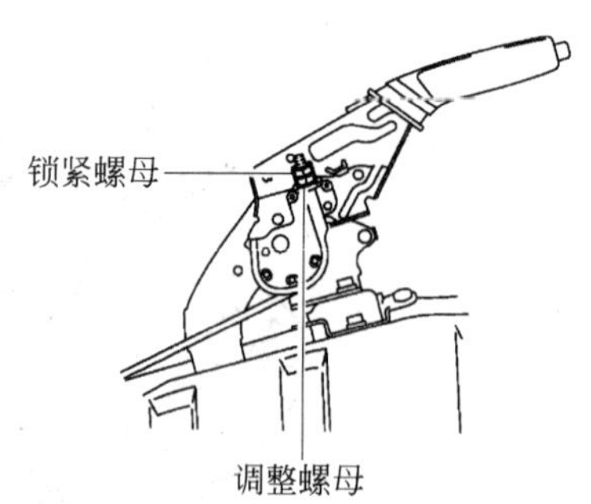

图 11-31 手制动拉杆行程调整螺母

④ 发动机停机时,完全踩下制动踏板 3~5 次。

⑤ 转动调整螺母,直到手制动拉杆行程修正至规定范围内。

手制动拉杆行程:200N 时为 6~9 个槽口。

⑥ 紧固锁紧螺母。

⑦ 操作手制动拉杆 3~4 次,并检查手制动拉杆行程。

⑧ 检查驻车制动器是否卡滞。

注意:调整手制动性能之前,应使后轮制动器间隙调整至规定值。对于制动器间隙自动调整的车辆,应使劲踩几脚制动。

11.2.2 驻车制动系常见故障诊断

驻车制动系常见故障主要包括驻车制动效能不良和驻车制动拉杆不能定位。驻车制动系常见故障部位主要有拉杆的扇形齿板和棘爪、拉索外套等。

1. 驻车制动效能不良

(1) 故障现象。完全拉起驻车制动手拉杆后,汽车仍能溜动。

(2) 故障原因。造成驻车制动效能不良的原因主要有以下方面。

① 拉杆的工作行程过大,应予调整。

② 后制动摩擦片或制动鼓有油污,应予清洁。

③ 拉索连接部分松旷或因阻滞而运动不畅,应予调整或清洁等。

(3) 故障诊断。驻车制动效能不良故障的诊断思路如下:检查驻车制动拉杆的工作行程。如果正常,故障一般由后制动摩擦片或制动鼓有油污、后制动摩擦片烧蚀引起;如果不正常,故障一般由驻车制动工作行程调整过大、驻车制动拉索连接部分松旷或因阻滞而运动不畅引起。

2. 驻车制动拉杆不能定位

(1) 故障现象。拉起拉杆至某一位置,放手后拉杆又回到初始位置;或拉杆不能拉起。

(2) 故障原因。造成驻车制动拉杆不能定位的原因主要有：

① 棘爪弹簧失效或折断，应予更换。

② 棘爪与齿板轮齿磨损过甚而滑牙，应予更换。

③ 棘爪或拉杆变形卡滞，应予校正或更换。

④ 棘爪或齿板等处铆钉脱落，应予修理等。

(3) 故障诊断。反复按放驻车制动拉杆，观察拉杆能否复位。如果能，故障一般由棘爪弹簧失效或折断、棘爪与齿板轮齿磨损过甚而滑牙引起；如果不能，故障一般由棘爪或拉杆变形卡滞、棘爪或齿板等处铆钉脱落引起。

小　　结

本单元主要介绍了液压制动系的维护项目及维护方法，并对液压制动系的几个常见故障进行了分析；介绍了驻车制动系的常规维护及常见故障诊断。重点应掌握液压制动的维护方法，熟悉液压制动系常见故障的诊断方法。

复　习　题

1. 简述制动管路人工放气的步骤及注意事项。
2. 简述真空助力器的检查项目及方法。
3. 简述制动踏板自由行程的检测方法。
4. 用故障树分析法分析制动不灵的故障原因。
5. 简述手制动拉杆行程的检查方法。

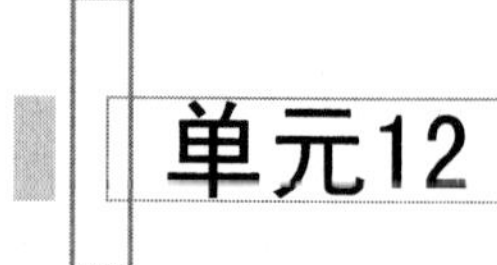

单元12

底盘常见综合故障诊断

◎ **知识目标**

(1) 能够描述汽车行驶无力的故障原因及诊断流程。

(2) 能够描述汽车制动跑偏的故障原因。

(3) 能够描述汽车行驶跑偏的故障原因。

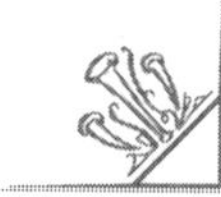

底盘常见的综合故障包括汽车行驶无力、汽车制动跑偏、汽车行驶跑偏等，这些故障的原因与汽车底盘的多个系统相关，甚至与发动机也有关，诊断时，应进行全方位综合分析。

12.1 汽车行驶无力

1. 故障现象

即使将加速踏板踩到底，汽车驱动力也不足，出现加速不良、爬坡无力等现象。

2. 故障原因

造成汽车行驶无力的根本原因是发动机无力、传动系传动效率低、车轮受到的阻力过大，其故障树如图12-1所示。

故障树
- 发动机无力
- 传动效率低
  - 离合器故障：打滑
  - 润滑油故障：缺油或变质
  - 齿轮调整不当：啮合间隙过小
- 阻力过大
  - 轮胎气压严重不足
  - 制动拖滞
  - 轮毂轴承过紧
  - 前轮定位不当

图12-1　汽车行驶无力故障树

具体原因主要如下。

(1) 发动机无力。

(2) 离合器打滑。

(3) 变速器缺油或润滑油变质。

(4) 变速器齿轮啮合间隙过小。

(5) 万向传动装置中间支承轴承缺油、锈蚀甚至失效。

(6) 主减速器或差速器或半轴的传动齿轮(花键)啮合间隙过小。

(7) 驱动桥缺油或润滑油变质。

(8) 轮胎气压严重不足,应予充气或修补后充气。

(9) 车轮制动拖滞。

(10) 驻车制动拉索回位不畅,造成后轮制动未完全释放。

(11) 轮毂轴承过紧。

(12) 前轮定位不正确。

3. 故障诊断方法

汽车行驶无力故障诊断思路如下:按照故障原因的可能性、检查的难易性,首先应检查轮胎气压是否严重不足。在排除发动机无力的情况下,检查影响传动系传动效率降低的因素是否存在。最后检查排除车轮受到的阻力过大的因素。

汽车行驶无力故障的诊断流程如图 12-2 所示。

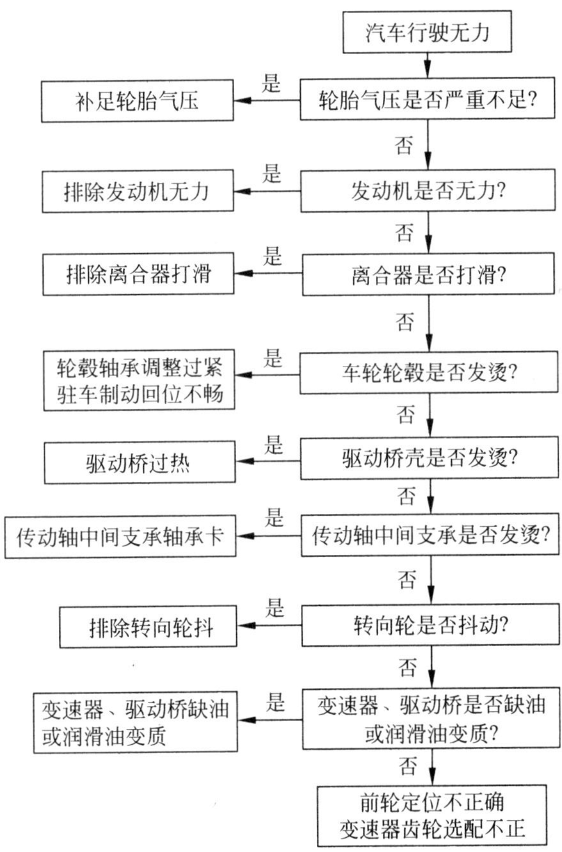

图 12-2 汽车行驶无力故障的诊断流程

12.2 汽车制动跑偏

1. 故障现象

汽车制动时，车辆行驶方向发生偏斜；紧急制动时甚至出现掉头或甩尾现象。

2. 故障原因

造成制动跑偏的根本原因是汽车左右两侧车轮受到的制动力不一致，其故障树如图 12-3 所示。

故障树
- 制动压力调节故障：调节器或比例阀失效
- 制动器故障：制动蹄/块；制动鼓/盘；轮缸；调整机构
- 制动管路故障：凹瘪、阻塞、漏油或有空气
- 轮胎故障：气压、直径、花纹
- 前轮定位故障：参数不正确
- 转向、悬挂装置：紧固件松动
- 车架故障：变形

图 12-3 汽车制动跑偏故障树

制动跑偏故障的具体原因如下。

(1) 制动压力调节器或比例阀失效。

(2) 前轮定位不正确。

(3) 一侧鼓式制动器制动底板松动或盘式制动器制动钳固定支架(板)松动。

(4) 一侧制动摩擦片有油污。

(5) 左右轮制动蹄摩擦片材料不一致、新旧程度不一致或质量不一致。

(6) 左右轮制动蹄摩擦片与制动鼓(盘)的接触面积不一致或制动间隙不一致。

(7) 左右轮制动蹄回位弹簧拉力不一致。

(8) 左右轮轮胎气压不一致、直径不一致、花纹不一致或花纹深度不一致。

(9) 左右轮制动鼓(盘)的厚度、新旧程度或工作面的表面粗糙度不一致。

(10) 一侧车轮制动管凹瘪、阻塞、漏油或制动系统内有空气。

(11) 一侧车轮制动蹄与支承销配合过紧或锈蚀。

(12) 一侧车轮制动轮缸活塞与缸壁磨损过甚或皮碗老化、发胀、发黏。

(13) 车架水平平面弯曲变形、前轴与车架不垂直、前后轴不平行或两边钢板弹簧刚度不等。

(14) 一侧车轮制动蹄弯曲、变形。

(15) 悬挂装置紧固件松动。

3. 故障诊断

汽车制动跑偏故障诊断思路如下。

减速制动，汽车向左(右)跑偏，说明右(左)轮制动迟缓或制动力不足。

紧急制动，观察车轮在地面上的印迹。若同一轴两边车轮印迹不能同时产生，其中印迹短的车轮为制动迟缓，印迹轻的为制动力不足。

检查制动迟缓或制动力不足车轮的轮胎气压、轮胎磨损情况及制动管路是否漏油。检查制动系统中有无空气、制动间隙是否正常。故障仍存在时分解检查制动器和制动轮缸。

若故障仍然存在,应检查车身或悬架、转向系、行驶系是否有故障。

汽车制动跑偏故障的诊断流程如图12-4所示。

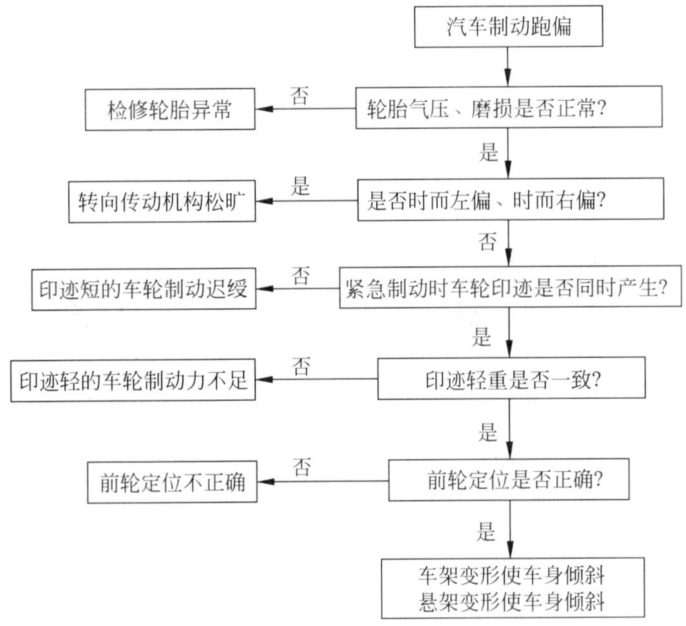

图12-4 汽车制动跑偏常见故障原因的诊断流程

制动迟缓或制动力不足会使所在车轮与同轴车轮的制动力不一致,造成汽车制动跑偏。车身倾斜等原因会造成两侧车轮受到不同的负载,从而产生不同的制动力,造成汽车制动跑偏。

12.3 汽车行驶跑偏

1. 故障现象

汽车正常行驶、不踩制动时,必须紧握转向盘才能保持直线行驶,若稍有放松便自动跑向一边。

2. 故障原因

造成汽车行驶跑偏的根本原因是汽车车轮的相对位置不正确、两侧车轮受到的阻力不一致。具体原因主要如下。

(1) 两前轮轮胎气压不等、直径不一致或汽车装载质量左右分布不均匀。

(2) 左右两前钢板弹簧翘度不等、弹力不一致或单边松动、断裂。

(3) 前梁、车架发生水平平面内的弯曲。

(4) 汽车两边的轴距不等。

(5) 两前轮轮毂轴承的松紧度不一致。

(6) 前轮定位不正确。

(7) 车轮有单边制动或拖滞现象。

(8) 转向杆系变形。

(9) 动力转向系控制阀损坏或密封环弹性减弱、阀芯运动不畅或偏离中间位置。

3. 故障诊断

汽车行驶跑偏故障的诊断流程如图 12-5 所示。

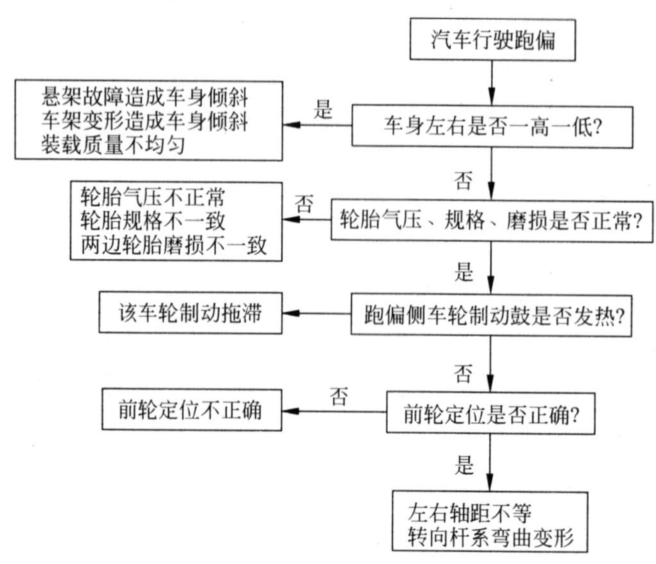

图 12-5 汽车行驶跑偏常见故障原因的诊断流程

在汽车不制动而正常行驶时,制动拖滞会使所在车轮受到更大的阻力,使汽车向该侧跑偏。装载不均等原因会造成两侧车轮受到不同的负载,从而产生不同的行驶阻力,使汽车向装载较多的一侧跑偏。而轮胎磨损不一致等原因使该轮和同轴车轮与地面的摩擦系数不一致,也会使车轮受到不一致的阻力,造成汽车行驶跑偏。

小 结

汽车底盘综合故障,是指故障原因牵涉两个或两个以上系统的故障。汽车底盘的常见综合故障主要包括汽车行驶无力、汽车制动跑偏和汽车行驶跑偏。

造成汽车行驶无力的根本原因是发动机无力、传动系传动效率低、车轮受到的阻力过大。

造成制动跑偏的根本原因是汽车左右两侧车轮受到的制动力不一致。

造成汽车行驶跑偏的根本原因是汽车车轮的相对位置不正确、两侧车轮受到的阻力不一致。

复　习　题

1. 底盘的常见故障有哪些？
2. 汽车行驶无力的故障原因有哪些？
3. 汽车制动跑偏的故障原因有哪些？
4. 汽车行驶跑偏的故障原因有哪些？

单元13

汽车电控系统故障诊断基本方法

◎ 知识目标

(1) 能够描述汽车电控系统的基本组成及原理。

(2) 能够描述汽车电控系统诊断的基本注意事项。

(3) 能够描述汽车电控系统的基本诊断方法。

20世纪80年代以前,汽车还是以机械控制系统或液压控制系统为主。之后,随着电子技术的发展,电子控制成为汽车上的主要控制。电控系统的采用使汽车性能大为改善,提高了运行经济性、操作方便性、工作可靠性、维修简便性与乘坐舒适性,排气污染也得到较好的控制,尤其是在汽车的安全性、操作智能化方面更加突出。

目前,发动机电控燃油喷射系统、电控自动变速器、防抱死制动系统、驱动防滑转调节装置、电控动力转向、电控悬架、安全气囊系统、自动空调系统等已经在车辆上得到了广泛应用。

13.1 汽车电控系统的基本组成

汽车电控系统一般由传感器、执行器和控制单元ECU三部分组成,如图13-1所示。

传感器的作用是负责采集汽车各组成部分的运行参数,如节气门开度、空气流量、曲轴位置、凸轮轴位置、发动机转速、车速、发动机冷却液温度、废气中氧的浓度、车轮转速、自动变速器挡位开关的位置、ATF油的温度、制动开关的状态等信号,传感器将采集的非电量信号转变成电量信号,并送给控制单元ECU。

执行器根据控制单元ECU的控制指令产生相应的动作,完成对汽车各子系统功能和

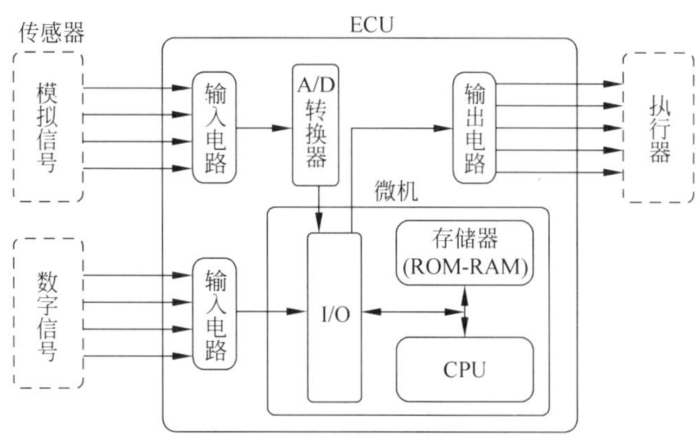

图 13-1 汽车电控系统原理组成框图

性能的控制，例如喷油器、碳罐电磁阀、点火放大器、继电器、怠速空气调节器、换挡电磁阀、油压调节电磁阀、液力变矩器锁止电磁阀、进油电磁阀、出油电磁阀、故障指示灯等。

控制单元 ECU 是整个控制系统的核心，其内部由多个电路模块组成，在内部储存单元储存了各种功能的程序，负责对各种类型的信号的处理、计算与判断，最后向执行器发出控制指令，同时，还对 ECU 的外部电路和内部自身电路进行有效性检测，如果某部分电路出现故障，ECU 将设定故障代码，同时调用备用程序实现应急容错控制。

根据控制系统的功能和控制对象的不同，汽车上常用的控制系统有发动机电控系统、自动变速器电控系统、制动防抱死系统、安全气囊系统、驱动防滑控制系统、电控悬架系统等。在这些系统中，每一个传感器、执行器和电路出现故障，都将导致汽车某方面性能的不良或丧失。

13.2 汽车电控系统诊断注意事项

为了保证系统安全，提高诊断效率，汽车电控系统在诊断时，应注意以下事项。

(1) 故障诊断遵循由外到内、先易后难、由直观到复杂的原则。

(2) 虽然汽车的很多系统都采用了电子控制技术，但汽车的很多故障都是由于非电路故障引起的，在故障诊断时往往要先排除传统结构可能存在的问题，如真空漏气、汽油泄漏、火花塞积炭和高压漏电等，然后再检查电子控制系统可能出现的故障。

(3) 在检查电路故障时，不能用传统的刮火方式来检查电路是否通断，否则容易损坏电器元件。

(4) 不可在发动机运转时拆下蓄电池，否则电路中的浪涌电压会击穿电器元件。

(5) 在点火开关处于“ON”的状态下，不可拆下或装上线路连接插头，尤其是那些带电感线圈的用电器插头，否则用电器的自感应电压可能会使某些电器元件击穿。

(6) 安装蓄电池时，千万不能将正负极接反，且蓄电池极柱夹一定要固定牢固，否则易烧毁蓄电池极柱或损坏电器元件。

(7) 对采用电子控制技术的车辆进行焊接时，要注意保护好各个控制系统的 ECU，最好是将其拆下来，等焊接完后再装上去。

(8) 清洗车辆时,不要让水洒到电路连接插头处,尤其是分电器上,更不能用高压水枪直接喷射,否则易造成电路锈蚀、漏电和短路,甚至会造成发动机不能启动。

(9) 在对控制系统的元器件进行检测时,一般首先检查元器件的供电与搭铁电路是否正常,然后再检测元件的本身。

(10) 拔开线路插头时,应注意规范操作,安全解锁,如图 13-2 所示。

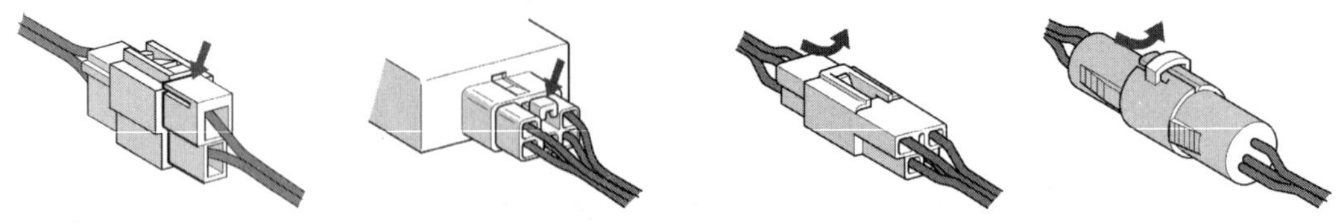

图 13-2 线路插头的正确解锁

13.3 汽车电控系统基本诊断方法

根据所采用的手段与方法的不同,故障诊断的基本方法可分为直观诊断法、自诊断法和仪器诊断法三种。

13.3.1 直观诊断法

直观诊断法就是通过人的感觉器官对车辆故障现象进行问、看、听、摸、嗅、试等初步的、直观的检查。通过"问"可以了解故障出现的时间、出现的过程(是自然产生还是人为造成)、故障现象的特征等。通过"看"可以观察到元件损坏的表面现象,如断裂、脱落、松旷、泄漏、堵塞、脏污、烧蚀等。通过"听"可以听到各种正常和不正常的响声,如漏气、高压漏电、爆燃、放炮、回火、电磁阀动作等响声。通过"摸"可以感觉到抖动、温度、湿度等。通过"嗅"可以嗅出漏油、异常的尾气排放和高温烧煳味等。通过"试"可以直观地试验出某些元件或系统的性能好坏,如火花塞的跳火、油压调节器的调压性能、点火的时刻、发动机的动力性、自动变速器的各项检验效果和 ABS 的工作效果等。诊断时要做到认真、细心和周到。

通过以上诊断,可以再现故障的全过程,了解和掌握故障现象的详细特征,根据积累的经验,通过大脑的分析和判断,可以直接推断到故障的具体部位。这种方法简单、实用,不需要任何仪器与设备,有很多的故障都是通过这种方法得以排除的,但是对于诊断人员的要求较高。

13.3.2 自诊断法

汽车电子控制系统是一个相当复杂的系统,ECU 在完成各项控制功能的同时,还带有自诊断功能,即控制系统中有一套监控程序,能够对系统中的传感器及其电路、执行器及其电路、ECU 的自身情况进行监控,如果被监控的电路信号超出正常的范围,ECU 将以故障代码的形式记录并储存下来,同时采用应急容错控制技术,启动备用程序,调节备用参数来替代错误的信号,以维持车辆的基本工作状态,在进行故障诊断时就可以利用这一功能,如可以利用 ECU 的自诊断功能进行读取和消除故障代码、数据在线检测、执行器功能测试和基本设定。

1. 故障码的读取

故障码的读取方法有两种：一种是人工读码；另一种是用故障诊断仪读码。

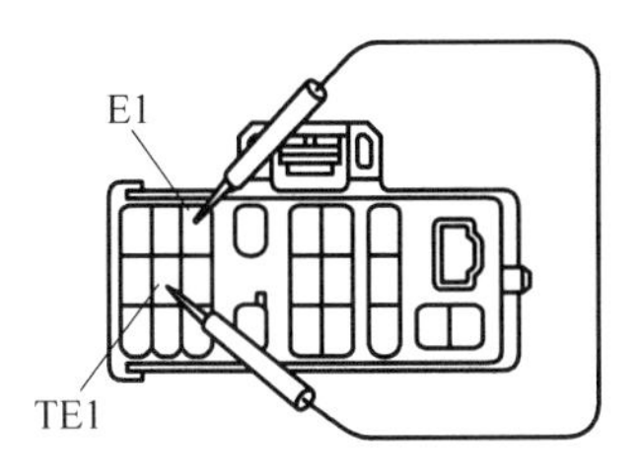

图 13-3　用跨接线短接故障诊断插座上的两插脚

(1) 人工读码。根据不同车型可以选用不同的方法进行人工读码。

① 根据故障指示灯闪烁的规律读取故障码。用跨接线短接故障诊断插座上的诊断输入插脚 TE1 与搭铁插脚 E1，ECU 根据诊断输入插脚上的电压信号进入故障码读取状态，如图 13-3 所示。

一般在汽车仪表上有发动机故障指示灯。根据故障指示灯闪烁的规律可以读出故障码，大部分发动机电子控制系统的都采用了这种显示方法。

当故障自诊断系统进入故障码显示状态时，仪表板上的发动机故障指示灯以闪烁次数和亮与灭之间的时间长短来显示故障码。如图 13-4 所示为发动机故障指示灯的闪烁方式。

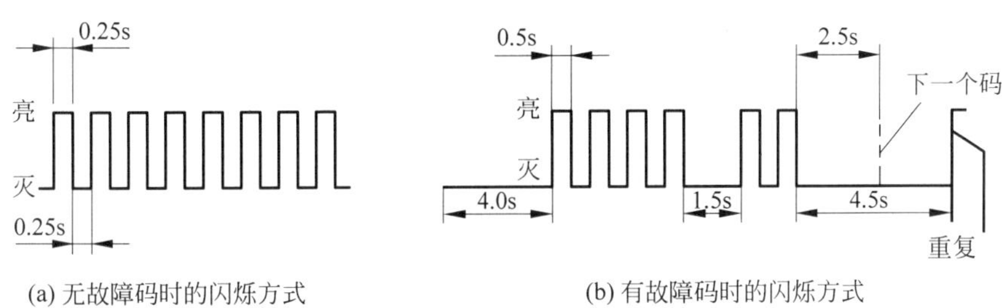

图 13-4　故障指示灯的闪烁方式

根据故障指示灯闪烁的规律读取故障码的方法应用较多，如丰田车系、三菱车系、大宇车系、欧宝车系、通用车系等。

② 用专用的发光二极管读取故障码。用专用的发光二极管(LED)(带 330Ω 电阻)跨接在故障诊断插座上指定的两插脚间，如图 13-5 所示。进入自诊断状态后，LED 开始闪烁，闪烁方式如图 13-4 所示。

用专用的发光二极管读取故障码的方法通常应用于马自达车系、奔驰车系、福特车系、现代车系等。

③ 按空调控制面板上的“OFF”、“WARMER”和“TEMP”等键，使 ECU 进入故障码读取状态，适用车型有通用公司部分车型(如凯迪拉克)、福特公司部分车型(如林肯)、新款奔驰等。进入自诊断状态后，空调面板的液晶显示屏将显示故障码。

④ 在规定时间内连续转动点火开关 3 次(或 5 次)即 ON—OFF—ON—OFF—……，使 ECU 根据点火开关输入的脉冲信号进入故障码读取状态。适用车型有：克莱斯勒车系、切诺基等。进入故障自诊

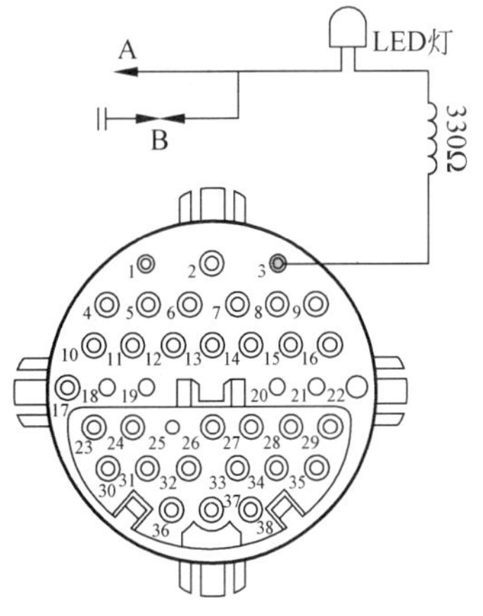

图 13-5　用专用的发光二极管读取故障码

A—接诊断座上的各个系统插孔；
B—接搭铁；插孔 3—蓄电池主电源

断状态后，组合仪表的故障指示灯将开始闪烁，闪烁方式见图 13-4。

⑤ 按压诊断按钮，ECU 根据按钮开关的触发信号进入故障码读取状态，适用车型有沃尔沃车系。

⑥ 转动 ECU 外壳上的诊断模式选择开关，ECU 根据旋钮转动的方向进入故障码读取状态，适用车型有日产公司系列车型。

(2) 用故障诊断仪读码。在车辆线束总成上有一个故障诊断插座，故障诊断插座上设有一个串行数据传输线，接上故障诊断仪，操作键盘，按菜单提示进入故障码读取通道，即可将 ECU 内储存的故障码读出并显示在显示屏上。

汽车故障诊断仪有两类，一类是专用故障诊断仪，每个汽车厂家一般都开发了专用故障诊断仪，如通用 TECH2、本田 PGM\HDS、日产 CONSULT、丰田 IT-Ⅱ、奔驰 XP-star\star2000\Diagnosis compact-Ⅲ、宝马 GT-I\3S、大众 V. A. G1551\V. A. G1552\VAS5052 等；另一类是通用故障诊断仪，这种诊断仪能够适用于较多的车型，不同型号的车辆都配有形状各不相同的连接插头，如美国 Snap-on 公司的 Scanner(即红盒子)、美国 IAE 公司的 OTC 及我国研发的修车王、车博士、电眼睛、金奔腾等。

2. 故障码的清除

故障码的清除可以采用人工断电方式，将电控系统主电源保险丝或车辆蓄电池拆除 10s 以上，即可清除电控单元 ECU 中的记忆故障码；也可利用故障诊断仪的消码功能，根据屏幕提示操作键盘，即可将故障码清除。

3. 数据流

利用故障代码进行故障诊断虽然在一定程度上方便、快捷，但存在两方面的局限性，一是故障代码只能指明某一部分电路有故障，只是一个范围，不能具体到故障部位；二是 ECU 只能监测到信号的范围，不能监测到被测信号的变化特性，即只对值域区和时域区超出有效范围的信号设置故障，而对于没有超出有效范围，但不合理的数据则无法判断。所以，故障代码只是一个重要参考，不能完全依赖于对故障代码的检测，在排除故障时还必须作更进一步的检测。许多车辆的自诊断系统除了具有故障代码的设置功能外，还有行车记录功能，能记录车辆在行驶过程中的传感器、执行器及相关电路的数据和资料，将故障诊断仪通过故障诊断插座与车辆 ECU 相连，在故障诊断仪的显示屏上便可以显示出所测的数据，通过分析、比较这些数据，可以为进一步故障诊断和排除疑难故障提供更多的信息和线索。同时，利用故障诊断仪还可以通过车辆 ECU 向执行器发出控制指令，使某些执行器产生动作，以测试其功能的好坏，如喷油器动作的测试、活性碳罐电磁阀动作的测试、换挡电磁阀动作的测试等。目前一般的故障诊断仪都具有这样的功能，即数据流功能。

4. 基本设定

在大众系列的某些车型中，更换元件之后需要进行参数匹配，又称基本设定。例如更换节气门体，该车的节气门体上有节气门电位计、节气门定位器、节气门定位电位计和怠速开关，更换后需要将节气门体与 ECU 进行匹配，如果更换了 ECU，也需要在节气门体与新 ECU 之间进行匹配，否则会出现发动机怠速抖、行驶无力等现象，这一工作必须由故障诊断仪来完成。V. A. G. 1551、V. A. G. 1552 及一些通用型故障诊断仪都已具备这样的功能，具体设定方法可以参考故障诊断仪的使用说明书。

13.3.3　仪器诊断法

仪器诊断法是利用最基本的检测仪器对控制电路中的输入信号和输出信号进行直接测量，测量参数可以是电阻、电压、电流、频率、信号波形等，采用的仪器可以是万用表、示波器、LED试灯等。

1. 万用表法

此方法应选用高阻抗的数字万用表或汽车专用万用表，它们一般都具有测量电阻、电压、温度、频率、电容等功能，可直接用于测量元件或电路的电阻、电压和通断情况，对于交流信号和脉冲信号可以测量其频率，外接上温度传感器后还可以测量外界的温度。在确定故障具体部位时，万用表往往是最简单而实用的诊断仪器。

2. 示波器法

示波器是现代汽车故障诊断中一种重要的诊断仪器。

能够用做示波器的设备有汽车示波器、故障诊断仪和发动机综合分析仪等。采用示波器可以截取ECU与传感器或执行器之间的电子信号，并以波形的方式显示出来。波形记录了信号的幅值与时间之间的关系，从波形上可以得到信号的幅值（电压的大小）、频率、占空比、脉冲宽度、特性和信号的变化规律等，通过对波形的分析，理论上讲可以将导致汽车故障的所有原因一一检查出来，尤其在对付疑难杂症时特别有效。

用示波器测量时，要将点火开关处于“OFF”状态下，拆下连接插头，用细铜线将信号插脚引出来，再插上连接插头，然后将引出线与示波器相连，特别要注意防止线路短路。

3. LED试灯法

利用LED试灯可以快速、方便地检查电路的供电、搭铁情况，可以直观地检查ECU对执行元件的控制功能，如可以检查喷油器、电磁阀、继电器、点火放大器等的控制电路是否正常工作。

由于汽车电控系统相当复杂，所产生的故障现象也是形式多样，其中有些是连续性故障，有稳定的故障现象或故障码，且只要条件满足故障就出现，这类故障比较容易排除。有些是偶发性、间隙性故障，属疑难杂症，在诊断时往往很难再现故障症状。在遇到这类故障时，根据驾驶员反映的情况可以采用条件模拟法来诱发产生故障，常用方法有振动模拟、加热模拟、水淋模拟、加速模拟、减速模拟等。然后根据自身的条件，综合应用上述故障诊断方法，快速、准确地查找出故障部位。

注意：汽车电控系统检测与诊断的基本方法有很多，上述的自诊断法及仪器诊断法是非常重要的两类方法。学习时，应能熟练掌握自诊断法的故障码的读取与清除。

小　　结

本单元主要介绍了汽车电控系统的基本组成及基本原理，并对汽车电控系统的基本诊断方法进行了概述。汽车电控系统的基本组成都是由传感器、ECU和执行器组成的，但由于不同车型和不同的控制系统各有其特殊性，在传感器的形式、信号的数值、执行器的形式、控制方式和控制机理方面可能不尽相同，在对某一具体车型进行故障诊断时一定要区别对待，根据车型的要求，灵活运用上述介绍的仪器和方法。

复　习　题

1. 汽车电控系统的基本组成包括哪些？
2. 汽车故障诊断有哪些基本方法？
3. 故障码的读取方法有哪些？

单元14

发动机电控燃油喷射系统故障诊断与维修

◎ 知识目标

(1) 能够描述空气供给系统主要元件及项目的检修方法。
(2) 能够描述燃油供给系统主要元件及项目的检修方法。
(3) 能够描述电子控制系统主要元件及项目的检修方法。
(4) 能够描述发动机不能起动的故障原因。
(5) 能够描述发动机动力不足的故障原因。
(6) 能够描述发动机怠速过低的故障原因。
(7) 能够描述发动机怠速过高的故障原因。
(8) 能够描述发动机怠速游车的故障原因。
(9) 能够描述发动机冷启动困难的故障原因。
(10) 能够描述发动机热启动困难的故障原因。
(11) 能够描述发动机进气管回火的故障原因。
(12) 能够描述发动机排气管放炮的故障原因。
(13) 能够描述发动机油耗大的故障原因。

◎ 技能目标

(1) 能够按规范进行电控燃油喷射系统主要元件的检测。
(2) 能够按规范进行电控燃油喷射系统常规项目的检测。
(3) 能够按规范进行电控燃油喷射系统常见故障的诊断排除。

14.1 概述

目前,汽车发动机上都采用了电控燃油喷射系统,使发动机在各种工况下都能获得与所处工况相匹配的最佳空燃比,以提高发动机的动力性与经济性。

1. 分类

电子控制燃油喷射系统的种类很多,大致可按下列几种方法分类。

(1) 按空气量的检测方法分类。按这种方法分类有两种:直接测量方式和间接测量方式。

① 直接测量方式。即利用空气流量计直接测量吸入进气管的空气量。常见的空气流量计有叶片式、卡门旋涡式、热线式、热膜式,其中热线式、热膜式应用较多。

热线式、热膜式空气流量计是直接测出空气的质量流量,无须进行进气温度及大气压力的修正,并且进气阻力小,响应快。此系统又叫 LH 型汽油喷射系统,如图 14-1 所示。

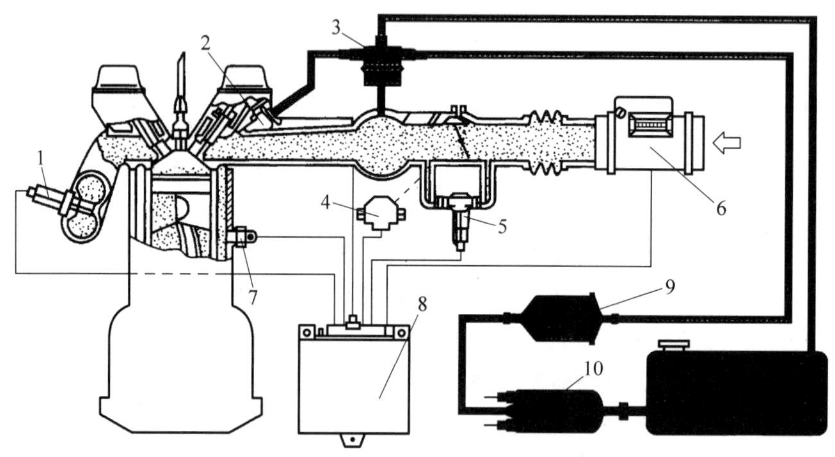

图 14-1 LH 型汽油喷射系统

1—氧传感器;2—喷油器;3—燃油压力调节器;4—节气门位置传感器;5—怠速控制阀;6—空气流量传感器;7—冷却液温度传感器;8—电控单元(ECU);9—燃油滤清器;10—电动燃油泵

② 间接测量方式。目前,间接测量空气量的方式有两种:用进气歧管绝对压力传感器和用节气门位置传感器来测量,其中采用进气歧管绝对压力传感器的车辆较多。

用进气歧管绝对压力传感器测量出进气总管的压力,ECU 根据它和发动机转速间接计算出进气流量,据此计算出汽油喷射量。此系统也称为 D 型汽油喷射系统,如图 14-2 所示。

间接测量方式,便于安装,进气阻力小。但受外界条件影响大,都需要进行进气温度和大气压力的修正,测量精度比直接测量方式稍差,不适用于有废气再循环装置的发动机。

(2) 按喷油器的布置分类。这种分类可分为多点喷射和单点喷射,目前车辆上主要采用多点喷射方式。

多点喷射(MPI)系统是每一缸设置一个喷油器,按喷射部位不同又可分为:把汽油直接喷射到汽缸内的缸内喷射和把汽油喷射到各进气门前的进气歧管内喷射两种方式。多点

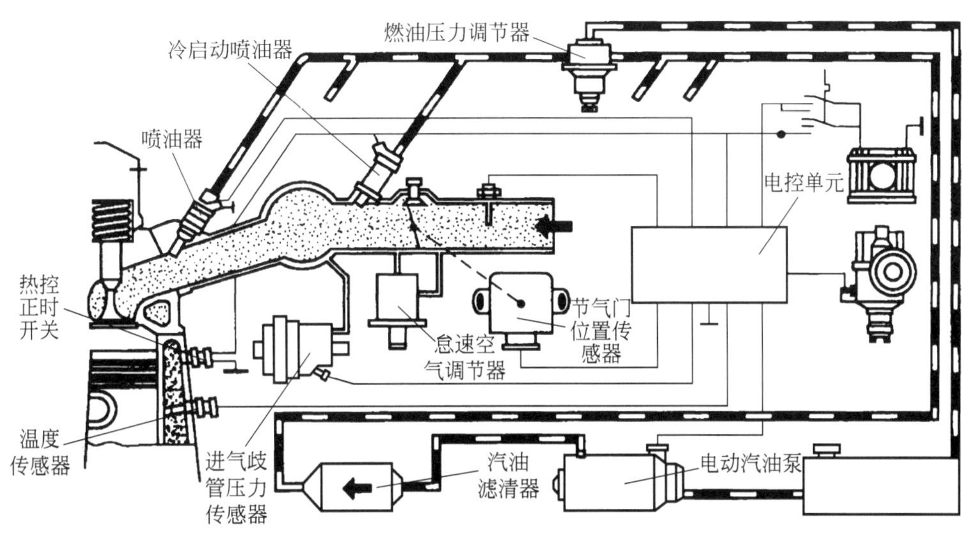

图 14-2　D 型汽油喷射系统

喷射系统较好地保证了各缸混合气的均匀。

(3) 按喷油方式分类。按喷油方式可分为连续喷射和间歇喷射，目前车辆上主要采用间歇喷射方式。间歇喷射又可分为同步喷射和异步喷射。

同步喷射与发动机转速同步，是在固定的曲轴转角位置进行喷射，多用于多点喷射发动机。在同步喷射方式中又可分为同时喷射、分组喷射、顺序喷射三种基本类型。同时喷射是发动机每转一圈，所有汽缸喷油器同时喷射一次，每循环喷射两次；分组喷射是所有喷油器分成两组或三组。发动机每一循环中，每组轮流喷射一次；顺序喷射是各缸喷油器分别按发动机的工作顺序每循环各喷射一次，它具有喷射正时。

异步喷射是根据频率进行的喷射方式，与发动机的转速及做功顺序无关。

同一发动机并不始终用同一种喷射方式。有些发动机在稳定工况下采用同步喷射，而在启动和加速等过渡工况下采用异步喷射。

2. 基本组成

发动机电控燃油喷射系统都由 3 个子系统组成：空气供给系统、燃油供给系统和电子控制系统。

(1) 空气供给系统。空气供给系统的作用是向发动机提供与负荷相适应的清洁的空气，同时测量和控制进入发动机汽缸的空气量，使它们在系统中与喷油器喷出的汽油形成空燃比符合要求的可燃混合气。根据测量空气量检测方法的不同，空气供给系统的组成如图 14-3 所示，一般包括空气滤清器、空气流量计(或进气歧管绝对压力传感器)、进气软管、节气门体、怠速控制阀、进气总管、稳压箱、进气歧管等。

(2) 燃油供给系统。燃油供给系统的功用是用电动汽油泵向喷油器提供足够压力的汽油，喷油器根据来自 ECU 的控制信号，向进气歧管内进气门上方喷射定量的汽油。燃油供给系统的组成如图 14-4 所示，一般包括汽油箱、汽油泵、油管、汽油滤清器、汽油分配管、油压调节器、回油管、喷油器等。

(3) 电子控制系统。电子控制系统的主要作用是根据发动机和汽车不同的运行工况，

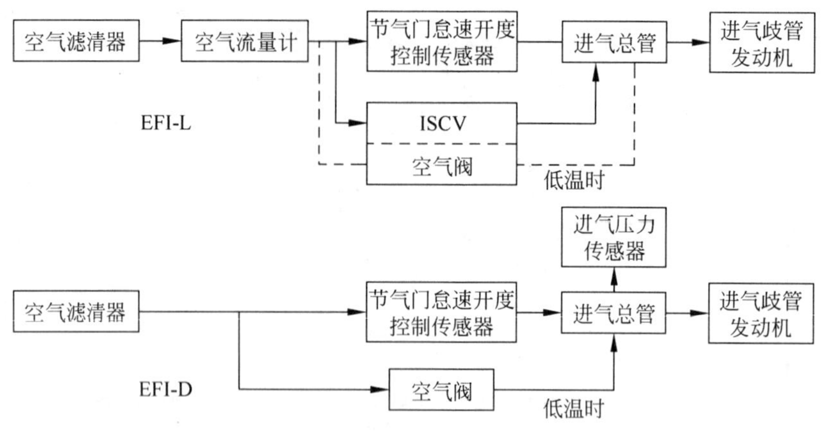

图 14-3 空气供给系统的组成图

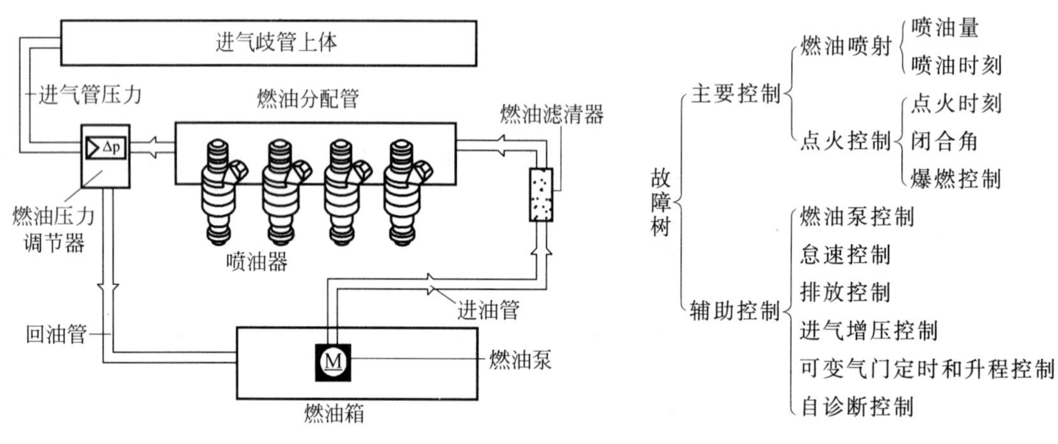

图 14-4 燃油供给系统的组成图

图 14-5 电子控制系统的作用

对喷油时刻、喷油量以及点火时刻等进行确定和修正，检测各传感器的工作，并将工作参数储存和输出，具体如图 14-5 所示。

电子控制系统的组成如图 14-6 所示。传感器主要有节气门位置传感器、空气流量计（或进气歧管绝对压力传感器）、冷却液温度传感器、空气温度传感器、氧传感器、爆震传感器、曲轴位置传感器、凸轮轴位置传感器、车速传感器等。执行器主要有燃油泵、喷油器、碳罐电磁阀、点火线圈或点火器、怠速控制阀、EGR 阀、继电器等。

3. 基本工作原理

发动机电控燃油喷射系统尽管形式多样，但它们都具有相同的控制原则，即以电控单元（ECU）为控制核心，以空气流量和发动机转速为控制基础，以喷油器为控制对象，保证发动机在各种工况下获得最佳的混合气浓度，以满足发动机动力性、经济性和排放要求。

电控燃油喷射系统利用数个传感器监测发动机运转状况和车辆运行状态，将各种信号转化为电信号供给 ECU，ECU 将这些信号与存储在 ROM 中预置好的信息进行比较，进而确定在这种状态下发动机所需的燃油量和点火提前时间。

由于有燃油压力调节器保证油路压力与进气歧管压力之差保持恒定，所以喷油量只与

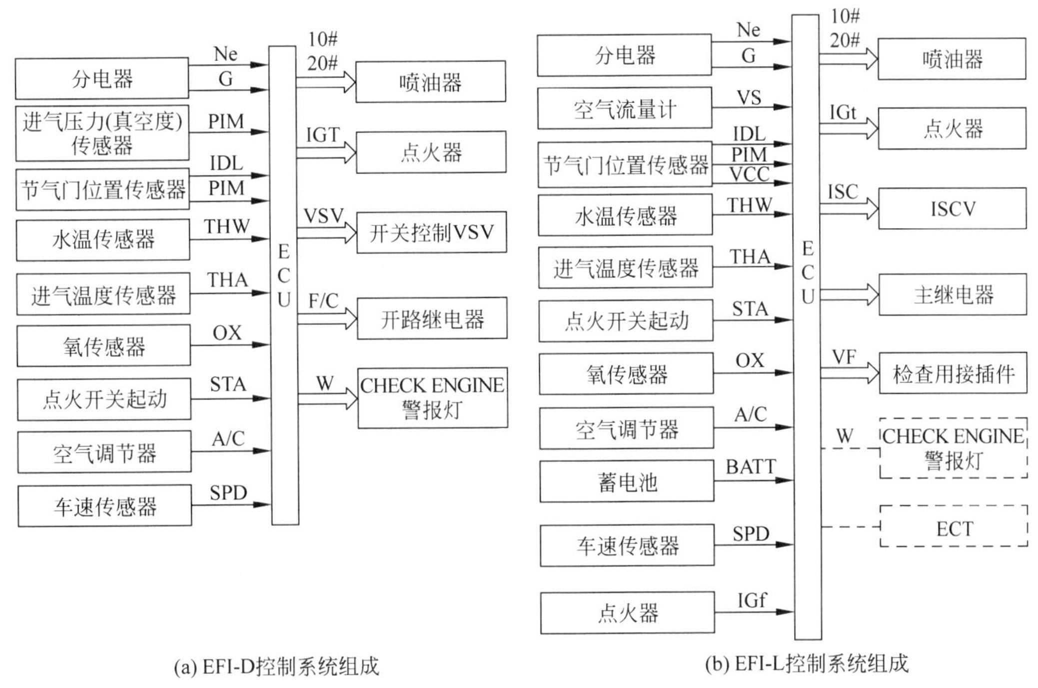

图 14-6 电子控制系统的组成图

喷油器喷油持续时间有关，而 ECU 实际上控制的正是喷油器的喷油持续时间及喷油时刻。喷油器的工作通过 ECU 内的大功率三极管来控制，当大功率管导通时，喷油器开始喷油，当大功率管截止时，则喷油器阀门关闭，喷油停止。

ECU 内存有发动机在各工况下的最佳喷油时间，它是经过大量的台架实验由设计人员确定后输入 ECU 的存储器。ECU 读入由传感器传来的信号，判断出发出动机的工况，确定最佳的喷油量，即喷油器的喷油持续时间。

因为可以预先把发动机所有可能的工况都存储在 ECU 的存储器中，各工况下最佳喷油时间可以按不同的要求设置。故而电控燃油喷射系统在各种工况下都可以在优化的状态下工作。如可以以节油为目标，或以动力性为目标，或以减少废气排放为目标等，这样就可以在不改变任何机构的基础上，只改变控制数据就可得到不同的发动机性能。

14.2 发动机电控燃油喷射系统主要元件的检修与维护

14.2.1 空气供给系统检修

空气供给系统在检修时，应注意检查进气管道所有元件是否存在破裂、变形。

1. 空气滤清器检查

空气滤清器检查是汽车维护保养时的基本内容之一。空气滤清器有方形、筒形等不同的形式。

检查时，首先应查看空气滤清器外壳是否有变形或者破裂情况，若有应更换。

将空气滤清器芯取出，检查是否有较多尘土，可以轻轻拍打滤芯端面，也可用压缩空气与发动机进气方向相反的方向向外吹，去清除滤芯上的尘土，如图 14-7 所示。清洗时，切勿用汽油或水洗刷。如果发现空气滤清器芯上有油泥或已经发生严重堵塞，则需要更换。清洗滤芯后，同时应清除空气滤清器壳内污物。

(a) 方形　　(b) 筒形

图 14-7　空气滤清器的清洁

1—密封材料；2—空气滤清器滤芯；3—集尘器

安装时，检查空气滤清器滤芯上的橡胶密封良好并且确保其没有裂纹或者其他损坏。

空气滤清器应在达到更换周期后进行定期更换，更换间隔每种车型有所不同，如广本雅阁 2 万公里或 1 年，别克凯越 4 万公里或 2 年。

2. 真空泄漏检查

现代汽车上，利用发动机进气歧管真空度作为动力源实施控制的真空装置很多，如发动机的电控燃油喷射系统和排放控制系统、真空助力器、热通风调节分配系统、恒温空气进气系统、巡航控制系统等。若发动机进气歧管真空度发生泄漏，将会对汽车的正常操纵和控制产生严重影响。

对发动机的进气系统、真空管路的外观进行检查时，常采用直观检查法。具体检查时，主要应注意以下几点。

(1) 检查真空管路时，首先应参照真空回路图(除维修手册外，多数汽车发动机室内的排放控制信息标注上，就印有简化的真空回路图)，确认真空软管连接是否正确。如发现接头脱落，要参照真空回路图，保证恢复时不要混淆了接头。

(2) 检查真空管道时，应包括所有的连接件。检查每根软管的连接件是否有裂缝，软管与连接件装配处是否有变形、硬化或裂缝。对损坏的软管，应予以修复或更换。真空软管多数是橡胶的，但也有些是尼龙的。尼龙真空管价格较贵，如果一段尼龙软管破裂或绞缠，可截去损坏部分后安装一段橡胶套管予以修复。

(3) 检查真空管路时，要特别注意那些接近发动机发热部件区域，如排气歧管、EGR 装置、催化转化装置等附近的软管。由于受高温的作用，软管相对较脆，当受到振动影响时，容易产生裂缝。真空软管接触到油液易腐蚀，因此，对可能受到冷却剂、燃油、机油或变速器油等油液浸染区域内的真空软管，也应予以重点检查。

(4) 如上述检查均正常，还应对发动机的进气系统进行检查。在发动机怠速运转时，在怀疑可能有真空泄漏的部位(如各部件的连接处)喷洒化油器清洁剂。如发动机转速发生变化，说明测试部位存在泄漏。

(5) 除目视检查外，也可以用一段真空软管(内径约 6mm)当作“听诊器”，检查真空泄漏部位。把软管的一端放在耳朵上，另一端放在可能有真空泄漏的部位，听一听是否有真空泄漏的“嘶、嘶”声。在“听诊”时，要特别注意发动机或其他机件的运动或发热部分，以免损伤身体。

3. 节气门体检查

发动机在运行过程中，可燃气体在汽缸内燃烧后产生的废气，会有一小部分通过进气门、进气管道在节气门体处产生积炭。发动机熄火后，进气管中的机油蒸汽会冷凝成液体，积存在节气门体中。另外，空气在经过空气滤清器，尤其是使用时间较长的空气滤清器后，未被过滤干净的杂质会残留在节气门体中。这些脏物的量都不大，但积少成多，时间久了就会在节气门体处形成积垢，造成节气门开关阻力增大，发动机怠速不稳等故障。因此，拆装、清洗节气门体是现代汽车维修中的一个基本维护项目。

清洗时，可将节气门体拆下，用化油器泡沫清洗剂喷在节气门体上、怠速控制阀及其通道内，待积炭浸泡软化后，可用软刷子进行清洁。清洁时，应重点清洗节气门体腔、节气门及节气门轴等部位，直到没有污物为止。清洗后，反复扳动节气门操纵机构，检查节气门操纵是否自如。

注意：*绝对不能用砂纸和刀片清理节气门体上的积垢和积胶。*

14.2.2 燃油供给系统检修

1. 燃油压力检测

在发动机电控燃油喷射系统中，燃油泵提供一定压力的燃油。燃油泵及其控制电路的故障将直接影响燃油压力高低，最终影响发动机的启动性能和工作性能，因此对燃油压力的检测是十分重要的。

单点喷射和多点喷射的系统油压不同，单点喷射系统油压低，多点喷射系统油压高，不同车系、不同排量车的系统油压也有差异。表 14-1 列举了一些常见车型的燃油压力规定值，具体应查看维修手册。

表 14-1 常见车型燃油压力规定值

车 型	排量/L	系统油压/kPa(怠速，接真空管)	残压/kPa
桑塔纳	1.8	约 300	＞150(熄火 10min 后)
奥迪 A6	1.8	约 350	＞250(熄火 10min 后)
上海别克	3.0	284～325	＞33(熄火 10min 后)
丰田凯美瑞	2.4	304～343	＞147(熄火 5min 后)
本田雅阁	2.0	265～305	＞150(熄火 10min 后)
福特蒙迪欧	2.3	206～318	熄火后 5min 不降低

1) 系统油压检测

(1) 单点喷射系统。单点喷射系统中没有安装油压检测孔，其检测方法如下。

① 释放油压：车辆熄火；拉紧驻车制动器；将变速器置于 P 挡或 N 挡；拧开油箱加油盖，释放燃油箱压力；断开燃油泵电气插头，或拆下燃油泵保险丝、继电器；启动发动机多

次(或 3s),排除管内残余压力。

② 断开节气门喷射体上的进油管,接上三通油压表。

③ 通过可熔跨接片给燃油泵检测插头加上 12V 电压(也可跨接油泵继电器触点;还可以使发动机在怠速运转),检测系统油压是否符合规定值。一般静态油压比怠速油压值略高。

(2) 多点喷射系统。多点喷射系统中,有的系统管路中安装油压检测孔,有的系统管路中没有安装油压检测孔,有油压检测孔的可将油压表直接接在油压检测孔上(不同车的油压检测孔应采用不同的油压检测接头),没有油压检测孔的可断开进油管,将三通油压表串接在系统管路中。接油压表前应与单点喷射检测油压一样,首先应释放燃油箱内的压力和系统管路中的油压。

(3) 检测结果分析。常见系统油压故障有油压过高和油压过低,油压过高将使混合气过浓,油压过低将使混合气过稀。

油压过低的原因是油箱中燃油少、油泵滤网堵塞、油泵故障、油泵出油管松动泄漏、燃油滤清器堵塞或燃油压力调节器故障。油压过低检修方法及步骤如下。

① 检查油箱中是否缺油。

② 夹住燃油压力调节器回油管,检查油压。若油压升高至正常,说明燃油压力调节器有故障;若压力不升高,则应检查燃油滤清器是否堵塞,油管是否有泄漏或堵塞。

③ 若全部正常,则应进一步检查燃油泵,必要时应更换燃油泵。

油压过高的原因是燃油压力调节器故障或回油管堵塞,其检修方法及步骤如下。

① 将燃油压力调节器回油管拆下,接至一个容器内。

② 观察回油管端的回油量,并检查油压。

③ 回油量多,且油压下降至正常,说明回油管路堵塞。

④ 回油量少或没有且油压无下降,说明燃油压力调节器故障。

2) 多点喷射系统残压检测

发动机停熄后,多点喷射系统管路中应保持一定的残余油压,便于再次启动,如果发动机停熄后,残余油压很低或等于零,将造成难发动或不能发动的故障。

系统残压保持不住的原因有以下几点。

(1) 燃油泵单向阀关闭不严。

(2) 燃油压力调节器阀门关闭不严。

(3) 喷油器漏油或燃油系统管路漏油等。

2. 燃油压力调节器检查

燃油压力调节器的作用是调节电控燃油喷射系统燃油压力,使燃油压力与进气歧管压力之差(即喷油压力)保持在一个恒定值,如图 14-8 所示。

当系统工作正常时,保持发动机怠速,拔掉燃油压力调节器上的真空管,此时,燃油压力应上升 $0.5\text{kg}\cdot\text{cm}^2$(即 50kPa)左右,否则说明燃油压力调节器或系统异常。

若发现异常,具体检查方法参见“燃油压力检查”部分,可判断燃油压力调节器是否异常。

3. 燃油滤清器检查

燃油滤清器检查是发动机维护的常规项目之一。

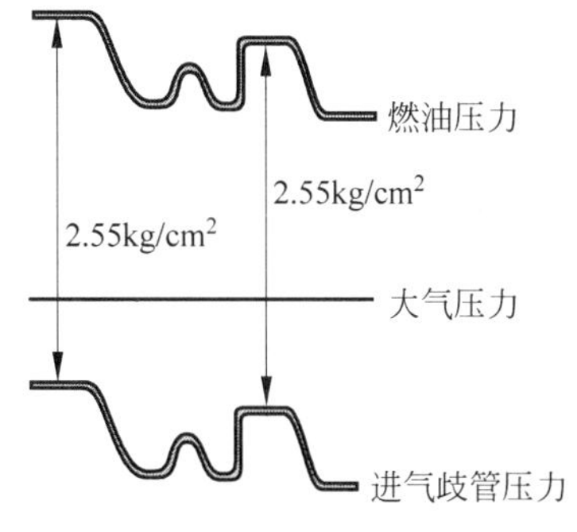

燃油压力	低	高
进气歧管真空	大	小
喷油量 (喷射持续时间相同时)	始终一定	

图 14-8　燃油压力调节器的作用

检查时，应检查燃油滤清器是否存在堵塞，否则应更换。

燃油滤清器一般每3万公里更换一次，不同车型的更换间隔有所不同，如广本雅阁每8万公里或4年，别克凯越每4万公里或2年。如果燃料杂质含量大时，更换间隔应做相应缩短。燃油滤清器外壳上的箭头表示燃油的流动方向，安装燃油滤清器时，不允许倒装。即使它在倒装状态工作很短的时间也必须更换。

4. 进、回油管路检查

燃油供给系统在检查时，应检查油管是否存在漏油、变形、凹陷或堵塞现象。

14.2.3　电子控制系统主要元件检修

电子控制系统包括传感器、执行器和电控单元。

1. 传感器的检测

(1) 空气流量传感器的检测。下面主要介绍翼片式和热膜式两种空气流量传感器的检测方法。

① 翼片式空气流量传感器。翼片式空气流量传感器的常见故障有电位计滑片与碳膜电阻接触不良、电阻值发生变化、燃油泵开关接触不良以及翼片轴回位弹簧失效等。

翼片式空气流量传感器的检测方法是：首先查看空气流量传感器本体有无开裂、测量翼片转动是否发卡、轴是否松旷等；然后在关闭点火开关后拔下空气流量传感器与ECU的连接器，用万用表测量空气流量传感器连接器各端子间的电阻，测量时还慢慢转动测量板，观察电阻值变化情况。如果随测量板的转动，电阻值出现忽大忽小、时有间断或电阻很大的情况，均为空气流量传感器不良，需更换。

② 热膜式空气流量传感器。由于有些热膜式空气流量传感器的信号是频率型的，所以用万用表检测信号应选择频率挡(Hz)。如SGM别克轿车怠速时应为2 000Hz，若信号低于1 200Hz，将设置为故障。

(2) 进气歧管绝对压力传感器的检测。以丰田车型为例进行介绍，丰田车型进气歧管绝对压力传感器结构如图14-9(a)所示，进气歧管绝对压力传感器与ECU的连接电路如图14-9(b)所示。

打开点火开关，测量连接器VCC端子与E2端子之间的电压，应为4.5～5.5V。此时，PIM与E2端子之间的信号电压应为3.3～3.9V。如果没有电压，则应检查ECU上相应端

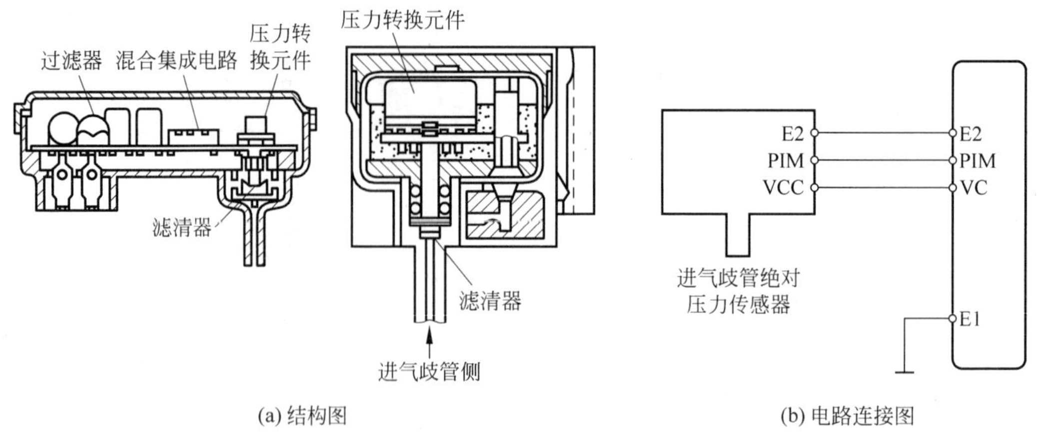

(a) 结构图　　(b) 电路连接图

图 14-9　进气歧管绝对压力传感器

子。若 ECU 端子电压正常,则为 ECU 至传感器之间线路故障。

(3) 节气门位置传感器的检测。节气门位置传感器有线性输出型和开关输出型两种。

线性输出型节气门位置传感器的接线有 4 线制和 3 线制两种,4 线制多了一个怠速开关,其连接如图 14-10 所示。检测方法如下。

① 拆下节气门位置传感器的连接插头,用万用表的欧姆挡测量传感器的信号输出端脚与搭铁端脚之间的电阻,同时连续缓慢地改变节气门的开度,所得电阻应随节气门开度的不断增大而连续增大,且中间没有突变现象发生。

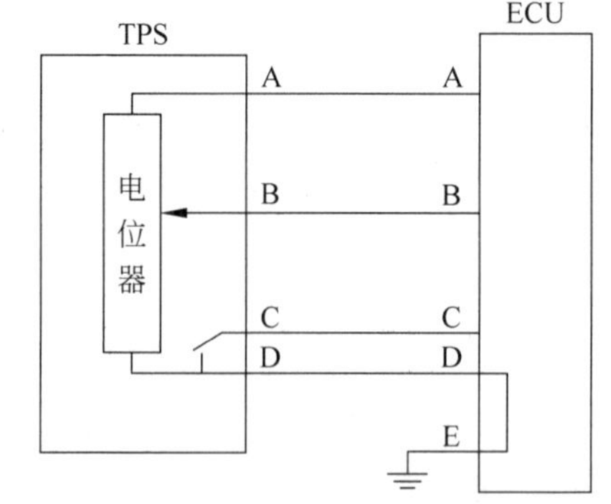

图 14-10　节气门位置传感器的连接图

A—5V 参考电压端脚;B—传感器信号输出端脚;C—怠速触点信号端脚;D—搭铁端脚

② 打开点火开关,发动机不运转。用万用表的电压挡测量传感器的信号输出端脚与搭铁端脚之间的电压,同时连续缓慢地改变节气门的开度,所得电压值应随节气门开度的不断增大而连续增大,且中间没有突变现象发生。

开关输出型节气门位置传感器结构简单,只需测量其怠速触点和功率触点通断情况即可判定其性能。怠速触点在节气门全闭时应闭合,节气门稍略打开应即断开。功率触点在节气门开度小于 50%时应断开,节气门开度超过 50%时应闭合。

(4) 曲轴位置传感器的检测。检测方法介绍如下。

① 电磁脉冲式曲轴位置传感器。电磁脉冲式曲轴位置传感器是否良好,应检查线圈阻值与交流信号电压。

各车型线圈阻值不一致,检查时应先获得生产厂家提供的标准数值。几种常见车型的线圈电阻值见表 14-2。

交流信号电压的检测是将万用表置于交流电压 20V 挡位,拔下电磁脉冲式传感器的连接器,用万用表测量传感器两个端子,转动发动机,观察交流信号电压的变化,交流信号电压应随转速的增加而增大。

表 14-2 几种常见车型电磁脉冲式曲轴位置传感器线圈电阻值

车 型	阻 值/Ω
雷克萨斯 LS400	835～1 400(冷机) 1 060～1 645(热机)
SGM 别克	500～1 500
时代超人	400～1 000
皇冠 3.0	155～240(冷机)

② 霍尔效应式曲轴位置传感器。霍尔效应式曲轴位置传感器常见故障有内部集成块烧坏或线路断路等，这将造成系统不能产生点火电压信号或信号太弱，从而使电控喷油和电子点火系统不能正常工作。

霍尔效应式曲轴位置传感器信号是频率调制信号，其波形是方波，所以可以用万用表的直流电压挡检测平均电压，以判断霍尔传感器有无信号输出，也可用示波器检测其工作波形。

(5) 氧传感器的检测。检测方法如下。

① 氧传感器的加热电阻值检测。以桑塔纳 AJR 发动机为例介绍氧传感器的检测。

如图 14-11 所示，关闭点火开关，拔下氧传感器接线的连接器，用电阻表测量 1 号与2 号端子之间的电阻，其阻值应为 0.5～20Ω(与温度有关)。

② 氧传感器的输出信号检测。氧传感器按材质不同可分为二氧化锆式和二氧化钛式，其输出信号也有所不同。

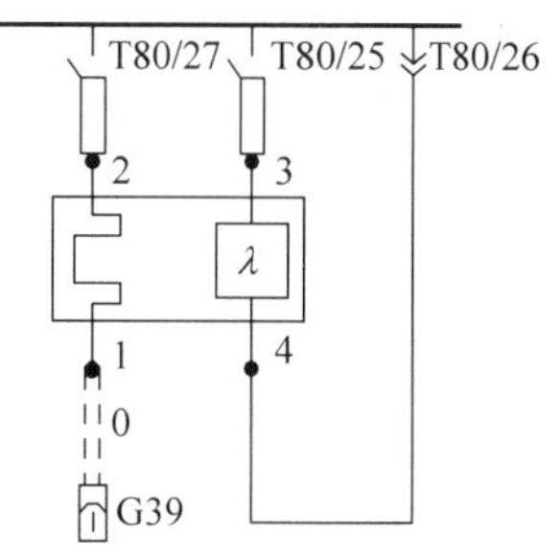

图 14-11 氧传感器的电路

- 对于二氧化锆式氧传感器，拆下连接插头，用万用表的电阻挡测量传感器信号输出端与发动机搭铁之间的电阻值，一般应为∞。装好并连接，启动发动机并运转到正常温度，然后使发动机以 2 500r/min 的转速运转 2min 以上，并保持该转速，此时用万用表的直流电压挡测传感器信号输出端与搭铁间的电压，读数应在 0.25～0.75mV 的范围内不断变化，且 10s 内的变化次数不低于 4 次。怠速时，该信号电压值应为(450±50)mV。
- 对于二氧化钛式氧传感器，启动发动机并运转到正常温度，用万用表的直流电压挡测传感器两信号线之间的电压，读数应在 0.5～4.5V 的范围内不断变化，且 10s 的变化次数不低于 8 次。

(6) 爆震传感器的检测。爆震传感器可采用以下方法进行检测。

① 拆下爆震传感器的连接插头，用万用表的电阻挡测量传感器的信号输出端与壳体之间的电阻，应满足规定值要求。如图 14-12 所示为丰田凯美瑞爆震传感器的检测，20℃时应为 120～280kΩ。

② 拆下爆震传感器连接插头，用木槌敲击传感器附近的缸体，同时用示波器测量信号输出端与发动机搭铁之间的波形，应得到如图 14-13 所示的信号波形，随着敲击强度和节奏的变化，波形的幅值与频率应该相应地变化。

③ 如果没有示波器，用木槌敲击传感器附近的缸体，同时用万用表的微电压挡测量信号输出端与发动机搭铁之间的电压，万用表上应有微量电压测出，读数越大越好，但最大值不能超过 1V。

如果以上测试结果与要求不符合，则应更换爆震传感器。

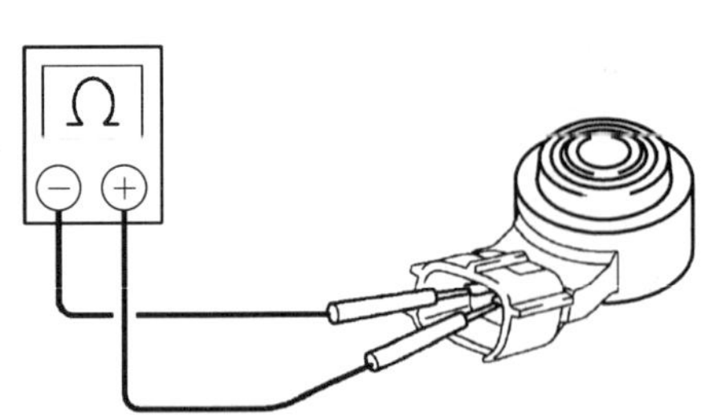

图 14-12 丰田凯美瑞爆震传感器检测

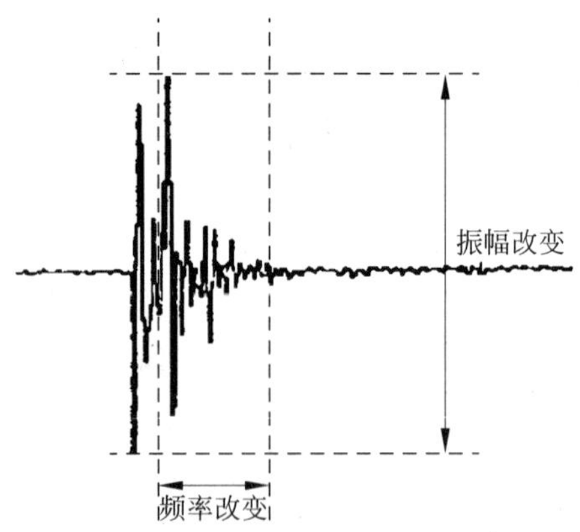

图 14-13 爆震传感器的信号波形

2. 执行器的检测

(1) 电动燃油泵的检测。检测方法如下。

① 电动燃油泵的就车检查。检查时,先用一根导线将故障检测插座上燃油泵的两个检测插孔短接,然后打开点火开关,但不要启动发动机。这时从油箱处应能听到油泵的运转声,若用手指捏住输油软管应能感到输油压力。否则,表明电动燃油泵不工作,应检查其电源与控制线路。如果都正常,则应拆检。

② 电动燃油泵的拆卸检测。从燃油箱中拆出油泵,首先应查看油泵滤网、燃油是否过脏,如过脏,应清理或更换。然后用万用表测量其两接线柱之间的电阻,一般约为 1Ω,电阻值不符合时应进行检修。

(2) 喷油器的检测。检测方法如下。

① 喷油器的就车检查。

- 喷油器工作情况的检查。喷油器的工作情况可通过检查喷油器的工作声音和发动机转速变化来了解。发动机运转时,用手指接触喷油器,应有脉冲振动感觉;用改锥或听诊器与喷油器接触,应能听到其有节奏的工作声。否则,表明喷油器工作不正常,应对喷油器或电控单元输出的喷油信号做进一步检查。
- 喷油器电磁线圈电阻的检查。检查时,拔下喷油器线束插头,用万用表欧姆挡测量其接线柱间的电阻。在 20℃时,对于高电阻喷油器来说,其电阻应为 12～16Ω;对于低电阻喷油器来说,其电阻应为 2～5Ω。否则,应予以更换。

② 喷油器的工作检测。

- 喷油器泄漏情况的检查。将喷油器装在分配油管上,用一根油管将车上燃油滤清器出口与分配油管进口连接,另一根油管接回油管。然后用一根导线将燃油泵的两个检测插孔短接,并打开点火开关。这时,燃油泵开始运转,注意观察喷油器有无漏油。如漏油,其漏油量在 1min 内应少于 1 滴,否则应予以更换。
- 喷油器喷油量的检验。检验时,用导线分别将喷油器与蓄电池相连接,并用量杯测量一定时间内的喷油量。各个车型互不相同,一般为 50～70mL/15s。每个喷油器应重复测量 2～3 次,喷油量差值应小于其喷油量的 10%,否则应加以清洗或更换。

注意: 检测低阻值的喷油器时,喷油器不能直接与蓄电池连接,应串联一个适当阻值

(8～10Ω)的降压电阻,以免烧毁电磁线圈。

(3) 步进电机型怠速控制阀检测。步进电机型怠速控制阀有丰田六线型和通用四线型两种。

① 丰田六线型。如图 14-14 所示为丰田车步进电机型怠速控制阀(ISC 阀),阀上有6个接脚,电路图如图 14-15 所示。

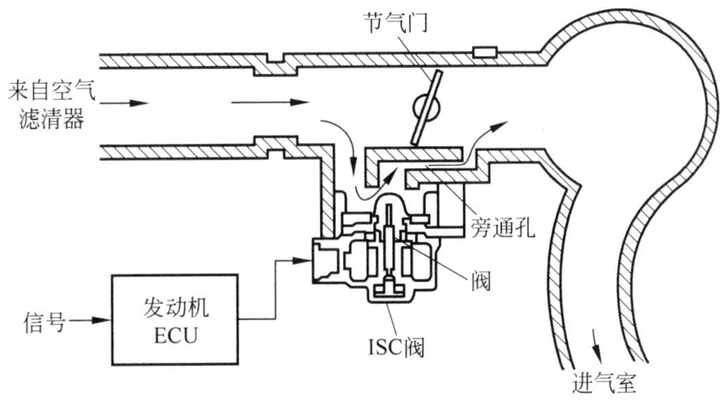

图 14-14 丰田步进电机型控制阀工作原理图

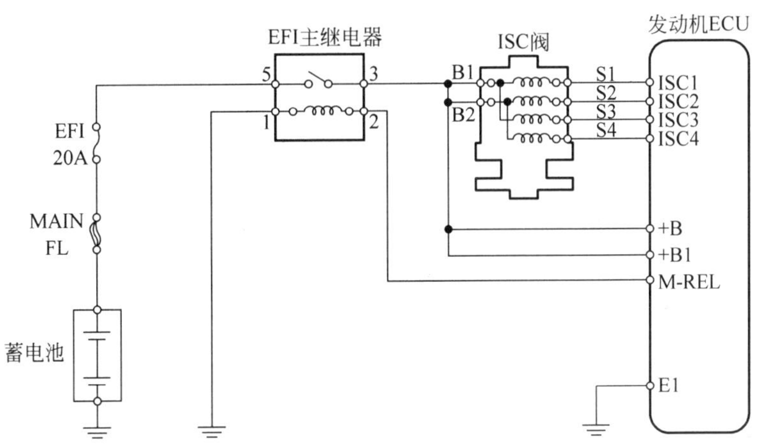

图 14-15 丰田怠速控制阀电路图

发动机电控单元(ECU)根据节气门位置传感器、水温传感器、发动机转速等信号,控制怠速阀的步级数,阀前后移动控制怠速旁通道开启截面积,即控制怠速空气量,从而控制怠速转速。

- 在车上检查怠速控制阀。当发动机熄火时,怠速控制阀会“咔嗒”一声,如果不响,应检查 ISC 阀和 ECU。
- 检查 ISC 阀的电阻。如图 14-16 所示,检测 B1-S1、B1-S3、B2-S2 和 B2-S4 四个线圈电阻,都应是 10～30Ω,如电阻不对,应更换 ISC 阀。
- 检查 ISC 阀的工作情况。B1 和 B2 端子上接蓄电池正极,然后依次将 S1、S2、S3、S4 接负极(搭铁),阀应逐步关闭,见图 14-16(a)。B1 和 B2 端子上接蓄电池正极,然后依次将 S4、S3、S2、S1 接负极(搭铁),阀应逐步开启,见图 14-16(b)。

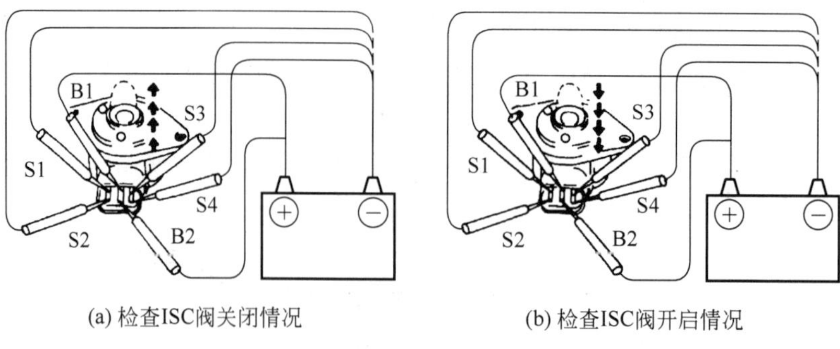

(a) 检查ISC阀关闭情况　　(b) 检查ISC阀开启情况

图 14-16　检查 ISC 阀

如果按上述检查时阀不能关闭打开,则应更换 ISC 阀。

- 诊断仪检测 ISC 阀步级数。丰田车步进电机型怠速控制阀步级数量为 0～125,0 表示怠速控制阀全部伸出,怠速空气旁通道全部关闭,125 表示怠速控制阀全部收回,怠速旁通道全部开启。测试某辆工作良好的皇冠 3.0 车发动机数据如下:冷车时,ISC＝55(步级数),热车后,ISC＝52(步级数);接通空调 A/C 开关,ISC＝63(步级数),切断空调 A/C 开关,恢复到 ISC＝52。

② 通用四线型。通用汽车公司的步进电机型怠速控制阀(IAC 阀)外观结构与电路如图 14-17 所示,其阀上有 4 个接脚。

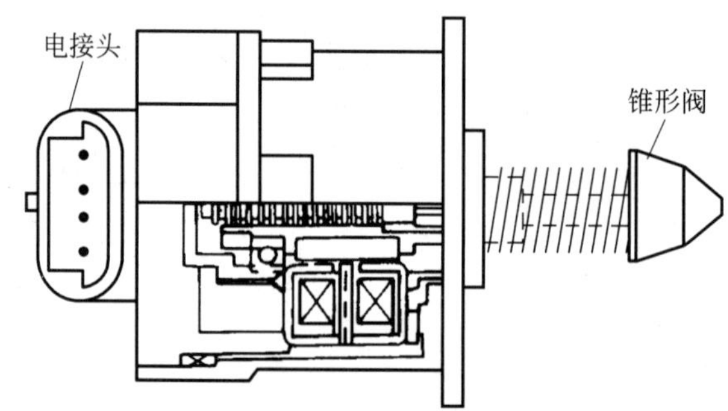

(a) 通用车型怠速控制阀外观结构

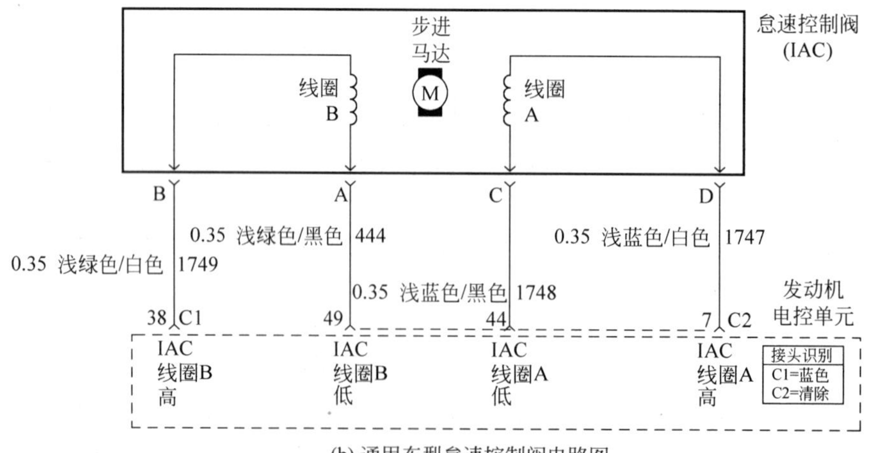

(b) 通用车型怠速控制阀电路图

图 14-17　通用四线型怠速控制阀

当节气门全关时(怠速状态),发动机电控单元(通用车型称为动力控制模块 PCM)根据电源电压、水温信号、发动机负载信号(空气流量传感器/进气压力传感器、空调开关信号、动力转向开关信号、驻车/空挡开关信号)、发动机转速信号和车速信号,输出控制命令控制怠速控制阀的动作,改变怠速空气旁通道开启面积,从而改变控制怠速转速,锥形阀的移开(离开底座)可以增加怠速进气量,提高怠速转速,锥形阀的移入(靠近底座)可以减少怠速进气量,降低怠速转速。

怠速控制阀通过蜗轮机构,将带有若干个磁极的转子的旋转运动转变为锥形阀的直线运动,其调节范围为 0～255 步级,怠速空气旁通道全关为 0,怠速空气旁通道全开为 255。

在检修 IAC 阀时,不要用手推或拉动锥形阀,否则可能损坏蜗轮螺杆的螺纹;也不要将控制阀浸没在任何清洗液中,因为控制阀是个微型电机,浸在清洗液中可能会损坏;锥形阀及阀座锥面上有亮点是正常的,并不是接触不密封,要注意检查 O 形圈,安装时涂一点机油;更换新 IAC 阀要注意型号,新阀尖到安装阀座距离应不大于 28mm,否则可轻轻压回;拆过电源线或 PCM 插头,在装回后,点火开关先置“ON”位置 5s,再置“OFF”位置 5s,然后启动发动机,以便使发动机电控单元恢复怠速控制记忆功能。

(4) 旋转电磁阀式怠速控制阀的检测。很多车型采用了旋转电磁阀式怠速控制阀。

旋转电磁阀型怠速控制阀控制电路如图 14-18 所示,在整个怠速范围内,电控单元(ECU)通过占空比(0～100%)对怠速转速进行控制。

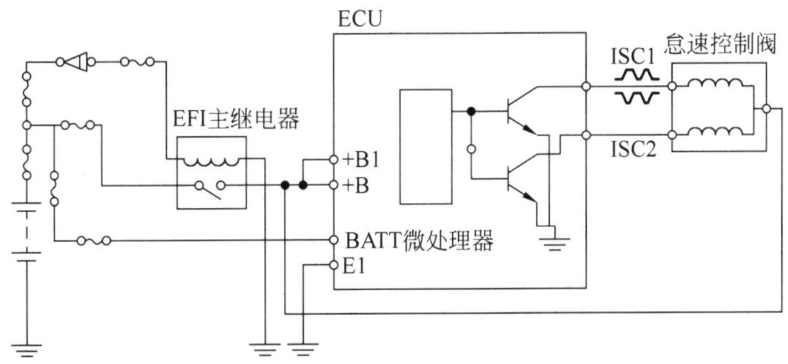

图 14-18 旋转电磁阀型怠速控制执行机构控制电路图

① 检查旋转电磁阀式怠速控制阀的电阻值。如图 14-19 所示,+B 与 ISC1 及+B 与 ISC2 之间的电阻均为 18.8～22.8Ω,如电阻值不符合要求,应更换旋转电磁阀式怠速控制阀。

② 检查旋转电磁阀式怠速控制阀的工作。在正常水温、发动机正常运转及变速器位于空挡位置时,将检查连接器中的端子用连接线连接起来,标准是发动机以转速 1 100～1 200r/min 运转 5s 后,转速会降低 200r/min,如不符合要求,应检查阀体、阀至 ECU 的连接线路及 ECU。

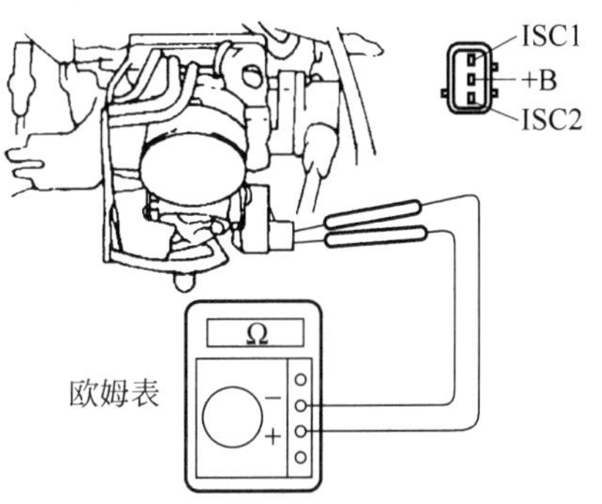

图 14-19 检查旋转电磁阀型怠速控制执行的电阻

3. 电控单元的检测

电控单元(ECU)是一个不可分解检查、修理的单元,但可对它进行基本的检测。

(1) 检测注意事项

① 不得损坏导线及导线连接器，以免接地短路或碰触较高的电压。ECU 的工作电压一般为 5V。

② 慎重使用电子检测设备和仪器，如欧姆表，因为它由 6V 或大于 6V 的电源供电，过电压会使 ECU 芯片内部电路短路或断路。检查发动机 ECU 时，最好用兆欧姆级阻抗的数字表。

③ 没有适当的工具和有关知识，禁止拆卸、检查 ECU，因为任何错误都容易造成 ECU 损坏。

④ 所有的火花塞离传感器或执行器的控制线至少 25mm 以上。与 ECU 相连的电路如果受到电磁场的干扰，ECU 就难以区分正常的执行和工作信号，结果造成整个系统混乱；电路中尽管安装了屏蔽线、滤波器等消除电磁干扰的装置，但是当火花塞线离传感器、执行装置和 ECU 及导线太近时，仍会造成严重的干扰。

此外，要注意防止静电对 ECU 的损害。静电能损坏甚至摧毁 ECU 和其他电子元件，这种损坏一般出现两种可能：第一种是最明显的一种，它能使设备完全损坏而不能工作；第二种是难以确定的一种，而且检查故障原因很困难。在第二种情形下，集成电路的品质下降，长时间功能衰退，表现为工作、运行混乱，断断续续出现故障。

防止静电损坏的最佳方法是排泄掉人体上的静电荷，即将人的身体与车体用导线连接，此状态称无静电工作状态。一般用静电防护腕带缠在手臂上，另一端接在车体上，让身上的电荷顺手腕泄出，从而防止静电对 ECU 产生影响和破坏。要注意，当人体上的静电电压超过很大时才会有感觉，因此，很可能在没有任何征兆的情况下，芯片或电子器件已被静电损坏。

(2) 连接器插头的检查和拆卸方法

ECU、传感器和执行器上均装有导线连接器，线束通过它们将 ECU、传感器和执行器有机地连接，组成发动机 ECU 控制系统。连接器的好坏，特别是 ECU 连接器上插头或插座的好坏会直接影响 ECU 的工作。

检查所有与 ECU 相连的连接器，确保它们正确、紧密地配合，内部接触片不能有腐蚀。检查时，可用手轻微摇动插座上的插头，察看是否有松动，拔下松动的插头，检查接触片是否有腐蚀。如果发现腐蚀现象，需用铜刷或清洁剂将其除去。最后安装时，可用专用的导电油脂涂抹，以防腐蚀。

(3) ECU 的基本检查和可编程只读存储器的更换

对 ECU 内部进行检查非常复杂，并且要用专门的仪器进行，一般应由专业人员实施操作。这里介绍的是 ECU 的基本检查，目的是要检查 ECU 工作是否正常。如果发现 ECU 损坏，要进行更换。

ECU 的基本检查一般包括 ECU 的电源线、地线、导线连接器的连接是否良好，闭环控制是否正常等。

因为 ECU 本身可靠性很高，所以出现问题较多的是电源、导线和导线连接器等。汽车运行一段时间后，由于高温、潮湿、振动、腐蚀性气体，包括先前的发动机检修、维护都会影响 ECU。例如，导线连接器中轻微的脏污、锈蚀和氧化都能阻碍在 ECU 控制线路中的毫安级电流，使 ECU 呈现故障。

ECU 的安装位置因车而异，一般有下列几个地方：驾驶员右侧手套箱的下方，仪表板的下方或后面，两个前座位之间。最近几年生产的汽车，有的把 ECU 安装在发动机舱内。

确定 ECU 的位置后，便可进行检查。

首先，应检查 ECU 的电源线、地线是否良好，导线连接器是否正常。拔下电缆连接器，察看其内部是否有锈蚀，触针是否弯曲，保证所有的触针、触片接触良好。检查 ECU 上的所有地线，看是否有腐蚀，一定要确保它们紧固、清洁和安全连接。上述检查一切正常，再用替换法确定 ECU 是否有故障，即用一个正常的 ECU 替换被检查的 ECU，如果发动机工作恢复正常，则说明替换下的 ECU 已有故障。但在用替换法对 ECU 本身进行验证之前，须肯定或确认原控制系统中其他组件工作正常，否则可能会由于原有的故障问题对替换上去的 ECU 造成同样的破坏。

其次，检查 ECU 的闭环控制情况。在氧传感器良好的情况下，按检查氧传感器的方法连接兆欧姆级电压表和传感器。启动发动机并使它怠速运转，仔细观察电压表上的电压变化(电压快速波动范围应是 0.1～0.9V)。记录波动电压的最高值和最低值，记录时间尽可能长一些。随着发动机工作正常，电压表上的电压平均值应约为 0.5V。如果检查不是上述情况，就说明 ECU 有故障。

除了 ECU 损坏要整体更换外，ECU 上的可编程只读存储器(PROM)出现故障后，可以进行单独更换，重新赋予新程序的 PROM 也可替代 ECU 上的旧 PROM。下面介绍 PROM 的更换方法。

安装 ECU 的 PROM 时要十分仔细，人手是带静电的，如果手指碰到 PROM 的引脚就可能导致 PROM 的损坏，PROM 一般先插在一插座上，再插入 ECU 的插槽内。插座与 ECU 的插槽在规定的位置上进行配合，如果装错，将损坏 PROM。先取下要更换的 PROM，安装新 PROM 时，PROM 上一端的小半圆凹槽一定要与 ECU 插槽上的小半圆凹槽方向一致，PROM 上的引脚要与插槽上的孔一一对应，不能有任何差错，然后适当用力，将其压下。

PROM 与 ECU 要分别进行检查，在更换新的 ECU 前，一般要拆下旧 ECU 上的 PROM。

提示：电控单元的检测，是发动机电控燃油喷射系统检测与诊断时必须做的项目，由于内容较多，学习时，应注意查询维修手册，根据维修手册进行规范操作，并逐渐积累经验。

14.3　发动机电控燃油喷射系统常见故障诊断

根据发动机的故障性质与现象特征，可以将发动机的常见故障分为发动机不能启动、发动机动力不足、发动机怠速过低、发动机怠速过高、发动机怠速游车、发动机冷启动困难、发动机热启动困难、发动机进气管回火、发动机排气管放炮、发动机油耗大等。

不同的故障，引发的原因也不尽相同，故障部位一般有空气流量计、节气门体、冷却液温度传感器、汽油泵、汽油滤清器、燃油压力调节器、喷油器、火花塞、高压线、点火线圈、点火放大器、氧传感器、ECU、怠速控制阀、EGR 阀等。

发动机电控燃油喷射系统故障诊断的基础是熟悉整个控制系统的组成与工作原理，熟悉每个组成元件的结构、工作原理及参数的变化对发动机性能的影响。同时，还要掌握故障诊断的思路与方法，从故障的现象入手，分析每一步检测的结果，最后检查出故障的具体部位。

发动机电控燃油喷射系统诊断时要紧紧抓住汽油发动机正常工作的三个要素：发动机汽缸密封性能的好坏、混合气质(空燃比)与量的好坏、点火性能的好坏。每个元件、部件或子系统发生故障，都是通过上述三个要素对发动机产生影响的。

14.3.1 发动机不能启动

1. 故障现象

曲轴无转速或太低；曲轴转速正常，但发动机无法启动。

2. 故障原因

电子控制系统引起发动机不能启动的基本原因是无高压火、点火正时严重失准和不喷油。引起无高压火的故障部位一般为火花塞、点火放大器与点火线圈、曲轴位置（或凸轮轴位置）传感器、ECU以及上述元件的线路故障。引起点火正时严重失准的原因一般为曲轴位置（或凸轮轴位置）传感器及电路。引起不喷油的故障部位一般为喷油器及其电路、汽油泵及其电路、汽油压力调节器或丧失点火信号等。

其故障树如图14-20所示。

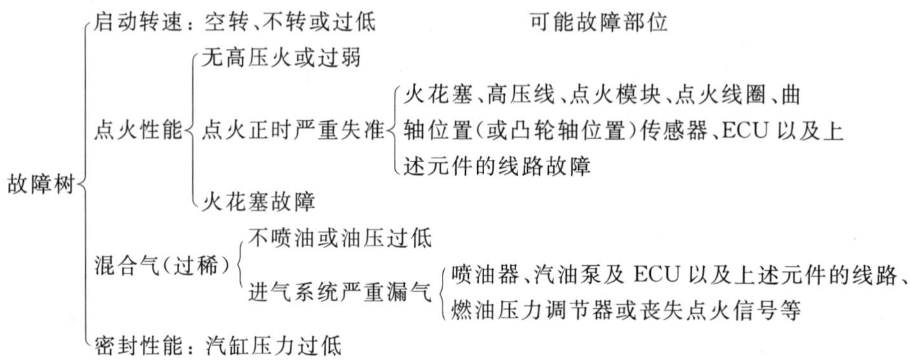

图14-20 发动机不能启动故障树

3. 故障诊断

发动机不能启动时，应先进行下列检查。

(1) 首先请对关键保险丝进行检查，如点火、EFI。

(2) 电控发动机检修前一般应先读取故障码，如有故障码，应先排除。

(3) 更换ECU前，必须先检查ECU搭铁、电源线路是否正常。

发动机不能启动故障诊断流程如图14-21所示。

注意： *启动信号STA会影响启动时的点火提前角和混合气浓度。*

14.3.2 发动机动力不足

1. 故障现象

车辆加速时速度增加缓慢，有踩空油门的感觉。

2. 故障原因

电子控制系统引起发动机动力不足的基本原因是高压火弱、点火正时失准、喷油量少等。引起高压火弱的故障部位一般是火花塞、高压线、点火器、点火线圈和ECU等。引起点火正时失准的故障部位一般是分电器错位、爆震传感器和ECU等。引起喷油量少的故障部位一般是喷油器、空气流量计（或进气管绝对压力传感器）、节气门位置传感器、汽油泵、

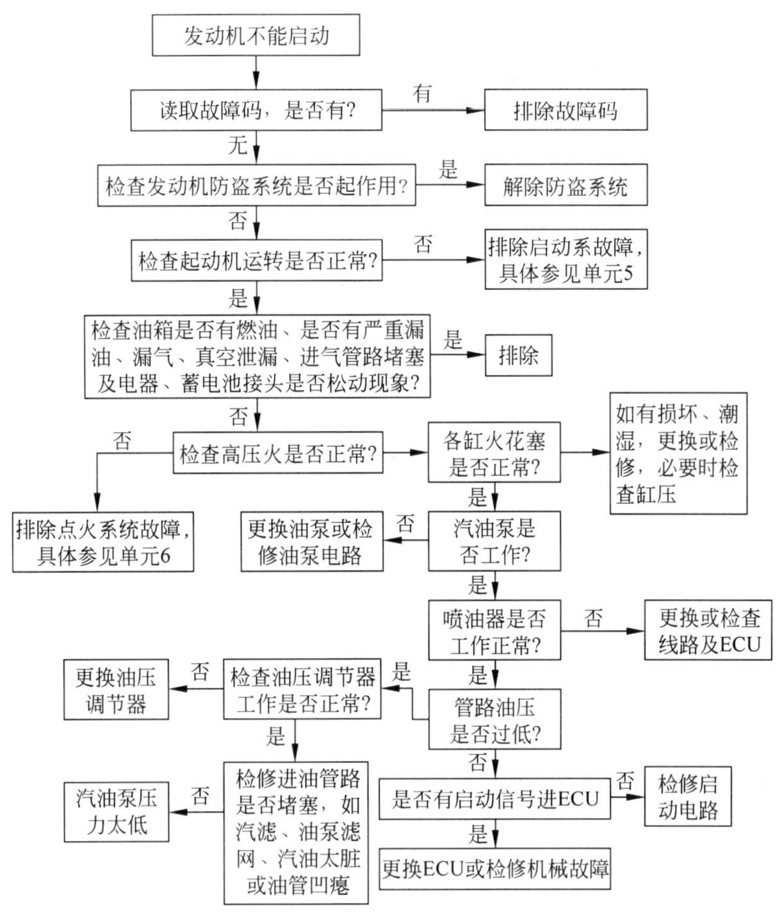

图 14-21 发动机不能启动故障诊断流程图

汽油滤清器、油压调节器和 ECU 等。

其故障树如图 14-22 所示。

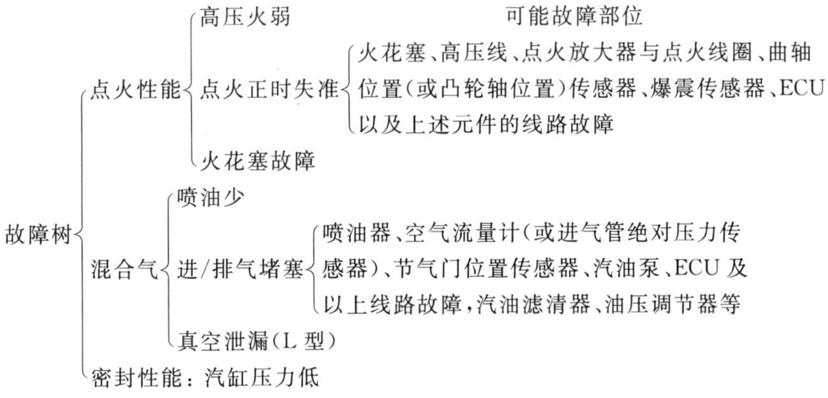

图 14-22 发动机动力不足故障树

3. 故障诊断

发动机动力不足故障诊断流程如图 14-23 所示。

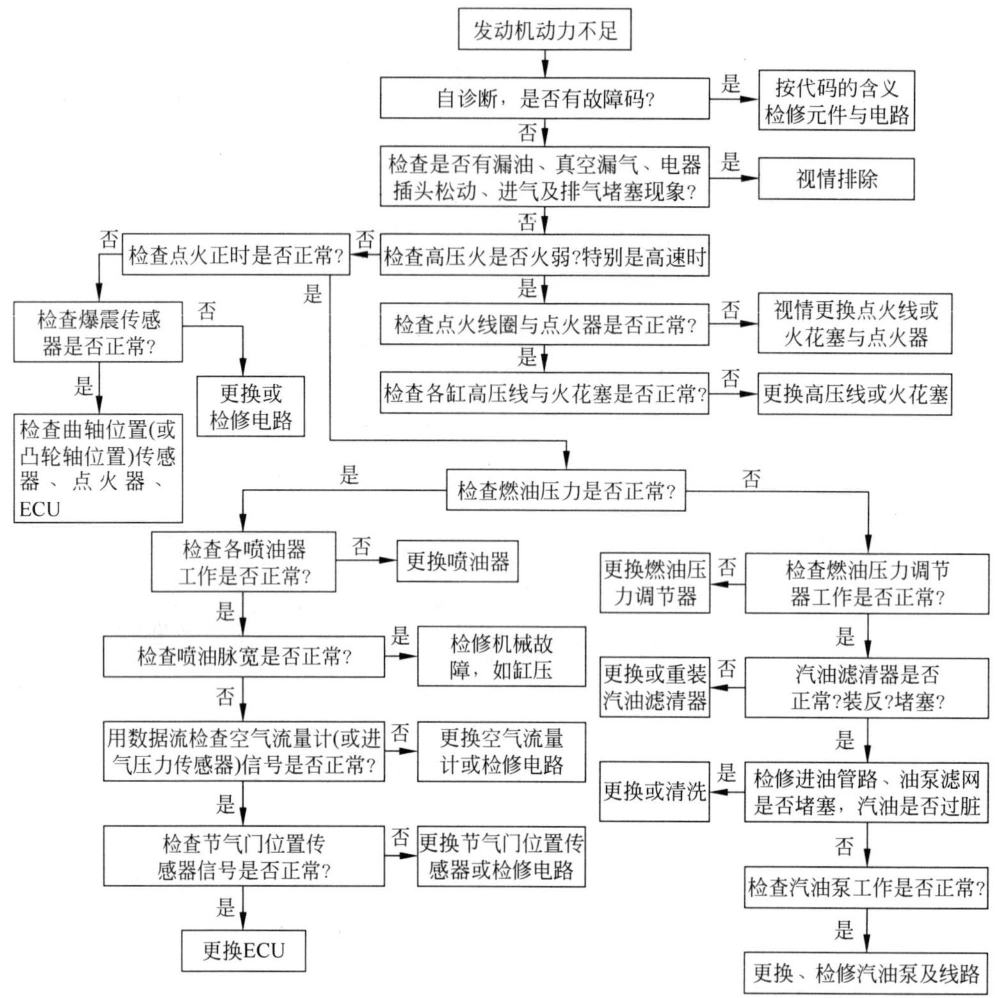

图 14-23 发动机动力不足故障诊断流程图

14.3.3 发动机怠速过低

1. 故障现象

运转中,发动机经常产生怠速偏低、抖动甚至熄火现象。

2. 故障原因

造成发动机怠速过低或发抖的根本原因是发动机输出动力不平衡或过小,如个别缸不工作或工作不良,怠速控制阀故障、节气门体或旁通气道过脏造成怠速进气量较少或怠速时混合气浓度不正常。

其故障树如图 14-24 所示。

3. 故障诊断

发动机怠速过低故障诊断流程如图 14-25 所示。

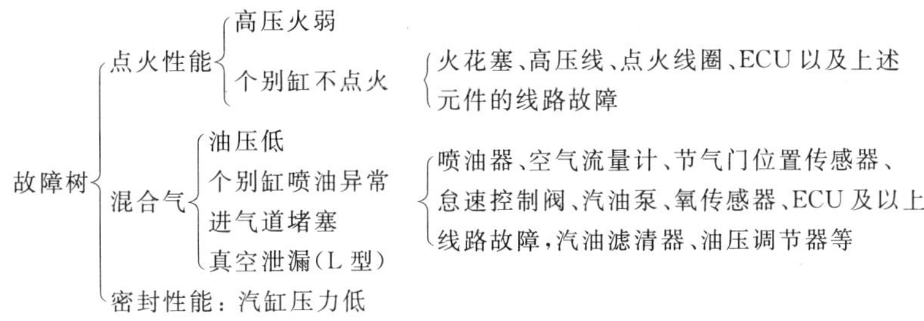

图14-24 发动机怠速过低故障树

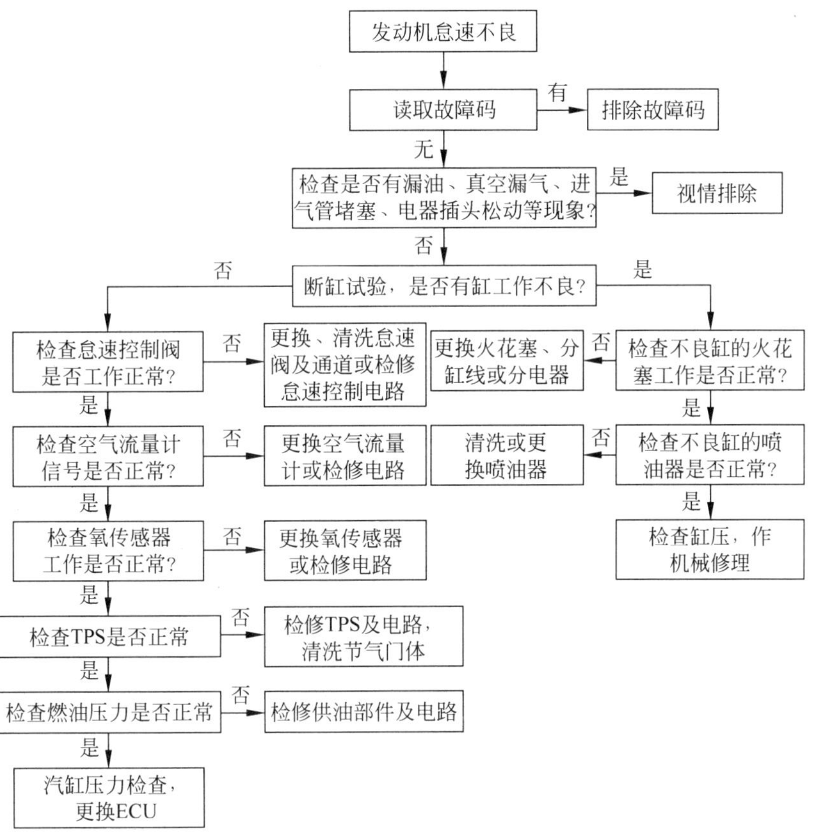

图14-25 发动机怠速过低故障诊断流程图

14.3.4 发动机怠速过高

1. 故障现象

发动机热车后怠速仍然偏高。

2. 故障原因

造成发动机怠速过高的根本原因是发动机输出的动力太大,如发动机混合气多或偏浓。发动机的怠速一般是由ECU根据冷却液的温度、负荷开关(转向助力状态、空调运转状态和挡位开关)的状态,通过控制怠速控制阀来自动调整怠速工况的进气量,进而自动调整怠速工况的喷油量并调节怠速时的转速。冷却液温度传感器信号错误、转向助力开关信号错误、空调开关信号错误、挡位开关信号错误、怠速控制阀失调、节气门后方漏气、汽油压力过高、空气量计(或进气管绝对压力传感器)信号错误、ECU故障等都将导致发动机怠速过高。

其故障树如图14-26所示。

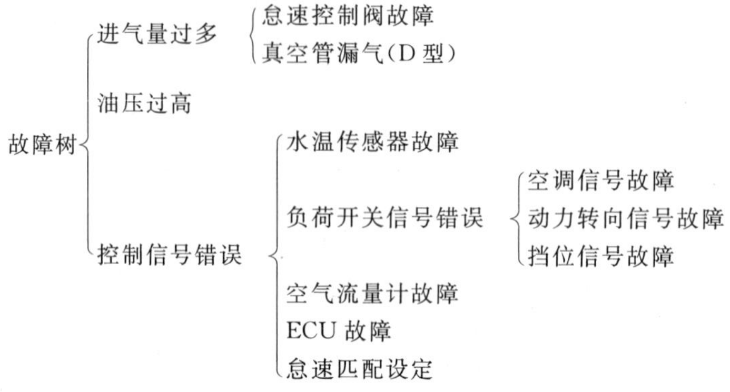

图14-26 发动机怠速过高故障树

3. 故障诊断

发动机怠速过高故障诊断流程如图14-27所示。

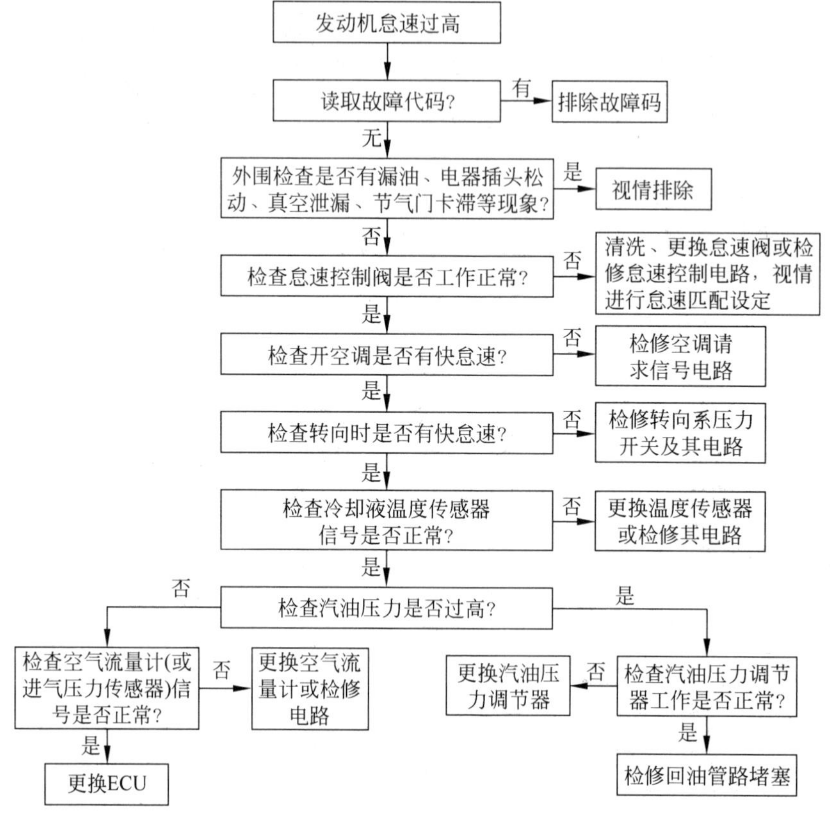

图14-27 发动机怠速过高故障诊断流程图

14.3.5 发动机怠速游车

1. 故障现象

怠速运转时,发动机转速时高时低甚至熄火,也称为发动机失速现象。

2. 故障原因

发动机怠速游车的根本原因是发动机输出的动力忽大忽小,如混合气浓度或量异常。

怠速游车现象是怠速工况的一种常见故障,它与怠速抖动有根本的区别。游车现象是一种有规律的转速忽高忽低故障。游车现象细分有两种:一种为小范围内转速变化,另一种为大范围内的转速变化。虽然它们的故障现象较相似,但它们所发生的根本原因却有着质的差别。前者所导致的原因较复杂,其所发生的故障点也较为繁多,根本原因是由于外界的原因造成执行器在不断地反复调节所致。而后者发生的根本原因是断油控制的结果所致。

怠速控制阀过脏会导致游车。装配进气歧管绝对压力传感器的车型,真空度低的时候,压力传感器的信号电压增大,此时混合气增加,而导致怠速转速升。电控单元为了维持目标转速必然指令怠速控制阀关闭其开量,以阻止转速的提升,但假如怠速控制阀过脏,动作迟滞,在转速提升不高时,其控制电流变化较小,不足以使怠速阀克服阻力而动作;当转速提升较大时,其控制电流也变化较大,方能使怠速控制阀动作,而此时较大电流往往使怠速控制阀超量动作,关闭过量,转速开始下降。当下降较小时,怠速控制阀不动作,只有过大的转速变化,怠速阀才重新开大。由于怠速控制阀的动作不灵敏,只有较大电流时做超量调节,所以造成怠速进气量忽大忽小,从而使发动机转速忽高忽低——游车。

进气管道有漏气,也会导致发动机转速忽高忽低。进气管漏气,必然使进气量增大,使混合气增加,转速也会逐步上升,当上升到一定转速时,电脑检测到发动机转速超出了怠速工况的限度,便会发出断油指令,控制发动机转速使其下降。当下降到 500～600r/min 时,电脑又恢复喷油,转速又慢慢上升,就这样不断循环,使发动机转速忽高忽低。

主气道存在脏堵可能导致游车。在大众车系普遍采用直动式怠速控制阀,它的特点是取消了怠速旁通气道,怠速工况的进气量的控制直接由步进电机推动节气门的形式来控制。当加速时节气门由拉线控制,此时的怠速电机失去作用。如果主气道存在脏堵,正常怠速时的进气量受到阻碍,进气量减少导致转速下降。电控单元为了不使发动机熄火,将不断指定怠速电机开大节气门的角度。当转速上升超过怠速转速时,电控单元将指令节气门怠速电机关闭一点角度,就这样循环。当清洗节气门后,必须做基本设定。

氧传感器失效也会导致怠速不稳、抖动甚至游车。如若氧传感器反应迟钝,只有较大的浓度变化或较长时间才正确反映浓度状况,电控单元对喷油控制调节一样显得迟缓,调节的量将超出标准范围。较浓时,动力较强,转速较高;较稀时,动力较弱,转速较低,这样便会产生游车现象。

14.3.6 发动机冷启动困难

1. 故障现象

发动机在热车时启动正常,而冷态时需要经过较多次、长时间地转动起动机,但启动后发动机运转正常。

2. 故障原因

造成冷启动困难的常见原因是发动机混合气过稀。

造成冷启动困难的基本原因是混合气浓度不够、火花塞跳火弱、汽缸压力偏低、混合气雾化不良等。引起混合气浓度低的故障部位有冷却液温度传感器、进气系统漏气、喷油器、油压调节器、启动控制电路(向 ECU 输送起动信号)等。引起火花塞跳火弱的故障部位有火花塞、高压线、点火线圈与点火器等。引起汽缸压力低的原因是机械故障。

其故障树如图 14-28 所示。

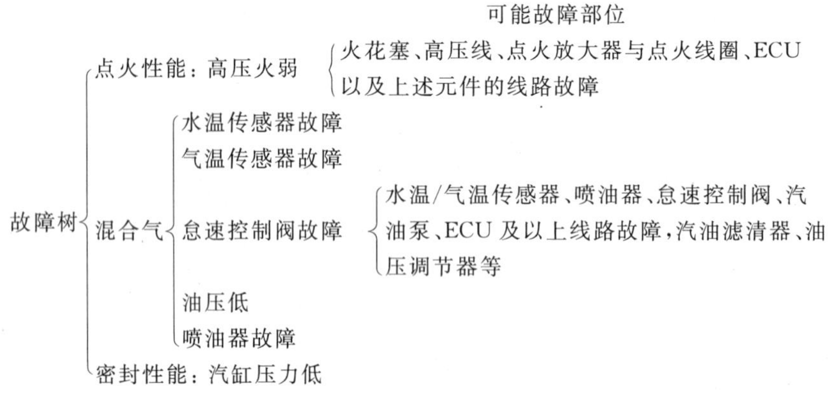

图 14-28　发动机冷启动困难故障树

3. 故障诊断

故障诊断流程如图 14-29 所示。

14.3.7　发动机热启动困难

1. 故障现象

发动机在冷车时启动正常，而热态时需要经过较多次、长时间地转动起动机，但启动后发动机运转正常。

2. 故障原因

发动机热启动困难的常见原因是发动机混合气过浓。导致发动机混合气过浓的原因可能有水温传感器、进气温度传感器故障，喷油器滴漏，油压过高等。

14.3.8　发动机进气管回火

1. 故障现象

发动机工作不正常，迅速增加节气门开度时进气管有回火，加速无力。

2. 故障原因

发动机进气管回火的常见原因是混合气过稀。

如果混合气过稀，混合气的燃烧速度下降，燃烧火焰会延续到下一次进气门打开，使进气歧管内的可燃混合气燃烧，造成进气管内有回火现象。引起混合气过稀的主要故障部位

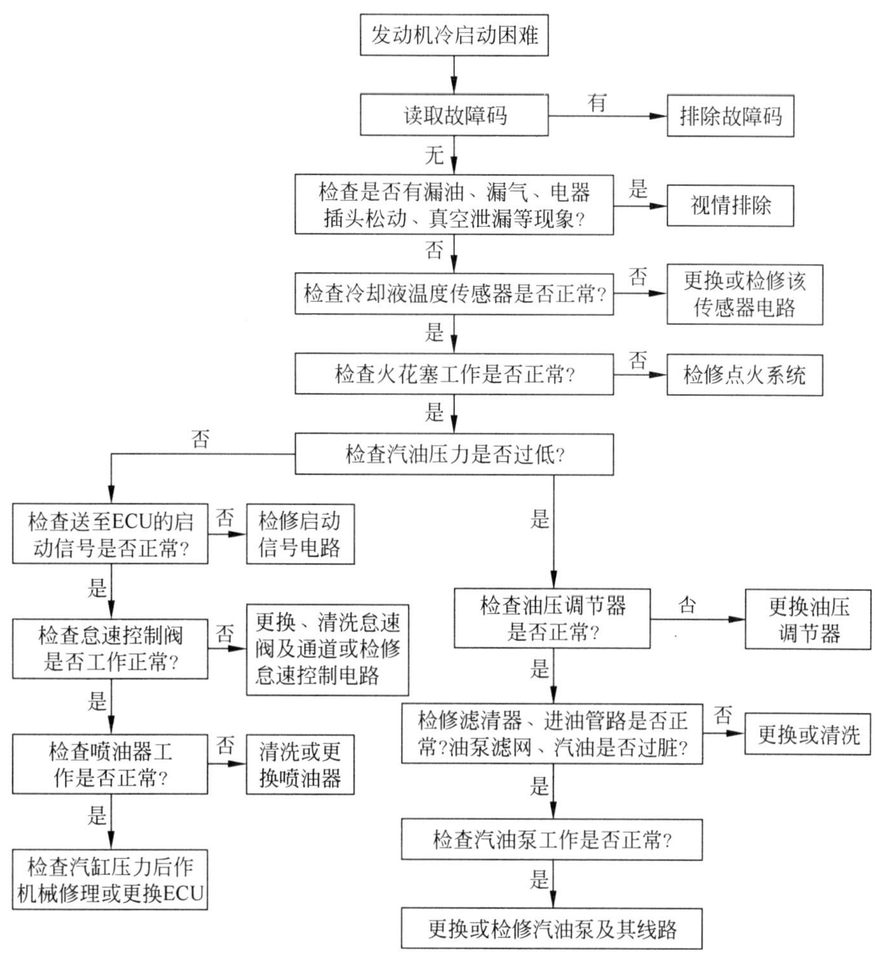

图 14-29 发动机冷启动困难故障诊断流程图

是进气系统漏气、汽油泵、汽油压力调节器、汽油滤清器、喷油器、节气门位置传感器、空气流量计(或进气歧管绝对压力传感器)和汽缸压力过低等。

其故障树如图 14-30 所示。

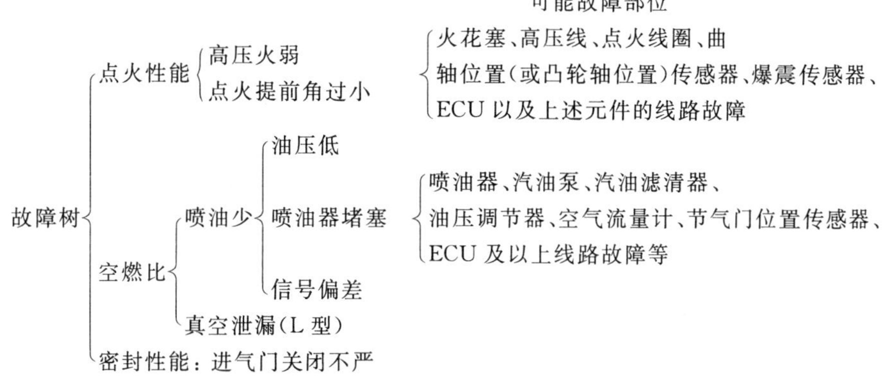

图 14-30 发动机进气管回火故障树

3. 故障诊断

故障诊断流程如图 14-31 所示。

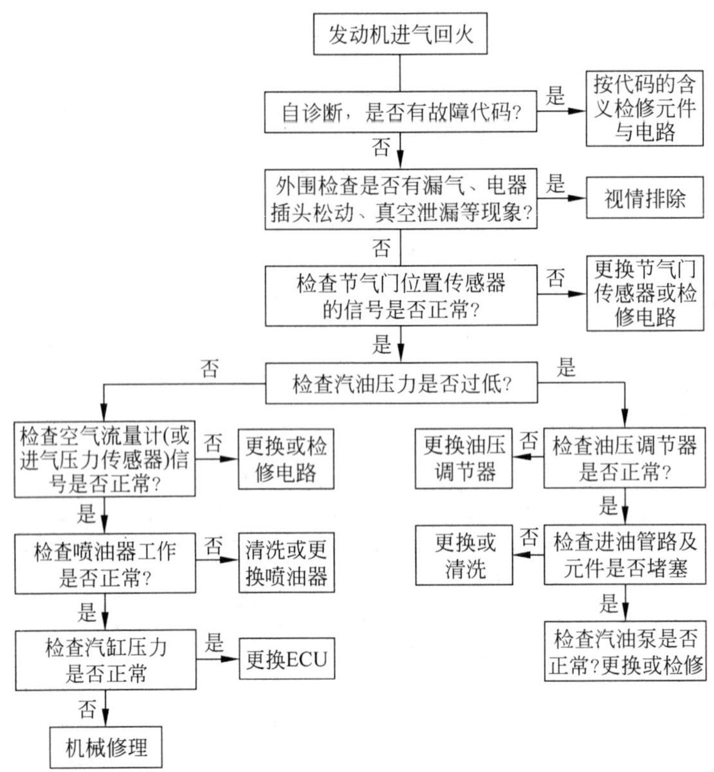

图 14-31 发动机进气回火故障诊断流程图

注意：主要是对混合气过稀的原因进行诊断。

14.3.9 发动机排气管放炮

1. 故障现象

发动机工作不正常，排气管放炮，同时伴随有冒黑烟现象，发动机动力下降，油耗增加。

2. 故障原因

当可燃混合气过浓或点火过迟时，混合气在做功行程未燃烧彻底，进入排气管后继续燃烧，并产生放炮声。引起混合气过浓的部位有喷油器、燃油压力调节器、空气流量计(或进气歧管绝对压力传感器)、节气门位置传感器等。

其故障树如图 14-32 所示。

3. 故障诊断

发动机排气管放炮故障诊断流程如图 14-33 所示。

可能故障部位

故障树
- 点火性能
  - 高压火弱或断火
  - 点火提前角过小
  - → 火花塞、高压线、点火放大器与点火线圈、曲轴位置(或凸轮轴位置)传感器、爆震传感器、ECU以及上述元件的线路故障
- 空燃比：喷油多
  - → 水温/气温传感器、喷油器、空气流量计、节气门位置传感器、ECU及以上线路故障，油压调节器等

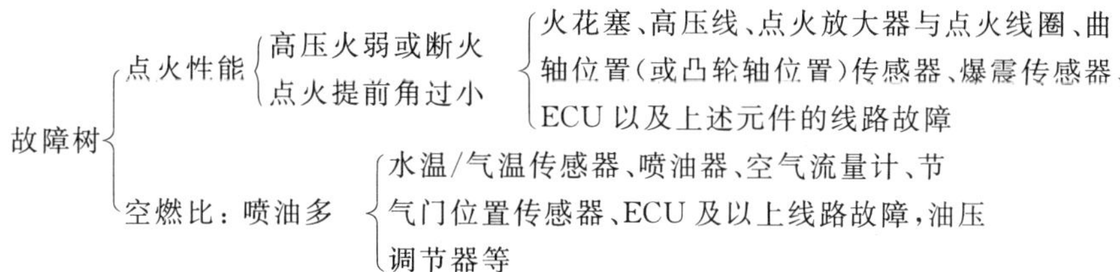

图 14-32　发动机排气管放炮故障树

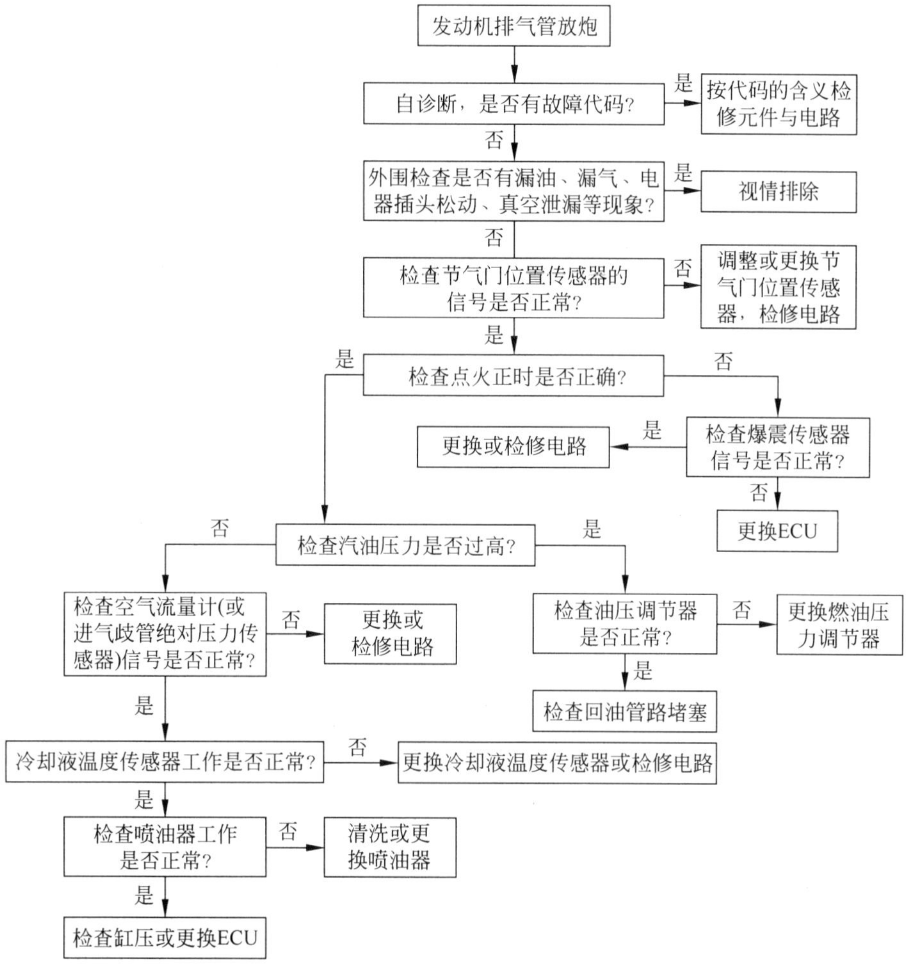

发动机排气管放炮
自诊断，是否有故障代码?
是
按代码的含义检修元件与电路
否
外围检查是否有漏油、漏气、电器插头松动、真空泄漏等现象?
是
视情排除
否
检查节气门位置传感器的信号是否正常?
否
调整或更换节气门位置传感器，检修电路
是
检查点火正时是否正确?
否
检查爆震传感器信号是否正常?
是
更换或检修电路
否
更换ECU
是
检查汽油压力是否过高?
是
检查油压调节器是否正常?
否
更换燃油压力调节器
是
检查回油管路堵塞
否
检查空气流量计(或进气歧管绝对压力传感器)信号是否正常?
否
更换或检修电路
是
冷却液温度传感器工作是否正常?
否
更换冷却液温度传感器或检修电路
是
检查喷油器工作是否正常?
否
清洗或更换喷油器
是
检查缸压或更换ECU

图 14-33　发动机排气管放炮故障诊断流程图

14.3.10　发动机油耗大

1. 故障现象

发动机油耗明显偏高，有时伴有发动机性能不良和冒黑烟等现象。

2. 故障原因

引起发动机油耗大根本原因是发动机工作不良，多数情况是由于火花塞点火弱、缺火和

喷油量不足或过多造成。火花弱与缺火一般由火花塞、高压线、点火器与点火线圈等引起，喷油量不足或过多一般由汽油泵、汽油滤清器、油压调节器、空气流量计(或进气管绝对压力传感器)、发动机冷却液温度传感器和 ECU 等引起。处理的方法一般是清洗或更换。

其故障树如图 14-34 所示。

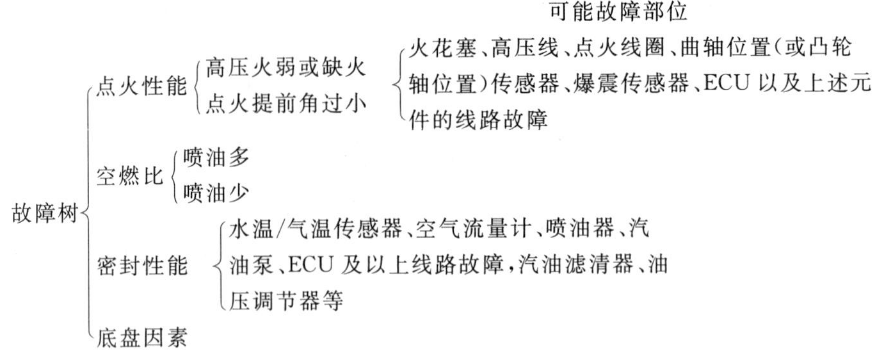

图 14-34 发动机油耗大故障树

3. 故障诊断

故障诊断流程如图 14-35 所示。

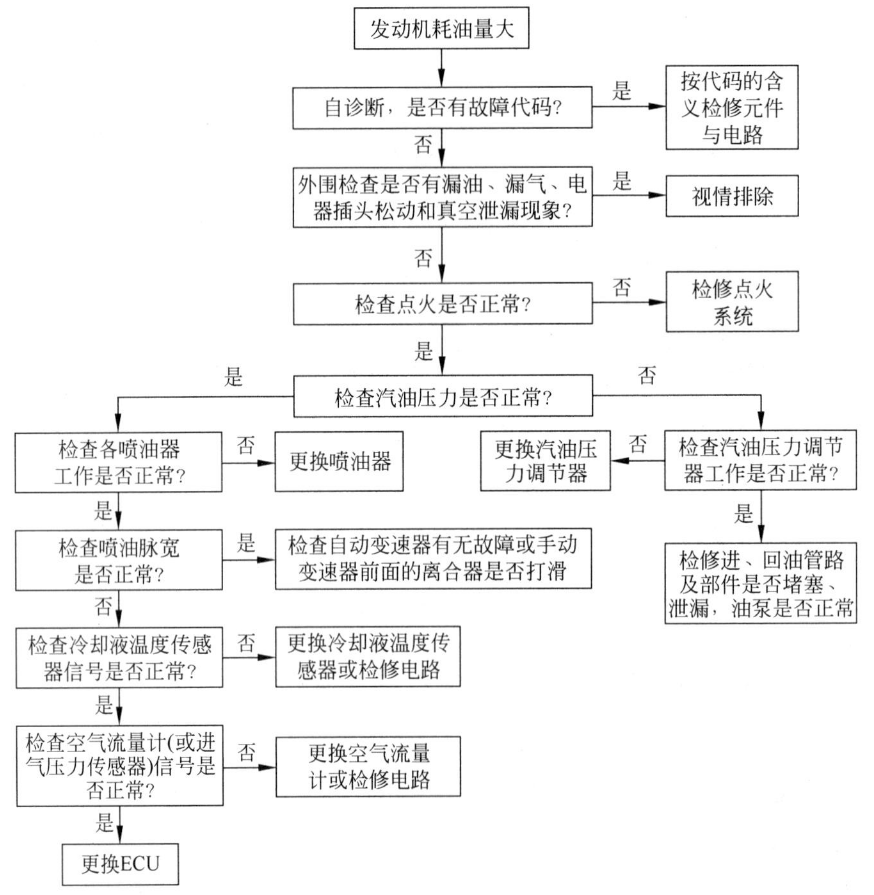

图 14-35 发动机耗油量大故障诊断流程图

小 结

本单元对发动机电控燃油喷射系统中主要元件的检修方法进行了介绍,并对电控燃油喷射系统中的一些常规检测项目的检测方法进行阐述,最后对各种常见故障的故障原因及诊断方法进行了分析。学习时,应重点掌握故障树的绘制方法,学会运用故障树进行故障原因分析,并熟悉各种常见故障的故障诊断流程图。

复 习 题

1. 发动机电控燃油喷射系统由哪些子系统组成?
2. 发动机电子控制系统的主要元件有哪些?
3. 发动机的常见故障有哪些?
4. 用故障数分析法分析发动机不能发动的故障原因。
5. 画出发动机总速过低的诊断流程图。

实训1 发动机电控系统主要元件的检修

1. 实训目的与要求

(1) 能按规范进行发动机电控系统主要传感器元件的检测与诊断。

(2) 能按规范进行发动机电控系统主要执行器元件的检测与诊断。

(3) 能按规范进行汽车计算机检测仪的操作。

(4) 能按规范进行汽车示波器的操作。

2. 实训主要内容

(1) 发动机主要电控元件的查找。利用维修手册,对实验用车辆发动机进行熟悉,找出各种传感器、执行器的布置,并熟悉其结构。

(2) 发动机主要电控元件的检测。利用万用表,按规范对发动机上主要传感器、执行器的线路及元件进行检测,并记录。

(3) 发动机主要电控元件的数据流分析。利用计算机检测仪,观察各传感器、执行器的运转信号,并记录。

(4) 发动机主要电控元件的波形分析。利用示波器,观察主要电子元件的波形,并记录。

实训2 发动机综合故障诊断

1. 实训目的与要求

(1) 能按规范操作各种检测仪器和设备。

(2) 能按规范使用维修手册。

(3) 能按规范进行发动机常见故障的诊断与排除。

2. 实训主要内容

(1) 发动机主要电控元件的查找。利用维修手册,对实验用车辆发动机进行熟悉,找出各种传感器、执行器的布置,并熟悉其结构。

(2) 发动机维修手册的使用。利用维修手册,找出常见故障的故障原因及诊断流程图。

(3) 发动机故障码的诊断与排除。利用计算机检测仪,读取故障码,并对故障进行排除,最后消除故障码。

(4) 发动机不能启动故障的诊断与排除。利用现有设备,进行发动机无法起动故障的诊断与排除。

(5) 发动机怠速发抖故障的诊断与排除。利用现有设备,进行发动机怠速发抖故障的诊断与排除。

单元15

电控自动变速器故障诊断与维修

◎ **知识目标**

(1) 能够描述自动变速器主要元件的检修方法。

(2) 能够描述自动变速器基本检查的内容与方法。

(3) 能够描述自动变速器性能试验各项目的检修方法及步骤。

(4) 能够描述自动变速器常见故障的故障原因。

◎ **技能目标**

(1) 能够按规范进行自动变速器主要元件的检测。

(2) 能够按规范进行自动变速器的基本检查与性能试验。

15.1 概述

1. 自动变速器组成及类型

由于自动变速器操纵简便,目前绝大部分车辆都装配了自动变速器。自动变速器一般由液力变矩器、变速齿轮机构、液压控制系统、电子控制系统等组成,如图15-1所示。

按变速齿轮机构类型的不同,自动变速器可分为行星齿轮式自动变速器和定轴式自动变速器两种。行星齿轮式自动变速器结构紧凑,能获得较大的传动比,为绝大多数轿车所采用。定轴式自动变速器体积较大,最大传动比较小,只有少数几种车型使用,如本田雅阁轿车。行星齿轮式自动变速器又可分为辛普森式、拉维娜式、串联式等。

2. 自动变速器基本原理

如图15-1所示,电控自动变速器通过传感器和开关监测汽车和发动机的运行状态,接

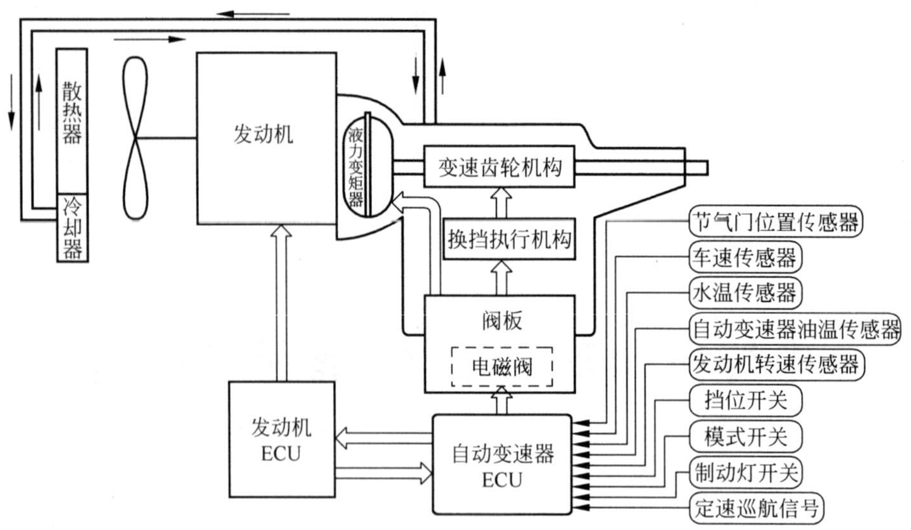

图 15-1 电控自动变速器的基本组成及工作情况

受驾驶员的指令,将发动机转速、节气门开度、车速、发动机冷却液温度、自动变速器油温等参数转变为电信号,并输入电控单元(ECU);ECU 根据这些信号,按照设定的换挡规律,向换挡电磁阀、油压电磁阀等发出电子控制信号;换挡电磁阀和油压电磁阀再将 ECU 发出的控制信号转变为液压控制信号,阀板中的各个控制阀根据这些液压控制信号,控制换挡执行机构的动作,从而实现自动换挡。此外,ECU 也根据行驶状况,控制变矩器锁止电磁阀的工作,从而对变矩器锁止离合器的工作实现控制。

在自动变速器中,自动换挡过程的实现主要是通过离合器与制动器的工作来控制的。而手动变速器是通过齿轮在轴上的滑动或接合套啮合来实现换挡的。

3. 自动变速器故障诊断基本流程

若自动变速器工作不良,将造成不能换挡、换挡冲击、变速器打滑、换挡过迟、不能锁止、无超速挡、频繁跳挡、无前进挡、无倒挡等故障。

自动变速器检测与诊断的首要任务是弄清哪一方面产生故障和故障大致部位。为此,着手检修之前必须作基本检查和性能试验。外部引起的故障大多可由调整排除,有一些故障也可不必拆下变速器而在车上排除故障。因此,不要轻易拆卸变速器,只有在知道了故障部位和必要时才拆下修理。

自动变速器在检测与诊断时,一般程序如下。

(1) 对用户申报的故障现象进行分析,并进行故障现象确认。

(2) 若自动变速器的故障指示灯亮,则首先进行自我诊断读取故障码。若有故障代码,首先排除故障代码所代表的故障部位。

(3) 进行变速器和发动机的基本检查。检查项目有以下几点。

① 检查油面和油质。若油不够或油变质,则先添加油或更换油。

② 检查并调整油门拉线和节气门位置传感器。

③ 检查变速杆连动杆系。

④ 检查空挡启动开关及挡位开关。

⑤ 检查发动机的怠速。

⑥ 检查轮胎气压以及传动系其他部位。

(4) 进行失速试验,检查发动机和变速器内部机械。

(5) 手动换挡试验,确定故障是出在电控部分还是在变速器内部。

(6) 进行时滞试验,检查自动变速器的离合器、制动器的磨损情况。

(7) 电子控制系统元件及线路检测。

(8) 油压测试,检查油泵、调压阀、速控阀油压和油路压力。

(9) 进行道路行驶试验,检查自动换挡点、有无异常噪声和震动、打滑及发动机制动等。

(10) 综合各项的测试结果,分析和判断故障原因和故障部位。

15.2　电控自动变速器主要元件的检测与诊断

在进行自动变速器液压系统拆检之前,应先对电子控制系统进行故障自诊断和元件检测。在排除了外部电子元件故障的前提下,才允许对自动变速器进行拆解,并进一步检测变速器内部的机械及液压元件。

15.2.1　电子控制系统元件

自动变速器电子控制系统包括传感器、信号开关、电控单元 ECU 和执行器,如图 15-2 所示。其中常用的传感器有节气门位置传感器、发动机转速传感器、车速传感器、输入轴转速传感器和变速器油温传感器,常用的信号开关装置有超速挡开关、模式选择开关、挡位开关等,执行器是各种电磁阀,包括换挡电磁阀、锁止电磁阀、油压电磁阀等。

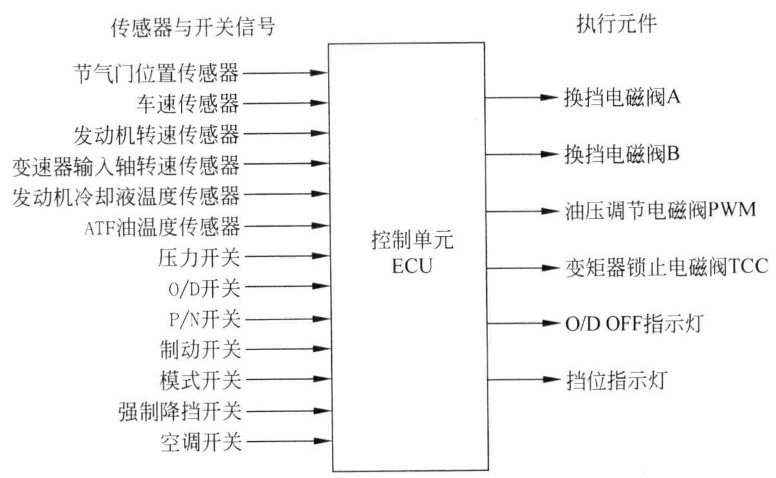

图 15-2　自动变速器电子控制系统组成

自动变速器中的有些电子元件与发动机电控燃油喷射系统中类似,其检测与诊断也基本相同,此处不再赘述。这里主要介绍车速传感器和输入轴转速传感器、挡位开关、电磁阀的检测与诊断。

1. 车速传感器和输入轴转速传感器

车速传感器与输入轴转速传感器的结构和工作原理相同,其检修方法也是一样的。

(1) 感应线圈电阻的测量。其测量方法如下。

① 拔下车速传感器或输入轴转速传感器线束插头。

② 用万用表测量车速传感器或输入轴转速传感器两接线端之间的电阻(见图 15-3)。不同车型自动变速器的这种传感器感应线圈的电阻不完全相同,通常为几百欧到几千欧。

如果感应线圈短路、断路或电阻值不符合标准,应更换传感器。

(2) 输出脉冲的测量。其测量方法如下。

① 测量车速传感器输出脉冲时,可用千斤顶将汽车一侧的驱动轮顶起,让操纵手柄位于空挡位置,用手转动悬空的驱动轮,同时用万用表测量车速传感器两接线柱之间有无脉冲感应电压。测量时,应将万用表选择开关转至 1V 以下的直流电压挡位置或电阻挡位置。若在转动车轮时万用表指针有摆动,说明传感器有输出脉冲,其工作正常;否则,应更换传感器。

② 测量输入轴转速传感器输出脉冲时,应将传感器拆下,用一根铁棒或一块磁铁迅速靠近或离开传感器,如图 15-4 所示,同时用万用表测量传感器两接线柱之间有无脉冲感应电压。如没有感应电压或感应电压很微弱,说明传感器有故障,应更换。

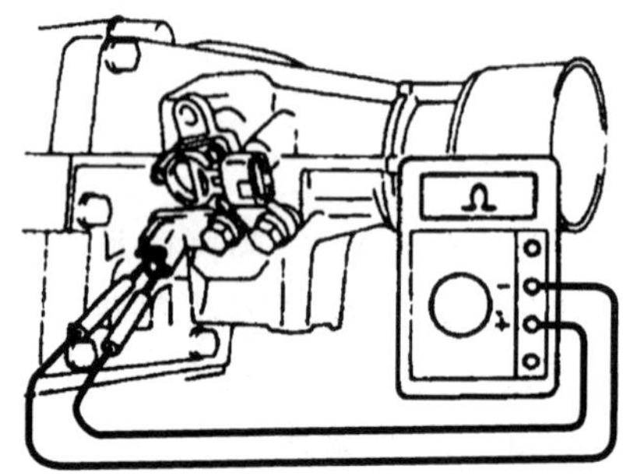

图 15-3 车速传感器感应线圈电阻的测量

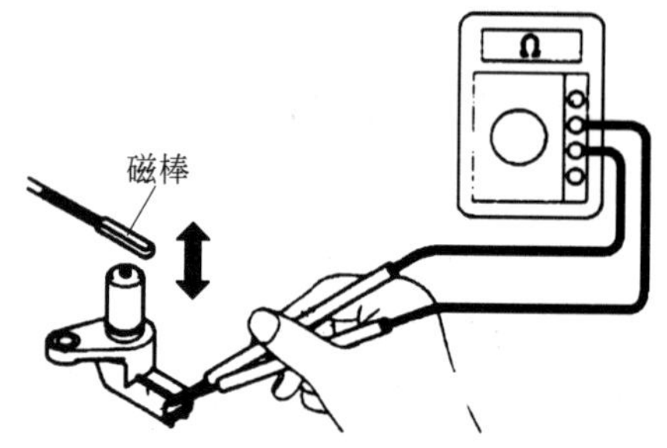

图 15-4 输入轴转速传感器输出脉冲的测量

2. 挡位开关

(1) 挡位开关的检测。其检测方法如下。

① 用举升器将汽车升起。

② 拆下连接在自动变速器手动阀摇臂和操纵手柄之间的连杆。

③ 拔下挡位开关的线束插头。

④ 将手动阀摇臂拨至各个挡位,同时用万用表测量挡位开关线束插座内各插孔之间的导通情况,如图 15-5 所示。

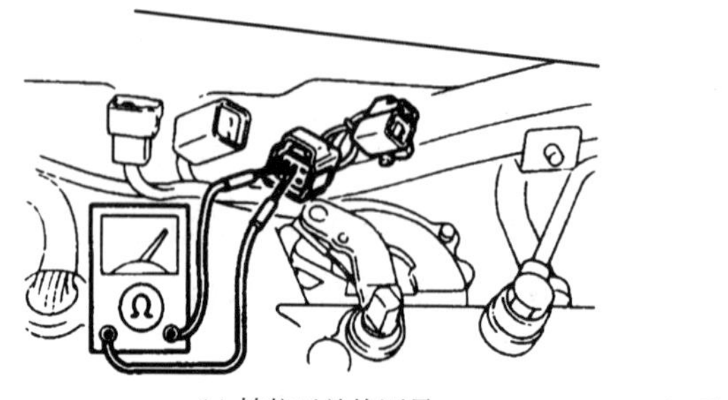

(a) 挡位开关的测量

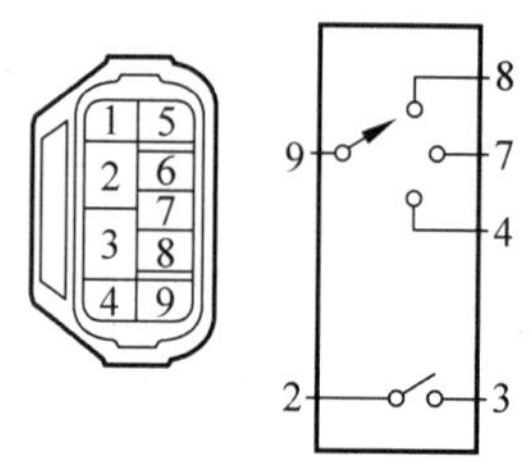

(b) 雷克萨斯LS400轿车挡位开关插座

图 15-5 挡位开关的检测

⑤ 将测量结果与标准值进行比较如表 15-1 所示。如有不符，应重新调整挡位开关。

表 15-1 雷克萨斯 LS400 轿车挡位开关检测标准

测量端	手动阀摇臂位置					
	P	R	N	D	2	L
2—3	O	×	O	×	×	×
1—9	O	×	×	×	×	×
4—9	×	O	×	×	×	×
5—9	×	×	×	O	×	×
6—9	×	×	O	×	×	×
7—9	×	×	×	×	O	×
8—9	×	×	×	×	×	O

注：O—导通；×—不导通

(2) 挡位开关的调整。操纵手柄及挡位开关调整不当，会使操纵手柄的位置与自动变速器阀板中手动阀的实际位置不符，造成挂不进停车挡或前进低挡，或操纵手柄的位置与仪表盘上挡位指示灯的显示不符，甚至造成在空挡或停车挡时无法启动发动机。

操纵手柄及挡位开关的调整方法如下。

① 拆下操纵手柄与自动变速器手动阀摇臂之间的连杆。

② 将操纵手柄拨至空挡位置，如图 15-6(a)所示。

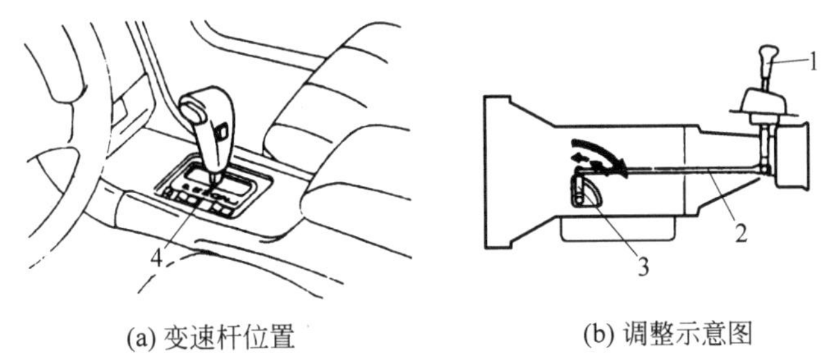

(a) 变速杆位置　　(b) 调整示意图

图 15-6 操纵手柄的调整

1—操纵手柄；2—连杆；3—手动阀摇臂；4—空挡位置

③ 将手动阀摇臂拨至空挡位置。其方法是：先将手动阀摇臂向后拨至极限位置(停车挡位置)，然后再退回 2 格，如图 15-6(b)所示。

④ 稍稍用力将操纵手柄靠向 R 位方向，然后连接并固定操纵手柄与手动阀摇臂之间的连杆。

⑤ 将操纵手柄拨至各个挡位，检查挡位指示灯与操纵手柄位置是否一致、P 位和 N 位时发动机能否启动、R 位时倒挡灯是否亮起。如有不符，应松开挡位开关的固定螺钉，转动挡位开关进行调整。有些自动变速器的挡位开关外壳上刻有一条基准线，调整时应将基准线和手动阀摇臂轴上的槽口对齐(见图 15-7(a))。也有一些自动变速器的挡位开关上有一个定位孔，调整时应使摇臂上的定位孔和挡位开关上的定位孔对准(见图 15-7(b))。

3. 电磁阀

自动变速器里使用的电磁阀分开关式和脉冲线性式两种。

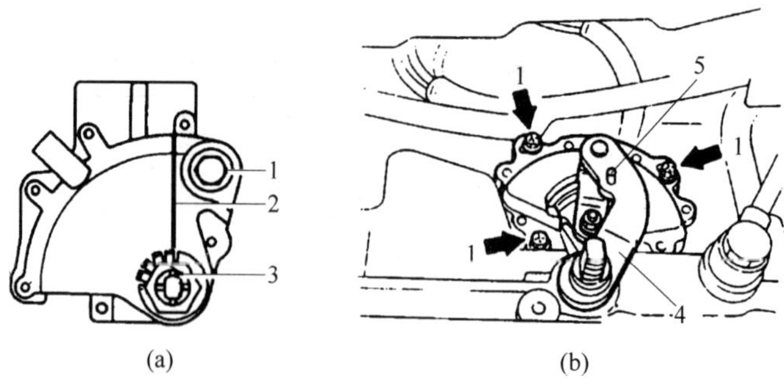

图 15-7 挡位开关的调整

1—固定螺钉；2—基准线；3—槽口；4—摇臂；5—调整用定位销

(1) 开关式电磁阀的检测与诊断。自动变速器换挡电磁阀等开关式电磁阀的检测可采用下列方法。

① 就车检查。其检查方法如下。

- 用举升器将汽车升起。
- 拆下自动变速器的油底壳。
- 拔下电磁阀的线束插头。
- 用万用表测量电磁阀线圈的电阻,如图 15-8(a)所示。自动变速器的开关式电磁阀的电阻一般为 10～30Ω。若电磁阀线圈短路、断路或电阻值不符合标准,应更换。
- 将 12V 电源施加在电磁阀线圈上,如图 15-8(b)所示,此时应能听到电磁阀工作的“咔嗒”声；否则,说明阀芯卡住,应更换电磁阀。

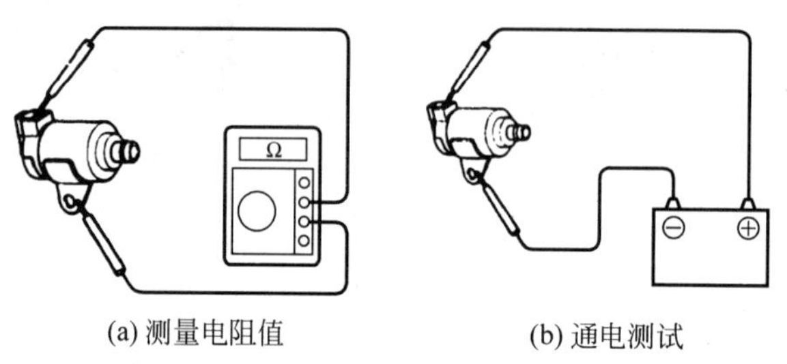

图 15-8 开关式电磁阀的检测

② 性能检验。其检验方法如下。

- 拆下电磁阀。
- 将压缩空气吹入电磁阀进油口。
- 当电磁阀线圈不接电源时,进油孔和泄油孔之间应不通气；否则,说明电磁阀损坏,应更换,如图 15-9(a)所示。
- 接上电源后,进油孔和泄油孔之间应相通；否则,说明电磁阀损坏,应更换,如图 15-9(b)所示。

(2) 脉冲线性式电磁阀的检测。自动变速器中的油压电磁阀等脉冲线性式电磁阀可采用下列方法检修。

① 就车检查。其检查步骤如下。

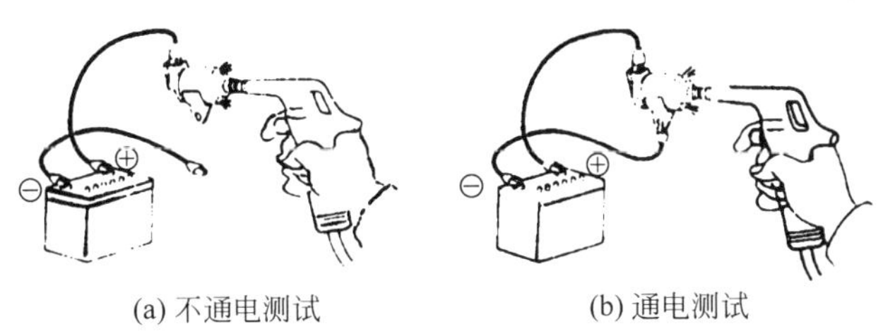
(a) 不通电测试 (b) 通电测试

图 15-9 开关式电磁阀性能的检测

- 用举升器将汽车升起。
- 拆下自动变速器的油底壳。
- 拔下电磁阀的线束插头。
- 用万用表测量电磁阀线圈电阻值。脉冲线性式电磁阀的线圈电阻值较小,一般为 2～6Ω。若电磁阀线圈短路、断路或电阻值不符合标准,应更换电磁阀。

② 性能检验。其检验方法如下。

- 拆下脉冲线性式电磁阀。
- 将蓄电池电源串联一个 8～10W 的灯泡,然后与电磁阀线圈连接(脉冲线性式电磁阀线圈电阻较小,不可直接与 12V 电源连接,否则会烧毁电磁阀线圈)。
- 在通电时,电磁阀阀芯应向外伸出;断电时,电磁阀阀芯应向内缩入,如图 15-10(a)所示。如有异常,说明电磁阀损坏,应更换。

脉冲线性式电磁阀的另一种检验方法是采用可调电源。其方法是:将可调电源与电磁阀线圈连接。调整电源的电压,同时观察阀芯的移动情况。当电压逐渐升高时,阀芯应随之向外移动,当电压逐渐减小时,阀芯应随之向内移动,如图 15-10(b)所示。否则,说明电磁阀损坏,应更换。在检验中应注意保持电源的电流不超过 1A。

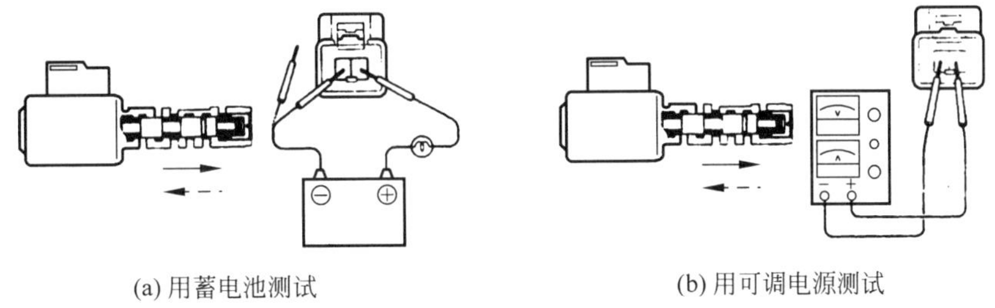
(a) 用蓄电池测试 (b) 用可调电源测试

图 15-10 脉冲线性式电磁阀性能的检测

15.2.2 机械与液压部件

1. 液力变矩器

液力变矩器的维修工作主要是清洗和检查。

(1) 液力变矩器的洗清。如果由于离合器等元件磨损造成油液中有大量金属粉末,则必须对液力变矩器进行清洗,方法步骤如下。

① 倒出变矩器中残留的液压油。

② 向变矩器内加入干净的液压油,以清洗其内部,然后将液压油倒出。

③ 再次向变矩器内加入干净的液压油，清洗后倒出。

④ 用清洗剂清洗变矩器零部件，只能用压缩空气吹干，不要用车间纸巾或棉丝擦干。

⑤ 用压缩空气吹所有的供油孔或油道，确保清洁。

(2) 液力变矩器的检查。

① 目视检查。检查液力变矩器外部有无损坏和裂纹，轴套外径有无磨损，驱动油泵的轴套缺口有无损伤。如有异常，就应更换液力变矩器。

② 偏摆量检查。将液力变矩器安装在发动机飞轮上，用千分表检查变矩器轴套的偏摆量，如 15-11 所示。如果在飞轮转动一周的过程中，千分表指针偏摆大于 0.03mm，应采用转换角度重新安装的方法予以校正，并在校正后的位置上作一记号，以保证安装正确。若无法校正，应更换液力变矩器。

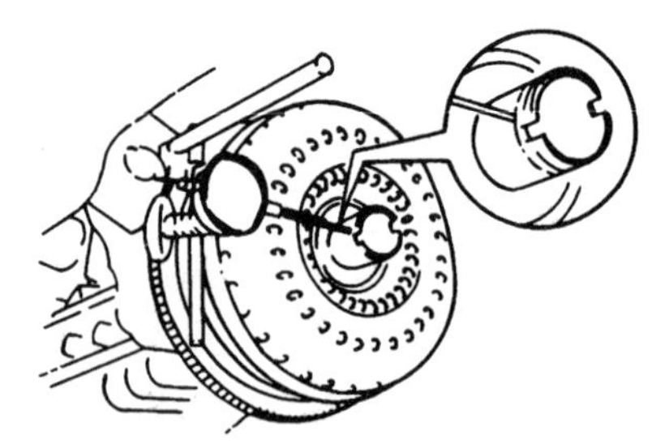

图 15-11 液力变矩器轴套偏摆量的检查

③ 导轮单向离合器检查。如图 15-12 所示，将单向超越离合器内座圈驱动杆(专用工具)插入变矩器中；将单向离合器外座圈固定器(专用工具)插入变矩器中，并卡在轴套上的油泵驱动缺口内。转动驱动杆，检查单向离合器工作是否正常。在逆时针方向上，单向离合器应锁止，顺时针方向上应能自由转动。如有异常，说明单向离合器损坏，应更换液力变矩器。

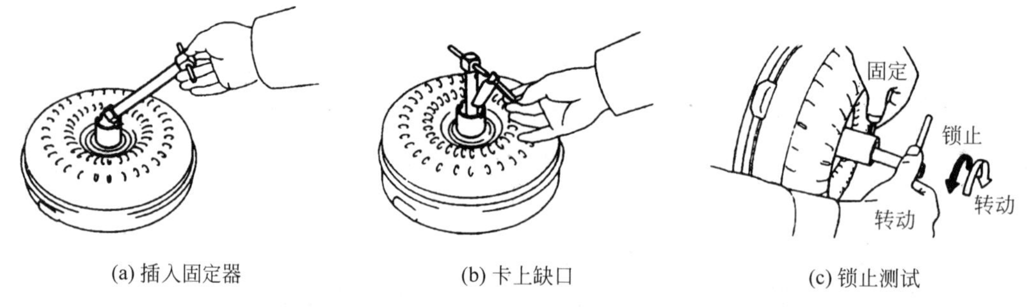

(a) 插入固定器　(b) 卡上缺口　(c) 锁止测试

图 15-12 导轮单向离合器检查

2. 油泵

(1) 目视检查。检查油泵小齿轮、内齿轮、泵壳端面有无肉眼可见的磨损痕迹。如有，应更换新件。

(2) 间隙检查。如图 15-13 所示，用厚薄规分别测量油泵内齿轮外圆与油泵壳体之间的间隙、小齿轮及内齿轮的齿顶与月牙板之间的间隙、小齿轮及内齿轮端面与泵壳平面的端隙。将测量结果与表 15-2 对照。如不符合标准，应更换齿轮、泵壳或油泵总成。

表 15-2 油泵测量标准

项　　目	标准间隙/mm	最大间隙/mm
内齿轮与壳体间隙	0.07～0.15	0.3
齿顶与月牙板间隙	0.11～0.14	0.3
齿轮端隙	0.02～0.05	0.1

(a) 测量内齿轮外圆与油泵壳体之间的间隙

(b) 测量小齿轮及内齿轮的齿顶与月牙板之间的间隙

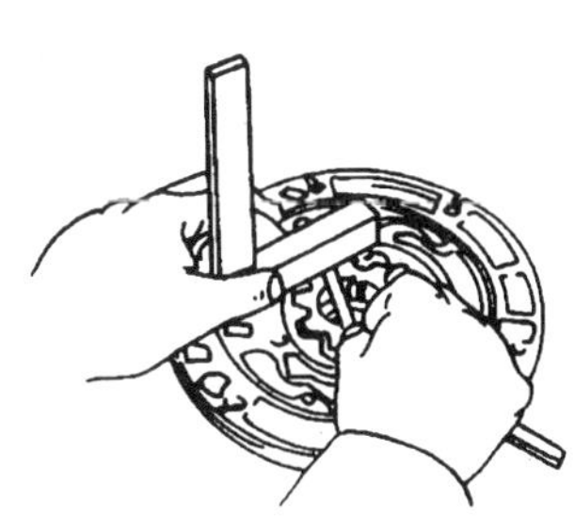
(c) 测量小齿轮及内齿轮端面与泵壳平面的端隙

图 15-13　油泵间隙检查

(3) 性能检查。将组装后的油泵插入液力变矩器中，如图 15-14 所示，转动油泵，应能运转平顺，无异响。

3. 多片离合器/制动器

(1) 离合器/制动器片检查。检查摩擦片。离合器或制动器摩擦片上有沟槽或数字记号。如果沟槽磨平，或者数字记号磨损看不见，则必须更换；摩擦片表面发黑(烧蚀)必须更换；摩擦片出现翘曲变形必须更换。

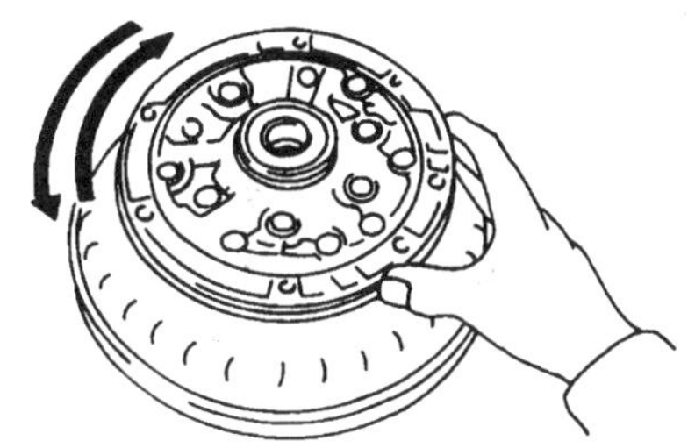
图 15-14　油泵性能检查

检查钢片。检查离合器或制动器压盘和钢片，将两片叠在一起，检查其是否变形，出现变形或表面有裂纹的必须更换。

(2) 单向阀。离合器或制动器活塞上有一个单向阀，用压缩空气检查其密封性，如图 15-15 所示，应能单向密封而反向导通，否则应更换活塞。

(3) 泄漏检查。每个离合器或制动器装配后，都应检查活塞的工作是否正常。可按照分解时的方法，向油道内吹入压缩空气。检查活塞能否向上移动，将钢片和摩擦片压紧，如图 15-16 所示。若吹入压缩空气后活塞不能移动，应检查漏气的部位，分解修复后再重新安装。

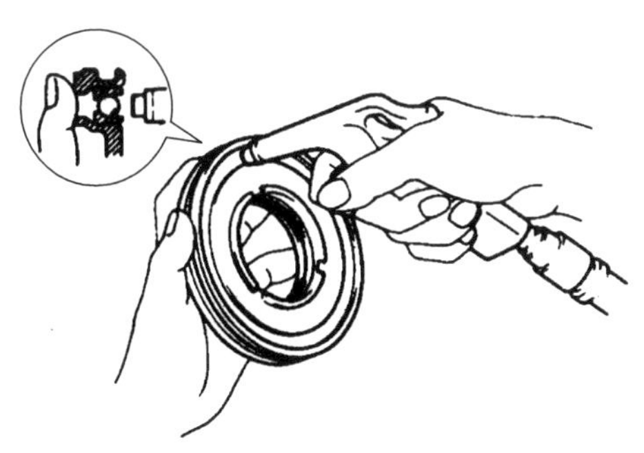
图 15-15　离合器活塞单向阀检查

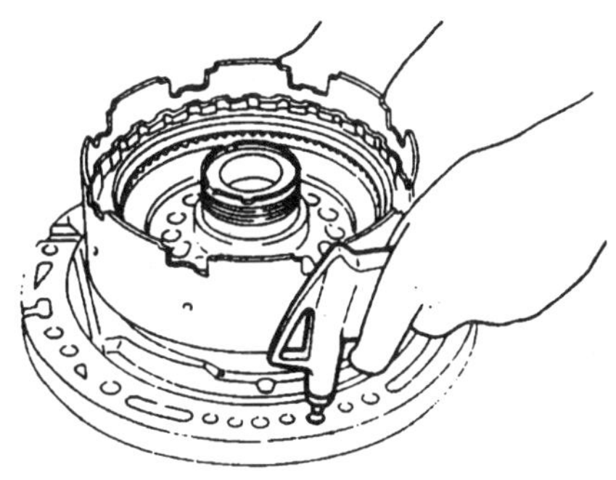
图 15-16　离合器泄漏检查

(4) 自由间隙检查。通常离合器自由间隙为 0.5～2mm 之间(具体间隙因车型而异)。检测离合器间隙时，可用塞尺或百分表来测量，如图 15-17 所示。

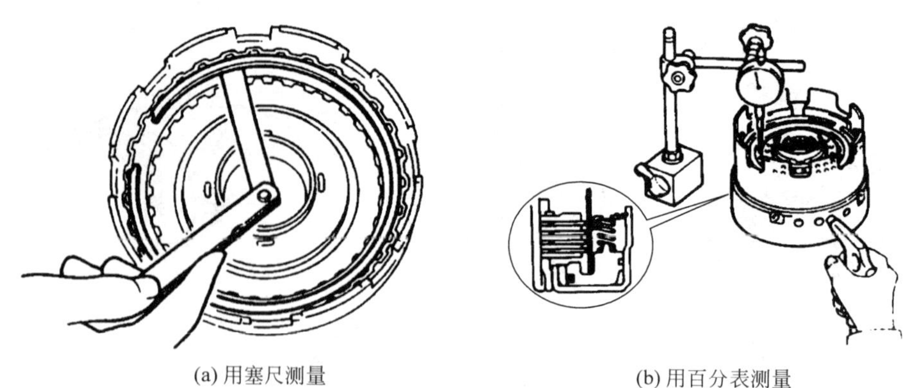

(a) 用塞尺测量　　(b) 用百分表测量

图 15-17　自由间隙检查

(5) 装配注意事项。装配前,摩擦片要在洁净的自动变速器油中浸泡。新摩擦片要浸泡 2h,旧摩擦片要浸泡 15～30min。浸泡后每个摩擦片要膨胀 0.03mm,工作时每个摩擦片还要膨胀 0.03mm。不浸油或浸油时间过短,无法测得正确的离合器工作间隙。离合器刚开始工作时,摩擦片因缺乏自动变速器油的保护会加剧磨损。

装配时,所有零件表面都要涂变速器油,钢片和摩擦片要注意交错安装。

4. 单向离合器

(1) 外观检查。检查单向离合器,如滚柱破裂、滚珠保持架断裂或内外圈滚道磨损起槽,应更换新件。

(2) 性能检查。如果在锁止方向上打滑或在自由转动方向上卡滞,则应更换。

5. 阀体

液压控制阀板中的各个阀都是精密配件,它的工作好坏直接影响到变速器的使用性能,如果没有专业技术,千万不要将阀解体,并非每次检修自动变速器都要将阀解体,只有在自动变速器换挡规律失常、摩擦片严重烧毁、液压油发黑、阀板内发现有摩擦粉屑时,才需拆检、清洗阀体,清洗时一般采用煤油或工业汽油,在具体操作时,要求非常小心谨慎,并要注意以下几点。

(1) 将上下阀板分开时,为了防止阀板油道内的单向阀钢球脱落,应将隔板与上阀板一同拿起,并将上阀板油道一面朝上放置后,再取下隔板和上阀板油道内的所有单向阀阀球,同时记录下阀球的大小和位置,以防止装配时装错。

(2) 拆卸、清洗各阀体时,要求仔细检查各个阀工作面是否光洁,必要时可以用细砂纸轻轻打磨,拆洗完一个,就装配一个,以免各个阀体之间的元件混淆,要注意阀的方向,一旦装反,将影响整个液压系统的正常工作。装好后,应检查每一个阀芯是否活动自如,是否存在卡滞。装配时,切不可使用密封胶、黏合剂。

(3) 如果遇到液压阀拆不出来,可用木锤或橡皮锤敲击阀板,将阀震出来,切不可用起子硬撬或用铁丝、钳子伸入阀孔中去取,以免损坏阀孔内径和阀的工作面。

(4) 用煤油或工业汽油清洗后,可用压缩空气吹干,不允许用棉布或毛巾擦拭,以免细小的纤维卡住阀体,装配时要抹上 ATF 油,严禁使用密封胶,装配完后,用小起子轻轻拨动阀体,阀体应能在阀孔中活动自如,否则应重新清洗或打磨。

(5) 更换新的隔板衬垫时,要将新旧衬垫进行仔细比较,确认无误后方可使用,装配时还要保证将隔板与其两侧衬垫的所有孔的对齐,并要注意单向阀钢球不能脱落和装错位置。

(6) 蓄压器活塞的密封圈应良好,弹簧没有折断,否则应更换。

(7) 用螺栓固定阀板时,要按规范进行,注意螺栓的长度、拧紧的扭矩、装配的顺序等。

6. 行星排

检查各齿轮的齿面,如有磨损或疲劳剥落,应更换整个行星排。

检查行星轮与行星架之间的间隙,其标准间隙为0.2～0.6mm,最大不得超过1.0mm,否则应更换行星架和行星轮组件。

15.3 自动变速器基本检查与性能试验

自动变速器在检修之前,应作基本检查。若自动变速器在基本检查时无故障,但运行中仍存在故障,则可能是自动变速器内部的某些离合器、制动器有故障,或某些阀门有故障。在拆下维修之前可进一步进行性能试验,通过试验发现和缩小故障范围,为维修提供依据。自动变速器性能试验包括手动换挡试验、失速试验、时滞试验、油压试验、道路试验等。

在进行性能试验之前,应做好以下准备工作。

(1) 让汽车行驶至发动机和自动变速器均达到正常工作温度。

(2) 检查汽车的行车制动装置和驻车制动装置,确认其性能良好。

(3) 检查自动变速器液压油高度,应正常。

15.3.1 基本检查

自动变速器的油位不当,油质不佳、联动机构调节不当以及发动机怠速不正常,是引起自动变速器产生故障的最常见原因。通常把对这些部件的检查与重新调整,叫做自动变速器的基本检查。无论具体故障是什么,这种基本检查总是要进行,而且也是首先要进行的。基本检查和调整项目包括怠速检查、油液检查、油门拉索检查和调整、变速杆位置检查和调整、挡位开关检查。这里仅简单介绍怠速检查和油液检查。

1. 怠速检查

检查发动机怠速的目的是确定当自动变速器变速杆置于P位或N位时,汽车发动机的怠速转速是否在规定的范围内。

怠速过低或过高对自动变速器性能都有影响。发动机怠速低时,换挡容易引起车身振动或发动机熄火;怠速高时,换挡容易产生冲击和振动,并且在D位或R位时“爬行”严重。

怠速检查的条件为:发动机达到正常工作温度,空气滤清器安装良好,进气系统所有的管路和软管均已接好,所有附件(包括空调在内的用电器)均已关掉,所有的真空管路,包括废气再循环(EGR)装置在内,均已正确连接,电控燃油喷射系统的所有电气插头完全插好,点火正时正确,自动变速器变速杆位于空挡位置。

怠速检查方法为:将转速表接至发动机,开始怠速检查,使发动机以2500r/min的转速高速空转1.5s,然后再检查怠速转速的高低。装有自动变速器的汽车发动机怠速一般为

750±50r/min。若怠速不符合规定，则应检查怠速控制阀和进气装置，并予以调整。

2. 油液检查

自动变速器油液（ATF）的检查，包括油液液面高度、油液品质以及油液泄漏部位的检查。

1）自动变速器油液液面高度的检查

在对变速器进行检查前或故障诊断前，首先要对变速器油面高度进行检查，一般在车辆行驶 1 万公里后检查油液面。

（1）油量原则。每台自动变速器油液的加油量都有明确的规定。总的原则是当把自动变速器及换挡执行元件各操纵油缸都充满之后，在自动变速器油底壳里的油面高度应低于行星齿轮机构等自动变速器中的旋转件的最低位，以免油液在使用中剧烈地搅动产生泡沫。但油面高度必须高于阀体在变速器壳体安装的接合面，以免阀体在工作中渗入空气，影响液压控制系统中各阀体的正常工作。

（2）液面高度检查方法。由于自动变速器的结构特点不同，其油液液面高度的检查方法也不同，通常有油尺检查法和溢流孔检查法两种。

① 油尺检查方法。

- 检查自动变速器油液面高度之前，应启动发动机，怠速运转或行车使自动变速器油温达到正常温度 50～80℃。
- 将车辆停放在平坦的路面上，拉紧驻车制动器，保持发动机怠速运转，将变速器变速杆分别置于各个挡位停留片刻，以使各控制阀油腔、油道充满自动变速器液压油，最后将变速杆置于 P 位或 N 位。
- 打开油尺锁定杆，拉出油尺，用干净的布擦拭后完全插入，拉出油尺检查油面高度，如图 15-18 所示，最下方的 COOL 区间为冷态油液面范围，最上方的 HOT 区间为热态油液面范围，中间为正常油温时的油液液面范围。如果自动变速器处于冷态（即冷车刚刚启动，液压油的温度较低，为室温或低于 25℃时），液压油油面高度应在油尺刻线的下限附近；如果自动变速器处于热态（如低速行驶 5min 以上，液压油温度已达 70～80℃），油面高度应在油尺刻线的上限附近。

② 溢流孔检查方法。部分车型没有设计自动变速器油液液面高度检查尺，而是在自动变速器油底壳上设一溢流孔，图 15-19 所示，为波罗（POLO）轿车 001 型自动变速器用于检查油液液面高度溢流孔。溢流孔平时用螺塞拧紧，检查油液液面高度时将车辆水平停放，保持发动机怠速运转，将变速杆分别置于各个挡位停留片刻，然后将变速杆置于 P 位或 N 位，拧开螺塞，如果有少量油液溢出即为合适。例如，大众系列 01N、01M 型自动变速器规定在 35～45℃时溢流孔刚好有 ATF 油液流出为正常。

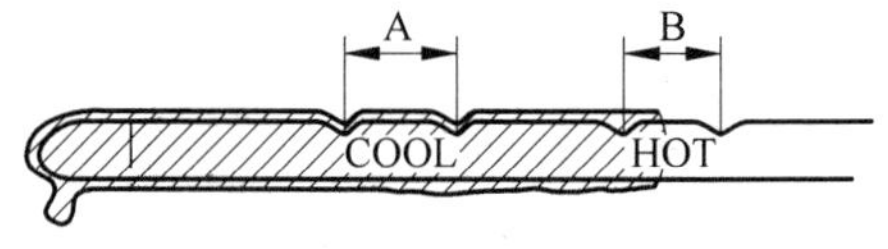

图 15-18 油液高度检查

2）自动变速器油液品质的检查

自动变速器随着运行时间的延长和内部相对运动件的磨损，不可避免地会产生各种故障，同时伴有自动变速器油液变质、变色。因此，在诊断自动变速器故障时，可以通过油液品质来判断故障产生的原因。

通常每年应检查一次自动变速器油液的品质，包括颜色、气味、黏度、杂质等。正常的油液应为红色或粉红色的透明液体，并有类似新机油的气味。使用半年以上的油液为略带褐色的红色透明液体，属于正常。若油液呈白色泡沫状、颜色发黑甚至有焦煳味，则必须更换。

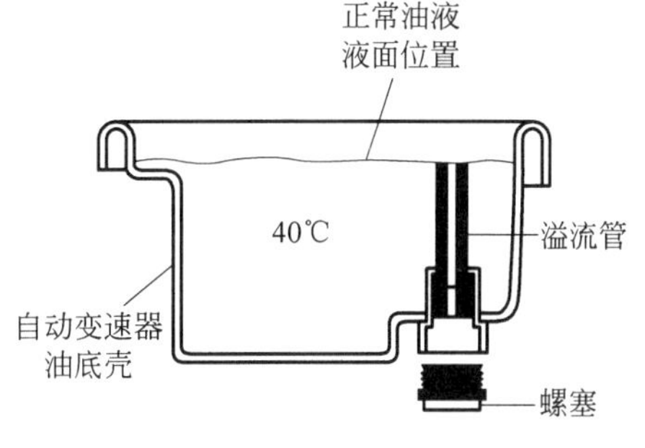

图 15-19　溢流孔

检测方法如下。

(1) 拆下油底壳检查。自动变速器在使用时由于磨料多沉淀在油底壳，要想准确地分析油液中磨料的含量及种类，最好将油液放尽后拆下油底壳，从油底壳沉淀中分析磨粒的成分，以便判断故障产生的原因。

(2) 用油尺检查。如果不拆油底壳，则应首先将发动机发动，使发动机怠速运转，并将变速杆在各位置间反复移动几次，以便使变速器油液进行充分流动到位，然后将变速杆置于P位或N位，拔出油尺，用干净的纸巾擦拭油尺上的油液或用拇指与食指缓捻油液，以便观察油液品质。此项工作可结合检查油液液面高度同时进行。

3) 自动变速器油液更换

换油时应优先采用车辆随车手册上推荐使用的变速器油，也可使用DEXRON-Ⅱ或Ⅲ型液压油。注意切不可用齿轮油或机油代替液压油，否则会造成自动变速器的严重损坏。

通常在我国道路条件和使用环境下，自动变速器轿车每正常行驶40 000～80 000km应更换一次自动变速器油。如国内常见轿车自动变速器的换油周期是：上海大众、广州本田等系列轿车均为60 000km换一次油，丰田系列轿车一般规定每40 000km换一次油液。

一般换油方法如下。

① 换油之前应先将车辆行驶一段路程，使自动变速器油温达到正常工作温度(50～80℃)。

② 拆下自动变速器油底壳底部的放油螺塞，将油底壳内的油液放干净。有些车型的自动变速器油底壳上没有放油螺塞，应拆卸油底壳放油。

③ 放油后应将油底壳以及其他有关零件清洗干净。有些自动变速器油底壳上的放油螺塞是带磁性的，有些自动变速器油底壳内还专门放置了一块磁铁，目的都是吸附油液中的铁屑，清洗时应注意将吸附的铁屑清洗干净。

④ 每次换油时必须清洗自动变速器油滤清器滤网，更换滤清器滤芯。

⑤ 清洗装复后，加入规定牌号和容量的自动变速器油液，启动车辆行驶一段路程至正常油温后再次检查油液液面高度，直到调整到符合要求为止。

一般自动变速器的总油量为10L左右，按上述方法换油时，变矩器内的液压油是无法放出的。采用油底壳螺塞放油法只能换掉50%～60%的旧油，其余的油液在液力变矩器和油冷却器内无法换出。因此，推荐使用自动变速器专用换油机换油。

15.3.2　道路试验

道路试验是诊断、分析自动变速器故障的最有效的手段之一。此外，自动变速器在修复之后，也应进行道路试验，以检查其工作性能，检验修理质量。自动变速器的道路试验内容主要有检查换挡车速、换挡质量以及检查换挡执行元件有无打滑等。道路试验的具体方法介绍如下。

1. 升挡检查

将变速杆拨至前进挡"D"位置，踩下油门踏板，使节气门保持在 1/2 开度左右，让汽车起步加速，检查自动变速器的升挡情况。自动变速器在升挡时发动机会有瞬时的转速下降，同时车身有轻微的闯动感。正常情况下，汽车起步后随着车速的升高，试车者应能感觉到自动变速器能顺利地由 1 挡升入 2 挡，随后再由 2 挡升入 3 挡，最后升入超速挡。若自动变速器不能升入高挡(3 挡或超速挡)，说明控制系统或换挡执行元件有故障。

2. 升挡车速的检查

将变速杆拨至前进挡"D"位置，踩下油门踏板，并使节气门保持在某一固定开度，让汽车起步并加速。当察觉到自动变速器升挡时，记下升挡车速。一般 4 挡自动变速器在节气门开度保持在 1/2 时由 1 挡升至 2 挡的升挡车速为 25～35km/h，由 2 挡升至 3 挡的升挡车速为 55～70km/h，由 3 挡升至 4 挡(超速挡)的升挡车速为 90～120km/h。由于升挡车速和节气门开度有很大的关系，即节气门开度不同时，升挡车速也不同，而且不同车型的自动变速器各挡位传动比的大小都不相同，其升挡车速也不完全一样，因此，只要升挡车速基本保持在上述范围内，而且汽车行驶中加速良好，无明显的换挡冲击，都可认为其升挡车速基本正常。若汽车行驶中加速无力，升挡车速明显低于上述范围，说明升挡车速过低(即过早升挡)；若汽车行驶中有明显的换挡冲击，升挡车速明显高于上述范围，说明升挡车速过高(即太迟升挡)。

有些维修手册中作出了该自动变速器的换挡图，如图 15-20 所示，从这种换挡图中可以得出不同节气门开度下自动变速器的升挡车速，这可作为判断换挡车速是否正确的标准。

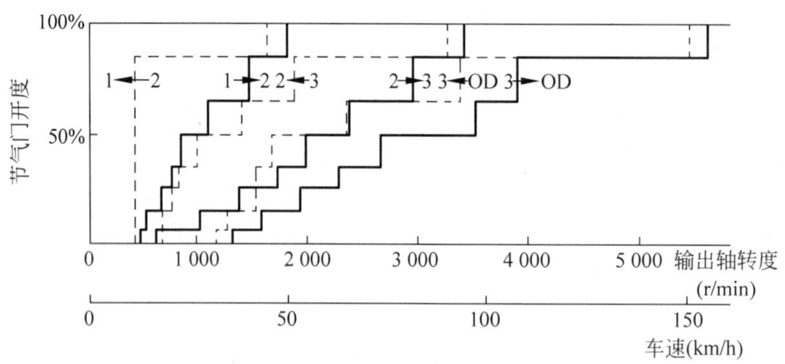

图 15-20 自动变速器换挡图

3. 升挡时发动机转速的检查

有发动机转速表的汽车在作自动变速器道路试验时，应注意观察汽车行驶中发动机转速变化的情况。它是判断自动变速器工作是否正常的重要依据之一。

在正常情况下，若自动变速器处于经济模式或普通模式，节气门保持在低于 1/2 开度范围内，则汽车在由起步加速至升入高速挡的整个行驶过程中，发动机转速都将低于 3 000r/min。通常发动机在加速至即将要升挡时的转速可达到 2 500～3 000r/min，在刚刚升挡后的短时间内发动机转速将下降至2 000r/min。

如果在行驶过程中发动机转速始终过低，加速至升挡时仍低于2 000r/min，说明升挡时间过早或发动机动力不足；如果在行驶过程中发动机转速始终偏高，升挡前后的转速在2 500～3 500r/min之间，且换挡冲击明显，说明升挡时间过迟；如果在行驶中发动机转速过高，常高于3 000r/min，在加速时达到4 000～5 000r/min，甚至更高，则说明自动变速器的换挡执行元件（离合器或制动器）打滑，应拆修自动变速器。

4. 换挡质量的检查

换挡质量的检查内容主要是检查有无换挡冲击。正常的自动变速器只能有不太明显的换挡冲击，特别是电子控制自动变速器的换挡冲击应十分微弱。若换挡冲击太大，说明自动变速器的控制系统或换挡执行元件有故障，其原因可能是油路油压高或换挡执行元件打滑，应做进一步的检查。

5. 锁止离合器工作状况的检查

自动变速器变矩器中的锁止离合器工作是否正常也可以采用道路试验的方法进行检查。试验中，让汽车加速至超速挡，以高于80km/h的车速行驶，并让节气门开度保持在低于1/2的位置，使变矩器进入锁止状态。此时，快速将油门踏板踩下至2/3开度，同时检查发动机转速的变化情况。若发动机转速没有太大的变化，说明锁止离合器处于结合状态；反之，若发动机转速升高很多，则表明锁止离合器没有结合，其原因通常是锁止控制系统有故障。

6. 发动机制动作用的检查

检查自动变速器有无发动机制动作用时，应将操纵从手柄拨至前进低挡（S、L或2、1）位置，在汽车以2挡或1挡行驶时，突然松开油门踏板，检查是否有发动机制动作用。若松开油门踏板后车速立即随之下降，说明有发动机制动作用；否则说明控制系统或前进强制离合器有故障。

7. 强制降挡功能的检查

检查自动变速器强制降挡功能时，应将变速杆拨至前进挡"D"位置，保持节气门开度为1/3左右，在以2挡、3挡或超速挡行驶时突然将油门踏板完全踩到底，检查自动变速器是否被强制降低一个挡位。在强制降挡时，发动机转速会突然上升至4 000r/min左右，并随着加速升挡，转速逐渐下降。若踩下油门踏板后没有出现强制降挡，说明强制降挡功能失效。若在强制降挡时发动机转速升高反常，达5 000～6 000r/min，并在升挡时出现换挡冲击，则说明换挡执行元件打滑，应拆修自动变速器。

15.3.3 失速试验

变速杆置于D或R位置时，踩下制动踏板不动。当完全踩下加速踏板时，发动机处于最大转矩工况，而此时自动变速器的输出轴及输入轴均静止不动，即液力变矩器的涡轮不动，只有液力变矩器壳及泵轮随发动机一同转动，此工况称为发动机失速工况，此时的转速称为发动机的失速转速，这种试验称为失速试验。

1. 试验目的

失速试验的目的是在不拆卸自动变速器的情况下，通过测量自动变速器变速杆在D和

R位置时发动机的最高转速，来分析判断发动机的输出功率、液力变矩器和自动变速器中的离合器、制动器等换挡执行元件的工作是否正常。

2. 试验方法步骤

失速试验的操作程序如图15-21所示，具体如下。

(1) 将汽车停放在宽阔的水平地面上，前后车轮用三角木块塞住。

(2) 拉紧驻车制动拉杆，左脚用力踩住制动踏板。

(3) 启动发动机。

(4) 将变速杆拨入“D”位置。

(5) 在左脚踩紧制动踏板的同时，用右脚将油门踏板踩到底，在发动机转速不再升高时，迅速读取此时的发动机转速。

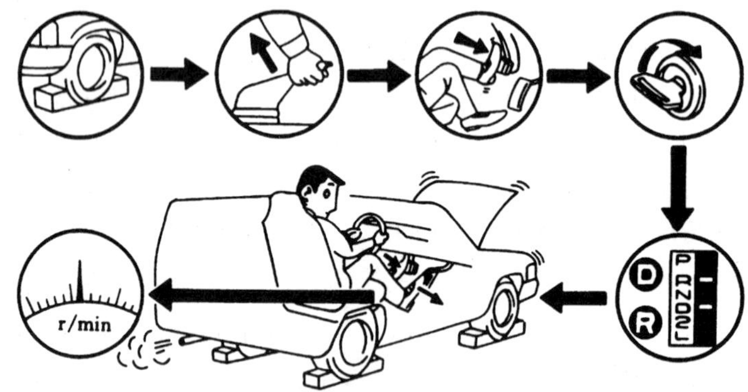

图15-21 失速试验

注意：油门踩到底的时间不要超过5s，以防自动变速器油温过高。若发现车轮转动，应立即停止试验。试验时，车辆前方严禁站人。

(6) 读取发动机转速后，立即松开油门踏板。

(7) 将变速杆拨入“P”或“N”位置，让发动机怠速运转1min，以防止液压油因温度过高而变质。

(8) 将变速杆拨入其他挡位(R、S、L或2、1)，做同样的试验。

3. 试验结果分析

自动变速器的失速转速标准一般为2 300r/min左右。将所测得的失速转速与维修手册数据进行对比，若失速转速与标准值相符，说明自动变速器的油泵、主油路油压及各个换挡执行元件的工作基本正常。不同挡位失速转速不正常的原因如表15-3所示。

表15-3 失速转速不正常的原因

变速杆位置	失速转速	故障原因
所有位置	过高	主油路油压过低 前进挡和倒挡的换挡执行元件打滑 低挡及倒挡制动器打滑
	过低	发动机动力不足 变矩器导轮的单向超越离合器打滑

续表

变速杆位置	失速转速	故障原因
仅在D位	过高	前进挡油路油压过低 前进离合器打滑
仅在R位	过高	倒挡油路油压过低 倒挡及高挡离合器打滑

15.3.4　油压试验

油压过高，会造成自动变速器换挡时冲击过大，液压系统也容易损坏；油压过低，会使离合器、制动器等换挡执行元件打滑，影响自动变速器的正常工作，且加速离合器和制动器摩擦片的磨损，严重时会导致摩擦片烧坏。

1. 试验目的

油压试验的目的是检测液压控制系统的故障。通过测试油压可以判断油泵、主调压阀、节气门阀、速控阀等元件工作是否正常。油压试验对诊断换挡粗暴、换挡时刻错误等故障有重要意义。

2. 试验前准备

进行油压试验前，除了前面所述的准备外，还需要做以下准备。

(1) 准备一个量程为2MPa的压力表。

(2) 判断并找好自动变速器各个油路测压孔的位置。

测试主油路油压时，应分别测出前进挡和倒挡的主油路油压。

3. 试验方法步骤

下面仅以主油路油压试验为例加以说明，如图15-22所示，具体如下。

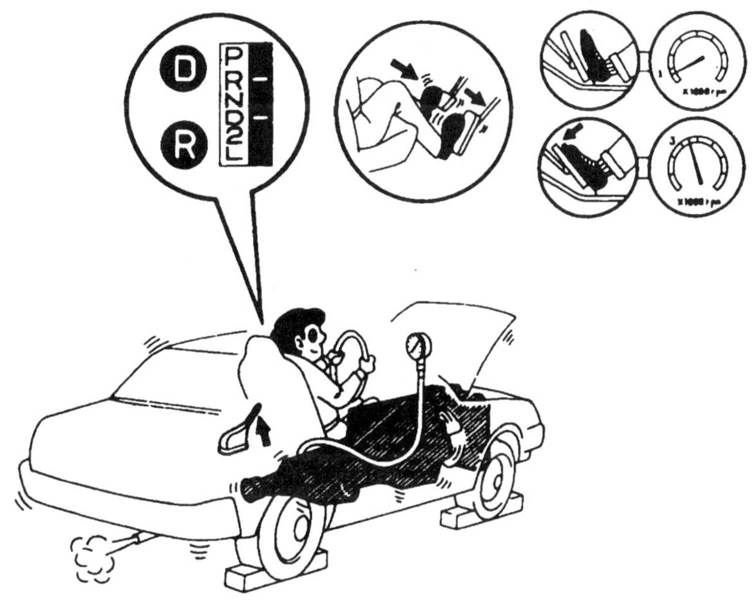

图15-22　油压试验

(1) 前进挡主油路油压测试方法。

① 拆下变速器壳体上主油路测压孔或前进挡油路测压孔螺塞，接上油压表。

② 启动发动机。

③ 将变速杆拨至前进挡“D”位置。

④ 读出发动机怠速运转时的油压。该油压即为怠速工况下的前进挡主油路油压。

⑤ 用左脚踩紧制动踏板，同时用右脚将油门踏板完全踩下，在失速工况下读取油压。该油压即为失速工况下的前进挡主油路油压。

⑥ 将变速杆拨至空挡或停车挡，让发动机怠速运转1min以上。

⑦ 将变速杆拨至各个前进低挡(S、L或2、1)位置，重复①～⑥的步骤，读出各个前进低挡在怠速工况和失速工况下的主油路油压。

(2) 倒挡主油路油压测试方法。

① 拆下自动变速器壳体上的主油路测压孔或倒挡油路测压孔螺塞，接上油压表。

② 启动发动机。

③ 将变速杆拨至倒挡“R”位置。

④ 在发动机怠速运转工况下读取油压。该油压即为怠速工况下的倒挡主油路油压。

⑤ 用左脚踩紧制动踏板，同时用右脚将油门踏板完全踩下，在发动机失速工况下读取油压。该油压即为失速工况下的倒挡主油路油压。

⑥ 将变速杆拨至空挡“N”位置，让发动机怠速运转1min以上。

4. 试验结果分析

将测得的主油路油压与标准值进行比较。不同车型自动变速器的主油路油压都不完全相同，表15-4为常见几种车型自动变速器的主油压标准值。若主油路油压不正常，说明油泵或控制系统有故障。表15-5列出了主油路油压不正常的可能原因。

表15-4 自动变速器主油压标准值

车　型	自动变速器型号	发动机型号	变速杆位置	主油路油压/kPa	
				怠速工况	失速工况
宝来	01M	AUM	D	340～380	1 240～1 320
			R	500～600	2 300～2 400
丰田卡罗拉	U341E	1ZR-FE	D	372～412	1 120～1 230
			R	553～623	1 660～1 870
马自达M6	FN4A-EL	B3	D、S、L	330～470	1 160以上
			R	490～710	1 600～1 820

表15-5 主油路油压不正常的原因

工况	测试结果	故障原因
怠速	所有挡位的主油路油压均太低	油泵故障；主油路调压阀卡死；主油路泄漏；主油路调压阀弹簧太软；节气门阀卡滞；节气门拉索或节气门位置传感器调整不当
	前进挡和前进低挡的主油路油压均太低	前时离合器活塞漏油； 前进挡油路泄漏

续表

工况	测试结果	故障原因
怠速	前进挡的主油路油压正常； 前进低挡的主油路油压太低	1挡强制离合器或2挡强制离合器活塞漏油；前进低挡油路泄漏
	前进挡主油路油压正常； 倒挡主油路油压太低	倒挡及高挡离合器活塞漏油； 倒挡油路泄漏
	所有挡位的主油路油压均太高	节气门拉索或节气门位置传感器调整不当；主油路调压阀卡死；节气门阀卡滞；主油路调压阀弹簧太硬；油压电磁阀损坏或线路故障
失速	稍低于标准油压	节气门拉索或节气门位置传感器调整不当；油压电磁阀损坏或线路故障；主油路调压阀卡死或弹簧太软
	明显低于标准油压	油泵故障；主油路泄漏

15.3.5 时滞试验

在怠速状态将变速杆从“N”位置换入“D”或“R”位置，从开始换挡直到感到汽车出现振动(即变速杆换入某一挡位瞬间，液压控制系统发生作用，动力经行星齿轮、传动装置到达驱动轮时)存在一定的时差，称为换挡时滞。时差大小取决于自动变速器油路油压高低、油路密封情况、离合器和制动器磨损情况。测量自动变速器时差大小的试验称为时滞试验。

1. 试验目的

时滞试验的目的是判断主油路油压和离合器、制动器等换挡执行元件的工作是否正常。

2. 试验方法步骤

时滞试验的程序步骤如图15-23所示，具体如下。

图15-23 时滞试验

(1) 将自动变速器油液温度升至50～80℃。

(2) 拉紧驻车制动器。

(3) 使发动机保持标准怠速运转，将变速杆位置分别从N位置换入D和R位置。

(4) 用秒表测量从“N”位置换入“D”和“R”位置后直至有振动感时所经历的时间。每次试验间隔时间为 1min,取 3 次试验时间的平均值。

3. 试验结果分析

N-D 时滞一般不大于 1.2s,N-R 时滞一般不大于 1.5s。若 N-D 时滞时间过长,说明主油路油压过低,前进离合器摩擦片磨损过甚或前进单向超越离合器工作不良;若 N-R 时滞时间过长,说明倒挡主油路油压过低,倒挡离合器或倒挡制动器磨损过甚或工作不良。

15.3.6 手动换挡试验

所谓手动换挡试验就是将电控自动变速器所有换挡电磁阀的线束插接器全部脱开,此时自动变速器电控单元 ECU 不能通过换挡电磁阀来控制换挡,自动变速器的挡位只取决于变速杆的位置。通过手动换挡试验可以确定故障发生在控制电路还是变速器内部机械故障。不同车型的电子控制自动变速器在脱开换挡电磁阀线束插接器后的挡位和变速杆的关系不完全相同。丰田轿车的各种电子控制自动变速器在手动换挡试验时,变速杆位置和挡位的关系如表 15-6 所示。

表 15-6 丰田自动变速器手动换挡试验时变速杆位置和挡位的关系

变速杆位置	P	R	N	D	2	L
挡位	停车挡	倒挡	空挡	超速挡	3 挡	1 挡

15.4 电控自动变速器常见故障诊断

自动变速器常见故障有不能换挡、换挡冲击、变速器打滑、变矩器不能锁止、无超速挡等。

15.4.1 变速器不能换挡

1. 故障现象

汽车行驶中自动变速器始终只能以某个挡位行驶,无论多大的节气门开度,无论发动机有多高的转速,变速器始终不换挡。

2. 故障原因

对于电液控制型自动变速器,挡位的变换是由电子控制装置决定的,利用液压控制装置来操作齿轮变速器而获得,引起变速器不能换挡的原因可能是电子控制装置中的传感器、ECU、执行器、液压控制装置等。

处理的方法一般是检修电路、更换电子元件、清洗液压控制装置、更换阀板等。

3. 故障诊断

自动变速器不能换挡故障诊断流程如图 15-24 所示。

注意:如果 ATF 油发黑,则说明有执行元件烧毁,必须进行自动变速器解体大修。如果 ECU 中有故障代码,则变速器电子控制系统可能会锁挡,即只产生一个挡位,所以应先进行故障代码排除。如果油压过低,外部调整已没有意义,必须解体检修油泵、液压装置等。

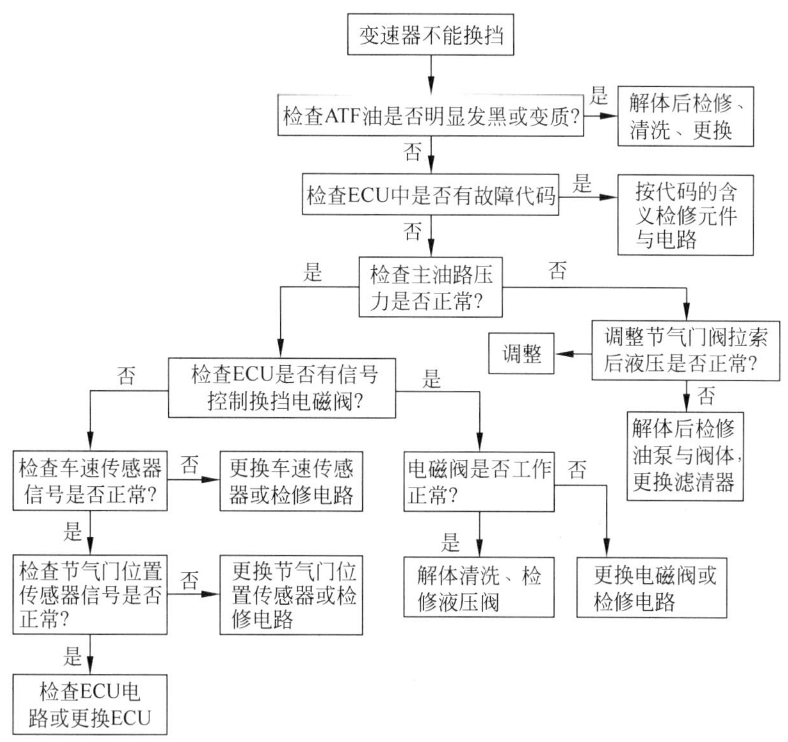

图 15-24 变速器不能换挡故障诊断流程图

15.4.2 变速器换挡冲击

1. 故障现象

汽车在行驶中能够在各个换挡点正确换挡,但换挡时车辆有强烈的振动和冲击,有的车辆发生在升挡中,有的发生在降挡中,不跳挡时车辆行驶一切正常。

2. 故障原因

根本原因是两个挡位之间的换挡执行元件变化状态的时间差与标准不符。具体如ATF油、主油路的压力、蓄压器的性能、单向节流阀的性能、换挡执行元件的间隙、执行元件油路的密封性能等。

3. 故障诊断

故障诊断流程图如图 15-25 所示。

15.4.3 变速器打滑

1. 故障现象

汽车在行驶中能够正常换挡,但在某个挡位中加速无力。加速时,发动机转速明显上升,而车速升高缓慢。

2. 故障原因

自动变速器打滑主要是由于换挡执行元件摩擦片与钢片之间出现打滑所致。引起打滑

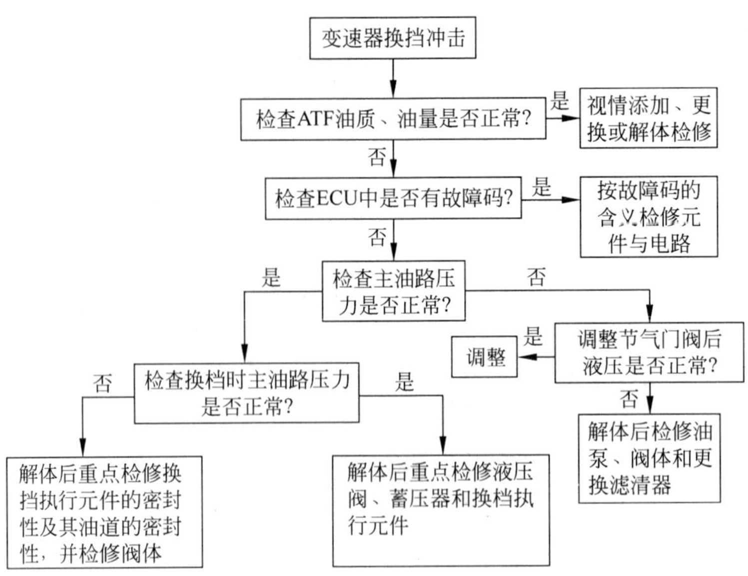

图 15-25 变速器换挡冲击故障诊断流程图

的原因有滤清器堵塞、液压过低、密封件泄漏、冲击负荷过大等。

3. 故障诊断

自动变速器打滑故障诊断流程图如图 15-26 所示。

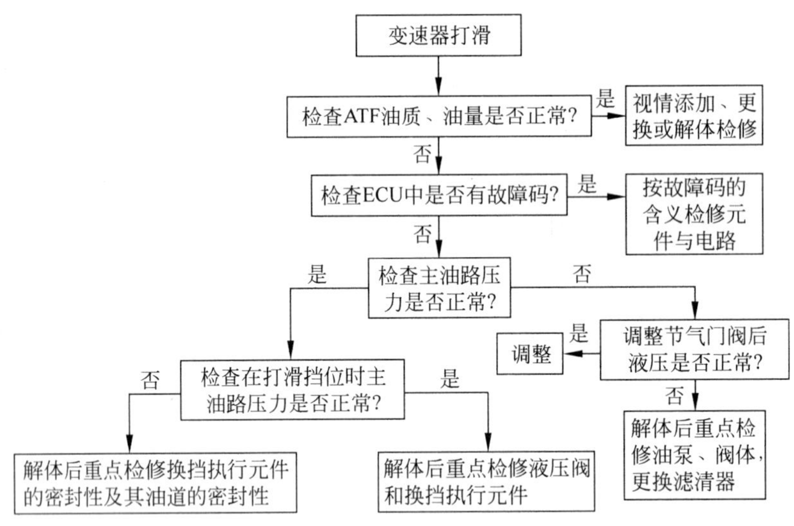

图 15-26 变速器打滑故障诊断流程图

15.4.4 无超速挡

1. 故障现象

在汽车行驶中，车速已升至超速挡范围，但自动变速器仍不能换入超速挡；在车速已达到超速挡范围后，采用提前升挡(即松开加速踏板几秒钟再踏下)的方法也不能使自动变速器升入超速挡。

2. 故障原因

自动变速器无超速挡常常由于O/D开关的功能失效或O/D OFF指示灯的灯丝断路或灯与灯座间接触不良，使ECU不能收到有效的信号，而限制超速挡的使用，O/D开关的工作原理如图15-27所示。也可能出现下列情况而造成无超速挡的现象，如传感器故障、P/N开关故障、液压控制装置故障、换挡执行元件损坏等。

处理的方法一般是先外围检查O/D OFF指示灯、传感器、电磁阀和P/N开关的功能，然后再拆下阀体进行清洗、调整或更换。

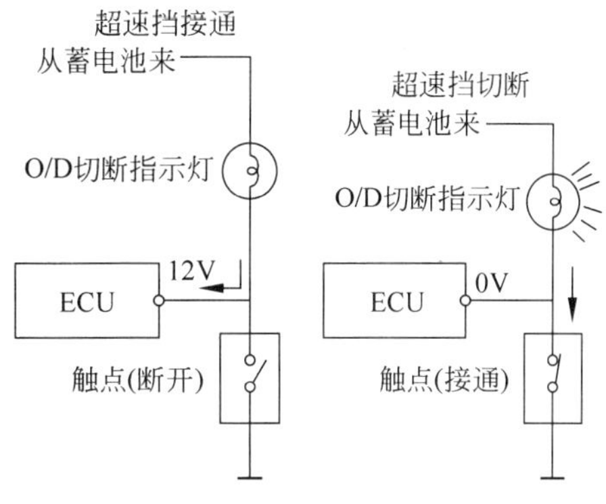

图15-27　O/D开关的工作原理

3. 故障诊断

自动变速器无超速挡故障诊断流程如图15-28所示。

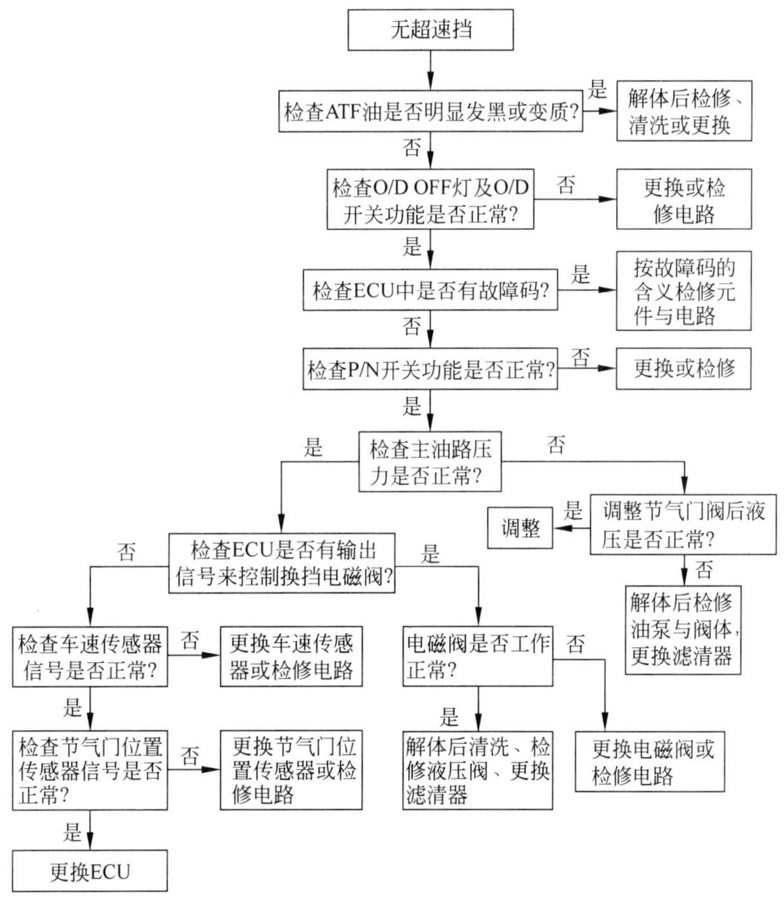

图15-28　无超速挡故障诊断流程图

15.4.5 变速器无锁止

1. 故障现象

在汽车行驶中，车速、挡位已满足锁止离合器进入锁止状态的条件，但迅速踩大油门踏板时，发动机转速先升高，然后车速才上升，说明液力变矩器始终处于液力传递状态，且汽车油耗较大，经济性下降。

2. 故障原因

锁止离合器的工作由 ECU 控制，当条件满足后，ECU 控制锁止电磁阀，再利用液压控制装置中的变矩器锁止阀转换成液压信号，通过改变进入液力变矩器的液压油的流动方向，使锁止离合器片背压消失后进入锁止状态，使泵轮与涡轮结合为一体。故障常常出现在外围的控制开关、传感器、电路；锁止电磁阀、液压控制装置等。

3. 故障诊断

自动变速器无锁止故障诊断流程如图 15-29 所示。

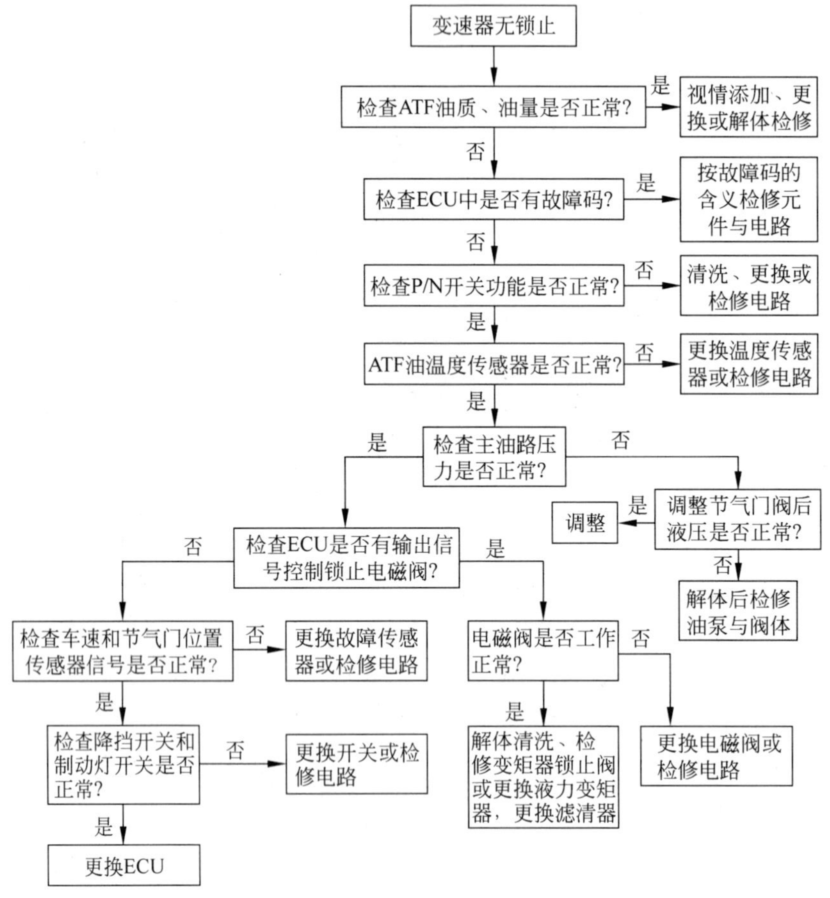

图 15-29 变速器无锁止故障诊断流程图

小　　结

本单元介绍了自动变速器主要元件的检测与诊断方法，自动变速器基本检查的内容及方法，自动变速器性能试验的内容、方法、步骤及注意事项，自动变速器常见故障的故障原因及诊断方法。重点应掌握自动变速器主要元件的检测方法，熟悉自动变速器性能试验的方法，了解自动变速器常见故障的故障原因。

复　习　题

1. 自动变速器有哪些基本组成?
2. 简述自动变速器检测与诊断的一般流程。
3. 简述离合器装配的注意事项。
4. 简述用油尺检测法检查自动变速器油液面高度的方法。
5. 简述自动变速器失速试验的方法。
6. 画出自动变速器打滑的诊断流程图。

实训　电控自动变速器的检测

1. 实训目的与要求

(1) 熟悉自动变速器的主要元件的检测方法。

(2) 了解自动变速器性能试验的方法与步骤。

2. 实训主要内容

(1) 主要液压元件检测。对离合器、制动器进行分解与检查，查看是否有异常磨损情况，并对其进行工作性能检查。对单向离合器进行性能检查。

(2) 主要电子元件检查。对各种电磁阀进行检查，查看是否工作正常。

(3) 性能试验。在整车上对自动变速器进行失速试验、换挡时滞试验、油压试验，注意操作安全性。

单元16

ABS系统故障诊断与维修

◎ 知识目标

(1) 能够描述 ABS 系统主要元件的检修方法。

(2) 能够描述 ABS 系统故障诊断的一般步骤。

(3) 能够描述 ABS 系统常见故障的故障原因。

◎ 技能目标

(1) 能够按规范进行 ABS 系统主要元件的检测。

(2) 能够按规范进行 ABS 系统的基本维护。

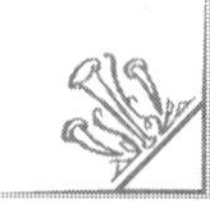

16.1 概述

在车辆紧急制动时，为了达到最佳状态，充分发挥轮胎与路面间的潜在附着能力，目前在轿车上广泛装备了防抱死制动系统。

ABS 系统是在普通制动系统的基础上增加了一套电控系统组成的，主要包括车轮转速传感器、制动压力调节器、电控单元(ECU)和 ABS 警告装置等，如图 16-1 所示。

ABS 系统中，每个车轮上各安置一个转速传感器，将各车轮的转速信号输入电控单元(ECU)。ECU 根据各个车轮转速传感器输入的信号，对各个车轮的运动状态进行监测和判定，并形成相应的控制指令。制动压力调节器主要由调压电磁阀总成、电动泵总成和储液器等组成一个独立的整体，通过制动管路与制动主缸和各制动轮缸相连，制动压力调节器受 ECU 的控制，对各制动轮缸的制动压力进行调节。

ABS 主要是根据车轮的转速变化，调节制动轮缸的制动压力，使车轮滑动率能够控制在理想范围之内。

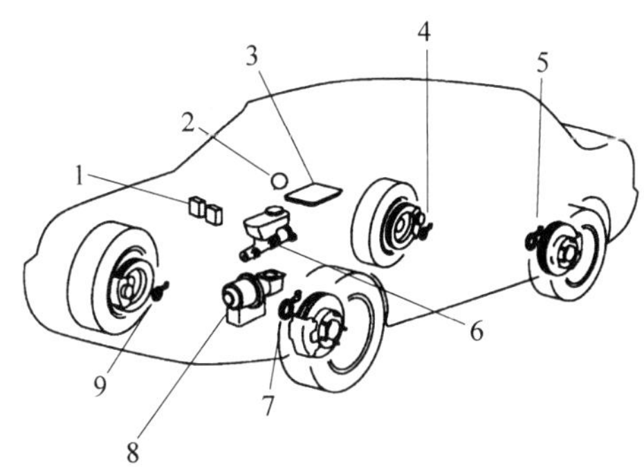

图 16-1 典型 ABS 系统的组成

1—ABS 继电器；2—ABS 警告灯；3—ECU；4、5、7、9—车轮转速传感器；
6—制动主缸；8—制动压力调节器

ABS 都具有自诊断功能，能够对系统的工作情况进行监测。一旦发现存在影响系统正常工作的故障将自动地关闭 ABS，并将 ABS 警告灯点亮，向驾驶员发出警示信号。此时，汽车的制动系统仍然可以像常规制动系统一样进行制动。

ABS 系统与普通的制动系统是密不可分的，普通制动系统一旦出现问题，ABS 系统就无法正常工作。若 ABS 元件工作不良，系统将造成制动时车轮抱死、ABS 系统作用时刻不对、放松驻车制动时制动警告灯亮等故障，严重影响行驶安全性。

16.2 ABS 系统主要元件的检修

16.2.1 车轮转速传感器

转速传感器主要有电磁式和霍尔式。电磁式车轮转速传感器可以采用电阻测试和性能测试的方法进行检测，而霍尔式车轮转速传感器只能采用性能测试的方法进行检测。

1. 电阻测试

拆下传感器的连接插头，用万用表的电阻挡测量传感器两插脚的电阻，阻值应与标准相符，正常阻值大约在 1kΩ 左右。如果不符合要求，则应更换传感器。

2. 性能测试

通常，可以使用专用计算机检测仪来测试车轮转速传感器的工作性能。连上专用计算机检测仪并选择相应通道进入 ABS 系统，车辆行驶时，专用计算机检测仪所读出的各个车轮的车速值应大致相等。若某个车轮的速度值显示为零或者与其他车轮速度值相差较大，则说明该车轮转速传感器或其线路存在故障。

另外，也可以使用示波器来查看转速传感器的输出波形。拆下传感器的连接插头，将车辆架起，转动车轮，用示波器测量传感器两插脚之间的信号波形，所得波形应如图 16-2 所示，且车轮转速越快，波形的频率越快，幅值越大。

此外，也可以用万用表的交流电压挡测量传感器信号。

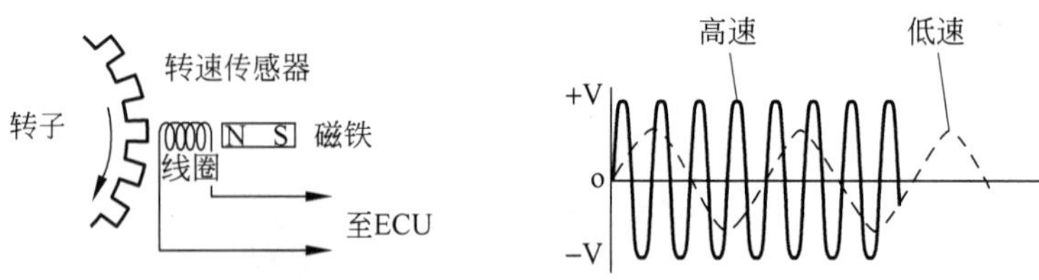

图 16-2 车轮转速传感器的信号波形

16.2.2 制动压力调节器

对于变容式调压方式的 ABS 系统，当检查到液压调节装置总成内的元件有故障，需要对其进行修理时，首先必须泄压，车型的不同，其泄压的方法也不一样，一般可以将点火开关关闭（OFF 位置），然后反复踏制动踏板，踩踏的次数至少在 20 次以上，当感觉到踩踏板的力明显增加，即感觉不到踩踏板的液压助力时，ABS 系统泄压完成。而有的车型有专门的卸压螺栓，不需要踏制动踏板。

在有配件和资料的情况下，可以对 ABS 系统的液压调节装置进行解体检修，但为了确保安全，在更多的情况下是更换总成。

制动压力调节器中容易损坏的器件是电磁阀和电动泵。

电磁阀可以直接测量其阻值来进行简单判断，其阻值约 30～40Ω。同时，也可以通过给电磁阀通电来进行性能测试。例如，对于二位二通式电磁阀，在对其进行通断电测试时，其所控制的油路应相应地导通或切断，否则说明电磁阀工作不良。

电动泵可以测量其阻值，也可以通电看其运转情况。

检修或更换液压调节装置时，空气会进入液压管道内，这会影响普通制动系统和 ABS 系统的正常工作，必须将空气放掉。对于液压调节装置中的空气，放气的方法和程序与系统的类型有关，对于循环调压式 ABS 系统，排气方法与普通制动系统相同，即：对角放气，先后再前。而对于变容式调压式的 ABS 系统，一般采用专用仪器按照特殊的规程进行排放。

16.2.3 电控单元

ECU 一般不容易出现故障。只有在排除了其他所有元件及线路的故障之后，方能怀疑 ECU 故障。

16.3 ABS 系统常见故障诊断

16.3.1 基本维护

目前，大多数 ABS 系统都具有很高的工作可靠性，通常无须对其进行定期的特别维护。在使用、维护和检修过程中，除了一般电控系统应注意的事项外，还应在以下几个方面特别注意。

(1) 先排除常规制动系统故障。ABS 系统以常规制动系统为基础，常规制动系统一旦出现问题，ABS 系统就不能正常工作。当制动系统出现故障时，一般应先判断是常规制动系统故障，还是ABS系统故障，不能只把注意力集中在传感器、ECU和压力调节器上。

(2) 蓄电池电压应正常。在蓄电池电压过低时，系统将不能进入工作状态。因此，要注意对蓄电池的电压进行检查，特别是当汽车长时间停驶后初次启动时更要注意。

(3) 车轮转速传感器应保持清洁。不要使车轮转速传感器和传感器齿圈沾染油污或其他脏污，否则，车轮转速传感器产生的车轮转速信号就可能不够准确，影响系统的控制精度，甚至使系统无法正常工作。另外，不要敲击转速传感器，否则很容易导致传感器发生消磁现象，从而影响系统的正常工作。

(4) 储能器必须先释放高压。由于在很多具有ABS功能的制动系统中都有供给防抱死制动压力调节所需能量的储能器，所以，在对这类制动系统的液压系统进行维修作业时，应首先使储能器中的高压制动液完全释放，以免高压制动液喷出伤人。在释放储能器中的高压制动液时，先将点火开关关闭，然后反复踩下和放松制动踏板，直到制动踏板变得很硬时为止。另外，在制动液压系统未完全装好之前，不能接通点火开关，以免电动泵通电运转。

(5) 维修完毕后进行正确排气。在对制动液压系统进行过维修以后，或者在使用过程中发觉制动踏板变软时，应按照维修手册要求的方法和顺序对制动系统进行空气排除。

(6) 正确使用制动液。制动液应按厂家推荐进行选用，ABS系统一般推荐使用DOT3乙二醇型制动液(有的要求使用DOT4型制动液)，注意不能选用DOT5硅酮型制动液，它对ABS系统有严重损害。DOT3或DOT4制动液吸湿性很强，使用一年后其中含水量会增至3%。含水分的制动液不仅使沸点降低，制动系统内部产生腐蚀，而且使制动效果明显下降，影响ABS的正常工作，因此制动液应及时更换。更换时注意不要混用不同品牌或不同型号的制动液。

16.3.2　故障诊断一般步骤

ABS系统一般不会出现故障。ABS系统的故障大都是由于系统内的接线插头松动或接触不良、导线断路或短路、电磁阀电磁线圈断路或短路、电动泵电路断路或短路、车轮转速传感器电磁线圈断路或短路、继电器内部发生断路或短路以及制动开关、液位开关和压力开关等不能正常工作引起的。另外，蓄电池电压过低、车轮转速传感器与齿圈之间的间隙过大或受到泥污沾染、储液室液位过低等也会影响系统的正常工作。

当ABS系统的警告灯(包括防抱死警告灯和制动警告灯)持续点亮时，或感觉ABS系统工作不正常时，应及时对系统进行故障诊断和排除。在故障诊断和排除时应该按照一定的步骤进行，才能取得良好的效果。故障诊断与排除的一般步骤如下。

(1) 确认故障情况和故障症状，选择一段平直的良好路面，在$>$40km/h的车速下，紧急制动，若ABS性能不良，轮胎拖痕会有一条很明显的黑印。

(2) 对系统进行直观检查，检查是否有制动液渗漏、导线破损、插头松脱、制动液液位过低等现象。

(3) 读取故障代码，既可以用解码器直接读取，也可以通过警告灯读取故障代码，然后，再根据维修手册查找故障代码所代表的故障情况。

(4) 根据读取的故障情况，利用必要的工具和仪器对故障部位进行深入检查，确诊故障部位和故障原因。

(5) 排除故障。

(6) 清除故障代码。

(7) 检查警告灯是否仍然持续点亮,如果警告灯仍然持续点亮,可能是系统中仍有故障存在,也有可能是故障已经排除,而故障代码未被清除。

(8) 警告灯不再持续点亮后,进行路试,确诊系统是否恢复正常工作。

在故障诊断和维修过程,应该注意到:不仅不同型号的汽车所装备的 ABS 系统可能不同,即使是同一型号的汽车,由于生产年份不同其装备的 ABS 系统也可能不同。

16.3.3 常见故障诊断

ABS 系统常见故障有制动时车轮抱死、ABS 系统作用时刻不对、放松驻车制动时制动警告灯亮等。故障常发部位包括制动液面开关、驻车制动开关、车轮转速传感器、ECU 供电与搭铁、ECU、液压调节装置中的电磁阀等。

1. 制动时车轮抱死

(1) 故障现象。当车辆在紧急制动时,制动踏板没有反弹振动感,且出现车轮抱死拖滑现象。

(2) 故障原因。红色制动警告灯常亮时,制动时 ABS 系统不投入工作,紧急制动时车轮将会抱死。传感器、ECU、执行器及其控制电路有故障时,ECU 将记录下故障码,同时黄色 ABS 警告灯亮,ABS 系统将不能正常工作,但普通制动系统能够正常工作,紧急制动时车轮将抱死。

(3) 故障诊断。紧急制动时车轮将抱死故障诊断的流程如图 16-3 所示。

说明:红色制动警告灯亮表明驻车制动未释放或缺少制动液,这两种情况都是危险状态,不能行车。黄色报警灯亮表明 ABS 系统有故障,紧急制动时 ABS 系统无法正常工作,但普通制动系统照样可以起作用,可以行车。

2. ABS 系统作用时刻不对

(1) 故障现象。高速时紧急制动,ABS 系统没有工作,车轮出现抱死现象,但当车辆即将停止时,ABS 开始工作,在踏板上有较强的反弹振动感,制动警告灯与 ABS 故障指示灯显示正常。

(2) 故障原因。ABS 系统的作用时刻是在一定的车速紧急制动,车轮即将抱死的时候,当车速低于某一值(约 15km/h)后,即使车轮抱死也不会起作用(因为车速低,不会出现侧滑和甩尾现象,所以没有必要工作)。低速制动时 ABS 系统起作用,一般是由于车轮转速传感器产生的信号失准(但在其值域控制区内,故不报警),使 ECU 错误地进入起作用状态。解决的方法一般是将传感器进行清洁、调整或更换。

(3) 故障诊断流程。ABS 系统作用时刻不对故障诊断的流程如图 16-4 所示。

3. 红色制动警告灯常亮

(1) 故障现象。汽车在行驶中,未踩制动踏板,且已解除了驻车制动,但红色制动警告灯常亮。

(2) 故障原因。制动警告灯受储室中制动液量开关和驻车制动开关控制,当红色制动警告灯亮时,ABS 的继电器即不工作,ABS 系统将不投入工作。

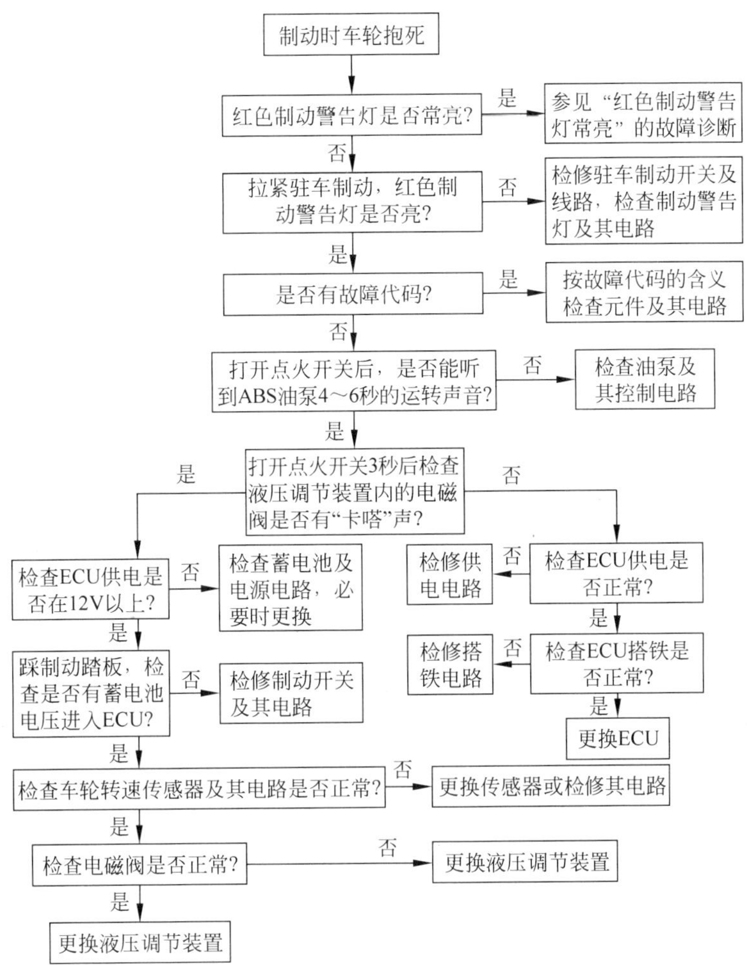

图 16-3 制动时车轮抱死故障诊断流程图

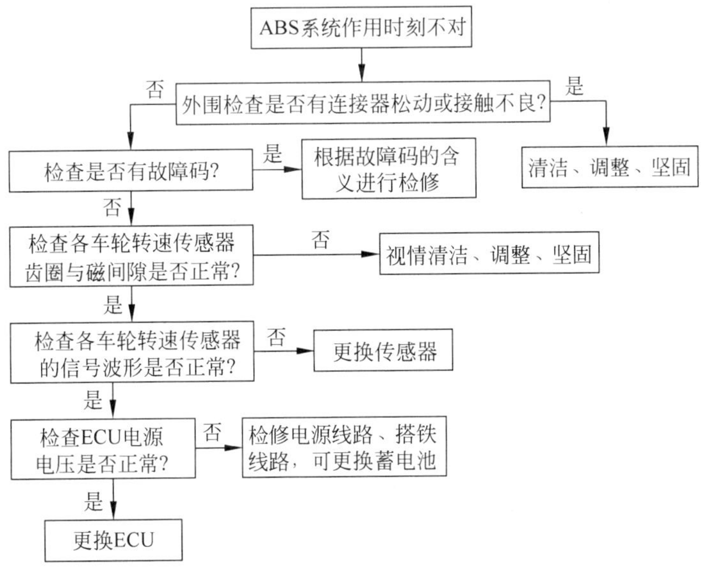

图 16-4 ABS 系统作用时刻不对故障诊断流程图

(3) 故障诊断。红色制动警告灯常亮故障诊断的流程如图 16-5 所示。

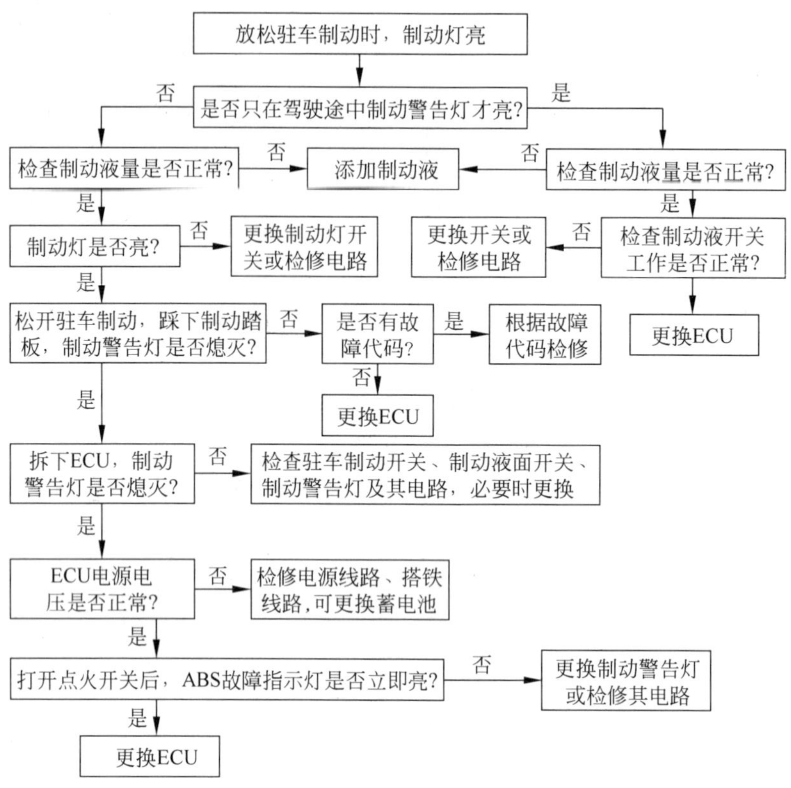

图 16-5 红色制动警告灯亮故障诊断流程图

小 结

本单元介绍了 ABS 系统电控系统主要元件的检测与诊断方法，ABS 基本维护注意事项，诊断一般步骤，并对几个常见故障进行了分析。重点应掌握主要元件的检测方法，了解 ABS 故障诊断的一般步骤。

复 习 题

1. 简述 ABS 系统的基本组成。
2. 简述电磁式车轮转速传感器的检测方法。
3. 简述 ABS 故障诊断的一般步骤。

实训 ABS 系统的检修

1. 实训目的与要求

(1) 能够指出 ABS 系统的组成及元件布置。

(2) 能够按规范使用万用表对防抱死制动系统的主要元件进行检测。

(3) 能够按规范使用故障诊断仪对防抱死制动系统进行故障码的检测及数据流分析。

2. 实训主要内容

(1) 系统认识。在整车上认识 ABS 系统各部件的名称及安装位置。

(2) 使用万用表检测。使用万用表,在整车上对 ABS 主要部件及线路进行检测。

(3) 使用故障诊断仪检测。使用故障诊断仪,对 ABS 系统进行数据流分析、故障码读取与清除。

参 考 文 献

[1] 闽永军，万茂松，周良. 汽车故障诊断与维修技术[M]. 北京：高等教育出版社，2004.

[2] 胡光辉. 汽车故障诊断技术(第2版)[M]. 北京：电子工业出版社，2008.

[3] 戴强. 汽车故障诊断技术[M]. 北京：中国劳动社会保障出版社，2009.

[4] 王世铮，覃亚娟. 汽车故障诊断技术[M]. 北京：北京理工大学出版社，2009.

[5] 李春明，刘艳莉，张军. 汽车故障诊断方法与维修技术[M]. 北京：北京理工大学出版社，2007.

[6] 谢剑. 汽车检测与诊断技术[M]. 长沙：国防科技大学出版社，2011.

[7] 张建俊. 汽车检测与故障诊断技术[M]. 北京：机械工业出版社，2004.

[8] 谢剑. 汽车底盘构造与检修[M]. 北京：中国铁道出版社，2010.

[9] 夏令伟. 汽车电控发动机构造与维修[M]. 北京：人民交通出版社，2002.

[10] 尹万建. 轿车自动变速器结构原理与检修[M]. 北京：人民交通出版社，2001.

[11] 嵇伟，刘惠，申卫等. 自动变速器故障诊断与检测[M]. 北京：机械工业出版社，2004.

[12] (美)斯卡沃勒尔. 汽车构造原理与维修应用(底盘和附件篇)[M]. 北京：机械工业出版社，2004.

[13] 徐淼，魏建秋. ABS/ASR 系统维修从入门到精通[M]. 北京：国防工业出版社，2004.

[14] 丰田汽车公司. 汽车基本常识与工作原理[M]. 北京：高等教育出版社，2007.

[15] 丰田汽车公司. 汽车动力总成维修[M]. 北京：高等教育出版社，2006.